Nordpolarmeer
Grönland (dän.)
Grönland
Norwegen
Island
Niederlande
Dänemark
Deutschland
Großbritannien
Polen
Irland
Belgien
Ungarn
Kosovo
Rumänien
Kanada
Bulgarien
Georgien
VEREINIGTE
STAATEN
Atlantischer
Ozean
Portugal
Spanien
Italien
Türkei
Irak
Griechenland
Marokko
Dominikan. Rep.
Bahamas
Puerto Rico
Kuba
Amerik. Jungfern-I.
Antigua & Barbuda
Curaçao (niederl.)
Aruba (niederl.)
Honduras
El Salvador
Costa Rica
Kolumbien
Ägypten
Saudi-Arabien
Mauretanien
Niger
Tschad
Senegal
Burkina Faso
Zentral-
afrik. Rep.
Süd-
sudan
Jemen
Liberia
Ghana
Uganda
Kenia
Gabun
Burundi
Seycheller
Ascension (brit.)
Mosambik
Peru
Brasilien
Chile
Atlantischer
Ozean
Argentinien
Antarktis

Stefan Baron

Ami go home!

Stefan Baron

Ami go home!

Eine Neuvermessung der Welt

Econ

MIX
Papier aus verantwortungsvollen Quellen
FSC® C014496

Econ ist ein Verlag
der Ullstein Buchverlage GmbH

ISBN: 978-3-430-21028-7

Gesetzt aus der Aldus nova Pro
Satz: LVD GmbH, Berlin
Druck und Bindearbeiten: GGP Media GmbH, Pößneck
Printed in Germany

In Erinnerung an meine Brüder
Herbert und Manfred

»Wir haben weder ewige Verbündete noch immerwährende Feinde. Ewig und immerwährend aber sind unsere Interessen. Diese Interessen zu verfolgen ist unsere Pflicht.«

Henry John Temple, 3rd Viscount Palmerston
Britischer Staatsmann (1784–1865)

Inhalt

EINLEITUNG
Schicksalsstunde für Europa 9

TEIL I – Der geopolitische Epochenwechsel 25

Der Abstieg Amerikas 26
Imperiale Arroganz 29
Wirtschaftliche Überdehnung........................ 86
Erosion der Demokratie und Verfall der Gesellschaft.... 95

Die Verschiebung des Kraftzentrums der Welt nach Asien....................... 130
Der (Wieder-)Aufstieg Chinas 131
Eurasien und die Initiative »Neue Seidenstraße«....... 159

Die Eindämmungspolitik der USA gegen China und die Folgen für die Welt 167
Wachsender Protektionismus und Entglobalisierung.... 168
Corona und der Kalte Krieg 2.0 207
Das Risiko eines Dritten Weltkriegs 243

TEIL II – Die notwendige Emanzipation Europas .. 255

Die Ziele einer Emanzipation 258
Bewahrung des äußeren Friedens 258
Erhalt des inneren Friedens und der Union 262
Sicherung des Wohlstands. 266
Rettung der »westlichen« Werte 269

Wege zur strategischen Autonomie 273
Multipolare Weltordnung und friedliche Koexistenz der Systeme als Grundlage europäischer Außenpolitik .. 273
Kritisch-konstruktive Mitarbeit bei der Initiative »Neue Seidenstraße« als Kern einer europäischen (Fern-)Ostpolitik 283
Eine europäische Verteidigungsgemeinschaft anstelle der NATO 299
Strukturelle ökonomische Autonomie und Ablösung des US-Dollar als dominierende Leitwährung 320

Die Hindernisse auf dem Weg zu echter Souveränität 332
»Westliche« Wertegemeinschaft und transatlantische Netzwerke 334
Desinformation und Druck durch die USA 347
Mangelndes Wissen, Vorurteile und Angst 365

SCHLUSS
Wagt Europa den Befreiungsschlag? 387

Dank 427
Literaturverzeichnis 429
Personenregister 437

EINLEITUNG

Schicksalsstunde für Europa

Auch wenn sein Titel es auf den ersten Blick nahelegen mag – dies ist kein antiamerikanisches Buch. Ganz im Gegenteil: Es ist ein Buch *für Amerika,* ein besseres Amerika.

Ein Amerika, das Freiheit, Chancengerechtigkeit und Demokratie nicht nur im Munde führt, sondern auch praktiziert – national wie international. Ein Amerika, das das Völkerrecht respektiert, aufhört, seine Macht zu missbrauchen und sich in die inneren Angelegenheiten anderer Länder einzumischen, ihnen mit wirtschaftlichen Sanktionen oder militärischer Gewalt(-androhung) seinen Willen aufzwingen und sein eigenes System überstülpen zu wollen; ein Amerika, das statt ständig über seine Verhältnisse zu leben und Billionen Dollar für Rüstung und endlose Kriege auszugeben sich um das Wohlergehen seiner Bürger, aller seiner Bürger, kümmert, kurz: ein Amerika, das sich auf die Werte seiner Verfassung (zurück-)besinnt.

Vor allem ist dieses Buch aber ein Buch *für Europa*. Für ein einiges, friedfertiges und friedliches, prosperierendes und vor allem selbstbestimmtes Europa. Ein Europa, das seine existenziellen Interessen eigenständig verfolgen kann und dessen Stimme in einer multipolaren Welt Gehör findet. Um dies sicherzustellen, muss Europa sich jedoch aus seiner Abhängigkeit von Amerika lösen und emanzipieren. Das ist die zentrale These dieses Buches.

An ihr hat der Wechsel im Weißen Haus von Donald Trump

zu Joseph Biden nichts geändert. Der Begrüßungsjubel, der diesem nach seiner Wahl aus Europa und vor allem Berlin entgegenschallte, war nicht nur verfrüht, sondern verfehlt. Die Abhängigkeit von Amerika mag unter Biden wieder erträglicher werden, als sie unter Trump war, aber in der Substanz bleibt sie unverändert bestehen. Ein Diener bleibt ein Diener, auch wenn die neue Herrschaft weniger rüde mit ihm umgeht.

Bidens Wahl war keine Entscheidung gegen den globalen Hegemonieanspruch Amerikas. Im Gegenteil: Der neue Präsident hat diesen Anspruch ausdrücklich erneuert. Die Überzeugung, dass Amerika in der Welt an erster Stelle stehen muss, genießt in den führenden Kreisen des Landes eine Art fundamentalistisch-religiösen Status und wird von einer breiten Mehrheit der Bevölkerung unterstützt. Sie ist nahezu das Einzige, worin sich die ansonsten tief miteinander verfeindeten Demokraten und Republikaner noch einig sind. Doch dieser Anspruch gefährdet Europas Wohlstand und Frieden, die europäische Idee und die Strahlkraft der »westlichen Werte«.

(West-)Europa hat Amerika viel zu verdanken: die Befreiung von der Nazi-Herrschaft und den Schutz gegen die kommunistische Bedrohung aus dem Osten während des Kalten Krieges. Für uns Deutsche kommt noch die Hilfe beim Wiederaufbau nach dem Zweiten Weltkrieg und bei der Wiedervereinigung des geteilten Vaterlandes hinzu.

Auch wenn die USA all dies nicht aus purer Nächstenliebe, sondern vor allem im Eigeninteresse getan haben, macht das ihr Handeln für uns nicht weniger wertvoll. Die eigenen Interessen zu verfolgen ist das Wesen jeder Außenpolitik. Über vier Jahrzehnte lang nach dem Krieg fielen Amerikas und Europas, speziell Deutschlands Interessen weitestgehend zusammen. Seit dem Zusammenbruch der Sowjetunion und ihres Imperiums haben sie sich allerdings zunehmend auseinanderentwickelt. Als alleinige und konkurrenzlose Supermacht hatten die USA nach dem Fall des Eisernen Vorhangs, der die Welt fast ein halbes

Jahrhundert in zwei feindliche Blöcke trennte, die Chance, Schwerter zu Pflugscharen umzuschmieden, die Friedensdividende zu nutzen, um ein sozialeres und gerechteres Amerika sowie eine friedlichere und gerechtere, multipolare Welt zu schaffen. Die Regierenden in Washington entschieden sich jedoch anders.

Im Laufe des jahrzehntelangen Kalten Krieges mit der Sowjetunion war der militärisch-industrielle Komplex, vor dem schon der Ex-General Dwight D. Eisenhower bei seinem Abschied aus dem Präsidentenamt gewarnt hatte, so groß und mächtig geworden, dass er die Außenpolitik des Landes bestimmen konnte. Der Rüstungs- und Sicherheitssektor hatte sich an die Hunderte von Milliarden Dollar Steuergelder gewöhnt, die er jährlich erhielt, und wollte nicht auf sie verzichten. Abrüstung und Frieden mussten deshalb verhindert werden. Hinzu kam, dass die USA nach dem Zusammenbruch des Sowjetreichs als alleinige Weltmacht verblieben waren. Monopolen wohnt jedoch eine natürliche Tendenz zu wachsender Arroganz und Rücksichtslosigkeit inne. »Macht korrumpiert«, so der britische Politiker und Historiker Lord Acton, »absolute Macht korrumpiert absolut.« Die amerikanische Außenpolitik nahm so immer deutlicher neoimperialistische Züge an.

Dies bekamen auch Amerikas engste Verbündete in Europa zu spüren. Statt nach dem Zusammenbruch des Ostblocks dabei zu helfen, Russland in eine europäische Sicherheitsstruktur einzubinden, ökonomisch enger an Europa zu koppeln und so den gesamten Kontinent nachhaltig zu befrieden, hat Washington dies absichtsvoll hintertrieben. Das bei der Wiedervereinigung Deutschlands gegebenes Versprechen, die NATO nicht nach Osten auszudehnen, wurde gebrochen. Mit der Zeit rückte das Bündnis bis an die russische Grenze vor; von den inzwischen 30 NATO-Mitgliedern gehörte ein rundes Dutzend einst dem gegnerischen Lager des Warschauer Pakts an.

Washingtons Versprechen war von Anfang an nicht wirklich

ernst gemeint. Bereits im Zweiten Weltkrieg hatte der einflussreiche *Council on Foreign Relations*, in dem sich Amerikas außenpolitische Elite versammelt, eine von den USA dominierte Nachkriegswelt geplant. Allem voran galt dies für die eurasische Landmasse, die der britische Geograf und Vater der Geopolitik, Halford Mackinder, als »Welt-Insel« bezeichnet hat. »Die Vorherrschaft über den eurasischen Kontinent« stelle »die entscheidende Grundlage für die Vorherrschaft in der Welt insgesamt« dar, schrieb später Zbigniew Brzeziński, Sicherheitsberater von US-Präsident Jimmy Carter in dem geostrategischen Klassiker »The Grand Chessboard«. Schon die Gründung der NATO 1949 hatte deren ersten Generalsekretär Lord Ismay zufolge den Zweck, »die Amerikaner drin, die Russen draußen« und die Deutschen als stärkste (Wirtschafts-)Macht Europas politisch und militärisch »klein zu halten«.

Die Vorherrschaft einer anderen Macht über Eurasien zu verhindern ist bis heute die zentrale außenpolitische Maxime der ersten Weltmacht, die nicht aus Eurasien kommt. Sie impliziert, China, Russland und die EU sowohl möglichst auf Distanz zueinander zu halten als auch ihren Aufstieg bzw. Machtzuwachs zu verhindern. Letztlich erklärt dies auch, warum Washington die deutsche Wiedervereinigung unterstützte: Sie bot Amerika die Chance, seinen Brückenkopf in Europa nach Osten hin auszubauen.

An Mackinder und Brzeziński orientierten sich auch die US-amerikanischen Interventionen der vergangenen Jahre im Nahen und Mittleren Osten. Nach dem Terroranschlag vom 11. September 2001 auf das World Trade Center in New York sah Washington die Gelegenheit gekommen, seinen lang gehegten Plan umzusetzen, in der Region die uneingeschränkte Vorherrschaft zu erlangen. Auf den Anschlag, der rund 3.000 unschuldige Menschen das Leben kostete, antworteten die Vereinigten Staaten mit einem beispiellosen Rachefeldzug, der Hunderttausenden ebenfalls Unschuldigen den Tod brachte und Millionen zur Flucht trieb. Nach dem Angriff auf die Twin Towers habe sein Land »das Wohlwollen und die Sympathie« der ganzen Welt gehabt, so der amerikanische Regierungskritiker Edward Snowden. Amerika hätte diesen »seltenen Moment der Solidarität« nutzen können, um demokratische Werte zu festigen. »Stattdessen zog es in den Krieg.« Der Einmarsch zuerst in Afghanistan und dann in den Irak galt von Anfang an nicht nur der Terrorbekämpfung. Es ging vor allem auch um Geopolitik. Ziel war, »auf dem gesamten Gebiet der früheren Sowjetunion und in Eurasien US-freundliche Regime zu erzwingen oder zu installieren«, so der damalige Verteidigungsminister Donald Rumsfeld, »*full spectrum dominance*«, wie es in der Sprache des Pentagon heißt. In derselben Absicht wurden später auch der Umsturz in der Ukraine und der Bürgerkrieg in Syrien befeuert.

Amerika ist mit Gewalt noch nie sparsam umgegangen. In den 240 Jahren seiner bisherigen Geschichte waren ganze 16 frei von militärischen Auseinandersetzungen. Nach dem Zusammenbruch des Sowjetreichs und besonders nach dem Terroranschlag auf das World Trade Center in New York am 11. September 2001 ließ Washington jedoch die letzten Hüllen fallen. In Amerikas Außenpolitik herrschte immer mehr das offene Faustrecht. Aus den Werten des Westens wurden die Werte des Westerns. Die Kluft zwischen den USA und Europa riss immer weiter auf: Amerikas Kriege im Nahen und Mittleren Osten lösten eine Fluchtwelle in Richtung Europa aus; die Sabotage der Welthandelsorganisation WTO bedroht die Globalisierung; der Ausstieg aus der Weltgesundheitsorganisation WHO behindert die Überwindung der Corona-Pandemie, das Verlassen des Pariser Klimaschutzabkommens den Kampf gegen den Klimawandel; die Kündigung des Atomabkommens mit dem Iran und diverser Abrüstungsabkommen mit Moskau gefährdet den Frieden; die exterritorialen Sanktionen wegen der Gaspipeline Nordstream II von Russland nach Deutschland belasten speziell die Beziehungen zwischen Berlin und Washington. »Das Wesentliche und das

Grundsätzliche, die Erhaltung der Freiheit und des Friedens als die höchsten Güter der Menschheit« seien in den Vereinigten Staaten und in Europa »in gleicher Weise Ziel der Politik«, meinte einst Deutschlands erster Bundeskanzler Konrad Adenauer. Selbst wenn dies seinerzeit gestimmt haben mag – heute lässt es sich so nicht mehr sagen. Die USA gelten inzwischen weithin als die größte Bedrohung für den Frieden in der Welt.

Zur Entfremdung gegenüber Europa trägt auch der innere Zerfall Amerikas bei. Das Land der Freiheit, Chancengleichheit und Demokratie ist zu einer Oligarchie verkommen, der Rechtsstaat weist tiefe Risse auf, wirtschaftliche Produktivität und Zukunftschancen schwinden, die Mittelschicht schmilzt dahin, soziale Ungleichheit und Rassismus wuchern, die Gesellschaft war seit dem Bürgerkrieg nicht mehr so gespalten. Das Motto der Vereinigten Staaten, *E pluribus unum*, scheint auf den Kopf gestellt. »Aus Vielen Eines« hat sich zu »Aus Einem Viele« gewandelt. Amerika ist nur noch ein Schatten von einst. Der Mythos verblasst. Corona hat dies für alle offensichtlich werden lassen. Die Seuche, so der amerikanische Buchautor George Parker in der Zeitschrift »The Atlantic«, sei über sein Land gekommen wie über einen Patienten »mit Vorerkrankungen«, sie habe offengelegt, was in Amerika »alles schon zerbrochen war«, es gehöre zur »Hochrisikokategorie«. Parkers Fazit: »Wir leben in einem gescheiterten Staat.« Die nachfolgenden durch rassistische Polizeigewalt ausgelösten, teilweise bürgerkriegsähnlichen Unruhen und die turbulenten Geschehnisse rund um die jüngste Präsidentschaftswahl und den Machtwechsel im Weißen Haus haben dieses Urteil eindrucksvoll bestätigt.

Parallel zum Niedergang der USA verlagerte sich die ökonomische Dynamik in der Welt zunehmend nach Asien, besonders nach China. Nicht zuletzt, weil Amerika in immer neuen Kriegen Billionen Dollar verschwendete und sich selbst schwächte, droht ihm China schon bald den Rang der größten Volkswirtschaft der Welt abzulaufen. Washington sieht seine Hegemonialstellung bedroht. Der Kampf gegen den geopolitischen Konkurrenten ist an die Spitze der außenpolitischen Prioritätenliste vorgerückt. Und auch bei diesem Kampf nimmt Amerika keine Rücksicht auf die Interessen Europas. Das »größte globale Machtspiel der Menschheitsgeschichte«, wie der chinesische Strategieexperte Liu Mingfu die Eindämmungspolitik der USA gegenüber China nennt, bedroht nicht nur die Globalisierung und damit den Wohlstand, den diese gerade auch Europa gebracht hat. Die damit verbundene drohende Spaltung der Welt in zwei Lager erhöht auch die Gefahr eines neuen Kalten, ja vielleicht sogar heißen Krieges.

Den außenpolitischen »Schwenk nach Asien« mit der Absicht, China einzudämmen, hat nicht erst Donald Trump vollzogen, sondern bereits sein Vorgänger Barack Obama. Und die geopolitische Rivalität mit Peking wird sich auch unter dessen ehemaligem Vize- und heutigen Präsidenten Joseph Biden fortsetzen. Sie könnte sich sogar noch verstärken. Denn Biden muss vor allem die tiefe politische Spaltung des Landes beenden. Die Geschichte ist reich an Beispielen dafür, wie Politiker dies durch Mobilisierung der Bevölkerung gegen einen äußeren Feind bewerkstelligen wollten. Für Orville Schell, Direktor des *Center on US-China Relations* bei der *Asia Society*, steht jedenfalls fest: »Mit den Demokraten bekommt man vielleicht mehr Höflichkeit an der Spitze der Regierung. Aber in der amerikanischen Politik gibt es derzeit nirgends eine Wählerschaft, die für Zusammenarbeit mit China steht.«

Ob die Rivalität zwischen den USA und China die Welt in einen neuen Kalten Krieg führt und am Ende vielleicht sogar in einen militärischen Konflikt mündet oder halbwegs friedlich verläuft, hängt nicht zuletzt auch davon ab, wie Europa sich verhält. Der amerikanische Außenpolitikexperte Chas Freeman jr. hat den Aufstieg Chinas und Asiens in Verbindung mit dem Niedergang Amerikas einmal als einen Zustand der »Entropie in der Geopolitik« bezeichnet. Damit die damit verbundene politische Hitze nicht irreversibel zunimmt und irgendwann zur Explosion führt, muss ein anderes System sie aufnehmen und abkühlen. Nach Lage der Dinge kommt dafür nur Europa infrage. Allein Europa kann Amerika davon überzeugen, dass es kein natürliches Recht auf eine ewige Hegemonialstellung gibt und es nicht nur für die Menschheit insgesamt, sondern am Ende auch für es selbst besser ist, den geordneten Rückzug anzutreten und einen friedlichen Übergang zu einer multipolaren Weltordnung aktiv mitzugestalten. »Ohne eine gewisse Basis für eine gemeinsame Zusammenarbeit«, so Henry Kissinger, der Altmeister der amerikanischen Diplomatie, über das Verhältnis seines Landes zu China, »wird die Welt in eine Katastrophe schliddern, die mit dem Ersten Weltkrieg vergleichbar ist.«

Wenn überhaupt jemand, dann kann nur Europa das Ende der Globalisierung, einen Kalten Krieg 2.0 oder gar einen Dritten Weltkrieg verhindern. Mit dem Aufbau der Europäischen Union hat es das bisher größte Friedenswerk der Weltgeschichte geschaffen sowie nach Amerika und China global am meisten Gewicht und zugleich Glaubwürdigkeit, weil es selbst ohne hegemonialen Ehrgeiz ist. Um diese welthistorische Vermittlerrolle übernehmen zu können, muss Europa sich aber zuerst vom Gängelband Amerikas lösen. Werden die führenden Politiker in Berlin und Paris, Rom und Madrid und in den anderen Hauptstädten der EU die Fantasie und den Mut dazu aufbringen? Oder werden sie dem Druck Washingtons nachgeben und aufgrund der traditionellen »Werte-Gemeinschaft« mit Amerika oder aus Unkenntnis und Angst vor China davor zurückschrecken?

Im letzten Kalten Krieg musste das freie und demokratische Europa sich gegen Expansionsgelüste des benachbarten kommunistischen Sowjetblocks verteidigen und war dazu auf den Beistand Amerikas angewiesen. Von dem fernen China hat es heute außer einer verschärften wirtschaftlichen Konkurrenz kaum etwas zu befürchten. Das verschafft ihm strategischen Freiraum und Einflusspotenzial, nicht nur gegenüber den Vereinigten

Staaten, sondern auch gegenüber China: Für einen Kalten Krieg mit Peking ist Washington auf Europa angewiesen. China wiederum kann ohne die Kooperation der Europäer sein geopolitisches Hauptziel nicht erreichen, Eurasien wieder zum Zentrum der Weltwirtschaft und Weltpolitik zu machen.

Geschichte heißt Veränderung. Wenn die Verhältnisse sich ändern und mit ihnen die Interessenlage, muss sich auch die Politik ändern. Wie die USA mit ihrem »*Pivot to Asia*« den Schwerpunkt ihrer Außenpolitik von Europa nach Asien verlagert haben, so muss auch Europa seine Aufmerksamkeit von der traditionellen transatlantischen Verbindung weg stärker auf diesen Kontinent richten. Anders als Amerika allerdings nicht in der Absicht, Chinas weiteren Aufstieg zu bremsen oder zu verhindern, sondern um diesen möglichst optimal für sich selbst zu nutzen und zugleich dafür zu sorgen, dass die Weltgemeinschaft insgesamt möglichst stark davon profitiert. Historisch betrachtet wäre eine stärkere Hinwendung Europas nach Asien ohnehin nur eine Rückkehr zur Normalität. Bis vor etwa 200 Jahren lag der Schwerpunkt von Weltwirtschaft und Weltpolitik immer in Eurasien.

Die Chancen einer solchen Re-Fokussierung überwiegen die Risiken bei Weitem. Eine strategische Kooperation insbesondere bei der Initiative »Neue Seidenstraße« würde Europa (und vor allem Deutschland), gerade nach den Verwüstungen der Coronakrise, sowohl beträchtliches neues Wachstumspotenzial verschaffen, als auch die drohende Zunahme von Massenmigration aus Asien und Afrika entschärfen und so die Gemeinschaft stabilisieren. Mit einer ebenso klugen wie prinzipientreuen Fernostpolitik analog zur seinerzeitigen deutschen Ostpolitik Willy Brandts könnte Europa einen Kalten Krieg oder gar einen Schießkrieg zwischen den USA und China (plus Russland) verhindern, der die ganze Welt ins Unglück stürzen würde. Die Emanzipation von Amerika und die Übernahme einer führenden Rolle bei der Herausbildung einer friedlichen multipolaren

Weltordnung böten zudem eine neue, kraftvolle Erzählung, die vor allem die Jugend auf diesem Kontinent wieder für das europäische Projekt begeistern könnte. Ein solches Narrativ ist dringend vonnöten. Ein Dreivierteljahrhundert nach Ende des Zweiten Weltkriegs ist mit der abnehmenden Kriegsangst auch der Schwung des europäischen Einigungsprozesses erlahmt, die Idee von Europa verblasst. Wenn es eine Zeit »ehrt, dass sie genug Mut aufbringt, Angst vor dem Krieg zu haben«, wie der Schriftsteller Albert Camus mit Blick auf das Nachkriegs-Europa schrieb, so ist unsere Zeit dabei, diese Ehre immer mehr zu verlieren.

Europas Interessen decken sich weder mit denen der USA noch mit denen Chinas. Wir müssen uns deshalb auch nicht zwischen diesen beiden Mächten entscheiden, wie manche meinen, sondern vielmehr einen dritten, unseren eigenen Weg wählen. Die Frage lautet nicht: Amerika oder China? Sondern: Findet Europa sich damit ab, nicht Herr seines eigenen Schicksals zu sein und nur zuzuschauen, wie andere darüber entscheiden? Begnügt es sich weiter mit der Rolle des kleinen Bruders in einer ungleichen atlantischen Allianz? Oder emanzipiert es sich aller Dankbarkeit für Hilfe und Beistand in der Vergangenheit zum Trotz vom großen Bruder Amerika, verschafft sich geostrategische Autonomie und verfolgt konsequent seine eigenen Interessen, um seinen Wohlstand und Zusammenhalt, seine Werte, Identität und eine führende Rolle in der Welt zu sichern?

Sich von den USA zu emanzipieren bedeutet nicht, die sogenannte *Pax Americana*, die zuletzt nicht mehr viel Friedliches an sich hatte, durch eine *Pax Sinica* zu ersetzen. Das Ende des Machtmonopols der USA darf nicht in ein neues Monopol münden. Monopole jeder Art sind schädlich, in der Politik noch mehr als in der Wirtschaft. International noch mehr als national. Sich aus den Armen des großen Bruders USA zu befreien heißt nicht, sich China in die Arme zu werfen. Dies wäre geradezu widersinnig. Denn China teilt unsere Vorstellungen von Demokratie, Rechtsstaat und Menschenrechten anders als die USA nicht einmal auf dem Papier. Und das wird auf absehbare Zeit auch so bleiben. Sich dem Aufstieg des volkreichsten Landes der Erde nicht entgegenzustellen und mit ihm wo immer möglich zum eigenen Vorteil zusammenzuarbeiten kann nicht heißen, die bestehenden tiefgreifenden ideologischen Gegensätze zu ignorieren. Es bedeutet nur, die Kultur und Ideale des Westens nicht auf die gesamte Welt zu projizieren, andere Zivilisationen mit anderer Geschichte, anderen Wertvorstellungen und einem anderen Entwicklungsstand zu respektieren und sie nicht mit Gewalt, sondern durch konsequentes Vorleben der eigenen Werte von deren Überlegenheit überzeugen zu wollen.

Dieses Buch ist somit kein Plädoyer für einen Pakt mit einem autoritären Regime. Es ist ein Plädoyer für die Freiheit eines jeden Landes, selbst zu entscheiden, welchen Weg es einschlagen will. Und es geht davon aus, dass Demokratie, Rechtsstaat und Schutz der Menschenrechte in China (und auf der ganzen Welt) durch kritisch-konstruktive Zusammenarbeit eher gedeihen können als durch eine Politik der Konfrontation, des Regimewechsels und Kalten Krieges.

Eine stärkere Hinwendung Europas zu Eurasien bedeutet auch nicht eine endgültige Abkehr von Amerika und schon gar kein Aufkündigen der westlichen Grundwerte. Ganz im Gegenteil. So wie Amerika sich entwickelt hat, vermag es diese sogenannten »westlichen Werte« inzwischen nicht mehr glaubhaft zu vertreten. Als Alibi für Hegemonialstreben benutzt und anderen Staaten gewaltsam übergestülpt, haben sie rund um die Welt schon jetzt stark an Glaubwürdigkeit eingebüßt. Ein von den USA unabhängiges Europa, das diese Werte auch im internationalen Umgang miteinander exemplarisch vorlebt und auf ihre Strahlkraft im friedlichen Wettstreit der Systeme vertraut, vermag ihnen wieder neue Geltung zu verschaffen. Im engen politischen und militärischen Schlepptau der USA dagegen kann sich auch Europa nicht mehr mit der nötigen Überzeugungskraft als Hort des Friedens und der Freiheit präsentieren.

Allein schon weil die Europäische Gemeinschaft bei der Rettung der Welt vor dem ökologischen Armageddon die Vorreiterrolle anstrebt, muss sie sich von den Vereinigten Staaten unabhängig machen. Denn diese sind durch ihren hohen Ölverbrauch, ihre starke eigene Ölförderindustrie und auch die Bedeutung des Petrodollars für ihren Lebensstandard mit dem fossilen Brennstoff Erdöl in ganz besonderer Weise verbunden. Das gilt auch nach dem Wiederbeitritt zum Pariser Klimaabkommen. Ein Kalter Krieg gegen China würde den Kampf gegen den Klimawandel von vorneherein zum Scheitern verurteilen. Zwar produziert das Land pro Kopf nicht einmal halb so viel, aber in absoluten Mengen das Doppelte an Kohlendioxid wie die USA und dreimal so viel wie Europa. Mit der weiteren wirtschaftlichen Entwicklung des Landes werden diese Emissionen zunächst sogar noch zunehmen. Peking selbst sieht den Scheitelpunkt für den CO_2-Ausstoß in China nicht vor 2030 und sogenannte »Klimaneutralität« erst 2060. Und auch das nur unter der Annahme, dass es nicht zu einer Teilung der Welt in zwei sich feindlich gegenüberstehende Blöcke kommt.

Wer fürchtet, ein unabhängiger Weg, der sich auf die Prinzipien der friedlichen Koexistenz und des Völkerrechts stützt, drohe Europa letztlich zu einer Kolonie Chinas zu machen, verkennt nicht nur die Entwicklung dieses Landes und seine Absichten, er hat unseren Kontinent bereits abgeschrieben und kann ihn sich offenbar nur noch als Wurmfortsatz Amerikas vorstellen. Wer erwartet hat, ein so großes und altes Land wie China mit einer von der westlichen so verschiedenen Kultur werde mit zunehmender wirtschaftlicher Entwicklung zu einem Abziehbild des Westens, und jetzt, da dem immer noch nicht so ist, das »Ende der Naivität« gegenüber dem Land ausruft, war selbst mehr als nur naiv. Es war arrogant und kulturimperialistisch. Wenngleich nicht in dem Tempo und Maße, in dem viele in der westlichen Welt sich das wünschten, hat China sich in den zurückliegenden Jahrzehnten im Übrigen in vielfacher Hinsicht dem Westen angenähert und tut dies weiter. Nur so ist dem Land überhaupt sein fulminanter Aufstieg gelungen. Als Gegner oder Feind wird es erst wahrgenommen, seit es von einem Produzenten von Billigprodukten zu einem ernsthaften Konkurrenten herangewachsen ist. In der Ära Mao Zedongs war der ideologische Graben zwischen China und dem Westen viel breiter und tiefer; Demokratie, Rechtsstaat und Schutz der Menschenrechte fehlten in China damals noch viel mehr als heute. Und das Wirtschaftssystem des Landes war seinerzeit ungleich sozialistischer. Im geopolitischen Ringen mit der Sowjetunion hat all das die USA damals nicht davon abgehalten, das maoistische China auf seine Seite zu ziehen, die gegenüber dem Land verhängte Wirtschaftsblockade abzubrechen, wieder diplomatische Beziehungen mit ihm aufzunehmen und es als ständiges Mitglied in den UN-Sicherheitsrat zu holen.

Nicht nur deswegen ist die ideologische Verteufelung Chinas vor allem durch Amerika so unglaubwürdig: Dort sind Demokratie, Rechtsstaat und Schutz der Menschenrechte selbst nicht mehr, was sie einmal waren. Das Land ist zu einer Plutokratie geworden und sogar der friedliche Machtwechsel durch Wahlen nicht mehr selbstverständlich; der militärisch-industrielle Komplex und die Geheimdienste haben in dem Land unziemlich viel Macht an sich gerissen; seine Bürger den Glauben an die Gründungsidee, den amerikanischen Traum, die Aufstiegschance für jeden, verloren.

Vor einem halben Jahrhundert schrieb der französische Politiker und Publizist Jean-Jacques Servan-Schreiber ein Buch mit dem Titel »Le Défi Americain« auf Deutsch: »Die amerikanische Herausforderung«. Es trug wesentlich zu dem Bewusstsein bei, dass sich Europa nur vereint erfolgreich gegen die damals drohende Übermacht der USA zur Wehr setzen kann, und gab der europäischen Einigung wichtige Impulse. Heute hat Europa gleich eine doppelte Herausforderung zu bewältigen: den Niedergang der USA und den gleichzeitigen Aufstieg Chinas. »Wir erleben gerade das Ende der westlichen Hegemonie«, rief Servan-Schreibers Landsmann, der französische Präsident Emmanuel Macron, in einer bemerkenswerten, aber in Deutschland leider viel zu wenig beachteten außenpolitischen Grundsatzrede seinen Botschaftern auf deren Jahrestagung Ende August 2019 in Paris zu.

Nach der Finanzkrise von 2008 haben Corona und die Ereignisse rund um den jüngsten Machtwechsel in den USA den Westen ein weiteres Mal schwer geschwächt, Asien und besonders China dagegen gestärkt. Grundlegende geopolitische Entwicklungen, die sich schon seit einiger Zeit zunehmend Bahn brechen, sind an einer kritischen Weggabelung angelangt. Dieses Jahrzehnt wird über den Verlauf des gesamten Jahrhunderts entscheiden. Die Welt muss neu vermessen werden. Drei Jahrzehnte nach dem Fall des Eisernen Vorhangs hat Europa erneut ein Rendezvous mit der Geschichte. Der weltpolitische Gezeitenwechsel stellt unseren Kontinent vor eine große Herausforderung, bringt zugleich aber auch große Chancen mit sich. Erstere kann Europa nur bestehen und Letztere nur wahrnehmen, wenn es sich von Amerika emanzipiert.

Die Parole »*Ami go gome!*«, die diesem Buch als Titel dient, wird meist von Antikapitalisten, Pazifisten, Nationalisten oder Parteigängern Moskaus und Pekings erhoben. Ich war nie und bin auch heute nicht einer dieser Kategorien zuzurechnen. Obwohl ich noch nie daran glaubte, dass Amerika das von Gott auserwählte Land ist, als das es sich selbst gerne betrachtet, gehörten ihm seit frühester Jugend meine Neugier und Sympathie. In meiner südwestpfälzischen Heimat bin ich neben vielen Tausend dort stationierten GIs aufgewachsen, habe von ihnen amerikanisches Englisch und manches andere gelernt. Später, als Student, demonstrierte ich zwar gegen den Krieg in Vietnam und den Sturz des gewählten Präsidenten Salvador Allende in

Chile mithilfe der CIA. Aber das ließ mich genauso wenig zum Amerika-Feind werden wie dies die vielen Amerikaner waren, die damals genau dasselbe taten.

Direkt im Anschluss an mein Studium reiste ich monatelang kreuz und quer durch die Staaten. Dabei schloss ich zahlreiche Freundschaften, die zum Teil bis heute anhalten. Meine Frau hat in Amerika enge Verwandte. Über die Jahre habe ich immer wieder ausgedehnte Urlaubsreisen in dem Land gemacht: Diese und die beruflichen Reisen, die mich öfter über den Nordatlantik führten, gehörten stets zu meinen liebsten. Viele Jahre engagierte ich mich auch im *Board of Trustees* des *American Institute for Contemporary German Studies* in Washington für die Freundschaft zwischen Deutschland und den USA.

Es gibt für dieses Amerika-kritische Buch keinen Heureka-Moment wie die plötzliche Einsicht in das Prinzip des spezifischen Schwergewichts, die der griechische Mathematiker Archimedes eines Tages beim Baden hatte. Meine Einsicht, dass Europa sich von den USA emanzipieren muss, stellte sich allmählich ein. Liebe erkaltet langsam. Und, so Arthur Schnitzler, »das Ende einer Liebe erhöht die Sehschärfe«. Meine Liebe zu Amerika ist in den Jahren nach der Wiedervereinigung und nach 9/11 erkaltet, in denen Washington sein Machtmonopol in der Welt immer ungenierter und rücksichtloser auslebte. Der Gegensatz zwischen hehrem moralischem Anspruch und einer von reinem Machtkalkül bestimmten Wirklichkeit wurde im Laufe der Zeit einfach zu groß und drängte zur Auflösung.

Wenn Liebe schwindet, erwächst daraus entweder vornehmlich Wut wegen der Enttäuschung oder Trauer über den Verlust. Bei mir ist es eher Letzteres. Zusammen mit zig Millionen Amerikanern und Hunderten Millionen Menschen in aller Welt wünsche ich mir ein anderes Amerika. »*Ami go home!*«, der Titel dieses Buches, bedeutet deshalb nicht »Amerika hau ab!«, sondern: »Amerika, geh und mach deine Hausaufgaben!« *Ami go home to do your homework!* Erinnere dich des großartigen Versprechens deiner Unabhängigkeitserklärung und konzentriere dich darauf, es für alle Amerikaner einzulösen: *Life, Liberty and the Pursuit of Happiness*. Hör auf, in seinem Namen Krieg zu führen und die Welt zwangsbeglücken zu wollen! Lass ab von deinem Monopolanspruch und teile die Macht mit anderen!

Leser, die bei der Lektüre dieses Buches an der einen oder anderen Stelle das Gefühl beschleicht, Amerika komme gerade im Vergleich mit China zu schlecht weg, mögen sich vergegenwärtigen, dass dieses Buch geschrieben wurde, um die Notwendigkeit einer Emanzipation Europas von den USA zu begründen, nicht eine Allianz mit China. Eine solche steht nicht zur Debatte. Anverwandte, Freunde, Werte- und Bündnispartner müssen höheren Anforderungen gerecht werden als Geschäftspartner oder Partner in einer reinen Interessenkoalition. Der Westen kann seine Krise auch nicht überwinden, indem er mit dem Finger auf andere zeigt; er muss vor der eigenen Tür kehren.

Harte Kritik und der Versuch zu helfen schließen sich nicht aus. Die USA brauchen jetzt das, was dort »*tough love*« heißt: eine ebenso harte wie wohlmeinende Haltung, die einem anderen dadurch helfen will, dass sie ihn dazu bringt, sich selbst zu helfen und sich zu ändern. Europa kann Amerika aber nur durchgreifend und nachhaltig helfen, wenn es sich von ihm emanzipiert. Denn nur als unabhängige und eigenständige Größe kann es genug Druck ausüben, um Washington zu einem geordneten Rückzug von der alleinigen Hegemonialstellung zu bewegen und davon zu überzeugen, dass eine gerechte Teilung der Macht in der Welt am Ende für alle besser ist. Ein wirklich souveränes Europa ist nicht nur Voraussetzung für ein besseres Europa, sondern auch für ein besseres Amerika. Genauso wie für ein besseres China. Und damit für eine bessere Welt.

Köln, im Januar 2021 *Stefan Baron*

TEIL I

Der geopolitische Epochenwechsel

»Wenn sich die Fakten ändern, ändere ich meine Meinung«, soll der britische Ökonom John Maynard Keynes einst einem Kritiker erwidert haben, der ihm vorwarf, anderen Sinnes geworden zu sein. In der Geschichte ändern sich die Dinge laufend, es ist geradezu das Wesen der Geschichte. Bliebe alles immer gleich, wäre dies ihr Ende.

Die wichtigsten Fakten im Verhältnis von Staaten untereinander sind ihre Interessen. Wandeln sie sich, muss auch ihr Verhältnis zueinander angepasst werden. »Wir haben weder ewige Verbündete noch immerwährende Feinde«, so das berühmte außenpolitische Diktum von Keynes' Landsmann Viscount Palmerston. »Ewig und immerwährend aber sind unsere Interessen.« Diese zu verfolgen sei die »Pflicht« der Staatenlenker.

Seit dem Ende des Kalten Krieges haben sich Europas Interessen gegenüber Amerika grundlegend geändert: Die USA, lange Zeit einzige Supermacht in der Welt, büßen seit Jahren progressiv an Kraft und Strahlkraft ein, das Schwergewicht der Weltwirtschaft und Weltpolitik verlagert sich zunehmend von ihnen weg hin nach China. Gleichwohl lehnt Washington es ab, die Bühne mit Peking zu teilen, und versucht, den drohenden Verlust seiner Hegemonialstellung mit aggressiver Eindämmungspolitik zu verhindern. Dabei setzt es nicht nur seinen größten zivilisatorischen Beitrag zur Weltgeschichte, die Globalisierung, sondern auch den Frieden aufs Spiel und schadet damit nicht zuletzt auch den Interessen seiner langjährigen Verbündeten in Europa.

Der Abstieg Amerikas

Nach dem Ersten Weltkrieg ist Amerika zum mächtigsten Imperium der Welt aufgestiegen, nach dem Zweiten Weltkrieg wurde es noch einmal ein gutes Stück mächtiger und mit dem Zusammenbruch des Sowjetreichs vor drei Jahrzehnten schließlich das erste wirklich globale Imperium der Geschichte. Weil er glaubte, Demokratie und Kapitalismus hätten nunmehr endgültig gesiegt, rief der Politologe Francis Fukuyama damals das »Ende der Geschichte« aus. Aber Imperien kommen und gehen. Keines währt ewig. Heute neigt sich auch das amerikanische seinem Ende zu. »Was ist mit dem amerikanischen Jahrhundert geschehen?«, titelte »Foreign Affairs«, die Hauszeitschrift des außenpolitischen Establishments der USA, bereits im Sommer 2019.

Die Amerikaner haben sich stets als eine Art auserwähltes Volk betrachtet, ihr Land über alle anderen Länder der Welt gestellt, als »Gottes eigenes Land«, »Land der unbegrenzten Möglichkeiten« und »leuchtende Stadt auf einem Hügel« und Vorbild für die ganze Welt gerühmt. Die ehemalige Außenministerin Madeleine Albright bezeichnete die USA sogar als »unverzichtbare Nation«.

Das fast schon religiös anmutende Sendungsbewusstsein hat im Lauf der vergangenen Jahrzehnte jedoch einer wachsenden Desillusionierung Platz machen müssen. Amerikas Leitkultur, wegen der Verbrechen der europäischen Einwanderer an seinen Ureinwohnern sowie der Sklavenhaltung ohnedies von Anfang an nicht unbefleckt, büßte zunehmend an Glaubwürdigkeit ein – nach innen wie nach außen. 2016 wurde Donald Trump mit dem

Versprechen zum Präsidenten gewählt, Amerika »wieder großartig« zu machen. »*MAGA! Make America Great Again!*«, lautete seine Wahlkampfparole. Schon damals haben die Amerikaner ihr Land offenbar nicht mehr als großartig empfunden. Heute ist dies noch viel weniger der Fall. In einer Umfrage des Pew Research Centers vom September 2019, also noch vor Corona und den Turbulenzen rund um die Präsidentschaftswahlen und den Machtwechsel 2020, setzten nur noch 24 Prozent aller erwachsenen US-Bürger ihr Land über alle anderen. 21 Prozent meinten, andere Länder seien besser. Speziell unter jungen Amerikanern ist der einst unbändige Stolz auf das eigene Land offenbar nur noch gering ausgeprägt. Ganze 15 Prozent der 18- bis 29-Jährigen erklärten in der Umfrage ihr Land für das großartigste der Welt, gut doppelt so viele, 31 Prozent, fanden andere besser. Erst in den Altersklassen von 50 an aufwärts konnte sich das traditionelle Selbstbewusstsein halten.

Von sicheren Fakten ungerührt verkündete Präsident Trump beim Davoser Weltwirtschaftsforum im Januar 2020 der Welt, der »amerikanische Traum« sei »wieder da«, und zwar »größer, besser und stärker als je zuvor«. Kurz darauf behauptete er in seiner alljährlichen Ansprache zur Lage der Nation, »in nur drei kurzen Jahren« habe seine Regierung »die Stimmungslage vom Niedergang Amerikas zerbrochen und das Schrumpfen von Amerikas Bestimmung widerlegt«. Laut *Edelman-Trust*-Barometer von Anfang 2020 glaubten jedoch nur noch nur 43 Prozent der Amerikaner, dass es ihnen oder ihrer Familie in fünf Jahren besser gehen werde. Nach den Verheerungen der Corona-Seuche mit weit über 300.000 Toten, Millionen neuen Arbeitslosen und Billionen an zusätzlichen Schulden fallen auch diese Werte sicher noch einmal deutlich schlechter aus.

Nicht nur im eigenen Land, auch draußen in der Welt hat sich das Bild von Amerika stark verdüstert, und das nicht nur im Hinblick auf seine wirtschaftliche Leistungskraft. Dem im Juni 2020 veröffentlichten *Democracy Perception Index* des Marktforschungsinstituts *Dalia Research* zufolge fanden in über 50 befragten Ländern nahezu die Hälfte der Befragten, Amerika schade der Demokratie in der Welt mehr, als es helfe. Darunter waren mit Ausnahme von Polen, Rumänien, Ungarn und der Ukraine alle europäischen Länder, allen voran Deutschland und Österreich. Bei denen, die den USA noch einen positiven Einfluss bescheinigten, hatte sich diese Überzeugung gegenüber dem Vorjahr nahezu durchweg deutlich abgeschwächt. Auch in den USA selbst betrug der Positivsaldo nur noch 22 Prozent gegenüber 33 Prozent im Jahr zuvor. In einer Umfrage des Meinungsforschungsinstituts Kantar nach der Wahl im November 2020 erklärten 53 Prozent der Deutschen, die Vorgänge vor, bei und nach dem Urnengang hätten ihr Vertrauen in die amerikanische Demokratie weiter geschwächt. Die Erstürmung des Kapitols durch Trump-Anhänger Anfang 2021 dürfte diese Wahrnehmung weiter gefestigt haben.

Wie konnte das Land, das mit dem Zusammenbruch der Sowjetunion und des Ostblocks zur alleinigen und ersten wirklich globalen Supermacht geworden und nahezu in der gesamten Welt einmal bewundert oder zumindest beneidet war, so stark an Ansehen verlieren? »Zivilisationen sterben durch Selbstmord, nicht durch Mord«, so der Historiker Arnold Toynbee. Wie Zivilisationen ergeht es auch Imperien. Mit wachsender Machtfülle werden sie zunehmend hochmütig und begehen immer mehr Fehler, die ihre Macht aushöhlen und sie schließlich zu Fall bringen. Hatte der einstige Außenminister und spätere Präsident John Quincy Adams für sein Land noch festgestellt: »Amerika wünscht allen Freiheit und Unabhängigkeit; verficht diese aber nur bei sich selbst«, so ist diese Haltung inzwischen längst hegemonialem Machtkalkül gewichen. Im Laufe der Zeit entwickelte Amerika eine imperiale Arroganz, die die Welt als Objekt der Beherrschung und Ausbeutung betrachtete, zu zahlreichen Kriegen führte, unzählige Feinde schuf und selbst viele Alliierte entfremdete. Damit verbunden war eine Überdehnung der wirtschaftlichen Kräfte des Landes, außerdem erodierte das politische und gesellschaftliche System immer mehr. Zusammengenommen zerstörte dies alles auch die moralische Grundlage für den Hegemonie-Anspruch der USA. Die »leuchtende Stadt auf dem Hügel« leuchtet nicht mehr.

Imperiale Arroganz

Gute Zeiten, so heißt es schon in Aristoteles' »Rhetorik«, bringen einen »arroganten und unvernünftigen Charakter« hervor. Mit dem Zusammenbruch der Sowjetunion 1991 wurden die Zeiten für die USA mehr als gut. Der einzigen verbliebenen Supermacht der Welt eröffnete sich damals eine historische Chance: Sie hätte die Friedensdividende einfahren, die enormen Militärausgaben drastisch kürzen, sich auf die Rolle eines sanften Hegemons zurückziehen, sich dem Wohlergehen ihrer eigenen Bürger widmen und etwa ihr unterentwickeltes Gesundheits- und Sozialsystem verbessern können. Es wäre eine Politik des »*America First*« im besten Sinne gewesen. Washington entschied sich jedoch für das Gegenteil und wählte eine Politik des »*Empire First*«, wie es David Stockman, einst Budgetdirektor unter Präsident Ronald Reagan, formulierte. Die hohen Militärbudgets, mit denen im Kalten Krieg die Sowjetunion zugrunde gerüstet wurde, waren nach deren Zusammenbruch nicht mehr nötig, Amerika hatte keinen Rivalen mehr. Dennoch rüstete Washington weiter auf und betätigte sich immer mehr als Weltpolizist. »Macht korrumpiert«, so der britische Historiker und Politiker Lord Acton, »absolute Macht korrumpiert absolut.« Monopole führen zu schlechten Ergebnissen für die Allgemeinheit, nicht nur in der Wirtschaft, sondern ebenso in der Politik, vor allem der Außenpolitik.

Dort kommt noch hinzu, was der amerikanische Ex-Diplomat Chas Freeman jr. als »Feindentzugserscheinungssyndrom«

bezeichnet. Während des Kalten Krieges hatte der militärisch-industrielle Komplex in den USA viel Geld verdient und immer mehr Macht angesammelt. Nach dem Zusammenbruch des Sowjetblocks wollte er diese Macht und Pfründe nicht mehr hergeben, Ersatz für die sowjetische Gefahr musste her und wurde in Gestalt des Russland von Wladimir Putin, des Terrorismus von Al-Qaida, des Mullah-Regimes im Iran und schließlich und vor allem des aufstrebenden China auch gefunden. In seinem Buch mit dem bezeichnenden Titel »The Jungle Grows Back« vergleicht der konservative Autor und einflussreiche konservative Politikberater Robert Kagan die Welt mit einem »Garten«, der »durch die Kräfte der Natur stets bedroht« sei und den zu erhalten einen »ständigen Kampf gegen Ranken und Unkraut« erfordere. Der GI gewissermaßen als Gärtner im Garten Gottes ohne Unterlass gegen den wuchernden Wildwuchs des Bösen kämpfend. Amerika als Vertreter des Allmächtigen auf dieser Erde. Die Anmaßung war auf ein biblisches Ausmaß angeschwollen.

In seiner Abschiedsrede beim Auszug aus dem Weißen Haus hatte Präsident Dwight D. Eisenhower seine Landsleute schon 1961 gewarnt: Amerikas Führung und Ansehen seien davon abhängig, »wie wir unsere Macht im Interesse des Weltfriedens und von Verbesserungen für die Menschheit gebrauchen«. Die USA müssten sich »davor hüten, dass der militärisch-industrielle Komplex unerwünschten Einfluss auf die Regierung nimmt«, so der ehemalige General und Kriegsheld. Das »Potenzial für einen desaströsen Anstieg fehlplazierter Macht« sei bereits vorhanden. »Die Kombination eines riesigen militärischen Establishments mit einer großen Waffenindustrie« sei »eine neue Erfahrung« für das Land, die schwerwiegende Implikationen habe. »Wir dürfen das Gewicht dieser Kombination niemals unsere Freiheiten oder demokratischen Prozesse gefährden lassen«, so Ike voll dunkler Vorahnung. Die Welt wachse immer mehr zusammen und müsse daher zu einer »Konföderation von gegenseitigem Vertrauen und Respekt« werden, ein Verbund »von Gleichen«, in dem »die Schwächsten mit derselben Zuversicht an den Konferenztisch kommen können wie wir«.

Eisenhowers weise Mahnung verhallte im heraufziehenden Kalten Krieg. Als alleinige Supermacht nach dessen Ende warf Amerika dann auch noch die letzten Hemmungen ab. In den 25 Jahren seit dem Fall des Eisernen Vorhangs, so rechnete 2018 der wissenschaftliche Dienst des US-Kongresses vor, haben die USA ihre Streitkräfte 152 Mal im Ausland eingesetzt. Wer die Welt und seinen Platz darin so sieht wie Robert Kagan, fühlt sich dazu verpflichtet, ständig Krieg gegen den »Dschungel« zu führen. Und der denkt auch nicht daran, die NATO aufzulösen, nur weil der kommunistische Ostblock nicht mehr existiert, gegen dessen expansive Absichten sie einmal gegründet worden war. Er vergrößert einfach den Zuständigkeitsbereich des Gärtners. So dehnte Amerika im Laufe der Jahre das Verteidigungsbündnis immer weiter nach Osten bis an die Grenze Russlands aus. Statt 15 gehören der Allianz heute 30 Länder an.

Die von Washington systematisch betriebene Osterweiterung der NATO belegt, dass es Westeuropa vor allem als Brückenkopf auf der für eine andauernde Weltherrschaft entscheidenden eurasischen Landmasse ansah. Genauso wie Japan und Südkorea an deren anderem Ende. Amerikas »militärische Legionen« hätten sich am westlichen und östlichen Ende Eurasiens »festgesetzt«, seine »Vasallen und Tributpflichtigen« seien über den ganzen Kontinent verstreut«, schrieb Zbigniew Brzeziński 1997 ganz unverblümt in »The Grand Chessboard«. Damit gelte es sicherzustellen, dass »kein Staat oder eine Kombination von Staaten die Fähigkeit erlangt, die USA aus Eurasien zu vertreiben oder auch nur deren entscheidende Rolle als Schiedsrichter erheblich einzuschränken«. Es sei absolut »zwingend« zu verhindern, dass ein Land in Eurasien es schafft, den Kontinent »zu dominieren und damit auch die USA als erste wirklich globale Macht herauszufordern«.

Die Ausdehnung der NATO und des amerikanischen Einflussbereichs nach Osteuropa

Um ihre geopolitischen Ziele zu erreichen, war und ist den USA offenbar jedes Mittel recht – auch das der Lüge und Täuschung. Bei einer Podiumsdiskussion an der Texas A&M University am 15. April 2019 erzählte der damalige US-Außenminister Mike Pompeo, vormals CIA-Chef, in einem Anfall von Ehrlichkeit, als Kadett an der Militärakademie in West Point sei gelehrt worden, nicht zu lügen, zu betrügen und zu stehlen und diejenigen, die es dennoch tun, nicht zu tolerieren. Um dann wie folgt fortzufahren: »Ich war CIA-Direktor. Wir haben gelogen, betrogen und gestohlen. Wir hatten richtige Trainingskurse dafür!« Das Lügen ist nicht nur auf den Geheimdienst beschränkt.

Aus zahlreichen Gesprächsprotokollen und Memoranden der Jahre 1990/91, die das nationale Sicherheitsarchiv an der George-Washington-Universität Anfang 2017 freigegeben hat, geht hervor, dass Amerikas führende Politiker den gutgläubigen sowjetischen Staatschef Michail Gorbatschow bei den Verhandlungen über die Wiedervereinigung Deutschlands gezielt hinters Licht führten – und unser Land seine Einheit nicht zuletzt dieser Täuschung zu verdanken hat. Wer die dazu vorliegenden Dokumente liest, sieht sich an den Indianerhäuptling Black Hawk erinnert. Nach seiner endgültigen Niederlage in der Auseinandersetzung um die Stammesgebiete am Bad Axe River im Jahr 1832 klagte dieser in seiner Kapitulationsrede, die weißen Männer hätten »arglistig« gehandelt, den Indianern ins Gesicht gelächelt, »um sie zu täuschen«, ihnen die Hände geschüttelt, »um sie zu betrügen«:

– Im Dezember 1989, wenige Wochen nach dem Fall der Berliner Mauer, so die amerikanischen Regierungsdokumente aus jener Zeit, vermittelte US-Präsident George H.W. Bush seinem russischen Kollegen Michail Gorbatschow bei einem Gipfeltreffen auf der Mittelmeerinsel Malta den Eindruck, von einer möglichen Wiedervereinigung Deutschlands nicht gerade begeistert zu sein: »Ich bin nicht auf der Mauer herumgetanzt«, so Bush. Aus dem Zusammenbruch des Ostblocks wolle er keinen Vorteil ziehen.

- Ende Januar 1990 berichtete die amerikanische Botschaft in Bonn an das State Department in Washington über eine Rede, die der damalige deutsche Außenminister Hans-Dietrich Genscher kurz zuvor im bayerischen Tutzing gehalten hatte. Genscher habe klargemacht, »dass die Veränderungen in Osteuropa und der deutsche Wiedervereinigungsprozess nicht zu einer Beeinträchtigung der sowjetischen Sicherheitsinteressen führen darf«, die NATO deshalb »die Ausdehnung ihres Territoriums nach Osten ausschließen« und das Gebiet der DDR in einem wiedervereinigten Deutschland aus den militärischen Strukturen der Allianz heraushalten solle, auch wenn das Land ihr Mitglied bleiben wolle.
- Bei einem Treffen mit seinem sowjetischen Kollegen Eduard Schewardnadse am 9. Februar 1990 in Moskau wiederholte der amerikanische Außenminister James Baker exakt Genschers Formulierungen. Und bei der anschließenden Zusammenkunft mit Michail Gorbatschow stimmte er dessen Feststellung zu, dass »eine NATO-Ausdehnung (nach Osten) auf jeden Fall unannehmbar« sei. Baker versicherte, weder Präsident Bush noch er hätten »die Absicht, einseitig Vorteile aus den Vorgängen zu ziehen, die sich gerade abspielen«. Das Bündnis-Gebiet werde »nicht einen *Inch* nach Osten ausgedehnt werden«. Der amerikanische Außenminister vermittelte sogar den Eindruck, ein vereinigtes, wirtschaftlich noch stärkeres Deutschland, das nicht der Allianz angehöre, könnte sich womöglich nuklear bewaffnen. Washington wisse, so Baker, dass nicht nur die Sowjetunion, sondern auch Verbündete in der NATO deshalb »Garantien« für die weitere Präsenz der USA in Europa haben wollten.
- Am darauffolgenden Tag, dem 10. Februar 1990, war Bun-

deskanzler Helmut Kohl mit Gorbatschow in Moskau verabredet. Vor dem Treffen berichtete ihm Baker schriftlich von seinem Gespräch mit dem Führer der Sowjetunion. Er habe diesen wörtlich gefragt: »Würden Sie ein wiedervereinigtes Deutschland außerhalb der NATO vorziehen oder ein wiedervereinigtes Deutschland, das in die NATO eingebunden ist, zusammen mit der Zusicherung, dass die NATO-Jurisdiktion von ihrer heutigen Position nicht einen *Inch* nach Osten rückt?« Gorbatschow habe darauf geantwortet: »Eine Ausdehnung des NATO-Gebiets wäre auf jeden Fall inakzeptabel.« Baker zu Kohl: »Das impliziert, dass eine NATO in ihrem aktuellen Gebiet akzeptabel sein könnte«, sprich: Deutschland könne auch nach einer Wiedervereinigung Mitglied des Verteidigungsbündnisses bleiben. Das Treffen Kohls mit Gorbatschow brachte dann tatsächlich den Durchbruch auf dem Weg zur deutschen Wiedervereinigung. Nachdem der Kanzler bekundet hatte, »dass die NATO ihren Aktionsbereich nicht ausdehnen sollte«, stimmte der sowjetische Staatschef einer deutschen Wiedervereinigung bei weiterer Zugehörigkeit zu der Allianz unter dieser Voraussetzung erstmals prinzipiell zu. Kohl konnte vor Freude die ganze Nacht nicht schlafen.

– Am 18. Mai 1990 war der amerikanische Außenminister erneut in der sowjetischen Hauptstadt, um Gorbatschow mit einem Neun-Punkte-Plan zur künftigen Politik der NATO in Europa davon zu überzeugen, dass Russlands Sicherheitsinteressen auch über die Frage der deutschen Wiedervereinigung hinaus gewahrt blieben: »Ich möchte hervorheben«, so eröffnete Baker das Gespräch, »dass unsere Politik nicht darauf abzielt, Osteuropa von der Sowjetunion abzutrennen. Diese Politik hatten wir einmal. Aber heute sind wir daran interessiert, ein stabiles Europa zu bauen, und zwar zusammen mit Ihnen.« Baker wiederholte gegenüber Gorbatschow auch, was er zuvor bereits Außenminister Eduard Schewardnadse versichert hatte: »Der Prozess wird weder Gewinner noch Verlierer hervorbringen. Stattdessen wird er eine neue umfassende, niemanden ausschließende europäische Struktur schaffen.«

- Am 31. Mai 1990 bestätigte der amerikanische Präsident seinem sowjetischen Amtskollegen bei dessen Besuch in Washington, was sein Außenminister diesem mehrfach versprochen hatte: »Glauben Sie mir, wir drängen Deutschland nicht zur Einigung«, so Bush, »und es sind nicht wir, die das Tempo dieses Prozesses bestimmen. Und selbstverständlich denken wir nicht einmal daran, der Sowjetunion in irgendeiner Weise zu schaden. Deshalb sprechen wir uns für eine Wiedervereinigung Deutschlands im Rahmen der NATO aus, ohne dabei den größeren Kontext der KSZE außer Acht zu lassen«; dieses Modell entspreche »auch den russischen Interessen«. Die Konferenz für Sicherheit und Zusammenarbeit in Europa (KSZE) hatte in ihrer Schlussakte von Helsinki 1975 eine blockübergreifende Zusammenarbeit vor allem in wirtschaftlichen und humanitären Fragen vereinbart und damit schon früh ein wichtiges Signal der Entspannung im Kalten Krieg gesetzt.
- Den Höhepunkt der amerikanischen Umgarnung Russlands markierte schließlich die Abschlusserklärung der NATO-Tagung vom 5. Juli 1990 in London, die US-Präsident Bush in einem anschließenden Telefonat mit Gorbatschow noch einmal höchstpersönlich bekräftigte. In dieser Erklärung versprach die Allianz, sich künftig mehr als politisches und weniger als militärisches Bündnis zu verstehen, sich für regelmäßige diplomatische Kontakte mit der russischen Regierung und den Regierungen der osteuropäischen Länder sowie einer erweiterten KSZE mit neuen Institutionen zu öffnen, an denen sich auch Moskau beteiligen könne. Außerdem gab sie Garantien zum künftigen Umfang der Streitkräfte eines vereinigten Deutschlands sowie eine Nicht-Angriffserklärung

ab und lud Gorbatschow zu einem Besuch in ihr Hauptquartier nach Brüssel ein.

- Zwei Wochen später, am 15. Juli 1990, einigten sich Kohl und Gorbatschow endgültig über die Wiedervereinigung Deutschlands, die am 12. September in Berlin mit der Unterschrift der Vertreter der zwei deutschen Staaten und der vier Siegermächte des Zweiten Weltkriegs unter den Einigungsvertrag verwirklicht wurde. In Artikel 5 Absatz 3 des sogenannten »Zwei-plus-Vier-Vertrags« ist der militärische Sonderstatus des Gebiets der ehemaligen DDR innerhalb der NATO geregelt. Danach sind in diesem Teil Deutschlands nur konventionelle deutsche Streitkräfte »ohne Kernwaffenträger« erlaubt. »Ausländische Streitkräfte und Atomwaffen oder deren Träger« dürfen dort »weder stationiert noch dorthin verlegt« werden.
- Als im Juli 1991 eine Abordnung des Obersten Sowjet das Hauptquartier der Allianz in Brüssel besuchte, habe deren damaliger Generalsekretär Manfred Wörner betont, »dass der NATO-Rat und er selbst gegen eine Expansion« nach Osten seien; »13 von 16 Mitgliedsstaaten« würden diese Linie vertreten. So jedenfalls steht es im Gesprächsprotokoll der russischen Delegation.

Die wiederholten wohlklingenden Absichtserklärungen täuschten über die wahren geopolitischen Ziele der USA hinweg. Robert Gates – unter sechs Präsidenten, von Lyndon Johnson bis George W. Bush, und acht CIA-Chefs im amerikanischen Sicherheitsapparat tätig, von 1991 bis 1993 Chef des Geheimdienstes und danach unter den Präsidenten Bush und Barack Obama Verteidigungsminister – gab später offen zu, dass die USA »in den 90er-Jahren die NATO-Osterweiterung vorangetrieben« hätten, »während Gorbatschow und andere dazu verlockt wurden zu glauben, dies würde nicht geschehen«. Anfang der 90er-Jahre plante Washington zwar noch nicht konkret, eine neue Koalition gegen Moskau zu bilden. Das ändert jedoch nichts daran, dass Amerika von Anfang an sein Herrschaftsgebiet nach Osten ausdehnen wollte. Die US-Regierung baute damals noch darauf, dass Russland unter dem von ihm unterstützten Gorbatschow-Nachfolger Boris Jelzin und der von amerikanischen Ökonomen verschriebenen schnellen Privatisierung der Wirtschaft dem Westen wie eine reife Frucht in den Schoß fallen würde. Vorsichtshalber hatte das Pentagon gleichwohl schon im Oktober 1990 intern dazu geraten, die Tür für eine NATO-Osterweiterung »angelehnt« zu lassen. Als sich nach dem Fehlschlag der wirtschaftlichen Schocktherapie und der Ablösung Jelzins unter dessen Nachfolger Wladimir Putin die Hoffnung verflüchtigte, Russland einfach ins westliche Lager ziehen zu können, stieß Washington die angelehnte Tür weit auf. Die vor der deutschen Wiedervereinigung Moskau gegenüber gemachten Versprechungen wurden ebenso gebrochen wie die im Mai 1997 in Paris verabschiedete NATO-Russland-Grundakte. Diese hatte »die Entschlossenheit« beider Seiten bekräftigt, »ihrer gemeinsamen Verpflichtung zum Bau eines stabilen, friedlichen und ungeteilten, geeinten und freien Europas zum Nutzen aller seiner Völker konkreten Ausdruck zu verleihen«. Die NATO und Russland würden zusammenarbeiten, so hieß es in dem Dokument weiter, »um jede Möglichkeit einer Rückkehr zu einem Europa der Spaltung und Konfrontation oder der Isolierung irgendeines Staates auszuschließen«.

Nach dem Zusammenbruch des Ostblocks schien die Perspektive eines Europas vom Atlantik bis zum Ural für eine gewisse Zeit im Bereich des Möglichen. Noch im September 2001, Polen, Ungarn und Tschechien waren bereits NATO-Mitglieder geworden, warb der russische Staatschef Wladimir Putin in einer Rede im Deutschen Bundestag dafür, die Spaltung Europas zu überwinden. Sein Land unterstütze die europäische Integration nicht nur, sondern sehe sie »mit Hoffnung«, erklärte der russische Staatschef. Niemand bezweifle »den großen Wert der Beziehungen Europas zu den Vereinigten Staaten«, Europa aber könne »seinen Ruf als mächtiger und selbstständiger Mittelpunkt der Weltpolitik langfristig nur festigen«, so Putin damals unter dem Beifall der Abgeordneten, »wenn es seine eigenen Möglichkeiten mit den menschlichen, territorialen und natürlichen Ressourcen sowie mit den Wirtschafts-, Kultur- und Verteidigungspotenzialen Russlands vereinigen wird«.

Eine solche Überwindung der europäischen Spaltung war jedoch ganz und gar nicht im Sinne Washingtons. Seit Russland mit Wladimir Putin einen von Washington unabhängigen Kurs verfolgte, wurde es zunehmend von Europa weg und in die Ecke gedrängt. Amerika tat alles, um das Entstehen eines konkurrierenden Machtzentrums auf dem eurasischen Kontinent zu verhindern, das Brzeziński einst als die größte Gefahr für die globale Vormachtstellung der USA angesehen hatte. Die russischen Sicherheitsinteressen wurden zunehmend missachtet und immer mehr Staaten des ehemaligen Ostblocks in die NATO aufgenommen. Nach Polen, Ungarn und Tschechien im Jahr 1999 folgten 2004 die baltischen Staaten Estland, Lettland und Litauen sowie Bulgarien, Rumänien, die Slowakei und Slowenien; 2009 kamen Albanien und Kroatien und zuletzt 2020 Nord-Mazedonien hinzu. Washington behandelte Moskau nicht mehr auf Augenhöhe. Präsident Obama verhöhnte Russland sogar öffentlich als »Mittelmacht« und verletzte das Land damit tief in seinem Ehrgefühl.

Keine sechs Jahre nach seiner Rede im Deutschen Bundestag geißelte Putin auf der Münchner Sicherheitskonferenz die fortgesetzte Ausdehnung der Allianz nach Osten als eine »schwere Provokation« und klagte: »Was ist aus den Versicherungen geworden, die unsere westlichen Partner nach der Auflösung des Warschauer Pakts seinerzeit abgegeben haben?« Es waren falsche Versicherungen. Washington wollte West-Europa, speziell Deutschland und Russland, schon immer auf Distanz zueinander halten und Moskau dauerhaft schwächen. »Deutschland und

Russland vereint wären die einzige Macht, die uns bedrohen könnte«, so George Friedman, Gründer der bekannten amerikanischen Strategieberatung *Stratfor* und heute Chef des Beratungsunternehmens *Geopolitical Futures*. Deshalb habe die US-Regierung immer strikt darauf geachtet, dass Berlin und Moskau sich nicht zu sehr annähern.

Regimewechsel-Operationen und Antiterrorkriege

Nachdem die NATO Polen und die baltischen Staaten aufgenommen hatte, nahm Amerika das ultimative Ziel des Vorstoßes nach Osten in Angriff: die Ukraine. »Ohne die Ukraine«, so der polnischstämmige Stratege Brzeziński, »hört Russland auf, ein eurasisches Imperium zu sein«, es könne dann in Europa keine Rolle mehr spielen. Wie groß die Bedeutung Kiews in der geopolitischen Expansionsstrategie Washingtons war und weiter besitzt, zeigte sich etwa daran, dass Präsident Obama seinen Vizepräsidenten Joseph Biden höchstpersönlich zum Ukraine-Beauftragten ernannte und ihm damit eine Schlüsselrolle übertrug.

Was häufig als demokratische »Maidan-Revolution« bezeichnet wird, war in Wahrheit ein von den USA beförderter und gelenkter Putsch gegen eine unfähige und korrupte, aber demokratisch gewählte Regierung. Die Beobachter der OSZE hatten die Wahl des dabei aus dem Amt vertriebenen Präsidenten Viktor Janukowitsch seinerzeit als »transparent« im Verlauf bezeichnet. Außerdem habe sie den Bürgern »eine echte Auswahl unter Repräsentanten unterschiedlicher politischer Richtungen geboten«. Doch solche Einwände haben die machtpolitischen Überlegungen in Washington noch nie stören können. Laut John Stockwell, dem bisher ranghöchsten CIA-Dissidenten, hat der amerikanische Geheimdienst »funktionierende Demokratien in über 20 Ländern gestürzt«. In einem Interview mit der russischen Zeitung »Kommersant« im Dezember 2014 nannte der Strategie-Berater Friedman die sogenannte Maidan-Revolution den »offenkundigsten Staatsstreich der Geschichte«.

Eine prominente Rolle bei dem Regimewechsel in Kiew spielte Victoria Nuland, Ehefrau des *Regime-Change*-Propagandisten Robert Kagan, ehemalige Sicherheitsberaterin des erzkonservativen Vizepräsidenten Dick Cheney und stellvertretende US-Botschafterin bei der NATO. Der vor allem in Deutschland gemeinhin als liberal geltende Präsident Obama hatte Nuland 2013 zur Staatssekretärin im Außenministerium, zuständig für europäische und eurasische Angelegenheiten, ernannt. Wenn es um seine imperialen Interessen geht, kennt Amerika keine Parteien.

Nachdem Washington in den Jahren zuvor schätzungsweise bereits 5 Milliarden Dollar in einen Regimewechsel in Kiew investiert hatte, schritt Nuland gleich nach Amtsantritt persönlich zur Tat. Allein im Dezember 2013 reiste sie drei Mal in die ukrainische Hauptstadt und besuchte zusammen mit dem örtlichen US-Botschafter Geoffrey Pyatt die Gegner der amtierenden Regierung auf dem Maidan. Auch der notorische Kalte Krieger und Vorsitzende des Streitkräfteausschusses im US-Senat John McCain machte einen Frontbesuch. Vor Ort aufgenommene Fotos zeigen ihn neben dem Anführer der faschistischen Partei *Swoboda*.

Am 4. Februar 2014 führte Nuland mit Botschafter Pyatt ein Telefonat, das vermutlich von Russland abgehört, mitgeschnitten und später in die Öffentlichkeit lanciert wurde. Darin wird die Regimewechsel-Politik Washingtons überdeutlich. Nuland erkundigte sich, wie es um die Neubildung der Regierung in Kiew stehe. Die Antwort des amerikanischen Prokonsuls vor Ort: »Wir sind im Spiel.« Nuland trug ihm für die nächste Runde auf, den von Bundeskanzlerin Merkel und der Europäischen Volkspartei unterstützten ehemaligen Profiboxer Vitali Klitschko als künftigen Ministerpräsidenten zu verhindern. »*Fuck the EU*«, so die Staatssekretärin, die zuvor öffentlich stets gefordert hatte, dass die Ukraine sich nach Europa hin orientieren müsse. Statt Klitschko wollte sie Arsenij Jazenjuk, der seit Jahren einen NATO-Beitritt der Ukraine gefordert und über seine »Open-Ukraine-Stiftung« Gelder von State Department, NATO und *German Marshall Fund* verteilt hatte. Und so kam es dann auch. Klitschko musste sich mit dem Amt des Bürgermeisters von Kiew zufriedengeben.

Bei dem Regimewechsel in der Ukraine hatte Washington nicht zuletzt den auf der Krim gelegenen Hafen von Sewastopol im Auge. Von dort hätten die USA nicht nur das Schwarze Meer beherrschen, die ölreiche Kaukasus-Region beeinflussen und den Iran auch von Norden in die Zange nehmen können; von Sewastopol aus wäre Moskau mit Raketen in nur vier Minuten zu erreichen gewesen, Russland bei einem Angriff so gut wie keine Vorwarnzeit mehr geblieben und auch die für das »Gleichgewicht des Schreckens« und den Frieden im Atomzeitalter entscheidende Fähigkeit zum atomaren Zweitschlag womöglich verloren gegangen. Eine lebensgefährliche Bedrohung für das Land – vergleichbar der geplanten Stationierung von russischen Raketen auf Kuba, die die Welt 1962 an den Rand der Vernichtung führte.

Angesichts dieser Perspektive ließ Russlands Präsident Putin die Krim besetzen und auch das ebenfalls vorwiegend von Russen besiedelte Industriegebiet im Südosten der Ukraine von der Herrschaft Kiews abtrennen. Dort vermutet der *US Geological Service* 1,4 Milliarden Barrel Erdöl und 2,4 Billionen Kubikfuß Erdgas. Die Krim hatte seit 1783 zu Russland gehört und war 1954 von Nikita Chruschtschow, der in der Ukraine aufgewachsen und dort unter Stalin Parteichef gewesen war, dem sozialistischen Bruderland angeblich im Suff geschenkt worden.

Mit der Besetzung der Halbinsel verletzte Moskau zweifellos das Völkerrecht. Allerdings dürfen dabei die Vorgeschichte und die Bedrohung existenzieller russischer Sicherheitsinteressen nicht außer Acht gelassen werden. Ferner haben sich in einem anschließenden Referendum 93 Prozent der Krim-Bewohner für die Zugehörigkeit zu Russland ausgesprochen. Eine Umfrage des amerikanischen Meinungsforschungsinstituts Gallup, das wissen wollte, ob dieses Referendum auch wirklich die Meinung der Krim-Bewohner widerspiegelte, bestätigte dies mit annähernd 83 Prozent Ja-Stimmen. Bei Kritik an der Rückholung der Krim konnte sich Wladimir Putin fortan auf das Selbstbestimmungsrecht der Völker berufen.

Die Krim-Besetzung löste nicht nur bis heute geltende Wirtschaftssanktionen der USA und EU gegen Russland aus; die Regierung in Washington führt sie seitdem immer wieder als Beweis für angeblich expansive Absichten Moskaus an und rechtfertigt damit die Verstärkung der NATO in Osteuropa. Nachdem es Moskau über Jahre systematisch in die Enge getrieben hatte, erklärte das Bündnis Russland nun zu einer »Bedrohung für die euro-atlantische Sicherheit«. »Russlands Außenpolitik missachtet weiter internationale Normen«, so der damalige amerikanische Verteidigungsminister Mark Esper bei einer Rede im September 2019 am *London Royal United Services Institute*. »Deshalb bauen die USA nach Konsultation mit ihren Verbündeten in der NATO ihre Präsenz in Polen aus und setzen ihre enge Zusammenarbeit mit den baltischen Staaten fort.« So hat die Allianz eine »europäische Abschreckungsinitiative« gestartet und im Baltikum eine schnelle Eingreiftruppe stationiert. Für das Frühjahr 2020 war in diesem Rahmen unter dem Namen »*Defender*« das größte NATO-Kriegsspiel seit einem Vierteljahrhundert geplant. Dabei sollten allein 20.000 US-Soldaten aus Amerika samt schweren Waffen nach Belgien und Holland verschifft werden und von dort ins Baltikum vorstoßen. Nur der Ausbruch der Corona-Seuche verhinderte das Mega-Manöver.

Eine Studie der regierungsnahen RAND Corporation aus dem Jahr 2019 zeigt, worum es Washington in Osteuropa geht. Unter dem bezeichnenden Titel »Overextending and Unbalancing Russia« (»Russland überlasten und aus dem Gleichgewicht bringen«) wird dort neben weiteren Sanktionen unter anderem diskutiert, Bomber und taktische Atomwaffen in kurzer Schlagdistanz zur russischen Grenze zu stationieren sowie »Russlands größten äußeren Schwachpunkt auszunutzen« und der Ukraine »lethal aid«, »tödliche Hilfe« zu geben, sprich: Waffen zu liefern. Das Militärbudget der USA für das Jahr 2020 enthielt 300 Millionen Dollar Hilfsgelder für Kiew, unter anderem zur Anschaffung von Marschflugkörpern und Antischiffsraketen. Das Ende 2020 verabschiedete Omnibus-Gesetz, das um das US-Militärbudget 2021 herum eine Fülle weiterer Ausgabeposten enthält, sieht für die Ukraine im kommenden Jahr über 450 Millionen Dollar an weiterer Hilfe und zusätzlich weitere 300 Millionen dazu vor, »Russland zu kontern«. Mit dem Ziel, das hauptsächlich von Energieexporten lebende Russland zu schwächen, empfahl RAND der US-Regierung auch, Europa zu befähigen, die Gaslieferungen aus Russland zurückzuführen. Wie die Sanktionen gegen die am Bau der Gaspipeline Nordstream II von Russland nach Deutschland beteiligten Unternehmen und Personen zeigen, setzt die amerikanische Regierung das Drehbuch der Berater auch in diesem Punkt konsequent um.

Neben der Ukraine nimmt auch Weißrussland auf der RAND-Liste der für Moskau vorgesehenen Druckmittel einen prominenten Platz ein. Das Land sei heute »Russlands einziger wirklicher Verbündeter«. Ein »erfolgreicher Regimewechsel« in Minsk, so RAND, »wäre ein schwerer Schlag für Moskau«. Damit ließe sich die russische Stadt Kaliningrad, das ehemals deutsche Königsberg, »stärker isolieren«. Bereits seit dem 2004 verabschiedeten *Belarus Democracy Act* finanzierte das vom US-Kongress als Instrument zur Vorbereitung von Regimewechseln gegründete *National Endowment for Democracy* (NED) Dutzende »Demokratie«-Projekte in Weißrussland. Zu den Wahlen im Sommer 2020 veröffentlichte die Opposition in dem Land ein gemeinsames Programm, das dem der Maidan-Kräfte in der Ukraine zum Verwechseln ähnlich sieht. So will auch sie einen Beitritt ihres Landes zur EU und NATO. Außerdem werden umfangreiche Privatisierungen und der Import von amerikanischem Flüssiggas gefordert. Bei den Massenprotesten gegen den seit einem Vierteljahrhundert regierenden autoritären Herrscher Alexander Lukaschenko nach dessen Wiederwahl im Jahr 2020 wurde immer wieder »Radio Svaboda« skandiert, der Name des amerikanischen Propagandasenders *Radio Liberty*.

Ein Wechsel des Regimes in Minsk ist zweifellos überfällig. 26 Jahre lang sollte niemand ein Land regieren dürfen – und schon gar nicht ein so korrupter Machthaber wie Lukaschenko. Anders als die Wahl Janukowitschs in der Ukraine war seine Wiederwahl 2020 mit angeblich 80 Prozent der Stimmen auch alles andere als transparent und im Ergebnis höchst fragwürdig. Aber jedes Volk muss sein Schicksal selbst in die Hand nehmen. Das Völkerrecht verbietet eine Einmischung in die inneren Angelegenheiten anderer Länder von außen, außer bei Notwehr.

Die negativen Folgen der »fehlplatzierten Macht« des militärisch-industriellen Komplexes, vor denen Präsident Eisenhower einst gewarnt hatte, zeigen sich nicht nur in Gestalt der Osterweiterung der NATO oder in der Ukraine, sondern auch in den zahlreichen Regimewechsel-Operationen und den sogenannten Antiterrorkriegen Washingtons nach dem Anschlag auf das World Trade Center am 11. September 2001. Amerika ist ein Land mit manischen Zügen, es neigte schon immer zur Überreaktion – im Guten wie im Bösen. Der Abwurf von Atombomben auf Hiroshima und Nagasaki als Vergeltung für die japanische Attacke auf Pearl Harbor ist dafür vielleicht der eindrücklichste, aber keineswegs einzige Beleg. Der Kriegs- und Regimewechsel-Furor der USA nach 9/11 hält bis in die Gegenwart an. Nach Schätzungen des *Costs-of-War-Projects* des Watson-Instituts an der Brown University kostete er etwa 800.000 Menschen das Leben, mindestens ein Drittel davon Zivilisten. Mehr als 37 Millionen Menschen wurden durch die Kampfhandlungen vertrieben. Viele von ihnen suchten Zuflucht in Europa, was dort schwere politische und wirtschaftliche Verwerfungen auslöste.

Bereits am 7. Oktober 2001, wenige Wochen nach dem 11. September, marschierten amerikanische Soldaten in Afghanistan ein, um dort das für den Anschlag in New York verantwortliche Terroristennest um den Rädelsführer Osama Bin Laden auszuheben. Dabei konnte sich Washington auf eine Resolution des UNO-Sicherheitsrats stützen, die den USA nach den schrecklichen Anschlägen das Recht auf Selbstverteidigung zusprach. Zudem hatte der NATO-Rat auf Antrag der USA die Terrorattacke als Angriff auf ein Mitglied nach Artikel 5 des Bündnisvertrags gewertet, der auch alle anderen Mitglieder zum Beistand verpflichtet. Es ist bis heute das einzige Mal geblieben, dass ein Bündnispartner in dieser Weise den Beistandspakt in Anspruch genommen hat. »Die Sicherheit der Bundesrepublik Deutschland wird auch am Hindukusch verteidigt«, so der damalige deutsche Verteidigungsminister Peter Struck 2002.

Doch was als chirurgischer Schlag gegen die Terrorgruppe Al-Qaida durchaus seine Berechtigung hatte, endete in einem blutigen Abnutzungskrieg mit den nationalistischen Taliban, die sich zuvor schon erfolgreich gegen die sowjetische Besetzung ihres Landes gewehrt hatten. Aus der »Operation anhaltende Freiheit« (»*Enduring Freedom*«) wurde ein anhaltender Horror, der mit bis jetzt schon bald 20 Jahren längste Krieg in der Geschichte der USA, einer der längsten der Weltgeschichte und für den republikanischen Senator Ron Paul »das Verbrechen des Jahrhunderts«. Er kostete weit über 100.000 Afghanen das Leben und ließ das ohnehin schon schwer in Mitleidenschaft gezogene Land vollends im Chaos und Elend versinken. Auch fast 4.000 NATO-Soldaten, darunter 59 der Bundeswehr, starben bisher in dem Krieg.

Mit der Verteidigung von Sicherheit, Freiheit und Demokratie hat der verlustreiche und kostspielige Krieg jedoch schon lange nichts mehr zu tun. Vielmehr soll er den USA die Kontrolle über Afghanistan sichern, um von dort ihre drei größten geopolitischen Gegenspieler in die Zange nehmen zu können: den Iran von Osten, Russland von Süden und China von Westen. Ein im Februar 2020 geschlossenes Abkommen mit den Taliban sieht zwar einen gestaffelten Rückzug der amerikanischen Truppen vor, es darf jedoch bezweifelt werden, dass die USA sich aus Afghanistan wirklich vollständig zurückziehen und dem benachbarten China die Möglichkeit zur Extraktion der reichen Bodenschätze sowie die Integration des Landes in seine Initiative »Neue Seidenstraße« überlassen werden. Bereits zehn Jahre zuvor hatte hat die US-Regierung einmal darüber diskutiert, das Gros ihrer Bodentruppen abzuziehen, aber die Kontrolle über den Luftraum des Landes und die Stützpunkte in Bagram und Kandahar zu behalten, um von dort aus mit Spezialeinsatzkräften und der Hilfe von lokalen sogenannten »*Counterterrorism Pursuit Teams*«, im Klartext: von der CIA bezahlten Tausenden afghanischen Spitzeln, weiter operieren zu können. Nachdem inzwischen bekannt wurde, dass China und der Iran ein langfristiges strategisches Bündnis miteinander eingehen wollen, ist der vollständige Abzug der Amerikaner aus Afghanistan noch unwahrscheinlicher geworden. Das Land am Hindukusch wird oft als »Friedhof der Imperien« bezeichnet. Schon das British Empire hat sich zwischen 1839 und 1919 in insgesamt drei Afghanistan-Kriegen aufgerieben. 1989 musste die Sowjetunion ihre jahrelange Besetzung des Landes aufgeben und brach bald darauf auch deswegen zusammen, weil sie sich dabei zu sehr verausgabt hatte. Als nächster Kandidat scheinen nun die USA an der Reihe sein.

Anders als der Einmarsch in Afghanistan erfolgte die Besetzung des Irak, wo die USA seit 2003 ebenfalls Krieg führen unter Berufung auf das Recht zur Selbstverteidigung, gegen den Widerstand des UN-Sicherheitsrats und gegen das Völkerrecht, passend zu der anmaßenden Formel der ehemaligen Außenministerin Madeleine Albright »Multilateral wenn wir können, unilateral wenn wir müssen«. Dass die damalige deutsche Regierung unter Bundeskanzler Gerhard Schröder bei dieser Verletzung des Völkerrechts nicht mitmachte, war eine Sternstunde deutscher Außenpolitik. Leider sind solche souveränen Auftritte der Bundesregierung eine große Ausnahme geblieben. Die heutige Bundeskanzlerin und damalige Oppositionsführerin Angela Merkel machte seinerzeit übrigens mit einem Namensbeitrag in der »Washington Post« unter der Überschrift »*Schroeder doesn't speak for all Germans*« einen peinlichen Bückling vor Amerika. Die Begründung für den Irak-Krieg beruhte auf einer glatten Lüge. Nachdem Amerika zunächst mit allen Mitteln, inklusive Folter, vergeblich versucht hatte, eine Verbindung des irakischen Diktators Saddam Hussein zu Al-Qaida nachzuweisen, behauptete Washington zur Rechtfertigung des Angriffs auf Bagdad, das dortige Regime verfüge über Massenvernichtungswaffen. Wie sich herausstellte, hat es diese jedoch nie gegeben. »Die Absenz von Evidenz«, so der damalige Verteidigungsminister Donald Rumsfeld dennoch sophistisch, »ist keine Evidenz für Absenz.«

Auch der Einmarsch in den Irak war vor allem geopolitisch motiviert. Im Kern ging es Amerika dabei darum, das feindliche Mullah-Regime inTeheran einzuschnüren und dort einen Regimewechsel herbeizuführen. Mit 80 Millionen Einwohnern, der dreifachen Landmasse von Frankreich, einer strategischen Schlüssellage und großem Ölreichtum verfügt der Iran über das stärkste Machtpotenzial im Nahen und Mittleren Osten. Und neben Russland und China ist er das dritte große Land auf der eurasischen Landmasse, das den hegemonialen Ansprüchen der USA Widerstand leistet.

Für die geopolitischen Ambitionen Amerikas musste und muss der Irak einen hohen Preis zahlen. Die einst moderne Infrastruktur des Landes ist zerstört und seine Bevölkerung, soweit nicht geflüchtet, politisch zerrissen. Die »Kollateralschäden« der amerikanischen Bombenangriffe auf Städte wie etwa Mossul sind monströs. Nach Angaben des Nahostexperten Jürgen Todenhöfer hat der Krieg allein eine halbe Million Kinder das Leben gekostet. Hinzu kommen Millionen Flüchtlinge.

Wie in Afghanistan hat auch im Irak der Widerstand gegen die amerikanischen Besatzer stetig zugenommen. Diese gingen zuletzt immer rücksichtsloser vor. Ohne die Regierung in Bagdad auch nur zu informieren, geschweige denn ihre Zustimmung einzuholen, schalteten die USA am 3. Januar 2020 Qasem Soleimani, den Kommandeur der Al-Quds-Brigaden, einer Unterabteilung der iranischen Revolutionsgarde, in unmittelbarer Nähe des Flughafens der irakischen Hauptstadt mithilfe einer Kampfdrohne aus. Dabei kamen auch zwei irakische Staatsbürger ums Leben.

Mit dem Anschlag trat Präsident Trump in die Fußstapfen seines Vorgängers Barack Obama, der in seiner Amtszeit die Zahl gezielter Tötungen mittels Drohnen deutlich erhöht hatte. Ob er damit im Auftrag Gottes handelte, zu dem er an der Klagemauer in Jerusalem einst gebetet hatte, ihn »zu einem Instrument seines Willens zu machen«, darf bezweifelt werden. Amerikanische Drohnen töteten inzwischen über tausend Zielpersonen – und mindestens noch einmal so viele Unbeteiligte. Terroristen müssen für ihre Verbrechen zur Rechenschaft gezogen werden. Aber nicht vom amerikanischen Präsidenten, sondern von Gerichten wie etwa dem Internationalen Gerichtshof in Den Haag. Das Statut dieses Gerichts haben die USA jedoch nie anerkannt, sie nehmen das Recht nach Wildwest-Tradition lieber selbst in die Hand, notfalls auch das Völkerrecht. Der *American Service Members Protection Act*, den der Kongress 2002 verabschiedet hat, billigt ausschießlich amerikanischen Institutionen das Recht zu, amerikanische Soldaten gerichtlich zu verfolgen; das Gesetz erlaubt Washington sogar, im Ausland gerichtlich festgesetzte GIs notfalls gewaltsam zu befreien.

Seit der Internationale Gerichtshof Anfang 2019 bei der Entlassung der britischen Kolonie Mauritius in die Unabhängigkeit die Abtrennung des Chagos-Archipels London gegenüber als unrechtmäßig erklärte und »so schnell wie möglich« die Rückgabe an Mauritius forderte, ist Washington auf die Richter in Den Haag schlecht zu sprechen. Der Grund: Das Urteil bedroht den wichtigen Luftwaffenstützpunkt der USA auf Diego Garcia, dem größten Atoll des Archipels, das Washington von Großbritannien gepachtet hat. Als der Gerichtshof, dem Washington in andere Nationen betreffenden Fällen schon mehrfach das Recht zur Strafe zugestanden hatte, im März 2019 grünes Licht gab, dem Verdacht auf Kriegsverbrechen und Verbrechen gegen die Menschlichkeit in Afghanistan durch das US-Militär und den Geheimdienst CIA nachzugehen, flippte der einstige CIA-Chef und damalige Außenminister Pompeo regelrecht aus: Diejenigen, »die für diese parteiische Untersuchung verantwortlich sind«, würden kein Einreisevisum für die USA mehr erhalten, so Pompeo. Als Präsident Trump im darauffolgenden Jahr die Drohung per Dekret in die Realität umsetzte, legte der US-Chefdiplomat noch einmal nach und nannte den Haager Gerichtshof sogar »korrupt«. Sarah Leah Whitson, früher Chefin von *Human Rights Watch* Amerika, heute bei der Washingtoner Denkfabrik *Quincy Institute for Responsible Statecraft*, bezeichnete das Vorgehen Washingtons als »Missbrauch der Regierungsgewalt zu Sanktionen gegen tatsächliche Übeltäter« und »verstörenden Angriff auf das Personal eines Gerichts«.

Um die Hinrichtung Soleimanis zu rechtfertigen, berief sich die US-Regierung auf das in der UN-Charta verbriefte Recht auf Selbstverteidigung. Pompeo: »Wir hatten konkrete Hinweise auf eine unmittelbare Bedrohung. Und darauf, dass diese Bedrohungen auch Angriffe auf US-Botschaften betrafen. Schluss, aus!« Nicht einmal sein damaliger Kabinettskollege Mark Esper wollte dies jedoch bestätigen. Ihm seien solche Bedrohungen unbekannt, so der Verteidigungsminister. Der wissenschaftliche Dienst des Deutschen Bundestags kam zu dem Ergebnis: Es sei

»nicht erkennbar, warum die Tötung unbedingt notwendig gewesen sein soll, um eine akute Gefahr für das Leben anderer als *ultima ratio* abzuwehren«. Sie erfülle »offensichtlich nicht die Kriterien eines finalen Rettungsschusses und erscheint damit auch als Verstoß gegen das Recht auf Leben aus Artikel 6 des UN-Zivilpakts«. Jürgen Trittin von den Grünen sprach sogar von »Lynchjustiz«, der Nahostexperte Michael Lüders von »Staatsterrorismus«.

Die Tötung Soleimanis löste eine neue Kette von Gewalttaten aus, die wenige Tage später in dem Abschuss eines Flugzeugs der zivilen Fluggesellschaft Ukrainian International Airlines durch iranische Raketenstreitkäfte und dem Tod von 176 Menschen gipfelte. Als Vergeltung für die Tötung Soleimanis hatte der Iran zuvor einen amerikanischen Militärstützpunkt im Irak mit Raketen angegriffen, daraufhin eine Gegenattacke der USA erwartet und Flug UIA 752, der am frühen Morgen des 8. Januar 2020 vom Flughafen Teheran abgehoben war, offenbar als feindliches Flugobjekt angesehen und abgeschossen. Bei laufendem zivilem Luftverkehr ein Flugzeug im regulären Startkorridor des zivilen Hauptstadtflughafens zu attackieren, ohne sicher zu sein, dass es sich dabei um einen feindlichen Angriff handelt, ist unverzeihlich. So sah es nach anfänglichem Abwiegeln schließlich auch die iranische Militärführung und verwies auf eine interne »Kommunikationsstörung«.

Ob Behauptungen angesehener, auch amerikanischer Experten zutreffen, diese Störung sei von den USA selbst ausgelöst worden, ist ungeklärt. Sicher ist: Der Tod der 176 unbeteiligten Zivilisten an Bord von UIA 752 kann als »Kollateralschaden« der Tötung Soleimanis betrachtet werden. »Wenn es die Eskalation in der Region jüngst nicht gegeben hätte«, so beklagte der kanadische Premier Justin Trudeau in einer Pressekonferenz den Tod von 56 Landsleuten bei dem Abschuss, »wären diese Kanadier jetzt zu Hause bei ihren Familien.«

Die Tötung Soleimanis zog noch weitere Kreise. Wegen der

Verletzung der irakischen Souveränität durch den amerikanischen Drohnenangriff forderte das demokratisch gewählte Parlament in Bagdad den Abzug aller ausländischen Truppen. Präsident Trump und sein Außenminister Pompeo ließen die Abgeordneten jedoch wie dumme Kinder abblitzen. Obwohl die USA ohne Not und völkerrechtswidrig in das Land eingefallen waren, es seit 17 Jahren besetzt hielten und mit Tod und Elend überzogen hatten, behauptete das State Department, die US-Truppen hätten »ein Recht«, im Irak zu bleiben, sie seien »eine Kraft des Guten«. Präsident Trump verhöhnte den Irak regelrecht: »Wir haben dort einen außerordentlich teuren Luftwaffenstützpunkt, dessen Bau Milliarden gekostet hat. Wir gehen nur, wenn sie uns dafür entschädigen.« Neben Schadenersatz drohte Trump auch noch mit schweren Strafen: Wenn der Irak auf dem Abzug bestehe, werde er Sanktionen gegen das Land verhängen, »die die Iran-Sanktionen im Vergleich zahm aussehen lassen«.

Wie Washington mit anderen Nationen und deren Führern umspringt, hatte auch schon Außeninisterin Hillary Clinton demonstriert: »Wir kamen, sahen und er starb«, resümierte sie 2011 lachend den Sturz und die bestialische Ermordung des libyschen Diktators Muammar al-Gaddafi durch oppositionelle Landsleute. Statt Demokratie, wie von Washington angeblich angestrebt, herrscht in Libyen, das im *Human Development Index* der Vereinten Nationen einst an der Spitze aller afrikanischen Länder stand, bis heute Bürgerkrieg. Genauso wie im Jemen, auf dessen Territorium die saudische Diktatur, unterstützt durch die USA, und das iranische Mullah-Regime einen blutigen Stellvertreterkrieg miteinander führen.

Während der Krieg im Jemen und die Rolle der USA dabei weithin im Dunkeln liegen, findet der Bürgerkrieg in Syrien seit Jahren unter den Augen der Weltöffentlichkeit statt. Auch in diesem Konflikt spielen geopolitische Machtmotive Amerikas eine entscheidende Rolle. Im Zuge des sogenannten »arabischen

Frühlings« wollte Washington in dem Land endlich den lange gehegten Plan umsetzen: das verhasste, weil mit Moskau und Teheran verbündete, autoritäre Assad-Regime zu stürzen.

So unterstützte Amerika die Assad-Gegner mit Hunderten von Millionen Dollar und Waffen aus den Arsenalen des getöteten libyschen Machthabers Gaddafi, obwohl die Hilfe hauptsächlich islamistischen Fundamentalisten wie den Muslimbrüdern, Salafisten und Kämpfern von Al-Qaida zugutekam. 2013 genehmigte Präsident Obama eine verdeckte CIA-Operation unter dem Codenamen »*Timber Sycamore*«, die den Anti-Assad-Rebellen nicht nur Waffen, sondern auch Ausbildung angedeihen ließ. Amerika sei für das Entstehen des IS-Kalifats, das es später bekämpfte, selbst in erheblichem Maße mitverantwortlich, so der renommierte Ex-Diplomat und Politikprofessor Kishore Mahbubani aus Singapur, auch weil es die Umsiedlung von islamistischen Söldnern aus Afghanistan »ermutigt und erleichtert« habe. In einem heimlich aufgenommenen Gespräch mit Vertretern des syrischen Aufstands, das inzwischen öffentlich nachzulesen ist, gab der damalige US-Außenminister John Kerry zu, der Ausbreitung des IS anfangs untätig zugesehen zu haben: »Wir dachten, das sei eine Bedrohung für Assad. Und dass wir es so managen könnten, dass er dann verhandeln würde«, so Kerry. »Aber stattdessen hat er Putin geholt.« Und auch Michael Flynn, damals Chef des militärischen Geheimdienstes der USA (DIA), bekannte 2015 im arabischen Nachrichtensender Al Jazeera, den IS zunächst heranwachsen zu lassen sei eine »bewusste Entscheidung« der USA gewesen.

Amerika wirft anderen Ländern wie Russland und China gerne vor, in seine politischen Prozesse einzugreifen, geht selbst jedoch, wo immer es kann, mit seiner Regimewechsel-Politik weit über solche Manipulationen hinaus.

Die Missachtung eingegangener Verpflichtungen

Um seine Ziele zu erreichen, war Amerika in der Wahl seiner Mitstreiter und Mittel noch nie zimperlich. Von Präsident Franklin Roosevelt ist die Bemerkung über den lange von Amerika unterstützten Diktator von Nicaragua, Anastasio Somoza, überliefert: »Er mag ein Scheißkerl sein, aber er ist unser Scheißkerl.« Bei der Invasion Siziliens im Zweiten Weltkrieg arbeitete die Regierung in Washington mit dem Mafia-Boss Lucky Luciano zusammen; im Kalten Krieg gegen die Sowjetunion setzte sie Dutzende von Wissenschaftlern ein, die zuvor dem Nazi-Regime gedient hatten. Während des Vietnamkriegs entlaubte sie die Wälder des Landes mit dem giftigen *Agent Orange* ohne Rücksicht auf die gesundheitlichen Schäden der Bevölkerung und im Kampf gegen die *Sandinistas*, die Somoza in Nicaragua gestürzt hatten, betätigte sich die CIA als Drogenhändler.

So kann es denn auch nicht verwundern, dass viele den USA inzwischen selbst die übelsten Schandtaten zutrauen. Wie zum Beispiel die Mitwirkung am Vortäuschen einer Giftgasattacke durch die Assad-Truppen am 7. April 2018 in Duma, um so einen Luftangriff gegen die vorrückende syrische Armee rechtfertigen zu können. Dieser Angriff, an dem sich auch Frankreich und Großbritannien beteiligten, erfolgte in der Nacht vom 13. auf den 14. April 2018. Selbst führende Militärs aus NATO-Staaten äußerten Zweifel daran, dass die syrischen Streitkräfte in Duma wirklich Giftgas eingesetzt hatten. »Es klingt einfach nicht logisch«, so Alan West, ehemals Chef der Royal Navy und des militärischen Nachrichtendienstes seines Landes, im britischen Rundfunksender BBC und wies auf die militärische Sinnlosigkeit einer solchen Aktion hin: »Die Mehrheit der aufständischen Kämpfer war bereits aus Duma abgezogen.« So sah es auch Generalmajor Jonathan Shaw, einst Chef der britischen *Special Forces*, im Gespräch mit der Zeitung »Mail on Sunday«. Seine

Sichtweise, so Shaw, werde auch »von hochrangigen Kommandeuren in den US-Streitkräften geteilt«.

Die Veröffentlichung interner Unterlagen der Organisation für das Verbot Chemischer Waffen (OPCW) in Den Haag durch Wikileaks gab den Zweifeln im Herbst 2019 neue Nahrung. Die Dokumente zeigen, dass das Team, das im Juli 2018 die Vorgänge vor Ort untersucht hatte, zu einem ganz anderen Ergebnis gekommen war als der offizielle Bericht der OPCW vom März 2019. Diesem Bericht zufolge sprächen »vernünftige Gründe« dafür, dass von der syrischen Luftwaffe in Duma »eine giftige Chemikalie als Waffe eingesetzt« worden sei, »wahrscheinlich molekulares Chlor«. Nach Meinung des forensischen OPCW-Teams vor Ort waren die beiden Zylinder, die Giftgas enthalten haben sollen, jedoch eher per Hand platziert als aus der Luft abgeworfen worden. Im Boden habe man zudem keine außergewöhnliche Konzentration von reaktivem Chlor feststellen können. Ein internes Treffen von Toxikologie-Experten hatte dem von Wikileaks veröffentlichten Protokoll der Sitzung zufolge diesen Befund später in einem »abschließenden Ergebnis« bestätigt. Zwischen den von der freiwilligen Zivilschutzorganisation »Weißhelme« beschriebenen Verletzungssymptomen bei Einwohnern von Duma und Chlorgas bestehe »kein Zusammenhang«. Mit anderen Worten, für einen Chlorgasangriff gebe es keine überzeugenden Belege. Die sogenannten »Weißhelme« sind überwiegend durch NATO-Staaten finanziert und keine unparteiischen Zeugen. Ihr Gründer und einstiger Anführer, James Le Mesurier, hatte früher als Nachrichtenoffizier im britischen Militär gedient.

Ian Henderson, der die OPCW-Untersuchung im Juli 2018 vor Ort in Duma geleitet hatte, bezeugte gegenüber einer durch Russland organisierten und seitens der USA boykottierten Versammlung von Vertretern des UN-Sicherheitsrats am 20. Januar 2020 in New York die Echtheit der von Wikileaks veröffentlichten Dokumente. Der offizielle OPCW-Bericht, erklärte der ehemalige langjährige Mitarbeiter der Organisation per Video, da ihm Washington die Einreise verweigert hatte, widerspreche dem seines Teams. Er habe jedoch »nicht klargemacht, welche neuen Erkenntnisse, Fakten, Informationen, Daten oder Analysen aus Zeugenaussagen, Toxikologie-Studien, chemischen Untersuchungen, Studien der Ingenieurwissenschaften und/oder der Ballistik zu der vollständigen Umkehr der einhelligen Lageeinschätzung« seines nach Duma entsandten forensischen Teams »und der Mehrheit des mit der Angelegenheit befassten OPCW-Teams insgesamt« geführt hätten.

Auch der frühere Chef der Organisation, José Bustani, kritisierte die offizielle Version der Ereignisse. Der brasilianische Diplomat war als OPCW-Chef überaus erfolgreich gewesen. Er und seine Mitarbeiter hatten nach Angaben der Zeitung »The Guardian« in den Jahren zuvor die Zerstörung von großen Mengen an Chemiewaffen und auch einem Großteil ihrer Produktionsstätten rund um Welt überwacht. Bustani hatte es geschafft, die Zahl der Unterzeichnerstaaten der Chemiewaffen-Konvention von 87 auf 145 zu erhöhen. US-Außenminister Colin Powell hatte ihn deshalb noch 2001 für seine »sehr eindrucksvolle« Arbeit gelobt. Doch schon im Jahr darauf wollte Washington ihn dann plötzlich loswerden. Bustani hatte die Absicht geäußert, mit Unterstützung des UN-Sicherheitsrats auch den irakischen Diktator Saddam Hussein zum Eintritt in die OPCW zu bewegen und so zu ermöglichen, dass diese Waffeninspektionen in dem Land durchführt. Das drohte allerdings den Plan der USA zu durchkreuzen, unter dem Vorwand im Irak einzumarschieren, Husseins Massenvernichtungswaffen zerstören zu müssen.

Dass der erfolgreiche und von allen Mitgliedsländern einstimmig für eine zweite fünfjährige Amtszeit wiedergewählte Chef einer wichtigen multilateralen Organisation schließlich aus dem Amt geschasst wurde, zeigt beispielhaft: Amerika gibt auf einmal eingegangene Verpflichtungen keinen Cent, wenn diese seinen imperialen Zielen im Weg stehen. Nach Bustanis Schilderung hatte das State Department die brasilianische Regierung im Januar 2002 völlig unvermittelt aufgefordert, ihn zurückzuziehen. Begründung: Sein »Managementstil« gefalle Washington nicht. Als Brasilien das Ansinnen ablehnte, hätten die Amerikaner den Druck erhöht, dem OPCW-Chef »finanzielles Missmanagement«, »Demoralisierung« der Mitarbeiter, »Voreingenommenheit« und »unüberlegtes Handeln« vorgeworfen und ihn direkt aufgefordert zu gehen.

John Bolton, damals Unterstaatssekretär für Waffenkontrolle und internationale Sicherheitsfragen im State Department, sei deswegen im März nach Den Haag gereist, so Bustani, und habe ihm im Beisein von Gordon Vachon, seinem Mitarbeiter für Außenbeziehungen, gesagt: »Cheney [der damalige Vizepräsident der USA] will sie hier raus haben. Sie haben 24 Stunden Zeit … Wenn Sie dieser Entscheidung nicht Folge leisten, haben wir Mittel und Wege, gegen Sie vorzugehen. Wir wissen, wo Ihre Kinder leben. Sie haben zwei Söhne in New York.«

Vachon bestätigte, dass Bolton seinem Chef gedroht habe. Damit konfrontiert, leugnete Bolton dies nicht, sondern sagte nur, er habe Bustani einen »würdigen Abschied« angeboten. Als der OPCW-Chef sich dem Druck immer noch nicht beugen wollte, beantragten die USA ein Misstrauensvotum gegen ihn. Nachdem sie auch damit nicht durchdrangen, beantragten sie schließlich eine Sondersitzung und kündigten Bustani zufolge im Vorfeld an, ihre Zahlungen an die Organisation einzustellen, wenn diese ihn nicht ablöse. »Aus Angst, dass die USA die Chemiewaffenkonvention sonst verlassen«, erzählte der ehemalige OPCW-Chef später dem »Guardian«, hätten sich die Europäer schließlich bereit erklärt, ihn »zu opfern«.

Die erfolgreiche Erpressung der OPCW ist beileibe kein Einzelfall im Umgang der USA mit missliebig gewordenen internationalen Organisationen. Nach der Methode »Der Herr hat's gegeben, der Herr hat's genommen« kündigte die amerikanische Regierung in den vergangenen Jahren immer öfter Verpflichtungen auf, die ihr lästig geworden waren, und höhlte damit die internationale Ordnung aus, die sie einst selbst geschaffen hatte. So verabschiedeten sich die Vereinigten Staaten 2017 von der nicht einmal zwei Jahre zuvor in Paris geschlossenen Vereinbarung der Weltgemeinschaft zum Klimaschutz. Nach langwierigen Verhandlungen hatten sich 197 Vertragsparteien der Klimarahmenkonvention der Vereinten Nationen in der Nachfolge des Kyoto-Protokolls im Dezember 2015 in der französischen Hauptstadt mühsam darauf geeinigt, den Anstieg der Erderwärmung bis Ende des Jahrhunderts gegenüber dem Niveau vor der Industrialisierung auf deutlich unter 2 Grad, möglichst sogar 1,5 Grad Celsius zu begrenzen. Die neue Administration unter Präsident Donald Trump war zu der Überzeugung gekommen, dass dieses Abkommen dem von fossiler Energie stark abhängigen Land zu enge Fesseln anlege und seinen imperialen Interessen zuwiderlaufe. Mit der besonders umweltschädlichen Fracking-Methode hatten die USA zuletzt immer mehr Öl auf eigenem Territorium gefördert und waren damit erstmals zum Netto-Ölexporteur geworden. Diese Position wollten sie offenbar nicht mehr aufgeben. Verliert Erdöl an Bedeutung, droht zudem die schärfste Waffe des amerikanischen Imperiums stumpfer zu werden, der Dollar. Dessen Macht beruht nicht zuletzt auch auf seiner Funktion als Zahlungsmittel im Handel mit Öl, dem weltweit wichtigsten Handelsgut.

Ein Jahr nach dem Klimaabkommen kehrte Washington auch dem Atomabkommen den Rücken, das im Juli 2015 in Wien von den fünf Vetomächten im UN-Sicherheitsrat sowie Deutschland mit dem Iran abgeschlossen worden war. Unter dem Druck amerikanischer Sanktionen hatte sich Teheran nach jahrelangem Widerstand dazu bereit erklärt, sein Atomprogramm auf die zivile Nutzung zu begrenzen und dies durch die Internationale Atomenergiebehörde IAEA regelmäßig kontrollieren zu lassen. Im Gegenzug hatte die Obama-Administration ihre Wirtschaftssanktionen eingestellt. Donald Trump sah in dem Abkommen negative Auswirkungen auf Amerikas geopolitische Machtposition im Nahen und Mittleren Osten und das seit Langem verfolgte Ziel, das Mullah-Regime durch eine US-freundliche Regierung zu ersetzen. Mit der Kündigung des Abkommens verabschiedete sich Washington nicht nur einseitig von einem völkerrechtlich bindenden Vertrag; es setzte auch die Sanktionen gegen den Iran wieder in Kraft, obwohl Teheran sich vertragsgetreu verhalten hatte. Die übrigen Vertragspartner hielten an dem Abkommen zwar formal fest, die beherrschende Stellung des Dollar in der Weltwirtschaft machte es global tätigen Unternehmen aber faktisch unmöglich, die US-Sanktionen zu durchbrechen und mit dem Iran weiter Geschäfte zu machen.

Auch die Abkehr der USA von früher mit der Sowjetunion bzw. Russland geschlossenen Rüstungskontrollverträgen zeigt einen beunruhigenden Trend in der amerikanischen Außenpolitik auf. Einen Monat nach dem Terroranschlag vom 11. September 2001 kündigte Washington den sogenannten ABM (*Anti Ballistic Missile*)-Vertrag mit Moskau aus dem Jahr 1972. Dieser sah vor, Abwehrsysteme gegen Interkontinentalraketen in beiden Ländern auf jeweils zwei Stellungen zu begrenzen und damit die beiderseitige Fähigkeit zum atomaren Zweitschlag und das friedenssichernde sogenannte »Gleichgewicht des Schreckens« aufrecht zu erhalten. Ihre Kündigung begründeten die USA mit der Notwendigkeit, sich gegen »Massenvernichtungswaffen in den Händen von Terroristen und Schurkenstaaten« verteidigen zu können.

Doch das war nicht einmal die halbe Wahrheit. Denn bald darauf begann Washington damit, in Osteuropa ABM-Stellungen gegen den »Schurkenstaat Iran« und in Südkorea gegen den »Schurkenstaat Nordkorea« zu planen, die einen nahe Russland, die anderen nahe China. Die Radaranlagen der Abwehrsysteme können weit in beide Länder hineinsehen und ihre Abschussvorrichtungen lassen sich rasch für Offensivraketen umrüsten, was sowohl Moskau wie Peking nur noch wenig Vorwarnzeit ließe.

Die Reaktionen auf diese Maßnahme waren absehbar – und zogen bald eine weitere Vertragskündigung durch Washington nach sich. Weil die NATO immer weiter in Richtung russische Grenze vorrückte, fühlte sich Moskau von den ABM-Plänen der USA bedroht und begann landgestützte Mittelstreckenraketen zu entwickeln, die gegen den 1987 mit den USA vereinbarten INF (*Intermediate Range Nuclear Forces*)-Vertrag verstießen. Dieser hatte zur Vernichtung aller landgestützten Atomraketen mit Reichweiten von 500 bis zu 5.500 Kilometern geführt und war gerade für die Sicherheit Europas besonders wichtig. Nils Annen, Staatssekretär im Auswärtigen Amt, bezeichnete den Vertrag als »unverzichtbare Säule der Rüstungskontrolle im OSZE-Raum«. Im Februar 2019 kündigten die USA das Abkommen. Europa muss jetzt die atomare Wiederaufrüstung auf dem Kontinent und eine noch größere militärische Abhängigkeit von Amerika fürchten.

Bei der Kündigung des INF-Vertrags hatte Amerika allerdings weniger seine Machtposition am westlichen Ende als am östlichen Rand der eurasischen Landmasse im Blick. Dort hat sich China mit der Entwicklung und massenhaften Produktion von Mittelstreckenraketen inzwischen einen strategischen Vorteil für eine eventuelle gewaltsame Rückholung von Taiwan ins Mutterland verschafft. Peking ist damit in der Lage, Taipeh zu Hilfe eilende amerikanische Flottenverbände schon mitten im Pazifik auszuschalten. Washington könnte darauf heute nur mit aus den USA abgeschossenen ballistischen Raketen gegen das chinesische Festland reagieren und würde damit einen chinesischen Gegenschlag und die Zerstörung amerikanischer Städte riskieren. Mit Mittelstreckenraketen, die vom japanischen Okinawa oder Jeju in Südkorea abgefeuert würden, eröffneten sich für Washington dagegen weniger eskalationsträchtige Optionen.

Der Ausstieg der USA aus dem ABM-Vertrag hatte bereits das Inkrafttreten des Abrüstungsvertrags START II (*Strategic Arms Reduction Treaty*) verhindert, der die komplette Abrüstung aller landgestützten amerikanischen und russischen Interkontinentalraketen mit Mehrfach-Atomsprengköpfen vorsah. Stattdessen kam es 2011 nur zu dem Vertrag *NEW START* und einer weiteren Reduktion der Trägersysteme für strategische Atomwaffen und atomaren Gefechtsköpfe. Die Vertragslaufzeit endete im Februar 2021. Moskau war zu einer Verlängerung stets bereit, die Trump-Administration nicht. Erst die neue Biden-Regierung, die im Januar 2021 antrat, erklärte sich in letzter Minute vor Ablauf des Abkommens ebenfalls zu dessen Verlängerung bereit – erst einmal um fünf Jahre.

Das Aus für den INF-Vertrag hatte im November 2020 auch das Ende des »*Open-Skies*«-Abkommens zur Folge, das 1992 zwischen Russland, den USA und Europa vereinbart worden war. Dieses sah gegenseitige Beobachtungsflüge zur Rüstungskontrolle über dem Territorium der Unterzeichnerstaaten vor. Amerika kann Installationen des russischen Militärs auch mit seinen vielen Beobachtungssatelliten laufend engmaschig überwachen, Europa hat diese Möglichkeiten nicht. Die Kündigung des Abkommens macht es daher ebenfalls noch abhängiger von den USA – selbst wenn es mit Russland auch ohne die USA weitermacht.

Das Ende des INF-Vertrags könnte schließlich auch noch das Ende des über 50 Jahre alten Verbots von Kernwaffentests bewirken – zumindest des 1966 beschlossenen umfassenden Nuklearteststverbots, das zusätzlich zu dem drei Jahre zuvor verabredeten Teststopp in der Atmosphäre, im Weltraum und unter Wasser auch unterirdische Versuche einschließt. Die USA haben diesen zweiten Vertrag zwar unterzeichnet, aber nie ratifiziert.

Selbst wenn die USA einen Vertrag ratifiziert haben, ist das keineswegs eine Garantie dafür, dass sie sich auch daran halten. Ein Beispiel dafür ist die Bombardierung der chinesischen Botschaft in Belgrad im Jahr 1999. Nach dem Abschuss des hochmodernen amerikanischen Tarnkappenbombers F-117-*Nighthawk* im Balkankrieg waren Chinesen an die Absturzstelle in Serbien geeilt, hatten die Trümmer eingesammelt und sie auf das Gelände ihrer Botschaft in Belgrad gebracht, um die geheime Tarnkappentechnologie unter die Lupe zu nehmen. Kurz darauf bombardierte die US-Luftwaffe das Gebäude. Obwohl Washington behauptet, die Aktion beruhe auf einem bedauerlichen Irrtum, ist Peking davon überzeugt, dass der Angriff mit voller Absicht und gezielt erfolgte. Experten vermuteten seinerzeit, dass die USA das weiter aktive GPS-Signal des Flugschreibers der Maschine geortet und daraufhin den Angriff gestartet hätten, um die wertvolle Technologie nicht in die Hände der Chinesen fallen zu lassen. Ein neues Buch von Christian Brose, dem ehemaligen Stabschef des Streitkräfteausschusses des amerikanischen Senats, dürfte sie in dieser Auffassung bestätigen. Brose, der zusammen mit dem langjährigen Ausschussvorsitzenden John McCain Einblick in die tiefsten Geheimnisse des Pentagon hatte, machte sich bei der Beschreibung des Vorgangs interessanterweise nicht die offizielle Version Washingtons zu eigen: Die Chinesen hätten Amerika nicht geglaubt, schreibt der Insider, »obwohl Washington *darauf bestand,* dass es ein Unfall war«; nicht etwa wie eigentlich von jemandem wie ihm zu erwarten: »*obwohl es ein Unfall war*«. Anscheinend war es doch kein Unfall.

Seit dem Genfer Protokoll von 1925 ist der Einsatz von Chemiewaffen völkerrechtlich verboten. Dennoch hat Amerika seine Vorräte an solchen Waffen niemals vernichtet und die Anlagen zu deren Produktion bis heute nicht zurückgebaut. Bis heute lehnen die USA auch ein Zusatzprotokoll zur UN-Biowaffenkonvention ab, das eine unabhängige Überwachung sichern soll. Ein Beispiel, wie leicht sich die USA über solche internationalen Verpflichtungen hinwegsetzen, lieferte bereits der Vietnamkrieg. Trotz des völkerrechtlichen Verbots von Chemiewaffen entlaubten sie dort mit chemischen Mitteln den Urwald. Und behaupteten einfach, das Entlaubungsmittel sei keine Waffe.

Im Dezember 2014 verabschiedete die Generalversammlung der Vereinten Nationen in New York mit einer Mehrheit von 126 zu 4 Stimmen bei 46 Enthaltungen eine Resolution gegen die Militarisierung des Weltraums. Die ablehnenden Voten kamen von den USA, der Ukraine und Georgien sowie Israel. Bei den Enthaltungen stachen vor allem die EU-Mitgliedsstaaten hervor. Was die Weltgemeinschaft denkt, ist den Vereinigten Staaten im Zweifel jedoch egal. Ihre Machtüberlegungen haben Vorrang vor allem anderen. Im Dezember 2019 gründete die US-Regierung neben der Army, Air Force, Navy, dem *Marine Corps* und der *Coast Guard* eine sechste Teilstreitkraft: die *Space Force*. Zum amerikanischen Weltreich soll künftig auch der Weltraum gehören.

Je mehr die USA in der UNO an Ansehen und Einfluss verloren, desto feindlicher wurde ihre Haltung gegenüber der Organisation. Inzwischen schuldet Washington den Vereinten Nationen über 2 Milliarden Dollar an Beiträgen. In der UNESCO und im UN-Menschenrechtsrat macht Amerika schon gar nicht mehr mit. Obwohl die UNO ihren Hauptsitz in New York hat, verweigert Washington unliebsamen ausländischen Delegierten, die dienstlich dorthin reisen wollen, das Einreisevisum oder stellt es erst in allerletzter Minute aus – ein klarer Verstoß gegen das Gründungsabkommen der Organisation. Zur Generalversammlung im Dezember 2019 etwa bekamen der iranische Präsident Hassan Rouhani und Außenminister Mohammed Dschawad Sarif erst wenige Tage vorher die Genehmigung. Die Versammlung verabschiedete daraufhin mit großer Mehrheit eine Resolution, die Washington dazu aufforderte, offiziellen Delegationsmitgliedern künftig Visaanträge prompt zu bewilligen. Nur wenige Wochen darauf, nach der Tötung seines Landsmanns Soleimani durch die USA im Januar 2020, konnte Sarif wegen eines fehlenden Visums nicht zu einer Sitzung des Sicherheitsrats reisen, die sich mit dem Vorfall befasste. Amerika hält sich an gemeinsam vereinbarte Regeln nur, solange es ihm passt.

Ein weiteres Beispiel dafür ist die in Genf ansässige Welthandelsorganisation WTO. Sie hat die Aufgabe, eine der globalisierten Weltwirtschaft entsprechende multilaterale Handelspolitik durchzusetzen. Nach der Devise »Am stärksten ist der Starke allein« bauten die USA zuletzt jedoch nur noch auf bilaterale Abkommen. Statt für den Abbau ihres Handelsbilanzdefizits selbst weniger zu konsumieren oder die internationale Wettbewerbsfähigkeit ihrer Wirtschaft zu steigern, pressten sie weniger starken Handelspartnern wenn nötig auch mit Zwangsmitteln wie (höheren) Zöllen günstigere »Deals« ab.

Da die WTO ein solches Vorgehen üblicherweise mit Sanktionen belegt, musste sie von den USA außer Gefecht gesetzt werden. Als Hebel dafür nutzten sie den sogenannten »*Appellate Body*«, die oberste Streitschlichtungsinstanz der Organisation, die verbindlich über Klagen von Mitgliedern entscheidet. Seit 1995 wurden dem Gremium über 600 Streitfälle vorgelegt, fast die Hälfte davon betrafen die USA, sei es als Kläger oder Beklagter. Danach folgten mit jeweils deutlichem Abstand die EU und mit insgesamt nur 63 Fällen (20 als Kläger, 43 als Beklagter) das von Washington wegen angeblicher Vertragsverletzungen (Dumping, staatliche Subventionen usw.) so viel gescholtene China. Zahlen des Jacques-Delors-Instituts, einer europäischen Denkfabrik, zeigen, dass die USA von den selbst angestrengten Klagen bei der WTO 90 Prozent gewannen, als Beklagter allerdings auch die meisten verloren. Das Verhältnis von Gewonnen zu Verloren unterschied sich jedoch kaum von dem anderer Länder. Dennoch blockiert Washington seit 2017 systematisch die Ernennung von neuen Richtern für frei werdende Stellen im »*Appellate Body*«, die nur einstimmig erfolgen kann. Als im Dezember 2019 die Dienstzeiten von zwei der drei von ursprünglich sieben noch verbliebenen Richtern ausliefen, ohne dass es Nachfolger für sie gab, war das Gremium beschlussunfähig, die WTO damit praktisch gelähmt und Washington am Ziel. Es muss nun nicht mehr befürchten, für ungerechtfertigte Zölle und erlassene Handelsbeschränkungen sanktioniert zu werden. Zwar besteht die erste Streitschlichtungsinstanz noch weiter, sie hat jedoch so gut wie jeden Sinn verloren. Denn kein Land strengt dort noch ein Verfahren an, wartet lange auf ein erstes Urteil, das nicht bindend ist, wenn das beklagte Land dagegen Einspruch einlegt, dieser aber in der nächsten Instanz nicht weiterverfolgt werden kann.

So erging es auch China, das bei der WTO gegen die Extra-Zölle klagte, die Washington seit 2018 auf Exporte des Landes nach Amerika im Wert von rund 550 Milliarden Dollar erhebt. Im September 2020 bekam Peking zwar Recht zugesprochen, doch nach dem Einspruch der USA blieb dies ohne Folgen. Genau diesen Zustand wollten die USA erreichen und propagieren seitdem eine Rückkehr zur früheren Praxis des allgemeinen Zoll- und Handelsabkommens GATT, der Vorgängerorganisation der WTO, die keinen rechtlich bindenden Streitschlichtungsmechanismus kannte. Differenzen mussten auf diplomatischem Wege bilateral gelöst werden, was große Handelsnationen bzw. -blöcke bevorzugt. »Ohne WTO droht im weltweiten Handel das Recht des Stärkeren anstelle der Stärke des Rechts«, warnt denn auch Eric Schweitzer, der Präsident des Deutschen Industrie- und Handelstages. Der ehemalige EU-Handelskommissar Phil Hogan sieht die Genfer Organisation in der »größten Krise seit ihrer Gründung«. Wenn die internationalen Handelsregeln nicht mehr durchgesetzt werden könnten, so Hogan, »haben wir das Gesetz des Dschungels«. Unter Donald Trump, so der Chefkommentator und Mitherausgeber der »Financial Times« Martin Wolf, seien die USA zu einer »Schurken-Supermacht« geworden, die die »grundlegenden Normen« eines Handelssystems ablehne, »das auf multilateraler Einigung und bindenden Regeln« beruht.

Um die Globalisierung zu retten, wollen die EU, China, Japan, Südkorea, Brasilien und andere Länder bei ihren Wirtschaftsbeziehungen die WTO-Regeln zwar weiter beachten, bis mit den USA eine Reform der Organisation ausgehandelt werden kann. Doch die Aussichten für eine solche Neuordnung, auf die sich alle verständigen können, sind nicht gerade günstig. Viele Politiker in Washington, Republikaner wie Demokraten, betrachten Chinas Aufnahme in die Handelsorganisation im Jahr 2001 inzwischen als eine Art Ursünde. Denn dadurch erhielt der wirtschaftliche Aufstieg des Riesenreiches neuen Schub, es wuchs in kurzer Zeit zur zweitstärksten Volkswirtschaft der Welt und zum Rivalen Amerikas heran. 2020 bekam die WTO jedenfalls schon mal kein Geld mehr aus Washington.

So erging es bald darauf auch einer anderen wichtigen, in Genf beheimateten internationalen Organisation, der Weltgesundheitsorganisation WHO. Auch sie wurde zum Spielball der Machtpolitik Amerikas. Mitte April 2020, gerade als die Coronavirus-Pandemie auch die schlecht gerüsteten Länder des globalen Südens zu erfassen begann, stellten die USA, die mit rund 15 Prozent bis dahin den größten Beitrag zum Budget der Organisation geleistet hatten, von heute auf morgen ihre Zahlungen ein. Zuvor war in der amerikanischen Hauptstadt bereits der Ruf nach einem Rücktritt von WHO-Chef Tedros Ghebreyesus laut geworden. Mit seinem Vorwurf, die WHO habe zeitweise »wie die PR-Agentur für China« agiert, stand der amerikanische Präsident zwar nicht alleine da. Selbst der Trump in tiefer Abneigung verbundene »Spiegel« schmähte die Weltgesundheitsorganisation damals als »Weltkrankheitsorganisation«. Außer den USA kam jedoch kein anderer Staat auf die Idee, der UNO-Organisation in der schlimmsten globalen Gesundheitskrise seit über einem Jahrhundert zuerst den Geldhahn zuzudrehen und sie dann einige Wochen später sogar zu verlassen. Und das, obwohl Robert Redfield, Chef der amerikanischen Seuchenbekämpfungsbehörde *Center for Disease Control and Prevention* (CDC), erklärt hatte, er arbeite mit der Organisation in Genf »sehr gut« zusammen. »Mitten in einem Feuer dreht man nicht den Wasserhahn zu, selbst wenn man den Feuerwehrmann nicht leiden kann«, so WHO-Stabschef Bernhard Schwartländer. Richard Horton, Chefredakteur des angesehenen britischen Wissenschaftsmagazins »The Lancet«, nannte den US-Zahlungsstopp sogar ein »Verbrechen an der Menschheit«.

Die Destabilisierung Hongkongs

Dass die US-Regierung allein an ihre eigenen Machtinteressen denkt und keinerlei Rücksicht auf die Kollateralschäden ihres Handelns nimmt, wurde auch in Hongkong sichtbar. Washington hat viele freiheitsliebende Menschen in der Stadt am Perlflussdelta als Schachfiguren auf seinem geopolitischen Spielbrett missbraucht und dem Anliegen der Demokratie in China einen Bärendienst erwiesen.

Das Territorium, das England nach dem ersten Opiumkrieg 1843 China gewaltsam entrissen und zu einer Kolonie gemacht hatte, war 1997 zu seinem rechtmäßigen Besitzer zurückgekehrt. Peking und London einigten sich dabei auf die historische Kompromissformel »Ein Land, zwei Systeme«, nach der die Stadt sich für 50 Jahre in Teilautonomie weitgehend selbst regieren und ihre Bürger individuelle Freiheiten und Rechte genießen dürfen, wie etwa Meinungs-, Medien- und Versammlungsfreiheit, die ihren Landsleuten in Festlandchina bis heute nicht gewährt werden.

Chinas Führer Deng Xiaoping hatte die Formel seinerzeit erfunden, um das Territorium zurückzugewinnen und als Tor zur Welt und internationalen Finanzplatz mit einer konvertiblen Währung für seine wirtschaftliche Öffnungspolitik noch besser nutzen zu können. London und mit ihm der gesamte Westen ihrerseits setzten darauf, dass sich China unter dem Konkurrenzdruck des westlichen Systems bis Mitte des Jahrhunderts politisch so weit liberalisieren würde, dass die Stadt mit dem Festland ohne Friktionen zusammenwachsen kann.

Dies kam jedoch der Annahme gleich, dass der Schwanz mit dem Hund wedelt. Je erfolgreicher und stabiler sich China erwies, desto mehr hielt es an seinem System fest. Und je mehr China zu einem Konkurrenten der USA aufstieg, desto mehr versuchte Washington, Hongkong als Hebel zu benutzen, um diesen Aufstieg zu bremsen. Dazu nutzte es die Unzufriedenheit über den stagnierenden Lebensstandard und die Verschlechterung der beruflichen Zukunftsperspektiven vor allem bei jungen Einwohnern der Stadt aus und kanalisierte sie auf die schwache Stadtregierung und den geopolitischen Rivalen in Peking. Mit Rat, Tat und Millionen Dollar zogen amerikanische *Regime-Change*-Organisationen über Jahre in Hongkong systematisch eine Opposition groß, die sich eine vollständige Autonomie oder sogar die Abspaltung von Peking zum Ziel setzte.

Zu diesen Organisationen gehören die vom US-Kongress finanzierte *US Agency for Global Media* (USAGM) mit den Sendern Voice of America und Radio Free Asia und die aus der CIA hervorgegangene Stiftung *National Endowment for Democracy* (NED). USAGM unterstützte die Peking-Gegner in Hongkong über den von ihr beaufsichtigten *Open Technology Fund* (OTF): Dieser half vor allem mit abhörsicherer Kommunikationsausrüstung. Zuletzt hatte der OTF dafür 2 Millionen Dollar budgetiert. Man stelle sich einmal vor, was passieren würde, wenn Peking der *Black Lives Matter*-Bewegung in den USA auf diese Weise unter die Arme greifen würde! Auch NED, das schon beim Umsturz in der Ukraine und anderswo die Hand im Spiel hatte, investierte Millionen in einen Regimewechsel in Hongkong. »Vieles von dem, was wir machen«, so bekannte Allen Weinstein, Mitbegründer der Organisation einmal, »hat die CIA vor 25 Jahren verdeckt gemacht.« Ihr Vorhaben in der chinesischen Sonderverwaltungszone formulierte die Organisation, deren Jahresbudget inklusive Töchtern vom Kongress Ende 2019 von 180 auf 300 Millionen Dollar aufgestockt wurde, in ihrem Jahresbericht 2012 so: »Die Fähigkeit von Bürgern – insbesondere

Universitätsstudenten – zu entwickeln, wirksamer an der öffentlichen Debatte über die politische Reform mitzuwirken … mit dem Ziel allgemeiner Wahlen.« Zwei Jahre später begründete NED die Überweisung von erneut fast einer halben Million Dollar in die südchinesische Metropole mit dem Ziel, »den Stimmen der Bürger in Hongkong und China größeres Gehör zu verschaffen sowie chinesische Aktivisten im Hinblick auf ihre organisatorischen Fähigkeiten und ihre Fähigkeiten als Interessenvertreter weiterzubilden und technische Unterstützung zukommen zu lassen«.

Der amerikanische Nachhilfeunterricht wurde auf den Straßen der Stadt von Jahr zu Jahr sichtbarer. Als die politisch unsensible örtliche Regierung 2019 ein Auslieferungsabkommen mit Peking durchboxen wollte, demonstrierten Hunderttausende Hongkonger Bürger zunächst friedlich dagegen. Die militanten Gegner des Regimes in Peking sahen jedoch die Zeit zum Losschlagen gekommen und nutzten die Gelegenheit, im Schutz der friedlichen Demonstrationen einen regelrechten Aufruhr loszutreten. Anfang Juli 2019 drangen sie gewaltsam in das Stadtparlament vor, verwüsteten den Sitzungssaal des örtlichen Parlaments und hängten dort die Fahne der ehemaligen Kolonialherren auf. Dabei wurden mehr als ein Dutzend Polizisten verletzt und es entstand ein Sachschaden in Millionenhöhe. In den darauffolgenden Monaten lieferten sich vermummte Extremisten mit Steinen, Schleudern, Eisenstangen und Molotowcocktails nahezu täglich Straßenschlachten mit der örtlichen Polizei; sie errichteten Barrikaden, legten Feuer an Polizeiwachen; sie blockierten den internationalen Flughafen und nahmen ihnen verdächtig erscheinende Festlandchinesen gefangen und misshandelten sie; sie skandierten Umsturz- und Sezessionsparolen wie »*Liberate Hongkong. Revolution of our time*«, rissen chinesische Nationalflaggen vom Mast und verbrannten sie, griffen die Vertretung Pekings in dem Territorium an, schwenkten das Sternenbanner und sangen die amerikanische Nationalhymne. Nach Ansicht von Sicherheitsexperten gingen die Gewalttäter dabei hochgradig organisiert, arbeitsteilig, mit vorher festgelegten Beobachtungsposten, Nachschublinien und Handzeichen vor und nutzten modernste elektronische Kommunikationsmittel. Die Organisatoren der friedlichen Demonstrationen, in deren Umfeld die Extremisten meist operierten, distanzierten sich nie richtig von den Ausschreitungen.

Kurz vor Beginn des Aufruhrs hatten sich führende Vertreter der Aktivisten bei dem amerikanischen Außenminister und Ex-CIA-Chef Pompeo und hochrangigen Kongressvertretern wie der Mehrheitsführerin der Demokraten, Nancy Pelosi, in Washington noch demonstrativ Rückendeckung geholt. Sie warben sogar offen dafür, ihrer Heimat die Handelsprivilegien zu entziehen, die es im Vergleich zu Festlandchina damals genoss, wenn Peking den Autonomiegrad des Territoriums einschränke. Mitten in den Unruhen reisten amerikanische Politiker nach Hongkong, um die Peking-Gegner vor Ort persönlich anzustacheln. Auch das US-Generalkonsulat in der Stadt half kräftig mit. Es zählt über 500 Mitarbeiter und ist selbst angesichts der Tatsache, dass in der Stadt einige Zehntausend amerikanische Staatsbürger leben, für die üblichen konsularischen Aufgaben eindeutig überdimensioniert. Julie Eadeh, Chefin der politischen Abteilung und stellvertretende Leiterin der diplomatischen Vertretung, traf sich heimlich mit Joshua Wong, einer Art »Außenminister« der Bewegung, sowie dessen Mitstreiter Nathan Law im örtlichen Marriott-Hotel. Zur Zurückhaltung dürfte die Dame bei diesem Treffen wohl kaum geraten haben. Ihren vorherigen Stationen in Bagdad, Mossul, Beirut, Jerusalem, Taipeh und Schanghai sowie ihren zahlreichen Auszeichnungen nach zu schließen gehört sie dem Geheimdienst an. Jedenfalls ging die Gewalt in der Stadt nicht zurück, sondern wurde immer schlimmer. Als die örtliche Zeitung »Ta Kung Pao« das klandestine Treffen enthüllte, erklärte das State Department in gewohnt imperialer Manier, Eadeh habe »nur ihre Arbeit getan«. Und damit sagte Washington sogar die

Wahrheit. Die Einmischung in die inneren Angelegenheiten eines anderen Landes ist für Amerika längst *business as usual* geworden. So veröffentlichte die US-Botschaft in Moskau etwa Uhrzeit und Treffpunkt von geplanten Protestveranstaltungen der Anhänger des Oppositionellen Alexei Nawalny nach dessen erneuter Verhaftung im Januar 2021. Betätigen sich ausländische diplomatische Vertretungen in den USA dagegen auch nur annähernd in gleicher Weise, werden sie unter Hinweis auf die Wiener Konvention kurzerhand und ohne jede Vorwarnung geschlossen. So geschehen mit dem chinesischen Generalkonsulat im texanischen Houston im Sommer 2020 binnen 72 Stunden. Die Einrichtung sei ein »Drehkreuz für Spionage und Diebstahl geistigen Eigentums«, behauptete Außenminister Pompeo, ohne dafür allerdings Beweise vorzulegen.

Als prominentester Unterstützer der Peking-Gegner, nicht nur publizistisch, sondern auch finanziell, zeigte sich Jimmy Lai, Verleger der in Hongkong und Taiwan erscheinenden Boulevard-Zeitung »Apple Daily«. Lai pflegt seit Langem enge Verbindungen zu rechten Republikanern in den USA wie dem ehemaligen Weltbank-Chef und *Regime-Change*-Apologeten Paul Wolfowitz. Als seine rechte Hand fungierte über Jahre Mark Simon, ehemals Mitarbeiter im Geheimdienst der US Navy und danach Leiter des Büros der republikanischen Partei in Hongkong. Aus seinem politischen Ziel macht der Verleger keinen Hehl: »Wenn wir China nicht verändern, wird die Welt keinen Frieden finden.« Das Land müsse sich »an die westlichen Werte anpassen«.

Mit Ausnahme vereinzelter Überreaktionen begegnete die örtliche Polizei der Gewalt gegen Sachen und Personen insgesamt mit vergleichsweise moderater Gegengewalt. Bei den monatelangen schweren Straßenschlachten kam niemand durch sie zu Tode. Anders als hierzulande galt lange Zeit nicht einmal ein Vermummungsverbot. Sogenannte »passive Bewaffnung«, mit Helmen und Gasmasken, ist im Gegensatz etwa zu Deutschland bis heute erlaubt.

Zur Überraschung der Weltöffentlichkeit ließ auch die Zentralregierung in Peking die Unruhen in der Sonderverwaltungszone laufen, ohne mit eigenen Polizei- oder gar Armeekräften einzugreifen. Vielmehr nutzte sie das Chaos in der Stadt aus, um die Chinesen auf dem Festland noch mehr für das eigene System einzunehmen. Das Regime in Peking hatte die Falle erkannt, die ihm gestellt worden war. Wie Verleger Lai später verriet, zielte der Aufruhr darauf ab, entweder das selbst gesteckte Ziel zu erreichen oder ein gewaltsames Eingreifen der Volksbefreiungsarmee wie 1989 auf dem Platz des Himmlischen Friedens zu provozieren und so den Ruf Chinas in der Welt nachhaltig zu ruinieren. »Wenn wir verbrennen, verbrennt ihr mit uns«, so lautete eine der Parolen der Protestbewegung an die Adresse Pekings. Damit sollte gleichzeitig auch jede Hoffnung auf eine einvernehmliche Wiedervereinigung Taiwans mit dem Mutterland torpediert werden. Die chinesische Führung möchte dies wie bei Hongkong mit der Formel »Ein Land, zwei Systeme« bewerkstelligen.

Trotz aller Provokationen warteten die Verantwortlichen im Regierungssitz Zhongnanhai ab und nutzten erst das Abflauen der Unruhen infolge der Coronakrise, um mit einem Gesetz zum Schutz der nationalen Sicherheit zurückzuschlagen.

Die Reaktion Washingtons war nicht überraschend: Noch ehe der Volkskongress das Gesetz verabschiedet hatte, geschweige denn der Gesetzestext oder gar Ausführungsbestimmungen dazu vorlagen, erklärte die US-Regierung das Vorgehen bereits als »Todesstoß« für das Prinzip »Ein Land, zwei Systeme« und flagranten »Verstoß gegen die Gemeinsame britisch-chinesische Erklärung« über die Rückkehr von Hongkong nach China. Dasselbe Amerika, das die eigene nationale Sicherheit schon durch eine zu hohe Einfuhr europäischer Automobile oder eine chinesische Unterhaltungsapp für Teenager bedroht sieht und Halbwüchsige ahndet, die bei Protesten gegen Rassismus die Fensterscheiben einer Kautionsagentur in Oklahoma City einschlugen, wurden wegen Terrorismus angeklagt, Randalierer erhielten für das Beschmieren eines nationalen Denkmals eine 10-jährige Haftstrafe. Ganz zu schweigen vom Umgang mit Wikileaks-Gründer Julian Assange und Whistleblowern wie Edward Snowden, die Washington als Hochverräter vor ein Sondergericht stellen will und mit lebenslanger Haft bedroht.

US-Außenminister Pompeo erklärte die »autonome Region« Hongkong als nicht mehr »ausreichend autonom« gegenüber Peking und Präsident Trump entzog dem Territorium den Vorzugsstatus, den es bei amerikanischen Zöllen und Investitionen im Vergleich zu Festlandchina genoss. Der Kongress verabschiedete den sogenannten *Hongkong Human Rights and Democracy Act*. Das Gesetz bestraft jeden, der China bei seinem Vorgehen zum Schutz der nationalen Sicherheit in der Stadt unterstützt, mit Einreisesperren und der Beschlagnahmung von Vermögen. Der republikanische Kongressabgeordnete Scott Perry brachte sogar einen Gesetzesvorschlag ein, der den amerikanischen Präsidenten »dazu ermächtigen« soll, »Hongkong als eigenständiges, unabhängiges Land anzuerkennen«.

Bei dem vom chinesischen Volkskongress erlassenen Gesetz zum Schutz der nationalen Sicherheit geht es, wie der Name schon sagt, um eine nationale, keine lokale oder regionale Aufgabe. Im Unterschied zu dem ebenfalls teilautonomen Macau hat die Nachbarstadt es 23 Jahre lang nicht fertiggebracht, ihrer Verpflichtung zu einer solchen Regelung nach Artikel 23 des *Basic Law* nachzukommen. Erst als konkret Gefahr im Verzuge war, machte Peking von seinem Recht Gebrauch und holte dies selbst nach. Das im Grundgesetz für das Territorium geregelte Prinzip »Ein Land, zwei Systeme« räumt der Stadt lediglich »weitgehende Autonomie« ein, nicht vollständige; schließlich ist Hongkong mit der Rückgabe wieder Teil des chinesischen Staates geworden. Die Regierung der Sonderverwaltungszone bekundete zudem geschlossen ihre volle Unterstützung für Pekings Vorgehen und erklärte, das neue Gesetz richte sich nur gegen Separatisten, Hochverräter, Umstürzler und Terroristen. Bis auf wenige Ausnahmefälle sollen auch die Hongkonger Gerichte zuständig bleiben, somit ändere sich am Status der Stadt nichts Wesentliches.

Der Menschenrechtsrat der Vereinten Nationen schloss sich im Juli 2020 dieser Meinung mit einer überwältigenden Mehrheit von 53 zu 28 Ländern an. Die Gutachter des wissenschaftlichen Dienstes des Deutschen Bundestages stellten fest, dass die durch das Gesetz zur nationalen Sicherheit partiell eingeschränkte Gerichtsbarkeit Hongkongs nicht dessen Grundgesetz widerspricht.

Kritiker des Sicherheitsgesetzes im Westen übersehen zudem häufig, dass auch demokratisch verfasste Gemeinwesen ähnliche Gesetze haben. In Taiwan etwa trat 2018 ohne jedes internationale Aufsehen ein sogenanntes Antiinfiltrationsgesetz in Kraft. Es sieht Gefängnisstrafen bis zu fünf Jahren für alle vor, die von »externen Kräften« Geld oder Instruktionen für Demonstrationen, Wahlkämpfe, Lobbyingaktivitäten oder »die Störung der öffentlichen Ordnung« bekommen.

Tatsache ist: Politische Opposition im Rahmen von Recht und Gesetz wird in Hongkong auch künftig möglich sein, nur eben nicht für Staats- und Verfassungsfeinde. Eine Selbstverständlichkeit auch in demokratisch verfassten Ländern des Westens. Zwar räumt das verabschiedete Sicherheitsgesetz den Justizbehörden des Territoriums viel Interpretationsspielraum ein, die Tatbestände der Sezession, Subversion und des Terrorismus sind weit gefasst. Es besteht somit durchaus Anlass zur Sorge, dass die Meinungsfreiheit und die Freiheit der politischen Betätigung zu stark eingeschränkt werden könnten. Doch das gilt auch für das Anti-Terror-Gesetz (*Domestic Terrorism Prevention Act*), das Abgeordnete von beiden Parteien nach der Erstürmung des Kapitols am 6. Januar 2021 auf den Weg gebracht haben. In beiden Fällen bleibt abzuwarten, wie die Gesetze in der Praxis jeweils angewendet werden. Beim ersten verhandelten Fall betonte das zuständige Gericht in Hongkong, weiterhin nach dem in der Stadt gebräuchlichen *Common Law*, also dem britischen Präzedenzfallrecht, vorzugehen.

Auf jeden Fall genießen die Einwohner des Territoriums auch künftig deutlich mehr demokratische Freiheiten und politische Mitbestimmungsrechte als ihre Landsleute in Festlandchina. Trotz einer gewissen Verschiebung in Richtung Peking, die angesichts der relativen Größen- und Machtverhältnisse wahrscheinlich unvermeidbar war, ist die Stadt in den über zwei Jahrzehnten seit der Rückkehr zu China insgesamt ein Rechtsstaat geblieben. Während Festlandchina im *Rule Of Law Index* des angesehenen amerikanischen *World Justice Project* unter insgesamt 128 untersuchten Ländern 2020 nur auf Platz 88 kam und es auch die USA nur auf Platz 21 schafften und gegenüber dem Vorjahr sogar noch einen Rang einbüßten, hielt Hongkong unverändert Platz 16. Ob und wie sich das Sicherheitsgesetz auf diese Rangliste auswirkt, muss die Zukunft zeigen.

Das Prinzip »Ein Land, zwei Systeme« ist durch das Gesetz jedenfalls nicht hinfällig geworden. Wer dies behauptet, übersieht, dass die Formel nicht nur aus einem Teil besteht. »Ein Land« ist die Voraussetzung für »zwei Systeme«. Je klarer und unbestrittener dies ist, desto besser sind die Voraussetzungen dafür, dass das bisherige System Hongkongs auch in Zukunft zumindest im Kern erhalten bleibt. Nach Einführung des Sicherheitsgesetzes muss die Regierung in Peking sich weniger sorgen, dass von der Stadt eine Gefahr für die politische Stabilität und territoriale Integrität des Landes insgesamt ausgehen könnte. Das erlaubt es ihr, die Zügel an anderer Stelle lockerer zu lassen, zumal sich auch die wirtschaftliche Lage der Bevölkerung in der Sonderverwaltungsregion allmählich wieder verbessern dürfte.

Unternehmen schätzen politische Stabilität. Und zumindest die großen unter ihnen haben längst gelernt, mit Pekings politischen Empfindlichkeiten klarzukommen. Seit die geplante Gesetzgebung zur nationalen Sicherheit bekannt gegeben wurde, zeigt sich der an den US-Dollar gekoppelte HK-Dollar denn auch eher stärker als schwächer. Hongkong erlebt einen Zustrom an ausländischem Kapital und eine Welle neuer Börsengänge. Daran änderten auch die Anklagen gegen ein Dutzend prominenter Anführer wie Lai, Law und Cheng aufgrund des neuen Gesetzes im Sommer 2020 nichts. Die grundlegenden Standortvorteile der Stadt wie etwa eine im Unterschied zu Festlandchina konvertible Währung oder niedrige Steuern bleiben von dem Gesetz unberührt. Auf der Habenseite ist noch hinzugekommen, dass das Territorium sich jetzt besser in die *Greater-Bay-Area*-Strategie integrieren und neue Zukunftschancen wahrnehmen kann. Peking will aus dem Perflussdelta, in dem Hongkong liegt, eine Modellregion für die Zukunft machen, die sogar das Silicon Valley in den Schatten stellt. Das zu verhindern oder zumindest erheblich zu stören gehörte ebenfalls zu den Motiven für Washingtons Einmischung. Der Sache der Demokratie hat diese jedoch sowohl in Hongkong als auch in ganz China am Ende nur geschadet.

Exterritoriale Sanktionen und der Dollar als Waffe

Um missliebige Akteure und deren Vorgehen zu bestrafen, greifen die USA immer häufiger zu exterritorialen Sanktionen. 39 Länder und ein Drittel der Weltbevölkerung bekommen auf diese Weise derzeit den langen Arm Amerikas zu spüren; Hunderte von Millionen Menschen haben darunter zu leiden, für viele bringt er mittelbar sogar den Tod. Wie gravierend sich Wirtschaftssanktionen auswirken können, zeigten besonders die von Washington angestrengten Sanktionen der Vereinten Nationen gegen den Irak Anfang der 90er-Jahre. Mehrere Schätzungen gehen übereinstimmend davon aus, dass dadurch über eine halbe Million Kinder gestorben sind. Als Leslie Stahl in der bekannten TV-Sendung *60 Minutes* die damalige US-Botschafterin bei der UNO Madeleine Albright danach fragte, ob dieser

Preis gerechtfertigt sei, antwortete diese ungerührt: »Wir meinen, der Preis ist es wert.«

Wegen ihrer Sanktionspolitik hat die Nationalökonomin Anne Krueger von der *School of Advanced International Studies* an der Johns Hopkins University Amerika einmal mit einem »Räuber« verglichen, der seine Opfer vor die Wahl stellt: »Geld oder Leben«. Als schärfste Waffe dient Washington dabei die Landeswährung, der Dollar. Amerika verfügt über die stärksten Streitkräfte der Welt, aber noch mehr als auf Raketen, Bomben und Flugzeugträger gründet sich seine Macht auf seine Währung. Diese ist mit Abstand die wichtigste der Welt. Sie dient als Reserve für die Zentralbanken, als internationales Zahlungsmittel im Handel und als erste Wahl für die Geldanlage. Über 60 Prozent der Zentralbankreserven in aller Welt, über 40 Prozent aller Zahlungen im grenzüberschreitenden Güterverkehr und über 90 Prozent im Devisenhandel lauten auf Dollar. Ein Großteil des Welthandels wird in der US-Währung abgewickelt. Als etwa die französische Fluggesellschaft Air France 2019 von dem in Toulouse ansässigen Flugzeughersteller Airbus 60 Maschinen kaufte, lautete die Rechnung auf Dollar.

Die Gründe dafür sind vielfältig: Amerika hat die größte Volkswirtschaft der Welt. Der Dollar lässt sich jederzeit leicht in andere Währungen umtauschen und das Land verfügt über den mit Abstand größten und zudem hochliquiden sowie ausdifferenzierten Kapitalmarkt. Mit der Globalisierung ist zudem das weltweite Handelsvolumen kräftig gewachsen – und mit ihm der Bedarf an Dollar. Entscheidend für dessen Aufstieg zu der überragenden Stellung, die er heute innehat, war jedoch, dass der für die Wirtschaft lebenswichtige Rohstoff Erdöl weltweit nahezu ausschließlich in der US-Währung gehandelt wurde und auch heute noch weitgehend gehandelt wird.

1971 gaben die USA das 1944 in Bretton Woods vereinbarte System fester Wechselkurse auf, weil die Golddeckung, auf der es beruhte, infolge der amerikanischen Schuldenpolitik im Vietnamkrieg immer teurer geworden war. Danach fiel Washington das Schuldenmachen wieder leichter und der Dollar verlor zunehmend weiter an Wert. 1974 reiste der amerikanische Finanzminister Bill Simon im Auftrag von Präsident Richard Nixon deshalb nach Riad, der Hauptstadt des damals mit Abstand größten Erdölproduzenten der Welt, um mit der dortigen Regierung ein historisches Abkommen zu schließen: Amerika nimmt den Saudis große Mengen Öl ab, verkauft ihnen moderne Waffen und leistet der herrschenden Dynastie militärischen Beistand. Als Gegenleistung fakturieren die Saudis ihre Ölverkäufe ausschließlich in Dollar und legen diese hauptsächlich in US-Staatsanleihen an. Da Saudi-Arabien in der Organisation ölexportierender Länder (OPEC) eine dominierende Stellung innehatte, wurde Öl bald generell nur noch in der amerikanischen Währung gehandelt. Der sogenannte Petrodollar war geboren. Er festigte die Position des Greenback als Leitwährung der Welt, half den USA, den Kalten Krieg für sich zu entscheiden und zur einzigen Supermacht aufzusteigen sowie bis heute über ihre Verhältnisse zu leben.

Infolge der Ausweitung des Welthandels im Zuge der Globalisierung, rund um den Globus zunehmenden Ölverbrauchs sowie steigender Ölpreise flossen immer mehr Dollar in die USA, die aufgrund ihres großen und hochentwickelten Kapitalmarkts dafür meist den besten Anlageplatz boten. Der strukturelle Dollarüberschuss sorgte wiederum dafür, dass amerikanische Banken neue Finanzinstrumente wie Derivate entwickelten, die noch mehr Anlagegeld anzogen. Trotz des wachsenden Schuldenbergs wurde der Dollar deshalb nicht in Mitleidenschaft gezogen, die US-Notenbank musste nicht einmal mit höheren Zinsen für den nötigen Kapitalzufluss aus dem Ausland sorgen. Auch die Kriege im Irak und in Libyen halfen dabei. Sie dienten nicht zuletzt dazu, die weitere Bezahlung von Öl in Dollar zu sichern. Im Jahr 2000 hatte Iraks Herrscher Saddam Hussein angekündigt, Öl künftig in Euro statt in Dollar abzurechnen. Ein Jahr später marschierten die USA in Bagdad ein, stürzten Hussein und jagten ihn zu Tode. Dasselbe Schicksal widerfuhr auch Libyens Herrscher Muammar al-Gaddafi. Als der seine stattlichen Dollarreserven in Gold tauschte und andere afrikanische Staaten zu einer gemeinsamen durch das libysche Gold gedeckten Währung bewegen wollte, dauerte es nicht mehr lange, bis Amerika eingriff. Staaten, die sich vom Dollar abwenden wollten, mussten immer mit einer harschen Antwort Washingtons rechnen, egal welche Partei dort gerade regierte.

Amerika weiß, was es an seiner Währung hat. Der Lebensstandard seiner Bürger und die Machtposition des Landes beruhen weitgehend auf dem exorbitanten Privileg, die Einfuhren in der heimischen Währung bezahlen, das benötigte Geld dafür selbst drucken und so über ihre Verhältnisse leben und militärisch aufrüsten zu können. Das ist der tiefere Grund hinter vielen auf den ersten Blick scheinbar unerklärlichen außenpolitischen Entscheidungen: Deshalb hat Washington Riad nach dem Anschlag auf das World Trade Center so milde davonkommen lassen, obwohl die Verbindungen der Attentäter nach Saudi-Arabien unverkennbar waren und die dort vorherrschende wahhabistische Glaubensrichtung den Boden für Al-Qaida und den Islamischen Staat bereitet hatte. Dasselbe gilt für die milde Reaktion auf die spektakuläre Ermordung des saudischen Journalisten Jamal Khashoggi im Mai 2019 im Generalkonsulat seines Landes in Istanbul. Kurz vorher hatte Riad Signale ausgesandt, zumindest Teile seiner Ölverkäufe an China künftig möglicherweise in der chinesischen Währung abzuwickeln. Diesen Dammbruch wollte Washington unbedingt verhindern, Moral und Menschenrechte hatten gegenüber der Machtpolitik das Nachsehen. Der Erhalt der Dollarhegemonie spielte auch eine Rolle bei der Entscheidung, aus dem Pariser Klimaabkommen auszusteigen. Wenn fossile Brennstoffe wie Erdöl durch eine klimafreundliche Energiepolitik mehr und mehr an Bedeutung verlieren, ist das schlecht für den Dollar. Ein rückläufiger Ölverbrauch und niedrige Ölpreise senken die Nachfrage und den Dollarzufluss nach Amerika. Dadurch steigen tendenziell die Zinsen, das Wachstum schrumpft und es gibt weniger Spielraum für neue Schulden.

Wegen der Dominanz des Greenbacks kann kein Land den langen Arm des Gesetzes so weit ausstrecken wie die Vereinigten Staaten von Amerika. Um nach Gutdünken exterritoriale Sanktionen zu verhängen, braucht es die Stellung, die in der Welt nur der Dollar hat. Sie erlaubt es den USA praktisch, die internationalen Zahlungsverkehrssysteme wie das *Clearing House Interbank Payments Systems* (CHIPS) und die *Society for Worldwide Interbank Financial Telecommunication* (SWIFT) zu kontrollieren. Über das besonders gesicherte SWIFT-Netz tauschen international tätige Banken untereinander alle nötigen Informationen zu Überweisungen, Wertpapiertransaktionen, Kontoständen usw. aus. Amerika bekommt so mit, wenn gegen Sanktionen verstoßen wird, und kann dagegen vorgehen. Obwohl SWIFT in Belgien beheimatet ist und sich selbst als »neutraler Dienstleister« bezeichnet, hat das Unternehmen wegen der Bedeutung des amerikanischen Finanzmarkts und des Dollars bisher noch immer klein beigegeben, wenn Washington die Herausgabe von Daten oder den Ausschluss von Banken eines Landes aus dem System verlangte. So hat SWIFT trotz des Widerstands der Europäischen Union etwa gegen die Wiederaufnahme der Iran-Sanktionen nach der Kündigung des Atomvertrags durch die USA auf deren Druck hin alle iranischen Banken von dem System abgeklemmt. Auch alle größeren Geldhäuser und Unternehmen in der EU stellten ihr Geschäft mit dem Iran daraufhin sofort ein. Unternehmen mit einem nennenswerten Geschäft in oder mit der größten Volkswirtschaft der Welt hüten sich, gegen US-Sanktionen zu verstoßen. Vor allem internationale Banken können es nicht wagen, Transaktionen für sanktionierte Staaten, Unternehmen oder Personen vorzunehmen, weil sie sonst ihr eigenes Geschäft im oder mit dem größten Finanzmarkt und in der dominierenden Währung der Welt gefährden.

Schon im Zuge der Terroristenjagd nach 9/11 hatte das US-Finanzministerium ausländischen Banken mit Erfolg gedroht, sie vom Dollarmarkt abzuschneiden, wenn sie ihm nicht Informationen über verdächtige Transaktionen und Kunden zur Verfügung stellen. 2015 musste die französische Bank BNP Paribas in den USA fast 9 Milliarden Dollar Strafe zahlen, weil sie sich über amerikanische Sanktionen hinweggesetzt und Geschäfte mit Kuba und dem Iran gemacht hatte. 2019 wurde Meng Wanzhou, Finanzchefin von Huawei und Tochter des Firmengründers, auf Druck Washingtons von der kanadischen Polizei sogar in Auslieferungshaft genommen, weil das Unternehmen angeblich ebenfalls Iran-Sanktionen missachtete. Als das irakische Parlament im Frühjahr 2020 verlangte, dass sämtliche US-Truppen aus dem Lande abziehen, bügelte Washington dies mit der Drohung ab, Bagdad vom Dollarmarkt auszuschließen und das Guthaben des Landes in Höhe von 3 Milliarden Dollar bei der Notenbank in New York zu sperren. Im Herbst desselben Jahres verschärfte Washington seine Sanktionen gegen Venezuela und belegte neben dem Erdölhandel auch die Dieselzufuhr, die für die Stromproduktion des Landes zentral ist, mit Strafen. Die Unternehmen, die Caracas bis dahin mit Diesel versorgt hatten, stellten prompt die Lieferungen ein. Gegen Sanktionsbrecher geht Washington notfalls auch mit nackter Gewalt vor. Im August 2020 beschlagnahmte die amerikanische Marine über eine Million Barrel Rohöl, das vier iranische Tanker nach Venezuela bringen wollten. Ein Akt der Piraterie. »Europa ist der größte Wirtschaftsraum weltweit«, klagte Riads Außenminister Mohammed Sarif, als die großen europäischen Unternehmen vor den Sanktionen Washingtons gegen sein Land allesamt einknickten, und fragte: »Warum lässt es sich von den USA so herumschubsen?« Die Antwort ist so einfach wie ernüchternd: der Dollar! »Amerikanische Beamte«, so die Zeitschrift »The Economist«, »können ausländische Firmen zerstören wie Kobolde auf einem Bildschirm.« Und davon machen sie rücksichtslos

Gebrauch, obwohl eine Weltleit- und Reservewährung eigentlich als öffentliches Gut betrachtet werden und für alle da sein sollte.

Washingtons Boykott- und Sanktionsmaßnahmen richten sich dabei keineswegs nur gegen als feindlich betrachtete Nationen wie China, Russland oder den Iran. Sie treffen auch unbotmäßige Verbündete oder neutrale Nationen bzw. deren Unternehmen. Das prominenteste aktuelle Beispiel dafür ist die Gaspipeline Nordstream II vom russischen Ust-Luga durch die Ostsee nach Greifswald. Im Sommer 2019 verabschiedete der Kongress in Washington parteiübergreifend ein Gesetz, das Amerikas imperiale Arroganz schon im Namen trägt: »*Protecting Europe's Energy Sector Act*«. Europa und speziell Deutschland, so Washington, drohten durch Nordstream II zu sehr von russischem Erdgas abhängig zu werden. Abgesehen davon, dass Moskau den Rohstoff selbst im tiefsten Kalten Krieg verlässlich in den Westen lieferte, deckt Gas nur ein Fünftel des deutschen Energiebedarfs. Davon kommen 60 Prozent aus Russland. Dessen Anteil beträgt damit ganze 12 Prozent. Abhängig ist Deutschland damit wohl kaum.

Kurz vor Weihnachten 2019 verhängte die US-Regierung dann auf Basis des Gesetzes Sanktionen gegen die bauausführenden Firmen, allen voran den schweizerischen Röhrenverleger Allseas. Obwohl die Pipeline bereits zu 94 Prozent fertiggestellt war und weit über 6 Milliarden Dollar gekostet hatte, stellten diese angesichts der von Washington bei Nichtbeachtung angedrohten hohen Geldstrafen und einer Aussperrung vom amerikanischen Markt bzw. Geschäft mit amerikanischen Kunden sofort die Arbeit ein. Berlin und Moskau zeigten sich gleichwohl weiter entschlossen, an dem Projekt festzuhalten. Russland, mit Gazprom Hauptanteilseigner der Pipeline, kündigte an, die noch fehlenden Röhren mit einem Spezialschiff selbst zu verlegen. Daraufhin brachten Republikaner und Demokraten im Juni 2020 gemeinsam ein weiteres Gesetz auf den Weg, das eine erhebliche Ausweitung der Sanktionen vorsieht. Betroffen sind davon alle, die mit Dienstleistungen jeder Art der Fertigstellung oder zum Betrieb von Nordstream II beitragen: Personen, Firmen und Institutionen, auch Regierungsinstitutionen. Washington kann danach etwa dem Bürgermeister von Sassnitz die Einreise in die USA verweigern, weil er dem Projekt eine behördliche Genehmigung ausgestellt, oder dem örtlichen Bäcker, weil er die Besatzung des Röhrenverlegungsschiffs mit Brötchen beliefert hat. Damit die deutschen Verbündeten das auch ernst nehmen, schrieben die republikanischen Senatoren Ted Cruz, Tom Cotton und Ron Johnson einen Brief an den Bürgermeister. Darin warnten sie seine Gemeinde und alle beteiligten Unternehmen samt Mitarbeitern noch einmal persönlich vor »vernichtenden« Konsequenzen, falls sie nicht parieren.

Wer solche Freunde hat, braucht keine Feinde mehr! Wer Medien wie die »Bild«-Zeitung und Politiker wie Norbert Röttgen hat, allerdings auch nicht. Die auflagenstärkste deutsche Tageszeitung stellte sich in dem Streit von Anfang an auf die Seite der USA. Nach dem Giftanschlag auf den russischen Regimekritiker Alexei Nawalny nannte sie das Projekt »Mordstream« und verlangte seine sofortige Einstellung. Auch Norbert Röttgen, der Vorschwimmer im transatlantischen Mainstream hierzulande, fiel der eigenen Regierung in den Rücken. Nordstream II sei »ein Projekt, das nur den machtpolitischen Interessen Russlands dient«, verkündete der CDU-Politiker. Wie eine »Spiegel«-Umfrage im Herbst 2020 zeigte, sehen die Deutschen das anders. Sie sind mehrheitlich gegen einen Baustopp. Die Pipeline ist jedoch keineswegs nur für Russland, sondern auch für Deutschland wichtig. Moskau will sie unter anderem, um nicht zu sehr von Gasexporten nach China abhängig zu werden. Allein das liegt schon im deutschen Interesse. Der Bundesregierung geht es dabei vor allem aber darum, die Energieversorgung und internationale Wettbewerbsfähigkeit der deutschen Wirtschaft zu sichern. Kohle und Atomkraft fallen, anders als etwa bei dem

Nordstream-II-Gegner Polen, das sich von den USA für 40 Milliarden Dollar sechs Atomkraftwerke hinstellen lassen will, hierzulande politisch gewollt als Energieträger sukzessive weg. Bleibt Erdgas. Zur verlässlichen, relativ sauberen und preiswerten Sicherung der Grundlast wird es nach dem vollständigen Ausstieg aus Atomenergie und Kohle gerade für die deutsche Volkswirtschaft mit ihrem hohen Anteil an produzierender Industrie auf absehbare Zeit unverzichtbar sein.

Die Reaktion auf die US-Sanktionen fiel in Berlin – zumindest verbal – denn auch vergleichsweise harsch aus. Vizekanzler und Finanzminister Olaf Scholz lehnte sie als »schweren Eingriff in Deutschlands und Europas innere Angelegenheiten und Souveränität« ab. Sein Parteifreund Rolf Mützenich, Fraktionschef der SPD im Bundestag, wurde noch deutlicher: »Die EU und Deutschland sind für Trump offenbar keine Verbündeten mehr, sondern tributpflichtige Vasallen. Diesen erpresserischen Methoden werden wir uns nicht beugen.« Ex-Bundeskanzler Gerhard Schröder, Verwaltungsratschef von Nordstream II, ging zur Gegenattacke über: »Die USA wollen bestimmen, mit wem wir Handel treiben dürfen und mit wem nicht. Das dürfen wir nicht akzeptieren. Wir sind nicht der 51. Bundesstaat der USA. Beschließen wir im Bundestag etwa Sanktionen gegen die USA mit einem Gesetz zur Sicherung der Menschenrechte an der amerikanisch-mexikanischen Grenze? Gründe dafür gäbe es ja.« Und auch der Ost-Ausschuss der deutschen Wirtschaft forderte die Bundesregierung auf, »über gezielte Gegenmaßnahmen nachzudenken«.

Doch die Proteste an die Adresse der USA blieben – wieder einmal – folgenlos. Die deutsche Regierung erklärte sich für Gegenmaßnahmen kurzerhand als nicht zuständig. Da die Sanktionen nicht gegen die Bundesrepublik verhängt worden seien, sondern gegen private Firmen, so die Position von Peter Beyer, Koordinator für transatlantische Zusammenarbeit im Auswärtigen Amt mit Rechtsdiplom von der University of Virginia, werde die Bundesregierung »keine Gegenmaßnahmen einleiten«. Sie ist nicht einmal ein Papiertiger. Und entsprechend unverfroren mischen sich die USA immer wieder in die inneren Angelegenheiten Deutschlands ein. Man denke nur an das Abhören der Bundeskanzlerin durch den amerikanischen Geheimdienst oder daran, wie US-Botschafter Richard Grenell schon am Tag seines Amtsantritts in Berlin deutsche Unternehmen via Twitter aufforderte, ihre Geschäfte im Iran sofort einzustellen. Und sich auch später als Stichwortgeber für die »Bild«-Zeitung regelmäßig wie ein Prokonsul aufführte. In Sachen Nordstream erklärte Grenell sein Land kurzerhand zum »Beschützer« der Energieversorgung Europas – als handele es sich bei Letzterem um ein amerikanisches Protektorat: Die Sanktionen seien »eine sehr proeuropäische Entscheidung«, da die USA damit nur sicherstellen wollten, »dass kein Land zu viel Einfluss auf Europa in diesem Bereich aufbauen« könne. Hochmütiger und unverschämter geht es kaum.

Abgesehen davon, dass gegenseitige Abhängigkeiten allgemein als friedensförderlich gelten und nicht nur der Verkäufer Einfluss auf den Käufer hat, sondern auch umgekehrt – bei den Sanktionen gegen Nordstream II hat Washington mitnichten das Wohl Europas, sondern nur sein eigenes Machtinteresse im Sinn. Wie schon beim Vorrücken der NATO nach Osten will es Russland schwächen, von Europa möglichst fernhalten und dieses enger an sich und teureres amerikanisches Flüssiggas binden. An ihrer Haltung zu der Gaspipeline in der Ostsee wird deutlich, wie die USA anderen, selbst sogenannten Freunden und Partnern, ihr Recht aufzwingen und sie ihren Interessen unterwerfen wollen. »Keine Gesellschaft«, so der ehemalige amerikanische Außenminister Henry Kissinger über Amerika, »hat fester auf der Unzulässigkeit einer Einmischung in die inneren Angelegenheiten anderer Länder bestanden« und zugleich »leidenschaftlicher in Anspruch genommen, dass seine Werte universell anwendbar sind«.

Die Achtung der Souveränität anderer Staaten und des Völkerrechts hat in der amerikanischen Politik in der Tat nur noch begrenzt Platz, Diplomatie ist immer mehr dem Diktat gewichen. Als Botschafter fungieren immer weniger erfahrene Berufsdiplomaten, sondern immer mehr Parteigänger und Wahlkampfsponsoren des jeweils amtierenden Präsidenten. Zugleich schrumpfte die Zahl der Bewerber für eine berufliche Karriere im diplomatischen Dienst in den vergangenen Jahren auf ein Viertel der früheren Zahlen zusammen. Donald Trump habe »Amerikas gesetzlose Geschichte« aktualisiert, analysierte Gideon Rachman von der nicht gerade als antiamerikanisch geltenden »Financial Times«. Sein Weg, Amerika wieder groß zu machen, markiere »die Wiederentdeckung der rücksichtslosen Instinkte, die sein Land überhaupt erst groß gemacht« haben.

Wenn ein so angesehener Kolumnist einer rund um den Globus renommierten Wirtschaftszeitung zu einem solch harschen Urteil kommt, muss es um den Ruf Amerikas in der Welt schlecht bestellt sein. Und das nicht nur wegen Donald Trump. Der Trend zeigt schon seit 20 Jahren nach unten. Laut einer im September 2020 veröffentlichten Erhebung des Pew Research Centers in 13 mit den USA befreundeten Ländern hat sich Amerikas Ansehen seit Anfang des Jahrhunderts bei allen Befragten im Schnitt halbiert. Bei mehr als der Hälfte ist es auf einen historischen Tiefpunkt gesunken. Drei Jahrzehnte nach der Wiedervereinigung dachten zum Beispiel nur noch 26 Prozent der Deutschen positiv über Amerika. Eine Umfrage des Meinungsforschungsinstituts Gallup in 65 Ländern ergab, dass die USA inzwischen rund um den Globus als größte Gefahr für den Weltfrieden betrachtet werden.

Schon John Quincy Adams, der sechste US-Präsident, hatte davor gewarnt, dass sich »die grundlegenden Maximen« der US-Politik »unmerklich ändern« könnten. Amerika könnte »zum Diktator der Welt werden und nicht mehr in seinem ureigenen Geiste regieren«. Adams' Warnung wurde jedoch in den

Wind geschlagen. Das Land hat zunehmend die Macht missbraucht, die ihm im Laufe der Zeit bishin zur Hegemonialstellung zugewachsen ist. »Amerika hat seinen unipolaren Moment vergeudet«, so der amerikanische Publizist Fareed Zakaria.

Wirtschaftliche Überdehnung

Mit der Vergeudung außenpolitischen Kapitals geht auch eine finanzielle Vergeudung einher. Sie begann ebenfalls mit dem Fall des Eisernen Vorhangs im Jahre 1989 und geriet nach dem Anschlag auf das World Trade Center im Jahr 2001 völlig außer Rand und Band. Statt die enormen Mittel, die während des Kalten Kriegs für die Verteidigung von Freiheit und Demokratie ausgegeben wurden, als Friedensdividende in Bildung, Gesundheit und Infrastruktur zu investieren, floss noch mehr Geld in die Rüstung und den Sicherheitsapparat. Für das US-Verteidigungsministerium sind insgesamt 1,2 Millionen Amerikaner tätig. Es ist damit der größte Arbeitgeber des Landes. Es unterhält circa 800 Stützpunkte in über 70 Ländern rund um die Welt, auf denen rund 200.000 Soldaten stationiert sind (*siehe Karte am Anfang des Buches*). Nach Berechnungen des *Watson Institute for International and Public Affairs* an der Brown University gab Washington zwischen 2000 und 2019 insgesamt 6,4 Billionen Dollar für die Kriege in Afghanistan, im Irak, in Syrien und anderswo aus. Während Amerikas Anteil am globalen Sozialprodukt in dieser Zeit von fast einem Drittel auf unter ein Viertel zurückging, verdoppelte sich sein Militärhaushalt. Dieser summiert sich inzwischen auf 740 Milliarden Dollar pro Jahr. Hinzu kommen einige Hundert Milliarden für sogenannte *Overseas Contingency Operations,* also die eigentlichen Kriegskosten. Allein 2019 beliefen sich diese auf 174 Milliarden Dollar.

Damit erreichen die jährlichen Ausgaben für das Militär insgesamt annähernd eine Billion Dollar. Das ist mehr als zu Zeiten des Kalten Krieges, sogar mehr als auf dem Höhepunkt des Zweiten Weltkriegs und über die Hälfte aller globalen Militärausgaben. Die Summe macht mehr als ein Drittel des gesamten US-Haushalts aus und übertrifft die Ausgaben für Gesundheit, Bildung und Soziales zusammengenommen. China, der nächste Staat auf der Rangliste der Rüstungsausgaben, kommt auf etwa ein Viertel davon, weniger als Amerika allein für die Veteranen seiner vielen Kriege aufwendet. Das Budget für *Veterans Affairs* hat sich seit Anfang des Jahrhunderts verdreifacht.

Der MICIMATT-Komplex

Der gigantische Militärhaushalt der USA ist auch das Ergebnis einer Rüstungsindustrie, die sich auf nur wenige Unternehmen wie Lockheed Martin, Northrop Grumman, Raytheon, Boeing und General Dynamics konzentriert. Dieses Oligopol sorgt für eine enorme Machtzusammenballung und treibt sowohl die Preise wie auch die Gewinne in die Höhe. Ein einziger Flugzeugträger der Ford-Klasse etwa kostet über 13 Milliarden Dollar. Die US Navy unterhält ein Dutzend dieser schwimmenden Flugplätze, die schon eine einzige Rakete zum Preis weniger Millionen aus sicherer Entfernung außer Gefecht setzen kann. Dasselbe gilt für die F-35-Jets der US Air Force zu 100 Millionen Dollar das Stück. Über die gesamte Lebensdauer des kompletten Flugparks belaufen sich die Kosten auf schätzungsweise 5 Billionen Dollar.

Mit Hunderttausenden Beschäftigten und einem Produktionsvolumen von nahezu einer Billion Dollar jährlich ist die Rüstungsindustrie einer der bedeutendsten Wirtschaftsfaktoren des Landes. Amerika stellt allein ein Drittel der gesamten globalen Waffenausfuhren.

Um ihren politischen Einfluss zu maximieren, haben die Waffenhersteller ihre Produktionsstätten bewusst über viele Bundesstaaten und Wahlkreise verstreut. Darüber hinaus beschäftigen sie Heerscharen zahlungskräftiger Lobbyisten und fördern eine Vielzahl sogenannter Denkfabriken. Nach Angaben des *Center For International Policy* haben die 50 Top-Denkfabriken des Landes von 2014 bis 2019 von Regierung und Rüstungsunternehmen mehr als 1 Milliarde Dollar erhalten. Gleichzeitig versorgen das Pentagon und die insgesamt 17 Sicherheitsdienste des Landes, die jährlich allein 80 Milliarden Dollar verschlingen, ausgesuchte Journalisten in Schlüsselmedien mit Informationen. Und unter allen Beteiligten findet ein ständiger Personalaustausch statt.

Zwischen den Unternehmen im Rüstungssektor, den Geheimdiensten, Denkfabriken und Medien sowie dem Pentagon und Kongress herrschen geradezu inzestuöse Verhältnisse. Edward Snowden, der selbst mehrfach von der Privatwirtschaft in den Geheimdienst und zurück wechselte, schätzt, dass von den insgesamt über 100.000 für die Geheimdienste des Landes tätigen Personen mehr als 20 Prozent ständig von Privatfirmen wie etwa dem Computerhersteller Dell kommen. Diese Firmen würden wiederum Zehntausende weitere Mitarbeiter in Subunternehmen vorzugsweise für »illegale oder quasi-illegale Drecksarbeit« beschäftigen. Viele, die beim Militär und den Sicherheitsdiensten ausscheiden, heuern als Experten und Kommentatoren bei Denkfabriken, TV-Sendern und anderen Medien an. Eine Story in der »New York Times« enthüllte 2008, dass das Pentagon heimlich sogar ein regelrechtes Entsendungsprogramm für die Medien aufgelegt hatte. »Die öffentliche Debatte zu Fragen der nationalen Sicherheit«, so ihr Autor David Barstow, der dafür seinerzeit einen Pulitzerpreis bekam, »wird fast ausschließlich von denselben Institutionen bestimmt, die darauf trainiert werden zu lügen.« Zusammen ergibt diese Symbiose, was der langjährige ehemalige CIA-Mitarbeiter Ray McGovern den *Military Industrial Congressional Intelligence Media Academia Thinktank Complex* (MICIMATT) nannte. Selbst der republikanische Senator und langjährige Vorsitzende des Streitkräfteausschusses, John

McCain, sprach von einem »Komplex aus Militär, Industrie und Kongress«. Er ist das Machtzentrum des Landes.

Ihm wohnt zudem die natürliche Tendenz inne, ständig neue Sicherheitsrisiken und Gefahren zu beschwören oder zu erfinden, um neue Steuer- und Sponsorengelder für deren Bekämpfung lockerzumachen oder sonstwie davon zu profitieren. Nach 9/11 hätten die Chefs der amerikanischen Sicherheitsdienste die Terrorgefahr als Hebel benutzt, um »Sonderbudgets und Sondervollmachten« zu bekommen und ihre Möglichkeiten und Aufgaben »über jede Vorstellung hinaus auszudehnen«, so Edward Snowden. Als Donald Trump die US-Truppen aus Syrien abziehen wollte und dabei in den eigenen Reihen auf heftigen Gegenwind stieß, beschwerte er sich: »Es gibt da eine Gruppe von Leuten, militärisch-industrieller Komplex genannt, die wollen nie irgendwo raus. Die wollen immer kämpfen.« Und bei einer anderen Gelegenheit: »Die Spitze des Pentagon will nichts anderes als Krieg führen, sodass all die wunderbaren Unternehmen, die die Bomben, die Flugzeuge und alles andere herstellen, happy bleiben.« Amerika sei eine »Nation endloser Kriege«, so auch der Journalist Glenn Greenwald, der die Snowden-Dokumente aufbereitet und im »Guardian« veröffentlicht hat. Und die Politiker, egal welche Partei gerade den Präsidenten und/oder die Mehrheit im Kongress stellt, spielen stets bereitwillig mit. Für den Militärhaushalt gibt es in den USA immer eine große Koalition. Obwohl Republikaner und Demokraten miteinander verfeindet sind wie selten zuvor, wurde das Budget für 2021 vom zuständigen Streitkräfteausschuss des Repräsentantenhauses einstimmig und von beiden Häusern des Kongresses mit überwältigender überparteilicher Mehrheit verabschiedet.

Der wachsende Schuldenberg

Demokratisch gewählte Regierungen, da nur auf Zeit im Amt, neigen dazu, die Lasten der Gegenwart auf die Zukunft zu verschieben. Dieses Verhalten könne leicht »zu großen konvulsiven Umstürzen der Herrschaft« führen, so Alexander Hamilton, Amerikas erster Finanzminister. Mit ihrer imperialistischen Politik häuften die USA immer mehr Schulden auf, überdehnten die Wirtschaft des Landes und sehen sich nun mit der Gefahr konfrontiert, ihre globale Hegemoniestellung zu verlieren.

Dabei hatte Amerika fast zwei Jahrhunderte lang stets einen ausgeglichenen Haushalt. Nur Kriegszeiten bildeten eine Ausnahme. Zusammen mit den Türmen des World Trade Centers sei diese fiskalische Tradition jedoch 2001 »kollabiert«, so der ehemalige demokratische Politiker Bill White in seinem Standardwerk über Amerikas Haushaltspolitik. Wenige Monate zuvor hatte Präsident George W. Bush noch angekündigt, die inzwischen aufgelaufenen Verbindlichkeiten in Höhe von 6 Billionen Dollar um mindestens ein Drittel zu senken. In seiner Amtszeit von 2001 bis 2009 nahmen sie allerdings um 4,4 Billionen Dollar zu. Gleichzeitig stieg auch die private Verschuldung deutlich an. Um seine Landsleute angesichts von Terrorattacken und den Kriegen in Afghanistan und im Irak bei Laune zu halten, hatte der Präsident die »*Ownership Society*« ausgerufen, eine Gesellschaft von Hauseigentümern. Den Amerikanern wurde es so leicht gemacht wie nie zuvor, auf Pump ein Haus zu kaufen. Ohne Sicherheiten, vielfach sogar ohne Einkommen. Es war die Zeit der sogenannten *Ninja*-Kredite: *No income, no job, no assets*. Solange die Immobilienpreise stiegen und die Zinsen niedrig blieben, waren die laxen Standards kein Problem, die Häuser bezahlten sich quasi von selbst. Als der Preisauftrieb jedoch irgendwann nachließ, weil der Markt gesättigt war, platzte die Kreditblase und löste eine schwere Finanzkrise aus. Um die Wall Street und mit ihr die US-Wirtschaft zu retten, erhöhte Bushs Nachfolger Barack Obama die Schulden wie kein Präsident vor ihm seit dem Zweiten Weltkrieg. Zwischen 2009 und 2017 nahmen die Verbindlichkeiten um 9,6 Billionen Dollar auf 19,6 Billionen zu.

Statt diese abzutragen, häufte auch Donald Trump weitere Schulden an. Allein zwischen 2017 und 2019 kamen 3,7 Billionen Dollar hinzu. Der Grund: Steuersenkungen und eine kräftige Aufstockung des Militärhaushalts. Dieser machte zuletzt 3,4 Prozent des BIP aus. Für 2020 hatte die Regierung in Washington ursprünglich ein weiteres Haushaltsdefizit von mehr als einer Billion Dollar eingeplant. Die Coronakrise machte dies jedoch zur Makulatur. Um die US-Wirtschaft vor dem totalen Absturz zu bewahren, nahm die Regierung zuerst über 3 Billionen und dann kurz vor Jahresende noch einmal fast 1 Billion neuer Kredite auf. Die Neuverschuldung des Zentralstaates stieg damit in einem Jahr um 4,5 Billionen Dollar, die Gesamtverschuldung auf 27,5 Billionen Dollar oder 130 Prozent des BIP – so viel wie seit Ende des Zweiten Weltkriegs nicht mehr. Nach den sogenannten Maastricht-Kriterien der EU gelten schon eine Neuverschuldung jenseits von 3 und eine Gesamtverschuldung über 60 Prozent des BIP als problematisch. Angesichts der unzureichenden Bekämpfung von Corona und der daraus zu erwartenden schweren Rezession werden die Verbindlichkeiten Amerikas auch 2021 weiter deutlich anwachsen. Die Biden-Administration hat bereits ein weiteres Ausgabenprogramm in Höhe von fast 2 Billionen Dollar angekündigt. Und das ist erst der Anfang. »Es muss noch viel mehr getan werden«, so Chuck Schumer, der neue Mehrheitsführer im Senat.

Aus der einst größten Gläubigernation der Welt ist eine der größten Schuldnernationen geworden. Und nicht nur der amerikanische Staat, auch seine Unternehmen und Bürger leben weit über ihre Verhältnisse. Zu den mittlerweile an die 30 Billionen Dollar Schulden des Staates kommen weitere 16 Billionen von Unternehmen und etwa 35 Billionen der privaten Haushalte. Zusammen ist das weit mehr als das Dreifache des amerikanischen Bruttoinlandsprodukts und rund ein Drittel der Verbindlichkeiten der gesamten Welt. Angesichts von Nullzinsen scheint das derzeit zwar kaum jemanden zu stören. Doch das böse Erwachen kommt, wenn die Kreditkosten eines Tages wieder steigen.

Die US-Notenbank lässt Washington seine Defizitpolitik bisher nahezu widerstandslos durchgehen. Die Federal Reserve Bank hat mit dem Finanzministerium quasi fusioniert und monetarisiert die Schulden des Staates bereitwillig, sprich: Sie kauft dessen Schatzbriefe mit frisch geschöpftem Geld auf. Seit ihrer Gründung vor 95 Jahren bis zur Finanzkrise 2008 war die Bilanz der Notenbank auf 1 Billion Dollar angewachsen. Bis zum März 2020 und zur Bekämpfung der Coronakrise kamen weitere 3 Billionen hinzu. Inzwischen geht die Bilanz auf die 10 Billionen zu. »In der gegenwärtigen Situation würde fast jeder Verkauf von Schuldscheinen der Regierung, egal zu welchem Zweck diese dienen, ob lobenswert oder nicht, vom ersten Tag, an dem wir uns zurückziehen, nahezu keine Abnehmer mehr finden«, rechtfertigt Allen Sproul, Präsident der Federal Reserve Bank von New York, die Expansion. Das Urteil David Stockmans, einst Budgetdirektor bei Präsident Ronald Reagan, fällt ganz anders aus. Er nennt das Treiben der Fed »kriminell«.

Trotz anhaltender Niedrigzinsen und des Privilegs, sich in eigener Währung verschulden und die Geldscheine dafür selbst drucken zu können – irgendwann droht der Punkt, an dem die Investoren und Gläubiger Amerikas, die weit überwiegend im Ausland sitzen, nicht mehr mitmachen und die USA in eine Krise abrutschen, wie sie die Eurozone 2010/11 erlebt hat. Denn nur solange die Investoren der Stabilität des Dollar vertrauen und nicht an der Fähigkeit Washingtons zweifeln, seine Schulden zu bedienen bzw. zurückzuzahlen, hat das System Bestand. Sein Spitzenrating als tadelloser Schuldner hat Amerika bereits verloren. China, einer der größten Gläubiger der USA, reduzierte 2019 seinen Bestand an amerikanischen Schatzbriefen schon um rund 100 und 2020 um weitere 200 Milliarden Dollar. 2021 sollen noch einmal so viel wegfallen.

Die strukturelle Wachstumsschwäche

Mit den rapide ansteigenden Schulden und der immer offenkundigeren strukturellen Schwäche der Wachstumskräfte der Wirtschaft nehmen die Zweifel an der finanziellen Solidität Amerikas ständig zu. Der Anstieg des Goldpreises und der Kursrutsch des Dollars sind ein deutlicher Hinweis darauf. Sollte sich China eines Tages dazu entschließen, noch mehr US-Staatsanleihen in seinem Besitz abzustoßen, gerät die US-Währung weiter unter Druck. Um genug Investoren anzuziehen, werden die Zinsen dann steigen müssen und das Wachstum der amerikanischen Wirtschaft bremsen. Eine Reihe weiterer Faktoren bedroht dieses Wachstum schon heute:

- Wenn US-Regierung und Notenbank Schuldner wie in der Finanz- und der Coronakrise systematisch retten und die Sparer dafür büßen lassen, hemmen sie damit das Sparen, schwächen die Investitionen und die Wachstumskräfte der Wirtschaft. Amerikas Schulden seien für seine »langfristige Wettbewerbsfähigkeit eine viel größere Gefahr als China«, so der ehemalige Finanzminister Hank Paulson.
- Je mehr Washington den Dollar als Waffe einsetzt und zu exterritorialen Sanktionen greift, desto mehr werden andere Staaten eine Alternative zum Dollar entwickeln wollen. Damit erodiert Amerikas Privileg, Wachstum generieren zu können, ohne sich dafür so wie der Rest der Welt anstrengen zu müssen.
- Der Handels- und Technologiekrieg mit China und die progressive Entkoppelung von der chinesischen Wirtschaft schaden dem amerikanischen Wirtschaftswachstum. Nach Berechnungen der *London School of Economics* kosteten schon die Strafzölle auf chinesische Importe im Jahr 2020 jeden amerikanischen Haushalt 460 Dollar. Durch eine Entkoppelung verlieren die USA einen großen Kunden für anspruchsvolle Dienstleistungen, einen Lieferanten von preisgünstigen

Produkten und wichtigen Financier. Der amerikanische Hedgefondsmanager Kyle Bass schätzt, dass eine vollständige Entkoppelung von China die Wachstumsrate der US-Wirtschaft um 2 Prozentpunkte, also nahezu auf null, drücken würde.

- Wie die stark gestiegenen Handelsbilanzdefizite dokumentieren, hat die amerikanische Industrie in den vergangenen zwei Jahrzehnten deutlich an internationaler Wettbewerbsfähigkeit verloren. Bereits seit einem Jahrzehnt stagniert die Produktivität der Wirtschaft nahezu. Mit 1,8 Prozent nahm sie 2019 zwar erstmals wieder etwas zu, blieb jedoch weit unter den jährlich rund 5 Prozent, mit denen sie in den Jahrzehnten zuvor zugelegt hatte. Im zurückliegenden Jahrzehnt gab Washington nur noch 0,75 Prozent des BIP für Forschung und Entwickung aus, so viel wie zuletzt im Jahr 1955.
- Auch die Einwanderungs- und die Bildungspolitik tragen zu der strukturellen Wachstumsschwäche des Landes bei. Um die aktuelle Wettbewerbsfähigkeit aufrechtzuerhalten, fehlen dem Land Schätzungen zufolge heute bereits eine Million Arbeitskräfte mit soliden Kenntnissen in sogenannten MINT-Fächern, also Mathematik, Informatik, Naturwissenschaften und Technik. Derzeit belegen Amerikas Schüler in internationalen Vergleichen nur Platz 22 in Naturwissenschaften und Platz 27 in Mathematik. Um Arbeitskräfte weiterzubilden, wandte Washington zuletzt nur etwa ein Viertelprozent des BIP auf. Mit seiner konfrontativen Haltung gegenüber Peking hat die US-Regierung dafür gesorgt, dass schon jetzt deutlich weniger junge Chinesen in den USA ein Studium in einem MINT-Fach beginnen (können) und anders als früher mehr als die Hälfte nach dem Studium wieder nach Hause zurückkehren. Der Ex-Diplomat Chas Freeman jr. bezeichnete die China-Politik Washingtons denn auch als »intellektuelle Verstopfung«.
- Nach Jahrzehnten mangelnder Investitionen ist die Infra-

struktur des Landes in einem bedauernswerten Zustand. Seit Anfang des Jahrhunderts wurden schätzungsweise 4 Billionen Dollar an nötigen Investitionen in Straßen, Brücken, Bahnlinien und anderen Infrastruktureinrichtungen unterlassen. So litt etwa Kalifornien, Heimat des Silicon Valley, 2020 sowohl unter akuter Wasserknappheit als auch regelmäßigen Stromausfällen. Der Bürgermeister von Los Angeles, der größten Stadt des Bundesstaats, musste sich zeitweise jeden Nachmittag gegen 15 Uhr an seine Bürger wenden und sie bitten, Geräte mit besonders hohem Stromverbrauch auszuschalten.

All dies zeigt, dass die Weltmacht USA ihre Kräfte überdehnt und den Zenit ihrer Macht überschritten hat. Schon die Finanzkrise von 2008 hat dem Ansehen des Landes und seines Gesellschaftsmodells in der Welt einen schweren Schlag versetzt. Der Umgang mit der Coronakrise hat den Glauben an Amerikas Leistungsfähigkeit bis ins Mark erschüttert. Die Zahl der Menschen, die in dem Land an dem Virus gestorben sind, geht inzwischen auf die 500.000 zu und ist mit Abstand die höchste von allen Ländern der Welt. Die Coronakrise sei ein »geopolitischer Wendepunkt«, so der Ökonom Jeffrey Sachs von der Columbia University. Sie kündige »das Ende der Führungsposition Amerikas in der Welt« an.

Erosion der Demokratie und Verfall der Gesellschaft

Das Vertrauen in ein politisches System setzt sich zusammen aus dem Glauben an seine Fähigkeit, bestimmte gemeinsame Ziele zu erreichen, und seiner moralischen Integrität. »Wir erachten es als selbstverständlich«, heißt es in der amerikanischen Unabhängigkeitserklärung aus dem Jahr 1776, »dass alle Menschen gleich erschaffen sind« und »von ihrem Schöpfer mit unveräußerlichen Rechten ausgestattet wurden.« Zu diesen zählten vor allem das Recht auf »Leben, Freiheit und das Streben nach Glück«.

Donald Trump habe mit seiner Politik »das normative Projekt des Westens« in Zweifel gezogen, das aus der Amerikanischen Revolution von 1776 und der Französischen Revolution von 1789 heraus entstanden sei und seitdem den Maßstab bilde, an dem westliche Demokratien sich messen lassen müssten, so der Historiker Heinrich August Winkler: »Obenan die unveräußerlichen Menschenrechte, die Herrschaft des Rechts, die Gewaltenteilung und die repräsentative Demokratie.«

Das Projekt des Westens litt jedoch nicht erst seit Donald Trumps Präsidentschaft. Dessen Regierungsstil und Amtsverständnis ebenso wie die jahrelange Fundamentalopposition der Demokraten haben die demokratische Erosion einer breiten Öffentlichkeit nur erst richtig bewusst gemacht. »Donald Trump allein kann den Verfall der politischen Institutionen Amerikas nicht erklären«, so Professor Larry Diamond von der Stanford University. Das demokratische Idealbild des Landes entsprach eigentlich noch nie der Wirklichkeit. Mit Amerikas hehren demokratischen Bekenntnissen verbanden und verbinden sich bis heute Rassismus, Imperialismus und Kolonialismus, Ungleichheit und Ungerechtigkeit. Thomas Jefferson, einer der Väter der Unabhängigkeitserklärung, hielt sich zeit seines Lebens Hunderte von Sklaven. Mithilfe von Lese- und Schreibtests etwa wurden Afroamerikaner bis zum *Voting Rights Act* von 1965 systematisch daran gehindert, ihr Wahlrecht auszuüben. So betrug ihre Wahlbeteiligung zum Beispiel in Mississippi bis dahin ganze 6 Prozent. Im Senat in Washington gab es damals nicht einen einzigen schwarzen Senator und im 435-köpfigen Repräsentantenhaus nur sechs schwarze Abgeordnete. Bis heute besteht eine Kluft zwischen den Werten der Verfassung und der politischen Realität. In vielerlei Hinsicht riss diese zuletzt sogar immer weiter auf. In Abwandlung eines Satzes aus Bertolt

Brechts Gedicht »An die Nachgeborenen« ließe sich über Amerika sagen: »Ach wir, die wir den Boden für Demokratie bereiten wollten, konnten selber nicht demokratisch sein.«

Robert Dahl, der berühmte Theoretiker der Demokratie, hat es als deren »wichtigste Eigenschaft« bezeichnet, dass die Regierung eines Landes »stets auf die Wünsche seiner Bürger eingeht und alle Bürger politisch vollständig gleich sind«. Daran gemessen hat die Demokratie in Amerika zunehmend an Substanz verloren. In dem von der britischen Zeitschrift »The Economist« jährlich erstellten Demokratie-Index waren 2019 nur 22 Länder der Welt als »vollständige Demokratien« ausgewiesen. Die USA gehörten nicht dazu. Als »fehlerhafte Demokratie« kamen sie nur auf Platz 25. Im Juli 2020 veröffentlichten Yascha Mounk, Politikprofessor an der Johns Hopkins University, und Roberto Stefan Foa, der am *Cambridge Center for the Future of Democracy* lehrt, in der Zeitschrift »The Atlantic« die Ergebnisse einer internationalen Studie über den Zustand der Demokratie in der Welt. Das Ergebnis: Die Demokratie befindet sich fast überall auf dem Rückzug, nicht zuletzt in Amerika, das sich selbst als demokratisches Vorbild betrachtet. Der Umschwung begann während der Finanzkrise, in der sich die Interessen der Wall Street auf spektakuläre Weise gegen die der Main Street durchsetzten. Erstmals in der Geschichte des Landes hadert eine Mehrheit seiner Bürger mit dem Regierungssystem. Waren vor zehn Jahren noch 75 Prozent der Amerikaner damit zufrieden, sind heute 55 Prozent unzufrieden.

Oligarchie und Plutokratie statt Demokratie

Zwar können die Amerikaner regelmäßig ihre politischen Vertreter im Weißen Haus und Kongress wählen. Dies erzeugt nach Meinung von Kishore Mahbubani allerdings »nur die Illusion, dass das Volk sein Schicksal selbst bestimmt, tatsächlich tut es das aber nicht«. Die Fakten geben dem angesehenen Politikwissenschaftler aus Singapur recht. Amerika wird heute in einem Maße von ökonomischen Eliten und Interessengruppen dominiert, dass sich sein Regierungssystem schon als Oligarchie bezeichnen lässt. Dies belegt eine groß angelegte empirische Studie der Universitäten Princeton und Northwestern aus dem Jahr 2014: »Selbst wenn eine ziemlich große Mehrheit der Amerikaner für politische Änderungen eintritt«, so deren Fazit, »sind sie im Allgemeinen nicht erfolgreich. Die Präferenzen des Durchschnittsamerikaners scheinen nur einen winzigen, statistisch nicht signifikanten Einfluss nahe null auf die Politik zu haben.«

Die Regierenden in Washington, die andere Länder gerne bezichtigen, sich in ihre Wahlen einzumischen und das freie Wählervotum in ihrem Sinne zu beeinflussen, sind solche Beeinflussungsversuche selbst nicht fremd. Und das sowohl im Ausland wie zu Hause. So machten Sicherheits- und Geheimdienste 2016 gemeinsame Sache mit Hillary Clinton und hörten im Wahlkampf insgeheim Trumps Lager ab, um Schmutz gegen den ungeliebten Bewerber um die Präsidentschaft zutage zu fördern und ihn vom Weißen Haus fernzuhalten. Als Donald Trump es wider Erwarten trotzdem dorthin schaffte, nahmen sie das Ergebnis nie wirklich hin, sondern begannen umgehend eine nicht enden wollende Kampagne bis hin zu einem *Impeachment*-Verfahren, um ihn vorzeitig wieder aus dem Amt zu vertreiben. Auch die Präsidentschaftswahlen von 2020 stehen weithin unter dem Verdacht, manipuliert worden zu sein. Umfragen zufolge glauben dies an die 40 Prozent aller Amerikaner und selbst 17 Prozent der Anhänger der siegreichen Demokraten.

Das demokratische Wahlprinzip »*One man, one vote*« wurde in Amerika jedenfalls seit jeher verletzt. Ins Weiße Haus zieht nicht ein, wer die meisten Wählerstimmen auf sich vereint, sondern wer die meisten Stimmen des sogenannten *Electoral College* bekommt, eines Wahlmännergremiums, das bevölkerungsreiche, stark städtisch strukturierte Bundesstaaten gegenüber mehr ländlich geprägten benachteiligt. So bekam Donald Trump bei der Wahl 2016 rund drei Millionen Wählerstimmen weniger als seine Konkurrentin Hillary Clinton und wurde dennoch Präsident, weil er mehr Wahlmänner gewinnen konnte. Erklärt das Parlament eines Bundesstaates die Präsidentenwahl wegen schwerer Unregelmäßigkeiten für ungültig, wird sie nicht etwa wiederholt. Vielmehr bestimmt das Parlament dann die Wahlmänner für die Abstimmung auf Bundesebene. Kommt es darüber zum Streit, bestimmt der Kongress den Präsidenten. Dabei hat jeder Bundesstaat, unabhängig von der Zahl seines Wahlergebnisses und seiner Wahlmänner, jedoch nur eine einzige Stimme. Es gilt »*One state, one vote*«. Die einzelnen Bundesstaaten regeln auch den Ablauf und die Auszählung der Wahlen, was die Anfälligkeit für Wahlfälschung erhöht. Die Identität der Wähler wird nicht überall gleichermaßen überprüft. Die Vereinigten Staaten von Amerika zeigen sich hier als Staatenbund und nicht als Bundesstaat.

Statt »*One man, one vote*« gilt in Amerika immer mehr das Prinzip »*One dollar, one vote*«. Während etwa im Bundesstaat Florida ehemalige Häftlinge, die dem Staat noch Geld schulden, nicht wählen dürfen, bestimmen Milliardäre und große Konzerne wesentlich den Ausgang der Wahlen und die Politik des Landes mit. Die amerikanische Demokratie ist nicht nur eine Oligarchie, sondern eine Plutokratie. Die führenden Politiker beider Parteien, allen voran der Präsident, sind entweder selbst reich oder abhängig von den Spenden der Reichen und der Wirtschaft. Jeder republikanische Präsidentschaftskandidat seit Richard Nixon war Multimillionär. Abgeordnete im Repräsentantenhaus und Senatoren verwenden nach Angaben von Experten durchschnittlich die Hälfte ihrer Zeit darauf, Geld von Sponsoren für ihre Wiederwahl einzusammeln. Ohne dieses Geld haben sie keine Chance. Eine staatliche Unterstützung für die Wahlkampfkosten der Parteien wie in Deutschland gibt es in den USA nicht. Alles muss aus Eigenmitteln oder privaten Spenden finanziert werden. Letztere kommen überwiegend von Großspendern. Bei den Präsidentschaftswahlen 2016 machten persönliche Spenden über 200.000 Dollar der Zahl nach zwar nur ein halbes Prozent aus, erbrachten jedoch über 70 Prozent der Gesamtsumme.

Die Kosten für einen Präsidentschaftswahlkampf insbesondere sind gigantisch. Ein einminütiger Fernsehwerbespot im Zuge der Übertragung der *Super Bowl*, dem nationalen Football-Finale, das 2020 circa 100 Millionen Amerikaner am Bildschirm verfolgten, schlug allein mit 11 Millionen Dollar zu Buche. Für die Präsidentschafts- und Kongresswahlen dieses Jahres gaben die Demokraten insgesamt 8,4 Milliarden Dollar aus, die Republikaner 4,8 Milliarden. Ohne die massive finanzielle Unterstützung aus dem Silicon Valley und von der Wall Street hätte es Joe Biden trotz des eklatanten Versagens von Donald Trump bei der Bekämpfung von Corona wohl kaum geschafft, Präsident zu werden. Hinzu kamen persönliche Zuwendungen von aktivistischen Multimilliardären wie zum Beispiel Michael Bloomberg oder George Soros. Bloomberg, der sich selbst um die Nominierung der demokratischen Partei bemüht hatte, steuerte allein 57 Millionen, Soros' *Political Action Committee* »Democracy« 19 Millionen Dollar bei. Amazon, Apple, Facebook, Google und Co. haben dem Demokraten 20 Mal, die Finanzbranche 5 Mal so viel Geld gespendet wie seinem republikanischen Gegner. Amerika ist zu einer Dollar-Demokratie geworden. Manche sagen auch »*the best democracy money can buy*«. In einer Umfrage des Meinungsforschungsinstituts YouGov vor den Wahlen im Jahr 2020 erklärten 56 Prozent der Amerikaner Trump und 41 Prozent Biden für korrupt. Trump-Firmen ließen sich von den chinesischen Behörden sehr schnell nach seiner Wahl eine Reihe von potenziell lukrativen Handelsmarken genehmigen. Bidens Sohn Hunter hat mit dem Namen und der Position seines Vaters allem Anschein nach Millionen in Russland, der Ukraine und in China gemacht.

Unabhängig von Personen stellt auch Lawrence Lessig, Professor an der Harvard Law School, der amerikanischen Demokratie strukturell ein verheerendes Zeugnis aus: Die Republik sei in ihrem Kern »korrumpiert«. Nicht alle Bürger besäßen dieselbe Möglichkeit zu wählen, in den Kongress- wie in den Präsidentschaftswahlen hätten die einzelnen Stimmen nicht das gleiche Gewicht, der Senat repräsentiere die einzelnen Bundesstaaten nicht in gleicher Weise und die Art, wie die Wahlkämpfe finanziert würden, habe zur Folge, dass die Wähler nicht gleichermaßen vertreten seien, so Lessig.

Leider spielen auch die Medien bei der demokratischen Meinungsbildung im Lande keine rühmliche Rolle. »Wenn es um besonders wichtige Fragen geht, die von den Medien aufgegriffen und behandelt werden«, so die Untersuchung von Princeton und Northwestern, werde es um die Demokratie in Amerika »sogar noch finsterer«. Die Mehrheitsmeinung im Volk zu solch wichtigen Fragen und die Politik »korrelieren negativ«. Mit anderen Worten: Die Medien helfen der Mehrheitsmeinung nicht, praktische Politik zu werden – im Gegenteil. Die Untersuchung bestätigt damit, was Edward Herman und Noam Chomsky in ihrem Buch »Manucfacturing Consent« bereits Ende der 80er-Jahre diagnostizierten: »Die Medien dienen den mächtigen gesellschaftlichen Interessen derer, die sie kontrollieren und finanzieren.« Sie seien zwar »nicht monolithisch«, enthielten durchaus »verschiedene Meinungen und unbequeme Informationen«; diese würden jedoch »in Grenzen gehalten« und »reichten nicht aus, um die herrschende offizielle Agenda übermäßig zu stören«.

Wie die Rüstungskonzerne haben auch Amerikas Zeitungen, Zeitschriften, Buchverlage, Fernseh- und Radiosender in den vergangenen Jahrzehnten einen ausgeprägten Konzentrationsprozess durchlaufen. Gab es Anfang der 80er-Jahre noch circa 50 Medienunternehmen, sind es heute in dem riesigen Land gerade noch ein rundes Dutzend. Und diese werden von wenigen superreichen Privatpersonen oder großen Unternehmen beherrscht:

Michael Bloomberg kontrolliert die Nachrichtenagentur »Bloomberg« und das Wirtschaftsmagazin »Business Week«; Rupert Murdoch die News Corporation mit dem Wirtschaftsblatt »Wall Street Journal«, der Boulevardzeitung »New York Post«, dem TV-Sender Fox und dem Buchverlag Harper Collins; Sumner Redstone gehört der Fernsehsender CBS; Amazon-Gründer Jeff Bezos die »Washington Post« und Mark Zuckerberg sowie Larry Page und Sergey Brin die Internetfirmen Facebook und Google, von wo weit mehr als die Hälfte der Amerikaner heute ihre Nachrichten beziehen. Bei Comcast mit den TV-Sendern NBC und Sky, Walt Disney mit der Fernsehstation ABC, Warner Media mit dem Nachrichtensender CNN sowie der »New York Times« sind die Finanzunternehmen Blackrock, Vanguard, State Street und JPMorgan stark investiert.

Diese Konzentration hat einen medialen Mainstream hervorgebracht bzw. verstärkt, der die imperiale Außenpolitik der USA kaum noch infrage stellt. Amerikas Abgeordnete im Kongress, die Vertreter der legislativen Gewalt, haben der exekutiven Gewalt im Weißen Haus, dem Präsidenten, bereits das Recht abgetreten, Amerika in den Krieg zu führen. Obwohl dadurch die Kontrollfunktion der sogenannten vierten Gewalt noch wichtiger geworden ist, wird sie nicht (mehr) entsprechend wahrgenommen. Prominente Beispiele dafür sind die nahezu einhellige Unterstützung der einflussreichsten Medien des Landes für den Irak-Krieg und deren Rolle in der sogenannten »Russiagate-Affäre«.

Dabei ging es um die Frage, ob Donald Trump sich vom Kreml hat helfen lassen, ins Weiße Haus einziehen zu können. So gut wie alle großen Zeitungen, Zeitschriften und TV-Sender ergriffen in der Angelegenheit Partei für Hillary Clinton und die mit ihr verbündeten Sicherheitsorgane des Landes. Mit jemandem gemeinsame Sache zu machen steht Journalisten generell nicht gut zu Gesicht. Sich mit dem FBI und der CIA zusammenzutun ist besonders fragwürdig. In den Augen vieler

Amerikaner sind die Journalisten in Amerikas wichtigsten Medien inzwischen weithin zu Skribenten des militärisch-geheimdienstlich-industriell-parlamentarischen Komplexes und des amerikanischen Imperiums geworden. Müssen sich Journalisten hierzulande des weit verbreiteten Vorwurfs der »Lügenpresse« erwehren, werden sie in Amerika sogar vielfach als »*presstitutes*« beschimpft. Eine Umfrage der PR-Agentur Edelman vom Januar 2021 ergab, dass nur noch 46 Prozent der Amerikaner ihren traditionellen Medien vertrauen – ein historischer Tiefstand. 56 Prozent glauben, dass Journalisten »absichtlich versuchen, die Menschen in die Irre zu führen«. 57 Prozent, dass es »den meisten Nachrichtenorganisationen« mehr darum gehe, »eine Ideologie zu unterstützen als darum, die Öffentlichkeit zu informieren.« Kein Wunder, wenn Journalisten wie Karen Attiah, leitende Redakteurin bei der »Washington Post« den alten Grundsatz des Gewerbes, immer auch die andere Seite zu hören, öffentlich als »rostige Rüstung« und »*Both-sidism*« verspotten.

Die Aushöhlung des Rechtsstaats

Neben der Konzentration der Medienunternehmen schränkt auch der amerikanische Staat die journalistische Unabhängigkeit zunehmend ein. Um zu verhindern, dass dunkle Machenschaften ans Licht kommen, verfolgt er immer öfter unliebsame Informanten und schüchtert kritische Journalisten ein. So hat die Administration des gemeinhin als liberal eingeschätzten Präsidenten Barack Obama mithilfe eines Spionagegesetzes aus dem Jahr 1917 (!) mehr Whistleblower gerichtlich verfolgt als alle Präsidenten vorher zusammen. Dabei erfüllen solche Informanten eine gesellschaftlich höchst nützliche Funktion und verdienen grundsätzlich den Schutz des demokratischen Rechtsstaats. »Das Einzige, was der amerikanischen Außenpolitik als Verbrechen gilt«, so der Regierungskritiker und Ex-MIT-Professor

Noam Chomsky, »ist Ungehorsam.« Ungehorsam wie der von Bradley, heute Chelsea Manning oder Edward Snowden.

Die Verurteilung Mannings und die Anklage gegen Snowden sind nur die prominentesten Beispiele für die staatliche Verfolgung solcher Informanten. Manning spielte dem damaligen Wikileaks-Chef Julian Assange geheime Militärdokumente aus den Kriegen in Afghanistan und im Irak zu, die schwerwiegendes Fehlverhalten bis hin zu mutmaßlichen Kriegsverbrechen der US-Streitkräfte zeigen, und wanderte dafür Jahre hinter Gitter. Edward Snowden lieferte geheime Unterlagen an die Medien, die die illegalen Abhörmethoden der US-Geheimdienste belegen. Der Verfolgung durch die amerikanischen Justizbehörden konnte er sich nur durch die Flucht nach Moskau entziehen. In den USA droht ihm lebenslange Haft. Für die meisten Politiker dort gilt er als Verräter. Dabei hat inzwischen sogar ein amerikanisches Bundesgericht bestätigt, dass die Überwachung von Millionen Amerikanern, wer mit wem wo wie lange telefoniert hat, gegen das Gesetz verstieß und die US-Geheimdienste die Öffentlichkeit über diese Praxis belogen haben. Mit lebenslanger Haft müsste auch Julian Assange rechnen, der sich in Großbritannien seit Jahren gegen die Auslieferung an die USA wehrt.

Alle die nationale Sicherheit betreffenden Prozesse werden in Amerika vor einem Geschworenengericht vor den Toren der Hauptstadt Washington in Alexandria im Bundesstaat Virginia verhandelt. Dort arbeiten 85 Prozent der erwachsenen Einwohner entweder bei der NSA, der CIA, im Außen- oder Verteidigungsministerium. Entsprechend setzen sich die Geschworenen vor Ort zusammen. Das Sondergericht tagt zudem unter Ausschluss der Öffentlichkeit, arbeitet auf der Basis geheimer Beweismittel und seit vielen Jahren unter dem Vorsitz ein- und derselben Richterin. Ein rechtsstaatliches Verfahren sieht anders aus. Kein Angeklagter wurde in einem Snowden oder Assange vergleichbaren Fall von dem Sondergericht jemals freigesprochen.

Mit der Anklage gegen den Wikileaks-Gründer ist die amerikanische Regierung noch einen Schritt weitergegangen als bei Snowden. Assange ist eine Mischung aus Aktivist und Journalist. Michael Pompeo, damals CIA-Chef, sprach ihm jedoch das Recht ab, sich auf den ersten Zusatzartikel der amerikanischen Verfassung zu berufen, der die Pressefreiheit und das Recht auf freie Meinungsäußerung garantiert. Assange sei »kein US-Bürger« und Wikileaks ein »nichtstaatlicher feindlicher Nachrichtendienst«. Der US-Senat nahm diese Formulierung sogar in einen von ihm verabschiedeten Gesetzestext auf. Bei einem Gerichtstermin in dem Auslieferungsverfahren gegen den Australier in London trug ein Anwalt der US-Regierung im September 2020 vor, dass nicht nur Whistleblower, sondern auch alle Journalisten, die geheime Informationen veröffentlichen, unabhängig von ihrer Nationalität und ihrem Wohnort, nach dem *Espionage Act* von 1917 bestraft werden können. Tatsächlich wurde 1961 in einem Zusatz zu dem Gesetz die darin enthaltene Beschränkung der Gültigkeit auf den Hoheitsbereich der USA aufgehoben. Julian Assange zu verurteilen sei »wie den Überbringer schlechter Nachrichten zu bestrafen« und »unvereinbar mit den Eckwerten Gerechtigkeit, Rechtsstaatlichkeit und Pressefreiheit in der Verfassung der Vereinigten Staaten«, so der Rechtsprofessor und UN-Sonderberichterstatter für Folter, Nils Melzer. »Wenn Julian Assange verurteilt wird, dann ist das ein Todesurteil für die Pressefreiheit.« Im internationalen Ranking der Organisation »Reporter ohne Grenzen« rangieren die USA in punkto Pressefreiheit schon seit Jahren nur im Mittelfeld. 2019 war es Platz 48 von 180 untersuchten Ländern. Tendenz fallend.

Washington geißelt die Verfolgung von Dissidenten in anderen Ländern, geht mit seinen eigenen Dissidenten aber ebenfalls alles andere als zimperlich um. »Freiheit ist immer Freiheit der Andersdenkenden«, so der berühmte Satz der Kommunistin Rosa Luxemburg. Er gilt für alle. Im »Land der Freien«, wie sich Amerika in seiner Nationalhymne preist, ist die verfassungsrechtlich garantierte Presse- und Meinungsfreiheit jedoch immer mehr bedroht. So schwingen sich die großen Kommunikationsplattformen, die schon im Präsidentschaftswahlkampf den demokratischen Kandidaten massiv unterstützt haben, jetzt nach der Wahl zu politischen Zensoren auf und missbrauchen ihre oligopolistische Marktmacht, um den neuen politischen Herren in Washington zu gefallen und diese von einer schärferen Regulierung abzuhalten. Missliebige Konkurrenten, Medien und Einzelpersonen bis hin zum Präsidenten des Landes bekommen vorübergehend oder auf Dauer einen Maulkorb verpasst. Der führende demokratische Kongressabgeordnete Adam Schiff verlangt von Google, Twitter und YouTube, »schädliche Falschinformationen vom Schirm zu nehmen« und »den Personen, die diese Informationen angeklickt haben«, gleich auch noch »die richtigen Fakten« zur Verfügung zu stellen. Seine Kollegin und Parteifreundin Alexandria Ocasio-Cortez fordert sogar, Werbespots des politischen Gegners zu zensieren. Washington nähert sich in punkto Meinungs- und Pressefreiheit offenbar immer mehr Peking an. In der großen Debatte um die Freiheit und Kontrolle des Internets in den vergangenen Jahren habe »China weitgehend richtig gelegen und die USA falsch«, so die Professoren Jack Goldsmith von der Harvard University und Andrew Keane Woods von der University of Arizona in der Zeitschrift »The Atlantic«. »Monitoring und Sprachkontrolle in erheblichem Umfang« seien »unvermeidliche Elemente eines reifen und blühenden Internets«.

Wohin eine solche Sprachkontrolle führen kann, zeigt sich auch in Washingtons Auseinandersetzung mit Peking. Obwohl sich von dem staatlichen Auslandsrundfunk- und Fernsehsender Voice of America (VoA) schwerlich behaupten lässt, ein feindlicher Nachrichtendienst zu sein, griff die Regierung dort massiv in die redaktionelle Unabhängigkeit ein. Nachdem der Sender während der Coronakrise in einem Beitrag einmal die komplette Abriegelung der Millionenstadt Wuhan gelobt hatte, warf das

Weiße Haus ihm vor, »chinesische Propaganda« zu verbreiten, und verbot der staatlichen Gesundheitsbehörde CDC, Anfragen von VoA zu beantworten. Um einem drohenden Rauswurf zuvorzukommen, verließen die Chefin des Fernsehsenders und ihre Stellvertreterin das Haus. Bald darauf ernannte Präsident Trump mit Zustimmung des Senats den Rechtspopulisten Michael Pack zum Chef der *United States Agency for Global Media* (*USAGM*), zu der VoA gehört. Pack tat, wozu er offensichtlich berufen worden war – er säuberte die gesamte Behörde. Die Chefs aller Einheiten, neben VoA besonders Radio Liberty (früher Radio Free Europe) und Radio Free Asia, mussten gehen. Nach dem Machtwechsel im Januar 2021 dreht die Biden-Regierung erneut alles um. Schon in der ersten Woche ihrer Amtszeit wurden fünf Führungskräfte von *USAGM* gekündigt oder zum Rücktritt gedrängt. Michael Pack inklusive.

Ein anderes Beispiel ist der Umgang mit chinesischen Medienvertretern in den USA. Im Februar 2020 wies Peking drei Korrespondenten des »Wall Street Journal« aus China aus. Die Zentralredaktion in New York hatte das Land in einem Artikel als den »wirklichen kranken Mann Asiens« bezeichnet und damit in den Augen der Chinesen beleidigt. In China ist der Ausdruck »kranker Mann« anders als bei uns nicht ökonomisch konnotiert, sondern ethnisch belastet. Er geht auf die Japaner zurück, die ihn im Opiumkrieg verwandten, um die Chinesen als degenerierte Rasse zu brandmarken.

Washington erwiderte die Ausweisung der drei Korrespondenten mit dem Rauswurf von 60 (!) Mitarbeitern chinesischer Medien. Zudem wurden ihre Arbeitgeber als »*foreign missions*« eingestuft und unterliegen damit zusätzlichen Beschränkungen. Daraufhin wiederum wies Peking ein Dutzend Korrespondenten amerikanischer Medien aus. Was Washington seinerseits mit neuen Restriktionen für alle nicht-amerikanischen Mitarbeiter chinesischer Medien in den USA beantwortete. Diese erhalten anders als allgemein üblich jetzt nur noch ein Visum für drei

Monate, das das Dreifache von Journalistenvisa in China kostet. Antragsteller müssen jetzt ihre Benutzerkonten in sozialen Medien sowie ihre gesamten sozialen Kontakte und Auslandsreisen der letzten 15 Jahre angeben. Ihre Arbeitgeber sind verpflichtet, Kopien aller gedruckten oder gesendeten Beiträge binnen 48 Stunden den US-Behörden zur Verfügung zu stellen. Wer Pressefreiheit als wesentliches Element einer Demokratie ansieht, wie die USA immer behaupten, macht sich unglaubwürdig, wenn er deren Einschränkung in einem autoritär regierten Land wie China mit derselben Münze heimzahlt.

Wie es die USA mit der Freiheit der Berichterstattung und der Demonstrationsfreiheit halten, zeigte sich während der Unruhen nach dem Tod des Afroamerikaners George Floyd. Nach Angaben der internationalen Journalistenorganisation »Reporter ohne Grenzen« seien allein im Mai und Juni 2020 über 200 Medienvertreter durch Ordnungskräfte mit Gummigeschossen, Pfefferspray und Tränengas angegriffen, beschimpft und geschlagen worden. In vielen Fällen habe die Polizei auch Kameras zerstört, um eine Dokumentation der Übergriffe zu verhindern. Eine Reihe von Journalisten wurde festgenommen. Überhaupt ging die in den zurückliegenden Jahren immer stärker militarisierte Polizei gegen die Demonstranten teilweise äußerst rigoros vor. Dasselbe Amerika, das Gewalttäter in der chinesischen Sonderentwicklungszone Hongkong noch als »Freiheitskämpfer« apostrophiert hatte, bezeichnete Gewalttäter im Rahmen der *Black-Lives-Matter*-Demonstrationen in Minneapolis, Portland, New York, Kenosha und anderen Städten des Landes als »Schläger«, »Chaoten«, »Anarchisten«, »Kriminelle« und »Terroristen« und verdächtigte finstere Kräfte im Ausland, ihre Hand im Spiel zu haben. Als die Demonstranten immer mehr Denkmäler von historischen Persönlichkeiten wegen deren angeblichen Rassismus beschmierten, beschädigten oder stürzten, verfügte Präsident Trump per Dekret, dies bei Denkmälern im Eigentum des Bundesstaates ab sofort mit bis zu zehn Jahren Gefängnis zu bestrafen. Der republikanische Senator Tom Cotton, der in Hongkong überzogene Polizeigewalt gegen freiheitsliebende Demonstranten am Werk sah, schrieb jetzt in der »New York Times«, der »einzige Weg, den Aufruhr zu beenden«, sei »die überwältigende Demonstration von Gewalt«. Er berief sich dabei auf ein Gesetz aus dem Jahr 1807 (!), das den Einsatz des Militärs gegen Aufständische und Aufrührer erlaubt und das zuletzt 1992 bei den Unruhen nach der Tötung des Afroamerikaners Rodney King durch Polizisten in Los Angeles angewendet worden war.

Welche autoritären Züge auch der amerikanische Staat gegen seine eigenen Bürger zeigen kann, hat schon deren massenhafte Überwachung gezeigt, die Edward Snowden, aber auch der weit weniger bekannte William Binney aufdeckten. Binney war drei Jahrzehnte lang für die NSA tätig und dort zu einem der wichtigsten Mitarbeiter aufgestiegen. Als »Technischer Direktor für militärische und geopolitische Fragen« besaß er Zugang zu allen von dem Geheimdienst gesammelten Daten aus aller Welt. Heute arbeitet er an führender Stelle im Verein ehemaliger Mitarbeiter der Geheim- und Sicherheitsdienste der USA namens *Veteran Intelligence Professionals for Sanity* (*VIPS*) mit.

Binney berichtet, dass Amerika den Terroranschlag auf das World Trade Center in New York zum Anlass genommen habe, auch die Kommunikation seiner eigenen Bürger systematisch zu überwachen. Damit sei schon im Oktober 2001, also sofort nach 9/11 und nach Verabschiedung des in nur drei Tagen durch den Kongress gepeitschten *Patriot Act*, begonnen worden. Dieses Gesetz räumte den Sicherheits- und Geheimdiensten des Landes weitreichende Überwachungsrechte ohne strikte richterliche Kontrolle auch in Amerika selbst ein. Im Ausland unterliegen sie ohnehin keinerlei Beschränkungen. Sie hören routinemäßig sogar die Regierungschefs befreundeter Staaten ab, wie Bundeskanzlerin Angela Merkel am eigenen Leib erfahren musste. »Abhören unter Freunden, das geht gar nicht«, so Angela Merkel damals pikiert. Für Washington geht es eben doch, wie auch das Abhören der EU-Büros in Washington und New York zeigte.

Edward Snowdens Enthüllungen aus dem Jahr 2013 belegen, dass die NSA sich mit der Software *PRISM* direkten Zugang zu den Servern von Google, Facebook, Apple verschaffen sowie auch Hotmail- und Skype-Kommunikation auswerten konnte. Im Ausland wie im Inland. FBI und NSA bekamen auf Anfrage Rechnungsunterlagen von US-Telekomfirmen und Kontoauszüge bei Banken zu sehen, ohne dass die Betroffenen davon unterrichtet werden mussten. Zig Millionen Postsendungen wurden jährlich registriert und Tausende Firmen im Hintergrund überprüft. Beim Abhören ihrer eigenen Bürger haben sich die Sicherheitsbehörden Binney zufolge nicht etwa nur für die Daten von US-Bürgern interessiert, die von Terrorverdächtigen kontaktiert worden waren und von solchen, die wiederum mit diesen Bürgern in Kontakt standen. Die Idee des Ganzen sei gewesen, so der langjährige NSA-Mann, »rückwirkend jeden Anruf, jede E-Mail, jede Finanztransaktion, alles, was man elektronisch jemals gemacht hat«, von jedem analysieren zu können, der aus irgendeinem Grund ins Visier der Behörden gerät – auch ohne Terrorismus-Bezug. Als Beispiel führt Binney den Fall des früheren New Yorker Gouverneurs Eliot Spitzer an. Als dieser in der Finanzkrise 2008 auf Strafverfahren gegen führende Wall-Street-Banker gedrängt habe, sei »man in die Daten eingestiegen«, habe die Verbindung zu einer Prostituierten entdeckt und dies »gegen ihn benutzt«. Spitzer musste von seinem Amt zurücktreten. Wenn man alle Daten von jemandem besitze, »kann man solche Dinge machen«, so Binney.

Bei dem Ort Bluffdale im US-Bundesstaat Utah hat die NSA ein riesiges Datenzentrum mit der Stromkapazität einer mittelgroßen Stadt und einer Datenspeicherkapazität von fünf Zetabytes errichtet. Ein Zetabyte entspricht einer Billion Gigabyte oder circa 250 Milliarden DVDs. Zur Speicherung nur von Metadaten – also der Verbindungsdaten ohne Kommunikationsinhalt – ist ein solches Volumen nicht nötig. Zudem verfügt das FBI, das schon den Bürgerechtler Martin Luther King jr. zu Hause und im Hotel observiert und abgehört hat, heute über die größte biometrische Datenbasis der Welt nach China. In seinen Computern sind allein 96 Millionen Fingerabdrücke sowie Zehntausende von Iris- und Gesichtsscans gespeichert. Die Kritik der USA daran wie Peking seine Bürger, insbesondere die muslimische Minderheit der Uiguren überwacht, wäre erheblich glaubhafter, wenn Amerika hier selbst eine reine Weste hätte. Doch sein Militärgeheimdienst DIA hat bei Datenhändlern weltweit offenbar massenhaft die Standortdaten von Bürgern mit einer muslimischen Gebets-App auf ihrem Smartphone eingekauft. Als ein Land, das sich rühmt, Vorbild für Freiheit und Demokratie zu sein, muss es sich an anderen Maßstäben messen lassen als ein autoritäres Ein-Parteien-System.

Washington rühmt sich bei jeder Gelegenheit auch, dass in Amerika das Gesetz regiere und vor diesem alle gleich seien. Aber Anspruch und Wirklichkeit klaffen hier ebenfalls immer weiter auseinander. Vor allem, wenn es sich um Bürger anderer Nationen handelt, wird das rechtsstaatliche Grundprinzip der Gleichheit aller vor dem Gesetz schnell durchlöchert. Und die Beispiele dafür beschränken sich keineswegs auf die bekannten sogenannten »verschärften Verhörmethoden« wie *Waterboarding*, Schlafentzug, Licht und Lärm rund um die Uhr usw., die die CIA in extraterritorialen Gefangenenlagern wie Guantánamo auf Kuba für mutmaßliche Terroristen lange praktizierte. Nach der Terrorangst grassiert in den USA jetzt wieder Kommunistenangst, die das Land während der Ära des republikanischen Senators Joseph McCarthy in den 50er-Jahren des vorigen Jahrhunderts schon einmal erfasst hatte. Im Fadenkreuz befindet sich diesmal vor allem Peking. So stellt etwa die öffentliche Verurteilung chinesischer Firmen wie Huawei, ByteDance/TikTok oder Tencent/WeChat eine grobe Missachtung des rechtsstaatlichen Grundsatzes dar, wonach jeder als unschuldig zu gelten hat, bis seine Schuld bewiesen ist. Nicht nur chinesische Unternehmen, auch Kultureinrichtungen wie die Konfuzius-Institute, chinesische Medien, Schüler, Studenten, Forscher und Wissenschaftler werden grundsätzlich der Spionage und antiamerikanischer Umtriebe verdächtigt und besonders kontrolliert und überwacht.

Immer mehr amerikanische Staatsbürger chinesischer Abstammung haben unter Diskriminierung und *Racial Profiling* zu leiden. So enden generell rund 20 Prozent aller Spionageverfahren gegen chinesischstämmige Amerikaner ohne Ergebnis; bei amerikanischen Staatsbürgern insgesamt sind es nur halb so viele. Ein klares Indiz dafür, dass Bürger chinesischer Abstammung besonders schnell in Verdacht geraten und verfolgt werden.

»Recht hat jeder so viel, wie er Macht hat«, stellte vor über 300 Jahren der Philosoph Spinoza fest. Die ehemalige Außenministerin Hillary Clinton vernichtete rund 30.000 E-Mails auf ihrem privaten E-Mail-Server, über den sie verbotenerweise auch geheime dienstliche Informationen laufen ließ und deswegen in die öffentliche Kritik und ins Visier der Justiz geraten war. Die professionelle Löschaktion erfolgte, obwohl das FBI zu dem Zeitpunkt bereits den Server beschlagnahmt, aber nicht sichergestellt hatte. Clinton musste sich dafür bis heute nicht vor Gericht verantworten. Und James Clapper sagte als oberster Koordinator der Geheimdienste bei einer Anhörung vor dem Senat unter Eid die Unwahrheit über die Überwachung amerikanischer Bürger durch die NSA. Er wurde dafür nicht nur nicht rechtlich belangt, sondern durfte sogar sein Amt weiter ausüben. Auch Andrew McCabe, ehemaliger Vizechef des FBI, entging bis heute einer Anklage, obwohl er sich in der Affäre um das Abhören des Wahlkampfteams von Donald Trump laut dem späteren Bericht des Generalinspektors im Justizministerium, Michael Horowitz, ebenfalls einer Falschaussage schuldig gemacht hatte.

Die Sicherheit eines Bürgers, so der ehemalige Bundesanwalt Robert Jackson, hänge davon ab, »dass ein Staatsanwalt nach der

Wahrheit sucht und nicht nach Opfern; dass er dem Gesetz dient und nicht parteiischen Zwecken und dass er an seine Aufgabe mit Demut herangeht«. Davon sind die USA heute jedoch weit entfernt. Amerika habe eine »tiefe und dunkle Geschichte von Staatsanwälten, die ihre Macht als Instrument der Ungerechtigkeit nutzen«, so selbst die ehemalige Generalstaatsanwältin von Kalifornien und heutige Vizepräsidentin Kamala Harris in ihrem Buch »The Truths We Hold«. Polizeichefs, Staatsanwälte und Richter müssen sich in den USA oft Wahlen vor Ort stellen. Das Amt des Staatsanwalts gilt vielen als Sprungbrett für eine politische Karriere. Ob jemand angeklagt wird und wie die Klage lautet, hängt daher auch davon ab, wie sich eine Strafverfolgung auf die Stimmung der Wähler, die Sponsoren und Zukunftsplanung des Staatsanwalts auswirkt. So verhilft etwa der Milliardär George Soros mit seinem Geld seit Jahren libertären Bezirksstaatsanwälten im ganzen Land ins Amt. Hinzu kommt: Wer sich einen teuren Anwalt leisten kann, hat grundsätzlich eine erheblich größere Chance, vor Gericht recht zu bekommen, als einfache Bürger. Diese sind oft auf Pflichtverteidiger angewiesen. Um ihr Einkommen zu verbessern, brauchen diese möglichst viele Fälle und sind an kurzen Verfahren interessiert. 95 Prozent aller Strafverfahren in Amerika enden daher durch einen Deal mit der Staatsanwaltschaft, der dem Prinzip der Gerechtigkeit oft nicht Genüge tut. Und auch einen Grund dafür darstellt, dass die Zahl der Gefängnisinsassen mit 2,3 Millionen in Prozent der Bevölkerung ausgedrückt so hoch ist wie in kaum einem anderen Land – über fünfmal so viel wie etwa in China und fast zehn Mal so viel wie Deutschland.

Wie hochpolitisch die Justiz in Amerika geworden ist, zeigte sich zuletzt an der sogenannten »Russiagate«-Affäre. Das FBI und der Sicherheitsapparat des Landes wollten 2016 offenbar erreichen, dass die berechenbare Washington-Insiderin Hillary Clinton und nicht der unberechenbare Außenseiter Donald Trump Präsident wird. Deshalb kam Clinton in der Server-Affäre so glimpflich davon und deshalb machte die Bundespolizei mit ihr im anschließenden Wahlkampf gemeinsame Sache. In einer »Crossfire Hurricane« genannten Aktion nahm sie den Diebstahl von Dokumenten auf dem Server der Parteizentrale der Demokraten (DNC) und deren Veröffentlichung durch Wikileaks zum Anlass, das Wahlkampfteam von Donald Trump heimlich zu überwachen und in Trumps Vergangenheit nach kompromittierendem Material suchen zu lassen. Die der demokratischen Parteiführung entwendeten Daten zeigen, wie diese den Parteilinken Bernie Sanders gegenüber Clinton systematisch benachteiligt hatte. Das FBI verdächtigte Moskau, den DNC-Server gehackt und die Informationen an Wikileaks weitergegeben zu haben, um die Präsidentschaftswahlen zugunsten von Donald Trump zu beeinflussen. Dessen Team soll dabei mit Russland zusammengespielt haben. Um die für eine Überwachung der Kommunikation des Teams nötige Genehmigung eines Sondergerichts zu erhalten, wurde, wie sich inzwischen herausgestellt hat, aufseiten der Bundespolizeibehörde nicht nur gelogen, sondern auch wichtige Informationen unterdrückt und Dokumente gefälscht. Der stellvertretende FBI-Chef Andrew McCabe sowie Peter Strzok, Chef der Spionageabwehrabteilung in der Behörde, mussten deshalb später gehen.

Nachdem Trump wider Erwarten dennoch zum Präsidenten gewählt worden war, betrieben die bis zum Schluss so siegessicheren und dann umso enttäuschteren Demokraten die Einsetzung eines Sonderermittlers, der Trumps Zusammenspiel mit Moskau und damit die Unrechtmäßigkeit des Wahlergebnisses beweisen sollte. Den Auftrag erhielt der ehemalige FBI-Chef Robert Mueller. Trotz über einjähriger intensiver Bemühungen, dem Einsatz von 60 FBI-Beamten und Ausgaben von 25 Millionen Dollar konnte er keinen Beleg für die vermutete Verbindung vorlegen und fand über den Präsidenten nicht mehr heraus, als dass er einem Pornostar Schweigegeld gezahlt hatte. Peter Strzok, Einsatzleiter zuerst in Sachen Clinton-Server und dann gegen das Trump-Team, hatte dies in einer erst später bekannt gewordenen Mail an seine Geliebte Lisa Page offenbar von Anfang an kommen sehen. Als diese ihm zu seiner Mitarbeit im Mueller-Team gratulierte, zeigte sich Strzok, obwohl selbst Clinton-Anhänger, ausgesprochen lustlos und erklärte auch warum: »Da ist nichts dran« (»*There is no there there*«). Er musste es ja wissen.

Strzok war informiert darüber, was Shawn Henry, Chef der privaten Cybersicherheitsfirma Crowdstrike, die im Auftrag des FBI sowohl den privaten Clinton-Server wie auch den DNC-Server untersucht hatte, in einer geheimen Anhörung des Geheimdienstausschusses im Repräsentantenhaus im Dezember 2017 unter Eid ausgesagt hatte. Von dessen demokratischen Vorsitzenden Adam Schiff gefragt, wann die Russen die Daten von dem DNC-Server exfiltriert hätten, antwortete Henry: »Uns fehlt der Beweis, dass die Daten den Server überhaupt verlassen haben.« Schiff gab diese Aussage, die das gesamte »Russiagate«-Narrativ in sich zusammenfallen ließ, erst zweieinhalb Jahre später, im Mai 2020, der Öffentlichkeit preis. Zuvor hatten schon Experten des *VIPS* überzeugend dargelegt, dass die DNC-Daten nicht durch einen Hack gestohlen wurden, weil erstens deren Übertragungszeit viel zu kurz war und zweitens die NSA, die das Internet komplett überwacht, offensichtlich auch keine Spur von einer solchen Übertragung vorliegen hatte. Der Diebstahl müsse also über einen USB-Stick erfolgt sein, so *VIPS*.

Das Verfahren des Sonderermittlers Mueller überschattete den größten Teil der Amtszeit von Präsident Trump und vertiefte die gesellschaftliche Spaltung des Landes. Wie tief diese reicht, zeigte sich an einem weiteren Vorstoß der Demokraten: Nach der erfolglosen Mueller-Untersuchung nutzten sie ein Telefonat Trumps, in dem dieser den ukrainischen Staatschef Wolodimir Selenski um die Aufklärung dubioser Aktivitäten von Hunter Biden, dem Sohn seines Herausforderers Joseph Biden, in seinem Land bat, um ein Impeachment-Verfahren gegen den verhassten Präsidenten anzustrengen. Zwar blieb auch dieser Versuch zunächst erfolglos, er trug jedoch erheblich dazu bei, dass Trump sich erst so spät mit der Coronakrise beschäftigte und deswegen letztlich abgewählt wurde. Demokraten und FBI konnten so schließlich ihr Ziel doch noch erreichen. Der demokratische Senator Chuck Schumer, heute Mehrheitsführer der Parlamentskammer, hatte Trump von Anfang an gewarnt, sich mit den Sicherheitsdiensten anzulegen. »Die haben jede Menge Möglichkeiten« (»*Six ways from Sunday*«), »jemanden zu kriegen«. Er sollte recht behalten.

Eingriffe der Politik in die Justiz sind in den USA gang und gäbe. Bei einer Befragung von Pew Research im Sommer 2020 meinten nur 40 Prozent der Amerikaner, dass die Richter in ihrem Land nicht von Parteien und Politikern beeinflusst würden. Im Fall der wegen angeblicher Sanktionsverstöße von den USA verfolgten Tochter des Huawei-Gründers Meng Wanzhou signalisierte Donald Trump zum Beispiel seine Bereitschaft, zu ihren Gunsten in das Verfahren einzugreifen, wenn die Regierung in Peking Washington im Handelskrieg Zugeständnisse mache. Zum Ende seiner Amtszeit verschaffte er – wie viele Präsidenten vor ihm – zahlreichen Landsleuten, die mit der Justiz ins Gehege gekommen waren, durch Gnadenerlass Strafmilderung oder -Freiheit. Darunter befanden sich auch Freunde und Wegbegleiter. So sicherte er dem Vater seines Schwiegersohns Jared Kushner nachträglich eine rechtlich reine Weste. Überdies begnadigte er sogar vier Mitglieder der Söldnertruppe des Unternehmens Blackwater, die 2007 in Bagdad 17 unbewaffnete Zivilisten, darunter Frauen und Kinder, getötet sowie 20 weitere verletzt hatten und wegen des Kriegsverbrechens später zu einer lebenslangen Haftstrafe verurteilt worden waren. Amerika, das anderen Ländern ständig Lektionen in Sachen Demokratie, Menschenrechte und Rechtsstaat erteilen will, hat allen Grund, vor der eigenen Tür zu kehren.

Wachsende Ungleichheit und Armut

Mit der zunehmenden politischen und rechtlichen geht auch eine immer größere ökonomische und soziale Ungleichheit einher. Und der eine Missstand fördert jeweils den anderen. Der »amerikanische Traum«, wonach jeder, der sich Mühe gibt, in dem Land sein Glück machen kann, ist ausgeträumt. Die sozioökonomische Mobilität der Amerikaner ist auf ein Allzeittief gefallen. Das »Land der unbegrenzten Möglichkeiten« ist abgebrannt. Nach einer Studie der Federal Reserve Bank von Cleveland aus dem Jahr 2017 war schon zwischen 2003 und 2013 die Wahrscheinlichkeit, dass ein Haushalt außerhalb der 10 Prozent an der Spitze der Einkommenspyramide es innerhalb von zehn Jahren schafft, in diese Gruppe vorzustoßen, nur noch halb so groß wie in der Zeit zwischen 1984 und 1994. Während 60 Prozent der in den 40er-Jahren des vorigen Jahrhunderts geborenen Amerikaner einen höheren Lebensstandard erreichten als ihre Eltern, schafften dies nur noch 40 Prozent derjenigen, die in den 80er-Jahren zur Welt kamen, so eine Studie der University of Pennsylvania. Kein Wunder: Wie der französische Wirtschaftswissenschaftler Thomas Piketty zeigt, besuchte 2014 nur ein Viertel der Kinder aus dem ärmsten Zehntel der US-Bevölkerung ein College oder eine Universität. Aus dem obersten Zehntel waren es dagegen über 90 Prozent. Von sozialem Aufstieg keine Spur! Die Oligarchie perpetuiert sich selbst.

Mit der Chancengleichheit hat sich auch die Ergebnisgleichheit deutlich verschlechtert. Besonders seit Mitte der 90er-Jahre ist der Abstand zwischen Oben und Unten in den USA deutlich größer geworden. Wall Street und Main Street, kosmopolitische Elite und *hoi polloi,* die große Masse, sind voneinander weiter entfernt als je zuvor. Die Mittelklasse zerfällt, der Klebstoff, der die Gesellschaft zusammenhält, löst sich auf. »Ein Ungleichgewicht zwischen Reich und Arm«, wusste schon der antike griechische Schriftsteller und Philosoph Plutarch,

»ist das älteste und verhängnisvollste Gebrechen aller Republiken.«

Nach Angaben des *Economic Policy Institute* hat sich der Anteil des obersten Prozents der Einkommensbezieher am Volkseinkommen seit 1980 von gut 10 Prozent auf 21 Prozent mehr als verdoppelt. Gleichzeitig fiel der Anteil der unteren Hälfte von 20 auf 13 Prozent. Zwischen 1979 und 2019 konnten die obersten 0,1 Prozent der Einkommensbezieher ihr Einkommen (vor Steuern) um 340 Prozent steigern. Das oberste Prozent schaffte noch ein Plus von fast 160 Prozent, für die untere Hälfte kam überhaupt nichts hinzu. Das Realeinkommen eines Durchschnittsamerikaners liegt heute kaum höher als vor 40 Jahren. Die USA sind das einzige große Land, in dem das Durchschnittseinkommen der unteren Hälfte der Bevölkerung in den zurückliegenden drei Jahrzehnten gefallen ist. Einer Studie der *Brookings Institution* vom Januar 2020 zufolge ist zwar die Zahl der Teilzeitjobs in den USA seit zwei Jahrzehnten kräftig angestiegen, die Zahl der Vollzeitarbeitsplätze mit auskömmlicher Bezahlung blieb hingegen nahezu gleich. In der Coronakrise nahm die Arbeitslosenquote dramatisch zu.

Trumps Steuersenkung hat die Ungleichheit weiter verschärft. Dem *Institute on Taxation and Economic Policy* zufolge brachte sie den untersten 20 Prozent der amerikanischen Bevölkerung ganze 120 Dollar mehr Einkommen im Jahr, die durch die Zollerhöhungen für Importe aus China jedoch wieder mehr als verloren gingen. Dem reichsten Prozent der Haushalte spielte die Steuersenkung im Schnitt dagegen fast 50.000 Dollar jährlich zusätzlich in die Kasse. Die sechs führenden US-Banken sparten 2019 durch sie allein 18 Milliarden Dollar. Das zusätzliche Geld nutzten die Banken und Unternehmen weniger für Investitionen und Innovationen und damit zusätzliche Arbeitsplätze, sondern vor allem für Dividendenzahlungen und Aktienrückkäufe. Allein 2018 flossen in den USA über 800 Milliarden Dollar in *Stock*

Buybacks. Dies ließ zwar die Börsenkurse steigen, doch auch das machte nur eine Minderheit reicher. Die große Mehrheit der Amerikaner hat keine oder nur wenige Aktien. 2016 befanden sich über 83 Prozent im Besitz der reichsten 10 Prozent. 1980 hatten noch 60 Prozent der US-Bürger einen Altersvorsorgeplan, heute sind es nur noch gut 20 Prozent. Deren Kapitalanlagen bestehen zudem hauptsächlich aus Anleihen und Geldmarktinstrumenten, die unter den niedrigen Zinsen leiden.

Nach Angaben des *Institute for Policy Studies* kamen die 400 reichsten Bürger des Landes im Jahr 2019 zusammen auf ein Vermögen von 300 Billionen Dollar. Das entspricht dem gesamten Vermögen von zwei Dritteln der Amerikaner. Allein die drei Reichsten besaßen mit 160 Billionen Dollar mehr als die gesamte untere Hälfte. Diese verfügt im Schnitt nicht einmal über 400 Dollar. Laut *Economic Policy Institute* wurde das oberste Prozent der Vermögenspyramide seit 1989 um 21 Billionen Dollar reicher, die untere Hälfte dagegen um 900 Milliarden ärmer.

Die Ungleichheit bei Einkommen und Vermögen und ihre negativen Begleiterscheinungen sind nicht zuletzt Folge und zugleich Ursache der Bildungsungerechtigkeit. Wie in keinem anderen Land der Welt bestimmt das Wohnviertel der Eltern den Bildungserfolg. Über die Vermögensteuerabgaben sind Schulen in Bezirken mit vielen wohlhabenden Einwohnern deutlich besser ausgestattet als solche in armen Vierteln. Kritiker sagen denn auch, in Amerika sei es »besser, reich geboren als intelligent zu sein«. Zwischen 1978 und 2017 stiegen die Kosten eines College-Studiums in den USA nach Angaben einer Untersuchung der Federal Reserve Bank von St. Louis um das 14-Fache an. Die Ausbildungskosten an Spitzenuniversitäten wie Harvard, Princeton, Yale oder Stanford belaufen sich inzwischen auf über 50.000 Dollar im Jahr. An der Columbia University in New York und der University of Chicago sind es sogar über 60.000. Auch wenn es weniger kostspielige Möglichkeiten gibt, eine akademische Ausbildung zu erwerben, müssen sich viele Amerikaner dafür erheblich verschulden. Seit 2004 nahm die Summe der Studentenkredite von 250 Milliarden auf 1,5 Billionen Dollar zu.

Für immer mehr Amerikaner ist es nicht nur immer schwieriger, die Kosten für die Ausbildung ihrer Kinder aufzubringen, sondern auch ein Eigenheim oder eine eigene Wohnung zu erwerben. Zwischen 1960 und 2017 sind die Immobilienpreise in den USA durchschnittlich um über 120 Prozent gestiegen. Über ein Drittel der Bezieher niedriger Einkommen und mehr als ein Fünftel der Bezieher mittlerer Einkommen berichten von »ernsthaften Schwierigkeiten«, eine bezahlbare Bleibe zu finden. Lebten laut Pew Research im Jahr 1960 noch 29 Prozent der jungen Erwachsenen im Alter von 18 bis 29 Jahren bei den Eltern, sind es heute 52 Prozent, so viel wie noch nie seit über einem Jahrhundert und mehr als zu Zeiten der Großen Depression. Hauptgrund: Sie können sich keine eigene Wohnung (mehr) leisten. Die Zahl der Obdachlosen hat sich in wenigen Jahren verdoppelt. Allein Kalifornien zählt über 150.000. New York City über 90.000.

Besonders fatal wirkt sich die Ungleichheit im amerikanischen Gesundheitssystem aus. Mit 18 Prozent des Bruttoinlandsprodukts geben die USA zwar fast doppelt so viel für Gesundheit aus wie vergleichbare Länder. Davon profitieren jedoch vor allem Pharmafirmen, Hersteller medizinischer Geräte, Krankenhäuser und Krankenkassen. 2019 machten sie zusammen über 100 Milliarden Dollar Gewinn. Die Leistungen für die Kranken lassen hingegen zu wünschen übrig. Verschreibungspflichtige Medikamente sind bis zu zehnmal teurer als in anderen Ländern. Die allgemeine Lebenserwartung liegt in Amerika nicht nur deutlich niedriger als in den meisten vergleichbaren Ländern, der Unterschied zwischen Arm und Reich ist dabei auch besonders groß: Das reichste Prozent der Amerikaner lebt 15 Jahre länger als der Durchschnitt. Bei der Lebenserwartung rangieren die USA nur auf Platz 42 in der Welt, auf demselben Niveau wie der Sudan. Tendenz: seit Jahren sinkend. Hauptursachen dafür: der vermehrte Drogenkonsum und die steigende Zahl von Suiziden.

Drogen sind in den USA inzwischen die zweithäufigste Todesursache. Seit Anfang des 21. Jahrhunderts nahm die Zahl der Drogentoten von 20.000 auf fast 80.000 im Jahr zu. Die Rate der durch Alkoholmissbrauch verursachten Todesfälle verdoppelte sich in derselben Zeit auf über eine Million pro Jahr. Ähnlich steil ging die Zahl der Selbsttötungen nach oben: von jährlich rund 30.000 auf fast 50.000 seit Anfang des Jahrhunderts. Betroffen sind besonders Männer aus der vorwiegend weißen Mittelklasse und junge Menschen. Laut Angaben der amerikanischen Gesundheitsbehörde CDC nahmen sich 2018 über 57 Prozent mehr Amerikaner im Alter unter 24 Jahren das Leben als zehn Jahre zuvor – auch dies ein neuer trauriger Rekord. In der Altersgruppe von 10 bis 34 Jahren ist Suizid inzwischen die zweithäufigste Todesursache im Lande. In den vergangenen anderthalb Jahrzehnten töteten sich auch fast 75.000 Veteranen selbst, viermal mehr, als in den Kriegen in Afghanistan, Irak und anderswo gefallen sind. Nahezu ein Fünftel der erwachsenen US-Bevölkerung leidet nach Angaben der *American Psychiatric Association* an Angststörungen. 2017 wurde bei über 17 Millionen erwachsenen Amerikanern »eine bedeutende depressive Störung« diagnostiziert.

Trotz des unter Präsident Obama 2010 verabschiedeten *Affordable Care Acts* hatten vor Ausbruch der Coronakrise 28 Millionen Amerikaner immer noch keine Krankenversicherung. Weitere 60 Millionen waren unterversichert. Da die Versicherung meist über den Arbeitgeber erfolgt, verloren durch Corona Millionen an Amerikanern mit ihrem Job auch den Versicherungsschutz. Hohe Arzneimittelpreise, Schadenersatz- und Schmerzensgeldsummen für ärztliche Fehlgriffe und Haftpflichtversicherungsprämien für Ärzte treiben die Krankenversicherungskosten in die Höhe und machen es vielen unmöglich, sich privat zu versichern.

In Amerika gibt es doppelt so viele Anwälte pro Kopf der Bevölkerung wie in Deutschland. In Schadenersatz- und Schmerzensgeldprozessen können sie sich bis zu 50 Prozent der vom Gericht zugesprochenen Summen sichern. Entsprechend zahlreich sind die Klagen, die Ersatzleistungen der Versicherungen und Schmerzensgeld zum Gegenstand haben. Nach einer repräsentativen Umfrage der *Harvard School of Public Health* vom Januar 2020 haben 57 Prozent der Geringverdiener und 48 Prozent der US-Bürger mit mittlerem Einkommen große Schwierigkeiten, Arztrechnungen und benötigte Medikamente bezahlen zu können. Laut der *American Cancer Society* litten 2018 fast 140 Millionen US-Bürger krankheitsbedingt unter finanziellen Problemen. Nur um überlebenswichtige Medizin zu bekommen, mussten sie sich insgesamt 88 Milliarden Dollar leihen.

In der Coronakrise hat sich das amerikanische Gesundheitssystem nicht nur als dysfunktional, sondern auch zutiefst ungerecht erwiesen. Trotz einer monatelangen Vorwarnzeit fehlte es an allem: genug Betten in den Krankenhäusern, medizinischem Gerät, Schutzkleidung, Tests, Masken usw. So waren nach der schweren Grippewelle von 2009 etwa die strategischen Lager für N95-Masken nicht aufgefüllt worden. Statt wie normalerweise 100 Millionen, umfassten sie nur 12 Millionen Stück. Obwohl die USA nicht einmal 5 Prozent der Weltbevölkerung stellen, entfallen auf sie ein Drittel der Infizierten. Die Corona-Sterberate ist eine der höchsten weltweit, die absolute Zahl der Corona-Toten von inzwischen deutlich über 400.000 ohnegleichen.

Arme und Geringverdiener, Schwarze und Latinos erkrankten und starben prozentual viel häufiger als Wohlhabende, Gutverdienende und Weiße. Schwarze etwa steckten sich rund drei Mal so häufig mit dem Virus an wie Weiße. Nach einer Studie der *Kaiser Family Foundation* vom Mai 2020 lag das Risiko von Corona-Infizierten, schwer zu erkranken, in den USA im Schnitt insgesamt bei etwas über 20 Prozent. Für Amerikaner, die weniger als 15.000 Dollar im Jahr verdienen, waren es 35 Prozent, für solche mit Einkommen zwischen 15.000 und 25.000 immer noch 30 Prozent. Wer dagegen über 50.000 Dollar im Jahr verdient, hatte nur ein Risiko von 16 Prozent. Auch im Hinblick auf die ethnische Herkunft gab es deutliche Unterschiede: 21 Prozent für Weiße, 27 Prozent für Schwarze.

Einer Studie der Harvard University vom Juni 2020 zufolge ist auch die Wahrscheinlichkeit, durch Polizeigewalt zu sterben, für Afroamerikaner erheblich höher als für Weiße – und das keineswegs nur, weil sie prozentual öfter in Straftaten, meist Drogendelikte, verwickelt sind. Schwarze kommen in den USA dreimal häufiger durch Polizeihand um als Weiße.

Im Mai 2020 erzeugte ein solcher Fall von tödlicher Polizeigewalt den Funken, der das Pulverfass aus Armut, Ungleichheit, Ungerechtigkeit und Rassismus in den USA zur Explosion brachte. In Minneapolis wurde der Afroamerikaner George Floyd festgenommen, weil er versucht hatte, mit einem gefälschten 20-Dollar-Schein zu bezahlen. Ein (weißer) Polizist kniete sich bei der Festnahme auf seinen Hals und ließ davon minutenlang nicht ab, obwohl der Festgenommene mehrmals stöhnte, er bekomme keine Luft mehr, und schließlich sogar ohnmächtig wurde. Zwei Kollegen sahen teilnahmslos zu. Floyd starb später im Krankenhaus.

Die amerikanische Gesellschaft, so der demokratische Senator Bernard Sanders, der sich 2020 zum zweiten Mal vergeblich um eine Präsidentschaftskandidatur seiner Partei beworben hatte, ist »von oben bis unten rassistisch«. 73 Prozent aller Afroamerikaner und 69 Prozent aller US-Bürger hispanischer Herkunft sind der Meinung, dass sich die Beziehungen der verschiedenen ethnischen Gruppen untereinander in den vergangenen Jahren weiter verschlechtert haben. Und je näher der Zeitpunkt rückt, da die Weißen in den USA nicht mehr die Mehrheit der Bevölkerung stellen, desto mehr drohen sich die Rassengegensätze noch zu verschärfen.

Zu dem strukturellen kommt der individuelle Rassismus, der sich in zahlreichen Gewalttaten und Hassverbrechen manifestiert, wie dem an einem Sonntagnachmittag im Februar 2020 in Brunswick, Georgia. Es erinnert an die schlimmen Zeiten der Lynchjustiz an Schwarzen im Süden des Landes. Ahmaud Arbery, 25, joggte durch ein vornehmlich von Weißen bewohntes Viertel. Zwei weiße Mitbürger, Vater und Sohn, glaubten in ihm den Mann zu erkennen, der von einer Videokamera in der Nachbarschaft wenige Tage zuvor bei einem Einbruchsversuch gefilmt worden war. Sie schnappten sich Gewehre, jagten Arbery mit ihrem Pick-up hinterher, versuchten ihn festzuhalten und zur Rede zu stellen. Nach einer Rangelei konnte sich Arbery losreißen und davonrennen. Aber nur wenige Meter – bis er von hinten erschossen wurde. Die beiden Täter, die das Gesetz selbst in die Hand genommen hatten, blieben über zwei Monate auf freiem Fuß. Erst als Anfang Mai 2020 ein Video auftauchte, das den Vorgang zeigte und einen öffentlichen Aufschrei auslöste, wurden sie verhaftet.

Angesichts der Spaltung der Gesellschaft in Oben und Unten, Arm und Reich, Schwarz und Weiß schlagen inzwischen auch Milliardäre wie Ray Dalio Alarm. Die soziale Kluft stelle, so der Gründer von *Bridgewater Associates*, dem mit rund 150 Milliarden Dollar verwaltetem Vermögen weltgrößten Hedgefonds, inzwischen einen »nationalen Notstand« dar. Amerika sei an einem »Kipppunkt« angelangt, die derzeit noch beherrschbare interne Spannung könne auch in eine »Revolution und/oder einen Bürgerkrieg« münden.

Der Egoismus und die Diskriminierung, die das Land in der Außenpolitik immer mehr an den Tag legte, finden ihre Entsprechung im Inland. Beide spiegeln sich gegenseitig. Nur im Bürger-, genauer Sezessionskrieg vor über anderthalb Jahrhunderten waren die USA stärker gespalten als heute. Viele Bürger haben das Vertrauen in die staatlichen und gesellschaftlichen Institutionen, in den Präsidenten, Kongress, die Parteien, Justiz und Medien verloren. Bei einer Befragung durch Pew Research vom Juli 2020 äußerten nur noch 17 Prozent der Amerikaner Vertrauen in ihre Regierung. Und wer jetzt denkt, das sei vor allem Donald Trump geschuldet gewesen, irrt. Die Amerikaner stimmten auch der Arbeit ihrer gewählten Vertreter im Kongress nach einer Gallup-Umfrage kaum mehr zu, nämlich mit lediglich noch 18 Prozent. Zwei Drittel der Befragten bezeichneten den Mangel an moralischer Integrität bei ihren Politikern als »sehr großes Problem«. 52 Prozent kritisierten »die Art, wie das System« funktioniert, 51 Prozent bemängelten die Ungleichheit der Einkommen. 87 Prozent zeigten sich mit dem Zustand ihres Landes insgesamt »unzufrieden«. 71 Prozent sagten sogar, sie seien regelrecht »wütend«. Eine Befragung von Pew Research im Sommer 2020 kam zu ähnlichen Ergebnissen. 62 Prozent der Amerikaner forderten »erhebliche Veränderungen des politischen Systems«. Sie monierten vor allem das Spendensystem für Politiker und Parteien. Nur 26 Prozent waren der Meinung, dass Wahlkampfgroßspenden den Spendern nicht großen Einfluss verschaffen.

Und dafür sind sie ja auch zweifellos gedacht. So erhielt etwa die *Clinton Foundation* in den beiden Jahren vor den Präsidentschaftswahlen 2016, bei denen Hillary Clinton als Kandidatin der Demokraten antrat, insgesamt 282 Millionen Dollar an Zuwendungen. Offenkundig setzten die Geldgeber auf einen Sieg der früheren Außenministerin. Hinzu kamen zwischen 2013 und 2015 weitere 22 Millionen Dollar an Rednerhonoraren. Seit Clintons Niederlage ist die Stiftung längst nicht mehr so attraktiv. Schon 2017 flossen ihr nur noch 27 Millionen an Spenden zu. Der vom Meinungsforschungsinstitut Dalia im Auftrag der *Alliance of Democracies* erstellte *Democracy-Perception-Index* 2020 förderte denn auch einen alarmierenden Befund zutage: Danach ist Amerika für die Hälfte seiner Bürger keine Demokratie (mehr). Seit den Präsidentschaftswahlen im November 2020 dürfte sich dieses Ergebnis eher verschlechtert als verbessert haben. Kein Zweifel: Das Vertrauen der Amerikaner in ihr Gemeinwesen ist auf einen Tiefpunkt gesunken.

Nirgends manifestiert sich das verloren gegangene Vertrauen in das Gemeinwesen wohl deutlicher als in den steigenden Verkaufszahlen für Waffen. Obwohl ohnehin schon auf einem hohen Niveau, haben sich die Waffenverkäufe in den USA seit Ausbruch der Coronakrise im März 2020 gegenüber dem Vorjahr noch einmal nahezu verdoppelt. Munitionshändler meldeten gar Lieferengpässe bei 9-mm-Patronen. Vor allem in besonders stark coronabelasteten Staaten schossen die Verkäufe nach oben. Ganz offensichtlich fürchteten viele Bürger, dass angesichts der wirtschaftlichen und gesellschaftlichen Verwerfungen im Gefolge der Pandemie die staatliche Ordnung vollends zusammenbrechen könnte.

Nicht ohne Grund: Infolge der schweren Einnahmenausfälle strichen Städte die Budgets für die Polizei drastisch zusammen. Die Zahl schwerer Verbrechen wie Morde oder bewaffnete Raubüberfälle nahm dramatisch zu. Gegenüber dem Vorjahr stieg die Mordrate 2020 im Landesdurchschnitt um ein Drittel an. In New York wurden 450 Menschen ermordet, ein Anstieg von 41 Prozent gegenüber dem Vorjahr. Chicago zählte 800 Morde, eine Zunahme um 55 Prozent. Die Vorzeigemetropole scheint auf dem Weg zurück in die schlimmen 70er- und 80er-Jahre des vorigen Jahrhunderts, als die Kriminalität einen Höhepunkt erreichte. Nach Ausbruch der Coronakrise flüchteten binnen nur zwei Monaten nahezu eine halbe Million wohlhabender New Yorker aus der Stadt und verschärften damit deren Finanzprobleme weiter. Der Tod von George Floyd und die anschließenden Ausschreitungen haben die Lage noch einmal erheblich zugespitzt. New York und viele andere Orte in den USA wurden von einer Welle von Demonstrationen und Straßenschlachten, Plünderungen und Brandschatzungen überschwemmt. Die Neigung zur Gewalt und dazu, das Recht in die eigene Hand zu nehmen, war in Amerika von jeher besonders ausgeprägt. Mit wachsender Ungleichheit und Ungerechtigkeit nimmt sie nur noch weiter zu. Der Sturm auf das Kapitol ist eine weitere Manifestation davon. Beteuerungen, dort habe sich nicht das wahre Amerika gezeigt, sind nach Meinung vieler Amerikaner bloße Schutzbehauptungen. Zu ihnen zählt etwa Megan Rapinoe, die Kapitänin der US-Fußballweltmeisterelf: »Wir haben hier sehr wohl unser wahres Gesicht gezeigt.«

Im Juli 1947 erschien in der Zeitschrift »Foreign Affairs« unter dem Autorennamen Mr. X ein Essay mit dem Titel »The Sources of Soviet Conduct«. Hinter Mr. X verbarg sich George Kennan, damals Planungschef im State Department. In dem berühmt gewordenen Artikel beschrieb der Vater der Eindämmungsstrategie gegenüber der Sowjetunion, wovon Amerikas Macht in der Welt nach seiner Ansicht auf Dauer vor allem abhängte. Dazu gelte es, so Kennan damals, »unter den Völkern der Welt den allgemeinen Eindruck von einem Land zu erwecken, das erfolgreich mit seinen Problemen zu Hause und der Verantwortung als Weltmacht umgeht sowie über die geistige Vitalität verfügt, mit den großen ideologischen Strömungen der Zeit mitzuhalten«. Keiner dieser Anforderungen wird Amerika heute noch gerecht. Das Land wirkt in Teilen wie ein *failed state*.

Vor den sogenannten *Food Banks*, dem Äquivalent deutscher Lebensmitteltafeln, stauten sich in der Coronakrise kilometerlange Autoschlangen. Nach Schätzungen der Hilfsorganisation *Feeding America* hatten im Jahr 2020 etwa 50 Millionen Amerikaner nicht genug Geld für Lebensmitteleinkäufe. In manchen Städten des Landes mussten Kühl-Lkws zeitweise die Toten aufnehmen, weil die Leichenhallen überfüllt waren. Zehntausende Obdachlose bevölkern die Straßen allein von San Francisco und Los Angeles. Bilder von Plünderungen, der Sturz von Denkmälern, paramilitärische Bundespolizisten, die friedliche Bürger in Portland scheinbar wahllos in nicht gekennzeichnete Lieferwagen zerren und davonschleppen, knapp über den Köpfen von Demonstranten kreisende Armeehubschrauber, ein verbarrikadiertes Weißes Haus, randalierende Horden im Kapitol und die Amtseinführung des Präsidenten auf der »Veranda der Demokratie« (George W. Bush) hinter Stacheldraht und unter dem Schutz von über 20.000 Nationalgardisten haben der Welt eine neue Sicht auf die USA vermittelt. Und das schließt auch zahlreiche US-Bürger ein. Laut einer Umfrage des Meinungsforschungsinstituts Ipsos vom Januar 2021 glauben 79 Prozent der Amerikaner, dass ihr Land »auseinanderfällt«. Immer mehr reiche Amerikaner wie etwa Eric Schmitt, der ehemalige Chef von Alphabet, besorgten sich in den vergangenen Jahren vorsichtshalber schon mal einen zweiten Pass.

Mit dem zivilisatorischen Verfall eines Landes nimmt immer auch seine Leistungsfähigkeit ab. In einer historischen Untersuchung über den Aufstieg und Fall von Imperien kommt der Unternehmer Ray Dalio zu dem Ergebnis, dass Amerika seit der Jahrhundertwende in vier von acht Leistungsdimensionen, die ihm zufolge eine Weltmacht kennzeichnen, gegenüber seinem früheren Niveau weit zurückgefallen ist: in punkto berufliche Ausbildung, Wettbewerbsfähigkeit, Wirtschaftskraft und internationaler Handel. Gut steht das Land danach nur noch in den Bereichen Technologie und Militär da. Relativ stark ist seine Position auch noch als Finanzzentrum und im Hinblick auf seine Währung. Auch hier zeigen sich jedoch bereits deutliche Erosionserscheinungen. Das Verteidigungsministerium muss jedes Jahr rund 200.000 neue Rekruten für die Streitkräfte des Landes gewinnen. Dies wird offenbar immer schwieriger. Im Dezember 2020 brachten Hunderte ehemaliger Generäle und Admiräle in einem gemeinsamen Brandbrief an den Verteidigungsminister in Washington ihre Sorge um die nationale Sicherheit des Landes zum Ausdruck. Mehr als 70 Prozent der Amerikaner im Alter zwischen 7 und 24 Jahren seien danach untauglich für den Wehrdienst, weil sie entweder »zu dick« seien, eine »zu schlechte Schulbildung« oder »eine kriminelle oder Drogen-Vergangenheit« hätten. Generalmajor Jason Bohm,

Chef-Rekrutierer für das *Marine Corps*, eine Elitetruppe der US-Armee, schätzt den Anteil der brauchbaren Jugendlichen für seinen Bereich sogar auf nur noch 7 Prozent.

Zu Dalios Kriterienkatalog käme zudem noch hinzu, dass eine Weltmacht auch ein besonderes internationales Verantwortungsbewusstsein besitzen muss. Um zu beurteilen, wie es in dieser Hinsicht um Amerika steht, ist George Kennan ein guter Zeuge. Die NATO-Expansion nach Osten bezeichnete er schon 1998 als den »Anfang eines neuen Kalten Krieges« und »tragischen Fehler«. Für die Ausdehnung habe es »nicht den geringsten Grund« gegeben, »niemand haben einen anderen bedroht«. Diese Expansion, so Kennan, würde »die Gründungsväter [Amerikas] sich in ihren Gräbern umdrehen lassen«.

Auch die Völker der Welt hatten zuletzt immer weniger den Eindruck, dass Amerika mit seiner Verantwortung als Weltmacht angemessen umgeht. In den Vereinten Nationen verloren die USA zuletzt Abstimmung um Abstimmung. Von den 15 Mitgliedern des Weltsicherheitsrats schloss sich etwa im August 2020 dem US-Antrag, das auslaufende Waffenembargo gegen den Iran entgegen den Abmachungen aus dem Atomabkommen zu verlängern, nur ein einziges Land an – die Dominikanische Republik. Elf Staaten, darunter auch alle Europäer, enthielten sich der Stimme. China und Russland stimmten dagegen. Eine schlimmere Abfuhr hatte Washington in diesem Gremium bis dahin nicht erlebt. Amerika, so der Politologe Kishore Mahbubani, »hat sowohl seine materielle wie moralische Fähigkeit verloren, die Menscheit zu inspirieren«. Der renommierte Historiker Harold James von der Princeton University verglich in einem »Late Soviet America« überschriebenen Artikel für *Project Syndicate* im Juli 2020 den Zustand der USA mit den letzten Jahren der Sowjetunion.

Die Verschiebung des Kraftzentrums der Welt nach Asien

Während sich die westliche Führungsmacht Amerika im Niedergang befindet und ihr Mythos verblasst, verlagert sich das Kraftzentrum der Welt zusehends nach Asien und dort besonders nach China. Genauer: *zurück* nach Asien und China. Denn dort hat es bis Mitte des 19. Jahrhunderts immer gelegen. Noch 1820 entfiel die Hälfte des globalen Bruttosozialprodukts auf China und Indien. Die Seidenstraße, die China mit Europa verband, war über fast zwei Jahrtausende die »Achse, um die die Welt sich drehte«, so der Historiker Peter Frankopan von der Universität Oxford. Erst mit der industriellen Revolution hat sich dies nach und nach geändert. Seitdem verschob sich der Schwerpunkt der Weltpolitik und Weltwirtschaft zunehmend nach Westen, zuerst nach Europa und dann weiter nach Amerika. Eurasien war erstmals in der Geschichte nicht mehr das Machtzentrum.

Die letzten zweihundert Jahre scheinen jedoch nur eine historische Anomalie gewesen zu sein. Die Welt kehrt wieder zu ihrem früheren Zustand zurück. Mittlerweile trägt Asien erneut die Hälfte zum globalen BIP bei. Und dieser Anteil wird weiter zunehmen. Zwei Drittel des globalen Wirtschaftswachstums finden heute bereits in Asien statt. Allein China trug 2019 ein Drittel zum globalen Wachstum bei; der Anteil der USA und der EU lag bei jeweils 10 Prozent. Mit über fünf Milliarden Menschen ist Asiens Bevölkerung fast zehnmal so zahlreich wie die der USA und Europas zusammen. Spätestens im Jahr 2032 werden nach Berechnungen des *Center of Economics and Business Research* drei der fünf größten Volkswirtschaften der Welt in Asien sein: China auf Platz eins (vor den USA), Indien auf drei und Japan auf vier (vor Deutschland). Kurz: Die Epoche der westlichen Vorherrschaft über die Welt neigt sich dem Ende zu.

»Die Region«, so die »Indo-Pazifik-Leitlinien« der deutschen Bundesregierung vom September 2020, »wird zum Schlüssel für die Ausgestaltung der internationalen Ordnung des 21.Jahrhunderts.«

Der (Wieder-)Aufstieg Chinas

Motor des Wiederaufstiegs Asiens ist dessen bevölkerungsreichstes Land – die Volksrepublik China. Der Internationale Währungsfonds schätzt, dass diese ab 2024 allein die Hälfte zum wirtschaftlichen Wachstum des Kontinents beisteuern wird. Chinas wirtschaftliche Entwicklung ist eine Erfolgsgeschichte ohnegleichen. In nur drei Jahrzehnten hat das Land geschafft, wofür der Westen einst zwei Jahrhunderte brauchte. Der Unternehmer Ray Dalio sieht darin »das größte Wirtschaftswunder aller Zeiten«. Dieses »Wunder« wurde bereits vielfach beschrieben und soll deshalb hier nur kurz rekapituliert werden, dann soll der Frage nachgegangen werden, ob und wenn ja warum sich Chinas Aufstieg fortsetzen wird und was die Verschiebung der Gewichte nach Asien für die Welt bedeutet.

Das größte »Wirtschaftswunder« der Geschichte

1990 stellte China laut Weltbank nach Kaufkraft gemessen nicht einmal 4 Prozent des Weltsozialprodukts, die USA dagegen über 20. Heute steuert China fast 19 Prozent und Amerika nur noch 15 bei. Am aktuellen Dollarkurs bemessen, war die amerikanische Wirtschaft 1990 zehnmal so groß wie die Chinas. Heute sind es nur noch gut 30 Prozent mehr. Seit Pekings Beitritt zur Welthandelsorganisation WTO im Jahr 2001 ist das Sozialprodukt des Landes von 1,3 auf über 14 Billionen Dollar nach oben geschossen. Nach Kaufkraft gerechnet, ist die chinesische Volkswirtschaft bereits heute die größte der Welt. Bis Ende dieses

Jahrzehnts dürfte sie auch in aktuellen Dollars ausgedrückt an den USA vorbeiziehen und in jeder Hinsicht wieder die Nummer eins werden, die sie bis zum Jahr 1829 immer war. Mitte dieses Jahrhunderts soll sie nach Schätzungen der Investmentbank Goldman Sachs dann sogar etwa den doppelten Umfang der amerikanischen erreichen. Die Industrie des Landes ist schon jetzt anderthalbmal so groß wie die Amerikas und macht allein mehr als ein Viertel der globalen Industrieproduktion aus. Mit 124 gegen 121 auf der »Fortune«-500-Liste der größten Unternehmen der Welt kommen seit 2020 von diesen erstmals mehr Unternehmen aus der Volksrepublik China (inklusive Hongkong) als aus den USA. »Das amerikanische Jahrhundert ist einer neuen Realität gewichen«, so das Wirtschaftsmagazin.

Auch als Handelsnation hat China Amerika bereits abgelöst. Das Land, das über sieben der zehn größten Containerhäfen auf dem Globus verfügt, ist zum wichtigsten Handelspartner für die meisten Länder geworden, darunter auch Deutschland. Beide tauschten zuletzt Waren im Wert von über 200 Milliarden Euro jährlich aus. Bis 2010 trieben noch 80 Prozent aller Länder mehr Handel mit den USA als mit China. Inzwischen hat sich das Verhältnis umgekehrt. 2018 war China für 70 Prozent, insgesamt 128 von 190 Ländern, der bedeutendere Handelspartner, besonders in Afrika und Asien, den Wachstumsregionen von morgen. 90 Länder setzen sogar mehr als doppelt so viel an Warenwert um als mit den USA.

Mit diesen nüchternen Erfolgszahlen verbindet sich zugleich das beeindruckendste Armutsbekämpfungs- und Wohlstandsförderungsprogramm der Geschichte. Sosehr die Achtung der allgemeinen Menschenrechte in China noch zu wünschen übrig lässt, sosehr beeindruckt die Verbesserung der materiellen Menschenrechte in den vergangenen Jahrzehnten. 1949, bei Gründung der Volksrepublik, starben 200 von 1.000 neugeborenen Kindern, heute nur noch sieben. Die durchschnittliche Lebenserwartung eines (männlichen) Chinesen betrug damals knapp 40 Jahre, heute liegt sie bei über 77 Jahren. 1980, zu Beginn der Öffnungspolitik von Deng Xiaoping, konnte ein Drittel der erwachsenen Chinesen nicht lesen und schreiben, heute sind es bloß noch 2 Prozent. In den vergangenen 40 Jahren entkamen an die 800 Millionen Chinesen, über das Doppelte der gesamten Bevölkerung Europas, der absoluten Armut. Seit der Jahrhundertwende ist ihr Pro-Kopf-Einkommen im Durchschnitt von umgerechnet unter 1.000 US-Dollar pro Jahr auf fast 10.000 Dollar angestiegen.

Zwar sind auch die Einkommen in China wie in den USA sehr ungleich verteilt, aber anders als dort geht es den Menschen am unteren Ende der Einkommens- und Vermögensskala nicht immer schlechter, sondern stetig besser. 90 Prozent der Chinesen wohnen in einer Wohnung oder einem Haus, das ihnen gehört. Im Gegensatz zu Amerika wächst die Mittelklasse. Und die Aussichten, dass sich diese Entwicklung fortsetzt, sind gut. Während die Amerikaner ihre Zukunft der Gegenwart opfern, verhält es sich mit den Chinesen genau umgekehrt, sie verzichten zugunsten der Zukunft auf ein Stück Gegenwart. Dies drückt sich nicht nur in längeren Arbeitszeiten, sondern auch einer hohen Sparrate aus, die wiederum hohe Investitionen in die weitere Modernisierung des Landes und wirtschaftliches Wachstum ermöglicht.

Wie in den USA hat die Verschuldung auch in China drastisch zugenommen; seit der Finanzkrise 2008 ist der Schuldenberg des Landes auf das Doppelte angewachsen und macht inzwischen um die 300 Prozent des BIP aus. Mehr als die Hälfte davon entfällt dabei auf die Staatsunternehmen. Anders als in den USA tritt die Regierung jedoch seit Jahren immer wieder auf die Bremse. 2017 hat Staatspräsident Xi Jinping die Parole ausgegeben: »Die Entschuldung der Staatsunternehmen ist die Priorität der Prioritäten.« Anders als in Amerika sind die Gläubiger zudem weit überwiegend die eigenen Bürger. Im Ausland steht China nur mit etwa 1,3 Billionen Dollar in der Kreide. Überdies verfügt die

Regierung in Peking über ein enormes Polster. Die Fremdwährungsreserven des Landes betragen über 3 Billionen Dollar, ein Drittel davon in Form von US-Staatsanleihen. Und die chinesische Währung ist nicht frei konvertierbar. All das zusammen bildet einen mächtigen Schutzwall gegen mögliche destabilisierende Folgen der Verschuldung. Auch das zweite große Problem der chinesischen Wirtschaft neben der Verschuldung, die Alterung der Gesellschaft, scheint lösbar. Mit 55 Jahren für Männer und 50 für Frauen ist das Rentenalter in China heute noch sehr niedrig und bietet deshalb reichlich Potenzial, dem Abschmelzen der Erwerbsbevölkerung von heute deutlich über 800 auf 700 Millionen Mitte des Jahrhunderts entgegenzuwirken. Hinzu kommen die Möglichkeiten der Technik wie Robotik und Künstliche Intelligenz als Ersatz für menschliche Arbeitskraft. China nimmt in diesen Bereichen schon jetzt eine führende Stellung in der Welt ein.

Die Zukunftsperspektiven des Landes kristallisieren sich in dem Plan, bis 2049, dem hundertsten Geburtsjahr der Volksrepublik, den »chinesischen Traum« zu realisieren und China, so Staatschef Xi Jinping, zu einem »modernen sozialistischen Land« zu entwickeln: »prosperierend, mächtig, demokratisch, zivilisiert und harmonisch«. Damit dieser Traum in Erfüllung geht, muss China von der mittleren Stufe der Entwicklung in die erste Reihe der hochentwickelten Staaten vorstoßen, ein Unterfangen, an dem bisher die meisten Schwellenländer gescheitert sind. Über den fulminanten Aufstieg bis zur zweitgrößten Volkswirtschaft der Welt wird häufig vergessen, dass China am Wohlstand gemessen immer noch ein Schwellenland ist, in Teilen sogar noch ein Entwicklungsland. Nach Angaben des nationalen Statistikamts müssen immer noch über 600 Millionen Chinesen, also fast die Hälfte der Bevölkerung, mit weniger als 1.000 Yuan, umgerechnet nicht einmal 150 Euro, im Monat auskommen. Damit liegen sie also immer noch unter der Armutsgrenze der Weltbank, die dafür ein Jahreseinkommen von 2.000 Dollar ansetzt.

China konnte erst 2020 das Ziel verwirklichen, die bittere Armut vollständig zu beseitigen, die Peking als ein Jahreseinkommen unter 4.000 Yuan, umgerechnet 600 Dollar, definiert. Beim durchschnittlichen Pro-Kopf-Einkommen rangiert China erst auf Platz 80 in der Welt. Das entspricht etwa einem Viertel des OECD-Durchschnitts. Und in der Rangliste der internationalen Wettbewerbsfähigkeit des *World Economic Forum* konnte das Land zwar seit der Jahrhundertwende 20 Plätze vorrücken, liegt aber dennoch erst auf Rang 26. Bis zur Verwirklichung des »chinesischen Traums« hat China also noch eine lange und schwierige Wegstrecke vor sich.

Für den Westen im Allgemeinen und Deutschland im Besonderen war die wirtschaftliche Arbeitsteilung mit dem Schwellenland bisher ebenso bequem wie lukrativ: Wir haben den Chinesen unsere teuren Maschinen und Investitionsgüter verkauft, mit denen sie für uns billige Massenprodukte herstellen konnten. In der Folge erhöhte sich unsere Kaufkraft und die Zinsen fielen. Zudem profitierten wir auch noch davon, dass viele Chinesen Autos und Luxusgüter von uns kauften. Diese Arbeitsteilung geht nun jedoch zu Ende. Um das Land in seiner Entwicklung weiter voranzubringen, setzt die Regierung in Peking nicht mehr auf quantitatives Wachstum als Massenproduzent von Billigwaren, sondern auf qualitatives Wachstum als Hersteller von innovativen Produkten mit hoher Wertschöpfung. Von der »Fabrik der Welt«, einem Land rauchender Schlote und riesiger Werkshallen, in denen Heerscharen schlecht bezahlter und unter widrigen Bedingungen tätiger Arbeiter simple Massenprodukte herstellen, wandelt sich China immer mehr zu einem Land der Ideen und Innovationen, der Forschung und Entwicklung zukunftsweisender Produkte und Dienstleistungen. Der Servicesektor macht inzwischen bereits deutlich mehr als die Hälfte der wirtschaftlichen Wertschöpfung des Landes aus. Der Export von höherwertigen Gütern wächst schneller als der Gesamtexport. Aus der einst reinen Werkbank des Westens wird zunehmend ein Konkurrent, aus »*Made in China*« ein »*Created in China*«.

In der Greater Bay Area (GBA) im Süden des Landes, gegenüber von Hongkong, in der fast so viele Menschen leben wie in Deutschland und die allein ein Sozialprodukt von anderthalb Billionen Dollar jährlich erwirtschaftet, wächst ein chinesisches Silicon Valley heran, das das kalifornische Original schon bald in den Schatten stellen könnte. In den Städten Shenzhen, Kanton, Dongguan, Zhongshan und Zhuhai sind zahlreiche Hightech-Firmen zu Hause. So ist die 13-Millionen-Stadt Shenzhen mit 46.000 Basisstationen Welthauptstadt von 5G und als erste Metropole flächendeckend an das superschnelle Netz angeschlossen. Im ganzen Land waren es Ende 2020 bereits rund 800.000 Basisstationen, mehr als zwei Mal so viel wie im Rest der Welt. Im Perlflussdelta lässt sich bereits heute das China von morgen besichtigen, wird die epochale Machtverschiebung von West nach Ost für jedermann besonders augenfällig. In der von der *World Intellectual Property Organization* erstellten globalen Rangliste der Ballungsräume für Innovationen nimmt die GBA bereits jetzt Platz zwei ein.

Den Schlachtplan für die zweite wirtschaftliche Revolution, die das Reich der Mitte zum Hightech-Land machen soll, hat die Regierung in Peking unter dem Titel »China 2025« bereits im Jahr 2015 entworfen. In fünf Jahren soll danach der Anteil des Landes bei Schlüsselkomponenten und Basismaterialien für Informationstechnik, Roboter, intelligente Maschinen, energiesparende Fahrzeuge und Hochleistungsbatterien, Medizingeräte, Ausrüstung für die Luft- und Raumfahrt, für Schiffs- und Schienentransport im Heimatmarkt auf 70 Prozent ansteigen. Der Staat werde der Wirtschaft helfen, »in den mittleren bis oberen Bereich der globalen Wertschöpfungskette vorzustoßen sowie eine Reihe von Schwerpunktindustrien auf Weltklasse-Niveau heranzuziehen«, so Staats- und Parteichef Xi Jinping auf dem 19. Parteitag der Kommunistischen Partei (KP) im Sommer 2017.

Dazu werde er »die Ausgaben für die Grundlagenforschung in anwendungsnahen Bereichen steigern, große nationale wissenschaftliche Projekte sowie vorrangig die Innovation in Schlüssel-, Zukunfts- und modernen Ingenieurtechnologien sowie disruptiven Technologien fördern«. Im aktuellen, dem 14. Fünf-Jahres-Plan für die Jahre 2021 bis 2025 genießen die Förderung von Innovationen und das Verfolgen technisch-wissenschaftlicher Eigenständigkeit, nicht zuletzt auch wegen der amerikanischen Sanktionen, entsprechend höchste Priorität. »Finanzen, Ausbildung, Forschung und Entwicklung im Hightech-Bereich, das sind die Wurzeln des Baums, den wir in unserem Innenhof pflanzen wollen«, so Di Dongsheng, Vizerektor der Schule für internationale Beziehungen an der Pekinger Renmin-Universität.

Schon im Verlaufe des zurückliegenden Jahrzehnts stiegen die Ausgaben für Forschung & Entwicklung (F&E) in China von 1,5 auf 2,2 Prozent des BIP, das ist mehr als in den USA. Unter dem Druck der Eindämmungs- und Entkoppelungspolitik Washingtons wird sich dieser Trend in den kommenden Jahren noch verstärken. Für den 14. Fünf-Jahres-Plan sind F&E-Ausgaben in Höhe von 3 Prozent des BIP vorgesehen. Besondere Förderung wird der Entwicklung von Software und Integrierten Schaltkreisen zuteil. Bis 2025 will die Regierung überdies umgerechnet 1,4 Billionen US-Dollar allein für die digitale Infrastruktur von morgen, das Internet der Dinge und Künstliche Intelligenz ausgeben.

Um seine Ziele zu erreichen, investiert Peking nicht nur viele Milliarden in die wissenschaftliche Grundlagenforschung, sondern auch in die Höherqualifizierung seiner Arbeitskräfte. Nach der jüngsten Pisa-Studie vom Dezember 2019, die Lesekompetenz, Mathematik- und naturwissenschaftliche Kenntnisse von Schülern in insgesamt 79 Ländern bzw. Regionen weltweit untersuchte, liegen die in China untersuchten Regionen in allen drei Bereichen schon heute auf Platz eins und weit über dem OECD-Durchschnitt. Dem renommierten weltweiten Universitätsranking »Times Higher Education« zufolge besitzt China drei von Asiens zehn besten Hochschulen: Tsinghua und Beida in Peking auf Platz eins und zwei und die University of Science and Technology in Hefei auf Platz zehn. Von den zehn weltbesten Universitäten für KI sind laut *CSrankings* fünf in den USA und drei in China. Die Tsinghua-Universität in Peking rangiert gleich hinter der amerikanischen Carnegie Mellon University auf Platz zwei.

Chinas Universitäten spucken jährlich achtmal so viele Absolventen von sogenannten STEM-Fächern, also Naturwissenschaften, Technik und Ingenieurwesen sowie Mathematik, aus wie die USA. Jedes Jahr machen 40.000 Chinesen ihren Doktor in einem STEM-Fach. Bis 2025 wird China mehr technisch ausgebildete Arbeiter haben als alle OECD-Staaten zusammen. Anfang 2020 verabschiedete Peking den sogenannten »Starke Basis«-Plan. Mit ihm sollen Eliteschüler in den naturwissenschaftlichen Fächern systematisch von der Grundschule bis zur Promotion und anschließend in die Grundlagenforschung geführt werden. Wissenschaftler im Bereich der technischen Grundlagenforschung erhalten besondere steuerliche Anreize und werden am Ertrag aus von ihnen entwickelten Innovationen finanziell beteiligt. Der Plan ergänzt das schon länger laufende sogenannte »Tausend-Talente-Programm«, mit dem Peking in den vergangenen Jahren bereits Tausende vor allem in den USA tätige chinesische Top-Akademiker zur Rückkehr in ihr Heimatland bewegen konnte.

Weil es in China an Meinungsfreiheit und anderen Freiheiten fehlt, denken viele im Westen immer noch, dass es mit der Kreativität und Innovationskraft der Chinesen nicht weit her sein könne und das viele Fördergeld und alle Anstrengungen am Ende nicht viel bewirken werden. Dabei vergessen sie jedoch zum einen, dass China einmal eine hochkreative Nation war; von dort kommen so bahnbrechende Erfindungen wie das Papier, der Buchdruck, das Schießpulver oder der Kompass. Übersehen wird in dem Zusammenhang zum anderen, dass fehlende Meinungsfreiheit nicht notwendigerweise den technischen Erfindergeist beeinträchtigt. Wichtiger sind dafür Technikaffinität, Fortschrittsglaube und Veränderungsbereitschaft. Und die sind in China reichlich vorhanden. In rein naturwissenschaftlich-technischen Nischen, die das Machtmonopol der KP nicht berühren, haben Chinesen im Übrigen meist sogar mehr innovatorische Freiheiten als Forscher und Entwickler in westlichen Ländern, die anderen ethischen oder persönlichkeitsrechtlichen Maßstäben gerecht werden müssen. Dies zeigt sich etwa in der Gentechnologie oder Bereichen, die Datenschutzfragen und die Privatsphäre berühren, wie etwa Gesichtserkennung oder digitale Zahlungssysteme.

Chinesen melden inzwischen die meisten Patente an. Dabei nimmt auch die Qualität immer mehr zu. In der Rangliste für die wichtigsten wissenschaftlichen Publikationen im Fach Chemie der Fachzeitschrift »Nature« zogen chinesische Forscher bereits 2018 an ihren US-Kollegen vorbei und rückten auf Platz eins vor. Der bekannte Münchner Hirnforscher Ernst Pöppel, der heute an der Beida-Universität in Peking und der Chinesischen Akademie der Wissenschaften arbeitet, warnt denn auch vor Illusionen: »Es steht für mich außer Frage, dass das Zentrum der Welt wieder im Reich der Mitte liegt.« Der Westen sei daher »gut beraten, mit China kreativ zusammenzuarbeiten«.

Illusionen machen sich viele im Westen auch über Chinas Unternehmenslandschaft. Anders als in kommunistischen Ländern üblich, besteht diese keineswegs überwiegend aus Staatsunternehmen. Vielmehr sind 90 Prozent meist kleine und mittelständische Privatunternehmen. Diese stellen 80 Prozent der Arbeitsplätze, 70 Prozent der Innovationen, 60 Prozent des BIP und die Hälfte des Steueraufkommens. Vor allem die meisten Hightech-Unternehmen sind in privater Hand. Mit den Staatsunternehmen des Landes kann die Führung in Peking dagegen trotz einer Reihe von Reformen immer noch nicht zufrieden sein. Viele sind hochverschuldet sowie nicht produktiv und profitabel genug. Und bremsen damit das Wachstum des Landes.

So machten die etwa 100 von der staatlichen Behörde SASAC beaufsichtigten größten Staatsunternehmen 2020 zusammen nur etwa 215 Milliarden Dollar Gewinn. Ihre Eigenkapitalrendite fiel zwischen 2007 und 2017 von 6,7 auf 2,6 Prozent; im selben Zeitraum ging auch die Produktivität um rund zwei Drittel zurück. Staatliche Unternehmen müssen per Order von oben allerdings deutlich mehr Steuern zahlen und immer wieder politische Aufgaben übernehmen, wie etwa einer größeren Jugendarbeitslosigkeit entgegenzuwirken. So stellte der Ölkonzern Sinopec mitten in der Coronakrise Tausende Uni-Absolventen ein, obwohl er dafür rein geschäftlich betrachtet keinen Bedarf hatte. Grundsätzlich jedoch gelten auch für Staatsunternehmen in China die Gesetze des Marktes: »Der Patriotismus eines Unternehmers kann viele Formen annehmen«, so Staatschef Xi Jinping, »aber die erste und wichtigste ist es, ein erstklassiges Unternehmen zu leiten und es zu Höchstleistungen zu führen, um eine höhere Produktqualität, Effizienz und Wettbewerbsfähigkeit zu erreichen.«

Alles andere würde auch nicht zur Mentalität seiner Bürger passen. Nirgendwo ist der Unternehmergeist stärker ausgeprägt als in China. Das Land hat von allen großen Volkswirtschaften die höchste Gründerrate. Von den 586 »Einhörnern« in der Welt, Start-up-Firmen mit einem Wert von über 1 Milliarde Dollar, kamen 2020 40 Prozent aus den USA und 39 Prozent aus dem Reich der Mitte. Von den Top zehn waren dem Hurun-Forschungsinstitut zufolge sechs aus China. Umfragen zufolge verspüren fast 70 Prozent der jungen Chinesen den Wunsch, sich selbstständig zu machen; in den USA sind es an die 60 Prozent, in der EU fast 40, in Deutschland nur rund 20 Prozent. Chinesische Risikokapitalfonds haben Hunderte von Milliarden Dollar für Investitionen in Unternehmensneugründungen gesammelt. 60 Prozent aller globalen Investitionen in Künstliche Intelligenz beispielsweise stammen aus China. 2019 eröffnete die Börse in Schanghai ein *Science and Technology Innovation Board,* auch

STAR-Markt genannt, das Äquivalent zur NASDAQ in New York. Wer in Hightech- und High-End-Produktionen investiert, muss auf die Erlöse daraus nur 15 statt 25 Prozent Steuern bezahlen.

In einer Reihe von Bereichen der Wirtschaft von morgen ist China bereits heute Weltspitze. Dazu zählen Künstliche Intelligenz, Maschinenlernen, Robotik, E-Mobilität, Sicherheitstechnik, Quantum Computing, Bio- und Gentechnologie, Schnellbahnen, Bezahlsysteme und nicht zuletzt Kommunikationstechnik, besonders 5G, das Rückgrat einer jeden modernen Wirtschaft und Gesellschaft.

Während der amerikanische Traum ausgeträumt scheint, wird der chinesische Traum somit immer realistischer. Den Chinesen geht es heute so gut wie nie zuvor in ihrer Geschichte und das Land ist auf dem besten Weg zurück zu historischer Größe. Zu diesem Ergebnis kommt auch eine von der Rand Corporation im Auftrag der US-Streitkräfte angefertigte Untersuchung vom Juli 2020. Die Forscher empfehlen darin der Führung des Pentagon, sich darauf vorzubereiten, dass Peking alle oder zumindest die meisten Ziele erreichen wird, die es sich für 2049, den 100. Geburtstag der Volksrepublik und das Zieldatum zur Erfüllung des »chinesischen Traums«, gesteckt hat.

Die systemische Herausforderung

Chinas Erfolgsgeschichte beunruhigt zunehmend viele Menschen im Westen, auch weil sie nicht von einer liberalen Demokratie, sondern von einem Land geschrieben wird, in dem seit über sieben Jahrzehnten eine Kommunistische Partei regiert – ohne freie Wahlen, ohne Meinungs- und Pressefreiheit, ohne unabhängige Justiz und ohne Schutz der Menschenrechte, wie wir sie im Westen kennen. Überall auf dem Globus ist der Sozialismus mehr oder weniger krachend gescheitert, nur nicht in China. »*The Land that Failed to Fail*«, überschrieb die »New York

Times« eine China-Serie im November 2018 – »Das Land, das einfach nicht scheitern wollte«.

Je länger der Aufstieg Chinas anhält und je offenkundiger zugleich der (relative) Niedergang der USA wird, desto lauter werden die Klagen, dass das alles nicht mit rechten Dingen zugehen könne und vor allem darauf zurückzuführen sei, dass Peking lüge und betrüge, stehle und kopiere, kurz: unfair spiele. »Die Chinesen sind nicht klüger, sie arbeiten nicht härter als wir«, tweetete etwa Lindsey Graham, einer der führenden Republikaner im Senat, »sie BETRÜGEN.« Was nicht sein darf, kann nicht sein!

In der Tat war China bei der Aufholjagd gegenüber dem Westen in der Wahl seiner Mittel alles andere als zimperlich. Gerade auch im Umgang mit geistigem Eigentum. Auch wenn die WTO-Regeln vorsehen, dass entwickelte Länder ihren Unternehmen Anreize zum Technologietransfer in weniger entwickelte Länder geben – Peking hat diese Regeln zu lange und zu extensiv ausgelegt, indem es sich immer und überall auf Chinas offiziellen Status als Entwicklungsland beruft, auch in Bereichen, in denen es das längst nicht mehr ist. Andererseits ist Technologietransfer schlicht der Preis dafür, das enorme Potenzial des Landes als Produktionsstandort und/oder Absatzmarkt und die damit verbundenen Wachstums- und Gewinnchancen nutzen zu können. Viele von denen, die heute über China klagen, glaubten lange Zeit einfach nicht, dass es jemals zu einer ernsthaften Konkurrenz für sie werden könnte – selbst mit Technologieklau, Abkupfern und partieller Abschirmung des eigenen Marktes. Und die meisten gingen wie selbstverständlich davon aus, dass das Land sich im globalen Wettbewerb am Ende ohnehin nur behaupten könne, wenn es sein staatskapitalistisches Wirtschafts- und Gesellschaftsmodell aufgibt und mehr oder weniger so wird wie der Westen.

Mittlerweile hat sich dies als Irrtum entpuppt. Der Westen war sich seiner Sache zu sicher und hat nicht genau hingeschaut. Chinas fulminanter Aufstieg lässt sich mit dem Diebstahl geistigen Eigentums, erzwungenem Technologietransfer und der Verweigerung von gleichen Wettbewerbsbedingungen für alle, sogenannter Reziprozität, nicht erkären. Die Gründe für den Erfolg reichen viel tiefer. Die allermeisten westlichen Betrachter nehmen von Chinas politischem und wirtschaftlichem System bis heute nur den Ausschnitt wahr, der gemeinhin mit sozialistischen bzw. kommunistischen Staaten assoziiert wird: die Einparteienherrschaft, die Überwachung der Bürger, die Zensur der Medien, die mangelnde Unabhängigkeit der Justiz, die Missachtung von Menschenrechten. Dementsprechend bezeichnen sie das Land als »Diktatur«, »totalitären Staat« oder sogar als »Despotie«. In Bezug auf die Wirtschaft werden vor allem die staatliche Planung, der Sektor der Staatsunternehmen, staatliche Industriepolitik usw. gesehen und als »dirigistisch« oder »sozialistisch« charakterisiert. Beides führte und führt zu folgenschweren Fehlurteilen. In seiner »ideologischen Blindheit« und dem Glauben, dass Demokratien anderen Systemen immer überlegen sind, habe der Westen, allen voran Amerika, China »unterschätzt«, so Kishore Mahbubani.

Dies gilt besonders hinsichtlich der Flexibilität des chinesischen Systems. Wir im Westen sehen die Dinge gerne binär, in Entweder-oder-Kategorien wie richtig oder falsch, gut oder böse, schwarz oder weiß und in Dichotomien wie Theorie und Praxis, Subjekt und Objekt, Individuum und Gemeinschaft. Chinesen dagegen kennen kein Entweder-oder, nur Grautöne. Chinas Regierungs- und Wirtschaftssystem lässt sich deswegen auch nicht einfach als kommunistisch, sozialistisch, diktatorisch oder dirigistisch bezeichnen. Es ist hybrid, wie die ganze chinesische Kultur. Dies ist ein großer Vorteil – gerade in einer Welt, die bei allen ideologischen Gegensätzen auf zentralen Feldern wie Klimawandel, Pandemien oder Terrorismus zwingend globale Zusammenarbeit erfordert. Chinesen fällt ein solcher Spagat von Hause aus leichter als westlich sozialisierten Menschen. Im Geiste aristotelischer Logik und des modernen Rationalismus erzogenen Menschen erscheinen zum Beispiel Begriffe wie »sozialistische Marktwirtschaft« oder »sozialistische Demokratie«, wie sich China selbst beschreibt, als paradox. Chinesen haben damit keine Probleme. Für sie sind Gegensätze als Einheit ganz natürlich. In ihrem Denken stellen die gegensätzlichen Kräfte Yin und Yang das Bewegungsgesetz des gesamten Universums dar. Beide befinden sich in einem ständigen dialektischen Austausch miteinander, bei dem einmal das Eine und dann das Andere dominiert. In der Wirtschaft ist es zum einen die »unsichtbare Hand« des Marktes, der nach Staatschef Xi »die entscheidende Rolle bei der Ressourcenallokation« zukommt, und zum anderen »die sichtbare Hand« des Staates, die dafür zu sorgen hat, dass es in der Wirtschaft »geordnet« zugeht. Staatliche und private Unternehmen unterscheiden sich in den Augen der Führung in Peking hinsichtlich ihrer Eigentümer, aber nicht in Bezug auf ihren Patriotismus. Beide arbeiten gemeinsam daran, den »chinesischen Traum« zu realisieren.

Anders als im Ordoliberalismus sind die Grenzen des staatlichen Ordnungsrahmens in China auch nicht klar definiert und ein für alle Mal gültig. Das chinesische Denken kennt weder nur *eine* Wahrheit noch für immer gültige Wahrheiten, sondern nur relative und situative. Das polit-ökonomische System des Landes ist daher höchst flexibel, experimentierfreudig und lernfähig. Der chinesische Regierungsstil, so die China-Forscher Sebastian Heilmann und Elizabeth Perry, verstehe Politik weniger bürokratisch und legalistisch, sondern als einen »Prozess der ständigen Veränderung und Konfliktbewältigung, des Ausprobierens und der Ad-hoc-Anpassung«. Das entspricht der praktischen, konkreten, situativen, nicht-linearen und ganzheitlichen chinesischen Denktradition.

Chinas KP sieht daher auch den Marxismus nicht als unabänderliche Entwicklungsdoktrin, sondern als dialektische Untersuchungsmethode, die die Praxis als einziges Kriterium für die Wahrheit zulässt. Im chinesischen Verständnis besteht die marxistische politische Ökonomie vor allem aus dem Grundsatz, dass dem Staatssektor eine führende Rolle in der Wirtschaft zukommt, was jedoch die Bedeutung der Privatwirtschaft und des Marktes nicht schmälert. Mit dem Staat und dem Markt verhält es sich für die Chinesen wie mit dem Vogel und dem Käfig: Ist dieser zu klein, erlahmen mit der Zeit die Flügel des Vogels. Ist er zu groß, schwindet die Kontrolle über seinen Bewohner. Ohne Käfig geht sie ganz verloren. In der chinesischen Politik entspricht das Volk dem Vogel: Ist der Käfig zu eng, rebelliert es irgendwann, ist er zu weit, verliert der Staat die Kontrolle, zumal in einem so riesigen Land. Ganz ohne Käfig herrscht Chaos.

Das Wort »Staat« besteht im Chinesischen aus den Bestandteilen »Land« und »Familie«. Er ist also so etwas wie die Familie aller Familien. Und die Regierung der Familienvater, in der konfuzianischen Tradition die Autoritätsperson schlechthin.

Der chinesische Staat ist nahezu vollständig in der Hand der Kommunistischen Partei. Für die meisten Positionen im öffentlichen Dienst ist die Mitgliedschaft in der KP Bedingung für die Einstellung. Die Partei ist jedoch längst keine Arbeiter- und Bauernpartei mehr, ihre 92 Millionen Mitglieder kommen aus allen Schichten. Darunter sind auch viele Unternehmer und Intellektuelle. Der sogenannte »Klassenhintergrund« spielt so gut wie keine Rolle mehr. Zugleich sind die Hürden für die Aufnahme in die Partei hoch, die Auswahl unter den Antragstellern ist streng. Aufgenommen werden nur die in ihrem jeweiligen Umfeld Erfolgreichsten. Ein Drittel der jährlich etwa zwei Millionen neuen Mitglieder hat einen akademischen Abschluss. Untersuchungen für die Jahre 2009 und 2013 zeigen, dass rund drei Viertel der in die Partei aufgenommenen Studenten von Elite-Universitäten wie Beida oder Tsinghua kamen. Solche Mitglieder sind keine Herde von Schafen, sie wollen Karriere machen, aber auch politisch mitreden. Und nirgendwo im Lande können sie das mehr als in der KP.

Anders als im Westen meist angenommen, wird China denn auch immer weniger von engstirnigen und dogmatischen Ideologen geführt, wie sie uns aus dem ehemaligen Ostblock noch vielfach in Erinnerung sind, sondern immer mehr von gut ausgebildeten, in verschiedensten Positionen erprobten und erfahrenen, selbstbewussten Fachleuten. Diese agieren überwiegend pragmatisch, erfolgs- und problemlösungsorientiert nach der berühmten Devise von Deng Xiaoping: »Es ist egal, ob eine Katze schwarz oder weiß ist, Hauptsache, sie fängt Mäuse.« »Autoritäre Technokratie« bezeichnet das chinesische System somit treffender als »kommunistische Diktatur«.

Zudem versteht sich die Kommunistische Partei Chinas vor allem als patriotische Partei. Denn sie verfolgt vor allem ein Ziel: dem Land wieder zu seiner einstigen Größe zu verhelfen. Würde sie wirklich den kommunistischen Ansatz realisieren, dürften sich nicht zwei Drittel des Vermögens in den Händen von nur 10 Prozent der Bevölkerung befinden. Private Erbschaften, sofern sie überhaupt anfallen könnten, müssten mit sehr hohen Steuersätzen belegt sein. Das Land kennt jedoch bis heute überhaupt keine Erbschaftssteuer. »Das Einzige, was uns interessiert, sind gute Bedingungen für unsere Entwicklung«, so beschrieb bereits Deng Xiaoping den strategischen Fokus der KP. Chinas heutiger Staats- und Parteichef Xi Jinping sieht dies genauso: »In den 96 Jahren ihres Bestehens hat unsere Partei ihr ursprüngliches Verlangen nie geändert – die historische Mission der großen Erneuerung der chinesischen Nation zu erfüllen.« *Zhongguo fuxing*, die »Renaissance Chinas«, das ist die Mission der Partei – und das ist zugleich der »chinesische Traum«.

Dieser entwirft gewissermaßen ein »Reich der Mitte 2.0«; ein China, das die Demütigung durch die Westmächte in der zweiten Hälfte des 19. und ersten Hälfte des 20. Jahrhunderts ein für alle Mal hinter sich gelassen und sowohl wirtschaftlich wie politisch wieder die Geltung erlangt hat, die es bis ins 18. Jahrhundert hinein über Tausende von Jahren besaß. Sieben Jahrzehnte bevor US-Präsident Donald Trump die Parole »*Make America Great Again*« verkündete, hat die KP Chinas bereits die Losung »*Make China Great Again*« ausgegeben. Die Chinesen teilen diesen Traum ganz offenkundig und trauen der KP zu, dass sie ihn Wirklichkeit werden lassen kann. Im *Edelman Trust Barometer* 2021 bekunden 82 Prozent von ihnen Vertrauen in ihre Regierung. In keinem anderen der befragten 27 Länder rund um die Welt war der Wert höher.

Viele im Westen meinen, diese Zustimmung könne nur das Ergebnis von Gehirnwäsche und/oder Angst der Chinesen davor sein, sich frei zu äußern. Doch auch dies ist ein Irrtum, wie eine im Juli 2020 veröffentlichte Langzeituntersuchung des *Ash Center* an der *Harvard Kennedy School* zeigt. Die Autoren der repräsentativen Studie unter der Leitung des bekannten Politikprofessors Tony Saich, dem Direktor des Zentrums, haben in acht Wellen von 2003 bis 2016 die Zufriedenheit der Chinesen mit ihrer Regierung untersucht. Dabei wurden über 31.000 Stadt- und Landbewohner nicht online oder am Telefon, sondern von Interviewern der *Kennedy School* von Angesicht zu Angesicht befragt. Das heißt, die Möglichkeiten staatlicher Behörden, die Aussagen der Befragten zu überwachen und/oder zu beeinflussen, waren gegenüber den gängigen Befragungsmethoden zumindest stark eingeschränkt. Und selbst wenn eine solche Beeinflussung unterstellt wird, bleibt als Ergebnis: Die Bürger des Landes bewerten ihre Regierung auf allen Ebenen heute als fähiger und effektiver als zu Anfang des Jahrhunderts. Dabei richten die Chinesen, praktisch wie sie sind, ihr Urteil vor allem an realen Veränderungen ihres materiellen Wohlstands aus. Schon 2003 zeigten sich in der Befragung über 86 Prozent der Chinesen zufrieden mit der Zentralregierung in Peking. Nicht einmal 9 Prozent äußerten sich unzufrieden. Bis 2016 stieg die Zufriedenheit auf über 93 Prozent an, der Anteil der Unzufriedenen fiel auf fast 4 Prozent ab. Die Harvard-Wissenschaftler bescheinigen der kommunistischen Führung denn auch »anhaltende Resilienz durch verdiente Legitimation«.

Die Herrschaft der KP ist in China derzeit alternativlos. Die große Mehrheit der Chinesen akzeptiert das autoritäre Regierungssystem, weil es ihre zentralen Wünsche und Sehnsüchte bisher im Großen und Ganzen erfüllt. Dazu fühlt die Partei dem Volk ständig den Puls. China bezeichnet sein System denn auch gerne als »konsultative Demokratie«. »Die Umfragearbeit muss den gesamten politischen Prozess tief durchdringen und wirklich die entscheidende Vorgehensweise werden«, so Xi Jinping im November 2011 in einer Rede an der zentralen Parteischule in Peking. So holen die KP-Führer in Peking regelmäßig etwa die Meinung der acht anderen offiziell anerkannten Parteien zu Gesetzesinitiativen ein. Dasselbe gilt auch für die Bevölkerung insgesamt. Zu dem viele Jahre lang vom Volkskongress beratenen und 2020 schließlich verabschiedeten Zivilgesetzbuch des Landes beispielsweise gab es allein fast eine Million Eingaben. In Schanghai hat das Stadtparlament 2020 im Rahmen einer »Graswurzel-Gesetzgebungsinitiative« 25 sogenannte »Meinungssammelstellen« eingerichtet, in denen die Bewohner Vorschläge für Gesetze und Verordnungen machen können.

Ein besonders gutes Beispiel bietet auch die Erstellung des 14. Fünf-Jahres-Plans, der nach der Verabschiedung durch den Volkskongress im Frühjahr 2021 in Kraft tritt:

- Am 13. April 2020 startete Präsident Xi den Prozess, indem er den Kreis der Personen in der Partei benannte, die den Plan zusammenstellen sollten, und gab diesen rund ein Dutzend Themen zur speziellen Untersuchung vor.
- Am 17. Juni traf Xi sich erstmals mit dem Team, um sich über den Fortgang zu informieren, und wies es insbesondere darauf hin, die Ziele des Plans mit den längerfristigen Zielen der Vision für das Jahr 2035 zu verknüpfen.
- Zwischen Juli und September 2020 hielt das Planungsteam insgesamt sieben Expertenanhörungen ab. Daneben berück-

sichtigte es bei seiner Arbeit über 200 Forschungspapiere und mehr als 100 Vorschläge von anderen Regierungsstellen.

- Mitte August rief die Partei auch die Öffentlichkeit zum Mitmachen auf. Innerhalb weniger Wochen gingen eine Million Vorschläge ein. Auch mehrere Dutzend pensionierte hohe Parteikader unterbreiteten Anregungen.
- Zwischen August und Oktober diskutierte der Ständige Ausschuss des Politbüros, das höchste Gremium der Partei, dann insgesamt fünf Mal über die bis dahin jeweils vorliegenden Entwürfe des Plans.

Die chinesische Führung sieht sich durch das Volk auch ohne Wahlen legitimiert, solange dieses mit ihren Leistungen zufrieden ist. Wang Shaoguang, stellvertretender Leiter der Parteischule und vorher Professor an der Yale University und der Chinese University in Hongkong, bezeichnet die chinesische Regierungsform deshalb als »substanzielle Demokratie« – im Unterschied zu den in seinen Augen bloß »formalen Demokratien« des Westens. In Letzteren würde das Volk zwar seine Repräsentanten wählen, diese verträten unter dem Druck organisierter Interessenvertretungen dann allerdings die Wünsche der Wähler teilweise nicht mehr wirklich; insbesondere die unteren Schichten hätten keinen Einfluss mehr auf die Politik – siehe USA.

Wangs Versuch, die Alleinherrschaft der KP als eine neue, gar bessere Form der Demokratie zu rechtfertigen, unterschlägt jedoch sowohl die Neigung jedes Einparteiensystems zu Korruption und Willkür als auch die Entrechtung von politisch Andersdenkenden sowie die Tatsache, dass es seiner sogenannten »substanziellen Demokratie« auch an einem weiteren entscheidenden Element jeder Demokratie fehlt: dem friedlichen Übergang der Macht an solche Andersdenkenden, wenn diese eine Mehrheit der Bevölkerung von sich überzeugen können. Ang Yuen Yuen, Politikprofessorin an der University of Michigan in Ann Arbor, beschreibt das chinesische System daher lieber als

»Autokratie mit demokratischen Charakteristika« (wie etwa Konsultation der Volksmeinung, Wahlen auf lokaler Ebene). Chu Yun-han, Politologe an der *Academia Sinica* auf Taiwan, spricht noch zurückhaltender von dem Versuch der Machthaber in Peking, »im Hinblick auf die politische Legitimität« ihrer Herrschaft »ein alternatives System des öffentlichen Diskurses einzurichten«.

Wie auch immer der Vergleich mit der Demokratie westlicher Prägung ausfallen mag: Chinas politisches System basiert seit jeher auf dem paternalistischen Familienmodell der konfuzianischen Lehre. Der Familienvater hat für die Familie zu sorgen. Diese ist ihm dafür Loyalität schuldig. Der Staat ist in diesem Modell die Familie der Familien, die Führung des Landes, früher der Kaiser, heute der Staatschef, *Pater patriae*. Solange er seine Fürsorgepflicht für das Volk zufriedenstellend erfüllt und vor allem für Ordnung, Stabilität und wachsenden Wohlstand sorgt, ist dieses bereit, ihm zu folgen. Oben kümmert sich um Unten, Unten ist dafür gegenüber Oben loyal, das ist der klassische chinesische Gesellschaftsvertrag, ein Vertrag auf Gegenseitigkeit. Vernachlässigt ein solches Regime auf Dauer seine Fürsorgepflicht für das Volk, handelt es ungerecht, kann es die erwartete Leistung über längere Zeit nicht bringen, verliert es seine moralische Autorität und damit das »Mandat des Himmels«, sprich: sein Recht zu regieren, die Gefolgschaft der Chinesen und es kommt zum Machtwechsel. Der heißt in China bis heute »Wechsel des Mandats« (*Geming*) und ist zugleich das Wort für »Revolution«, also einen weitreichenden Umsturz der Verhältnisse.

Dieser Gesellschaftsvertrag ist einerseits ein enormer struktureller Nachteil gegenüber dem friedlichen Machtwechsel und den regelmäßigen Erneuerungsmöglichkeiten einer auf freien Wahlen basierenden Demokratie. Andererseits stellt er auch eine stetige Mahnung für die Herrschenden dar, die Erwartungen der Bevölkerung nicht aus den Augen zu verlieren, da sie sonst nicht nur wie in Demokratien üblich auf die Oppositionsbank im Parlament zurückgeschickt werden und ihr Regierungsmandat vorübergehend verlieren, sondern wahrscheinlich für immer.

Die KP Chinas hat diese Mahnung zumindest seit der mit Deng Xiaoping begonnenen Reform- und Öffnungspolitik offenkundig ausreichend beherzigt und konnte sich deshalb bis heute die Zustimmung des Volkes bewahren und an der Macht halten. Laut *Democracy Perception Index* 2020 fanden nur gut 10 Prozent der befragten Chinesen, ihre Regierung sorge allein für eine kleine Schicht; in den USA sahen dies mehr als zwei Drittel so. Auch im Westen wollen immer mehr Bürger, »dass man ihnen nicht nur *zu*hört, sondern sie *er*hört«, so der britische Politologe David Runciman. Die Zunahme von Identitätspolitik in liberalen Demokratien sei »ein Indiz dafür, dass das Wahlrecht allein nicht mehr genügt«. Die Wähler wollten »Respekt plus Resultate«.

Die Konzepte von Demokratie, Menschenrechten und Gleichheit vor dem Gesetz sind auch den Chinesen keineswegs fremd. Schon zu Zeiten der Aufklärung wurden sie dort mit denselben Argumenten diskutiert wie im Westen. Während der Westen seit Platon stark von Institutionen, also der Form politischer und wirtschaftlicher Strukturen und den Prozessen innerhalb dieser Strukturen her denkt, steht für die durch und durch praktisch denkenden Chinesen allerdings immer das konkrete Ergebnis im Vordergrund; Formen, Strukturen und Prozesse sind für sie zweitrangig: *Form follows function*. Hauptsache, die Form erfüllt ihre Funktion und produziert das erwartete Resultat. Das ist Legitimation genug. Ein politisches System hat die Funktion, das bestmögliche Ergebnis für das Wohlergehen eines Volkes zu erbringen. Das muss für Chinesen kein autoritäres, sondern kann durchaus auch ein System mit freien und allgemeinen Wahlen sein, eine Regierung nicht nur *für,* sondern auch *durch* das Volk, wie das Beispiel Taiwans zeigt.

Auf dem chinesischen Festland leben jedoch 70-mal mehr

Menschen, die im Durchschnitt nach wie vor weit weniger wohlhabend sind, daher (noch) mehr Wert auf die Erfüllung materieller Bedürfnisse sowie wegen der ungleich größeren Komplexität ihres Gemeinwesens auf stabile Verhältnisse legen, kurz: sich in einer ganz anderen Lage befinden. »Die Mehrheit der Chinesen scheint mit einer Politik, die Ordnung und Stabilität über Freiheit und politische Partizipation stellt, einverstanden zu sein«, so Wang Gungwu, der wohl bedeutendste lebende chinesische Historiker aus Singapur. »Sie glauben, dass ihr Land dies im gegenwärtigen Stadium braucht, und sind darüber verärgert, immer wieder als politisch unfrei und zurückgeblieben kritisiert zu werden.«

Westliche Kritiker sollten endlich zur Kenntnis nehmen, dass die Bürger der Volksrepublik mit großer Mehrheit die Fortschritte honorieren, die ihnen das gegenwärtige Regierungssystem bis dato gebracht hat. Und das nicht nur wegen des Zuwachses an materiellem Wohlstand, sondern auch wegen der höheren Lebenserwartung, geringeren Kindersterblichkeit, besseren Gesundheitsversorgung und Schulbildung sowie nicht zuletzt mehr persönlichen Freiheiten jenseits der Politik als je zuvor in der chinesischen Geschichte. Dazu zählen etwa die Freiheit, den Wohnsitz und Arbeitsplatz wählen, den Ehepartner aussuchen, ins Ausland reisen, dort studieren zu können und manch anderes mehr.

Freiheit als solche gibt es für die konkret und situativ denkenden Chinesen ohnedies nicht, nur verschiedene Freiheiten. Und die werden nicht von allen Menschen zu jeder Zeit gleich hoch eingestuft. Während der eine es zum Beispiel mehr schätzt, die Regierung offen kritisieren zu dürfen, wertet der andere ein Leben ohne materielle Sorgen höher. Welche Freiheit dem Menschen wichtiger ist, hängt nicht zuletzt von der jeweiligen Situation ab, in der er sich befindet.

Die Bürger der Volksrepublik verstehen unter Demokratie denn auch etwas anderes als wir im Westen. In der bisher letzten

Befragung im Rahmen des *Asian Barometer Survey* durch die taiwanesische *Academia Sinica* aus dem Jahr 2008 verbanden nur 4 Prozent von ihnen mit Demokratie vor allem die Freiheit, die Regierung zu kritisieren; nur 15 Prozent, die Wahl zwischen zwei oder mehr Parteien zu haben, nur 30 Prozent, ihre Abgeordneten wählen zu können. 68 Prozent dagegen verlangten von einer Demokratie vor allem, dass die regierende Partei die Meinungen und Anregungen der einfachen Bürger ernst nimmt und diese nicht vergisst. In diesem Sinne stuften nicht einmal 2 Prozent der Chinesen ihr Land als »undemokratisch« ein. 27 Prozent waren der Meinung, es sei eine »vollständige Demokratie«, 50 Prozent eine »Demokratie mit kleineren Problemen« und 21 Prozent eine »Demokratie mit größeren Problemen«. Kurz: Die Mehrheit der Chinesen hat mit ihrem autoritären Regierungssystem – bisher zumindest – kein Problem; es passt zu der uralten konfuzianischen Kultur, der Denkweise und paternalistischen Tradition des Landes. Und es hat sich für den (Wieder-)Aufstieg des Landes bisher als geeignet erwiesen.

In der Welt der digitalen Überwachungsmöglichkeiten und Künstlichen Intelligenz von morgen könnte dies sogar noch mehr der Fall sein als heute. Zum einen sinken durch die neuen Technologien die Kontrollkosten und es wird leichter, die Wünsche und Erwartungen der Bürger zielgenau und zeitnah festzustellen. Vor allem aber kann ein technokratisch-autoritär regiertes Land wie China, das zugleich marktwirtschaftlichen Wettbewerb zulässt, die digitalen Technologien auch im globalen wirtschaftlichen Wettbewerb besser für sich nutzen. Denn über die Qualität von Produkten und Dienstleistungen entscheiden künftig immer mehr die Quantität und Qualität von Daten. Wer sich hier einen Vorsprung verschafft, kann daraus die besseren Algorithmen gewinnen und so überlegene Produkte herstellen. Ein autoritäres System vermag Daten jedenfalls tendenziell in größerer Zahl, schneller und konsequenter zu sammeln und in Zukunftsbranchen bzw. ausgewählte Unternehmen zu lenken als eine liberale parlamentarische Demokratie und so sogenannte *First Mover* hervorzubringen. Dies ist in der digitalen Wirtschaft von entscheidender Bedeutung. Denn über deren Netzwerkeffekte können *First Mover* rasch exponentiell in Größenordnungen hineinwachsen, die Nachahmern den Markteintritt entweder völlig unmöglich machen oder verhindern, dass sie zu einem ernsthaften Wettbewerber werden. Apple, Google, Amazon, Facebook sind prominente Beispiele für diese Entwicklung. Echte Konkurrenz für sie gibt es heute in der Welt nur noch in und aus China. Und dies nur wegen dessen riesigen Binnenmarkt und weil seine Regierung es den einheimischen Unternehmen ermöglicht hat, hinter geschlossenen Marktschranken die kritische Größenordnung zu erreichen.

Chinas ökonomischer Erfolg und seine politische Stabilität bei gleichzeitigem Niedergang der USA beunruhigen nicht zuletzt deshalb so viele Menschen im Westen, weil sie das Vertrauen darauf erschüttern, dass ein liberales demokratisches Regierungsmodell in Verbindung mit freier Marktwirtschaft und offenen Märkten immer und überall die beste wirtschaftliche und gesellschaftliche Entwicklung garantiert.

Zusatz-Schub durch Corona

Immer deutlicher zeichnet sich überdies auch ab, dass durch die Coronakrise die Karten in der Welt noch einmal neu gemischt werden und Amerika und der Westen dabei schlechter wegkommen als China. Als im Februar 2020 das Virus in China grassierte und Amerika sich noch in Sicherheit wähnte, konnten US-Handelsminister Wilbur Ross und sein Kollege Lawrence Kudlow, Trumps oberster Wirtschaftsberater, ihre Schadenfreude kaum verbergen. Beide äußerten im Fernsehen die Erwartung, dass die Seuche den Aufstieg Chinas bremsen und den noch bestehenden Vorsprung der USA festigen werde. Doch es kam genau andersherum. Zwar legte Corona in China zunächst die autoritären Systemen eigene Tendenz bloß, schlechte Nachrichten möglichst nicht nach oben weiterzugeben, und so sofortiges Gegensteuern verhindert. Nach Ausbruch der Seuche in Wuhan vergingen etwa zwei Wochen, bis die Führung des Landes dem Virus endlich den Kampf ansagte. Dann jedoch kam eine andere Eigenschaft autoritärer Systeme zum Tragen. Das Regime isolierte den Brennpunkt Wuhan und die umliegende Provinz Hubei vom Rest des Landes und mobilisierte das gesamte Volk sowie all seine Ressourcen, zivile wie miltärische, zur Bekämpfung der Epidemie. Von überallher wurden Ärzte, Hilfspersonal und medizinisches Gerät herangeschafft, in kürzester Zeit die Produktion von Schutzmasken vervielfacht und riesige Behelfskrankenhäuser aus dem Boden gestampft. Modernste Überwachungstechnologien und traditionelle Nachbarschaftskomittees sorgten landesweit für die strikte Einhaltung der verordneten Quarantäne und Ausgangssperre. Pro Haushalt durfte nur jeweils eine Person alle zwei Tage zum Einkaufen Haus oder Wohnung verlassen. Die WHO bezeichnete die zweieinhalb Monate andauernde Abriegelung der Elf-Millionen-Stadt Wuhan und der umliegenden Provinz Hubei mit zusammen rund 50 Millionen Einwohnern als »vielleicht die ambitionierteste, agilste und aggressivste Seuchenbekämpfung der Geschichte«.

Pekings rigoroses Eingreifen sorgte zusammen mit der praktischen Vernunft der Chinesen dafür, dass die Seuche relativ rasch wieder unter Kontrolle war und die Wirtschaft weniger Schaden nahm als in den Ländern des Westens. Im Verlaufe der Pandemie zeigte sich dort immer deutlicher, dass in Selbstsucht ausgeartete Freiheit und eine Anspruchsmentalität der sofortigen Bedürfnisbefriedigung die solidarische Anstrengung, die in solchen Krisen unabdingbar ist, zumindest arg erschweren, wenn nicht ganz verhindern. Die Bekämpfung von Corona im Westen erinnerte streckenweise fatal an die Geschichte vom Suppen-Kaspar aus dem »Struwwelpeter« von Heinrich Hoffmann.

Die Folge waren nicht nur deutlich mehr Kranke und Tote, sondern auch erheblich größere wirtschaftliche Einbußen. Als einzige große Volkswirtschaft konnte China für das Jahr 2020 ein Wachstum aufweisen. Das Plus betrug 2,3 Prozent. Die Wirtschaft der USA dagegen schrumpfte um 3,6 Prozent. Weltbank und Währungsfonds gehen davon aus, dass Chinas Sozialprodukt 2021 um 8 Prozent zunehmen und allein rund die Hälfte des weltweiten Wirtschaftswachstums ausmachen wird. Für Amerika prognostiziert der Währungsfonds trotz des im Vorjahr stark gesunkenen Niveaus nur ein Plus von gut 4 Prozentpunkten. Danach wäre die chinesische Wirtschaft Ende 2021 circa 10 Prozent größer als vor der Pandemie, während die USA in etwa wieder das alte Niveau erreicht hätten. Für Europa wird es wohl noch schlechter aussehen.

Wirtschaft hat viel mit Psychologie zu tun. Optimismus und Pessimismus werden oft zu selbsterfüllenden Prophezeiungen. Die wirtschaftlich schlimmste Folge der Corona-Pandemie im Westen ist deshalb womöglich der damit verbundene Schock im Hinblick auf das Vertrauen in die Zukunft. Schon aufgrund ihrer Lebensphilosophie verlieren Chinesen dagegen nicht so leicht die Zuversicht. Sie sind es gewohnt, schwierige Zeiten durchzustehen, »Bitteres essen«, wie sie selbst es nennen. Wer das Leben in den Kategorien Yin und Yang sieht, für den sind Glück und Unglück ineinander enthalten wie zwei Seiten einer Medaille und wechseln sich gegenseitig ab. Während das schon durch die Finanzkrise 2008 arg ramponierte Vertrauen in Amerika durch die Coronakrise und die Turbulenzen um den Wechsel im Weißen Haus sowohl im Inland wie im Ausland weiter erschüttert wurde, erfreut sich die Führung in Peking weiter eines großen Vertrauens der Bevölkerung. Für ausländische Investoren ist der Standort noch attraktiver geworden. Und die Chinesen gehen noch zuversichtlicher ans Werk, wohingegen sich in den USA der Pessimismus eingenistet hat. Laut IWF wird Chinas Anteil am Wachstum der Weltwirtschaft bis 2024 auf etwa 30 Prozent steigen und der Anteil der USA auf etwa 10 Prozent sinken. Das Londoner *Centre for Economics and Business Research* (CEBR) zog bereits den Termin, an dem China auch in aktuellen Wechselkursen ausgedrückt die größte Volkswirtschaft der Welt sein wird, um fünf Jahre auf 2028 vor. Nach Kaufkraft gemessen, soll die chinesische Wirtschaft bereits 2030 doppelt so groß sein wie die der USA, größer als diese und Europa zusammen.

Nicht nur die Seuche selbst, auch ihre wirtschaftlichen Folgen hat die Regierung in Peking entschlossener, gezielter und effektiver bekämpft als Amerika und andere Länder des Westens. Aus dem rapiden Schuldenaufbau nach der Finanzkrise 2008 hat sie offenkundig Lehren gezogen und in der Coronakrise nicht erneut zur Gießkanne gegriffen, sondern die staatliche Hilfe besser dosiert und zielgenauer eingesetzt. »Wir sorgen für genügend Wasser, damit die Fische überleben können«, beschrieb Chinas Premier Li Keqiang die Herangehensweise seiner Regierung. »Aber wenn wir zu viel Wasser geben, entstehen Blasen.«

Zwar stieg das Haushaltsdefizit der chinesischen Zentralregierung 2020 von 2,75 auf 3,6 Prozent des BIP an. Und laut dem *International Institute of Finance* (*IIF*) nahm die Gesamtverschuldung des Landes von 318 auf 365 Prozent des BIP zu. Aber im Vergleich zu den Stimulierungsmaßnahmen nach der Finanzkrise 2008 hielt sich Peking diesmal eher zurück. »Wir werden keine Defizitmonetarisierung betreiben und negative Zinsen einführen«, so Chinas oberster Finanzaufseher Guo Shuqing. Die Folge der relativen Finanzdisziplin: ein kräftiger Zufluss ausländischen Geldes. 2020 investierten ausländische Anleger über 150 Milliarden Dollar in chinesische Aktien und Anleihen. Die ausländischen Direktinvestitionen in China übertrafen 2020 erstmals die in den USA. Während sie dort gegenüber dem Vorjahr um 49 Prozent auf 134 Milliarden Dollar absackten, stiegen sie in China um 8 Prozent auf 163 Milliarden Dollar. Vergleichsweise sichere chinesische Staatsanleihen bringen an die 3 Prozent Zinsen, für *US Treasuries* gibt es dagegen weniger als 1 Prozent. Noch dazu verliert der Dollar an Wert.

Zusätzlichen finanziellen Spielraum verschaffte Peking den Unternehmen anders als andere Regierungen auch weniger über Geldspritzen als über Kostensenkungen wie niedrigere Steuern, Sozialversicherungsbeiträge, Strompreise, Mieten und Zinsen. Zwei Drittel des Stützungsprogramms entfielen auf solche Maßnahmen. Mit dem restlichen Drittel wurde lokal und gezielt über Einkaufsgutscheine der private Konsum angekurbelt, vor allem aber in die Effizienzsteigerung der Wirtschaft, den Strukturwandel und neues qualitatives Wachstum investiert: in Zukunftstechnologien und die digitale Infrastruktur des Landes wie 5G, KI, Internet der Dinge, Ladestruktur für E-Fahrzeuge, große Datenzentren, die Modernisierung des Stromnetzes usw. Während die USA in der Coronakrise vor allem die Nachfrage ankurbelten, stimulierte China in erster Linie das Angebot. Jede Woche entstehen in dem Land derzeit zum Beispiel rund 10.000 neue Basisstationen für 5G. Zwischen Schanghai und Hangzhou sowie Kanton und Shenzhen soll künftig eine 600 Stundenkilometer schnelle Magnetschwebebahn pendeln und die beiden Kraftzentren der chinesischen Wirtschaft, das Jangtse- und das Perlflussdelta, noch besser miteinander verbinden.

Chinas Staatspräsident Xi Jinping feiert den erfolgreichen Kampf seines Landes gegen Corona bereits als »großen strategischen Erfolg«, der »die eindeutige Überlegenheit« des chinesischen Systems »voll unter Beweis gestellt« habe. Der an der Columbia University lehrende britische Historiker Adam Tooze konstatiert dagegen eine »Krise der Regierungsfähigkeit im Westen«. Und die renommierte amerikanische Fachzeitschrift »Foreign Affairs«, wahrlich kein chinesisches Propagandaorgan, gelangte zu dem Urteil: »Pandemien haben in der Vergangenheit Chinas Schwächen bloßgelegt. Die jetzige unterstreicht seine Stärken.« Die Krise habe China relativ zu Amerika gesehen »größere Statur verliehen«, glaubt auch Kishore Mahbubani. Es werde »in der Welt jetzt als das kompetentere Land wahrgenommen«.

Eurasien und die Initiative »Neue Seidenstraße«

Peking hat die Coronakrise dazu genutzt, seine Partner bei der Initiative »Neue Seidenstraße« noch enger an sich zu binden. Mit großzügiger Unterstützung wie zum Beispiel einem teilweisen Schuldenerlass, massiven Hilfslieferungen medizinischer Ausrüstung oder der Entsendung von Fachkräften trat es der Behauptung Amerikas entgegen, bei dem Vorhaben handele es sich um ein Instrument der »Raubtierwirtschaft«, »Schuldenbuchdiplomatie« und »neokolonialer Knechtschaft«.

Die Initiative, die auf Chinesisch *Yidai Yilu,* »ein Gürtel, eine Straße« heißt, ist der augenfälligste Beweis der geopolitischen West-Ost-Verschiebung vom Nordatlantik zurück nach Eurasien. Eine Route über Land soll China enger mit Zentralasien, dem Mittleren und Nahen Osten sowie Ost-, Mittel- und Westeuropa verbinden. Ergänzt wird das Vorhaben durch eine maritime Seidenstraße über Südost- und Südasien sowie den Nahen Osten nach Afrika und durch den Suezkanal nach Südeuropa. Gemeinsam mit Russland plant China zudem eine feste Passage für den Schiffsverkehr zwischen Asien und Europa durch die Arktis (*siehe Karte am Ende des Buches*).

In den kommenden zwei Jahrzehnten sollen im Rahmen der Initiative Billionen US-Dollar in Infrastrukturinvestitionen und die beschleunigte wirtschaftliche Entwicklung der Länder entlang dieser neuen Seidenstraßen fließen: in Häfen, Fernstraßen, Eisenbahnlinien, Öl- und Gaspipelines, Kraftwerke, Telekommunikationsnetze, Industrieparks usw. China allein will dazu umgerechnet mehr als 1 Billion US-Dollar beisteuern. Nach Berechnungen der *Oxford Business Group* wurden im Rahmen der Initiative bisher bereits Projekte im Wert von fast 4 Billionen

Dollar realisiert bzw. angeschoben. Inzwischen machen rund drei Viertel aller Länder der Erde mit fast zwei Dritteln der Weltbevölkerung und rund einem Drittel des Weltsozialprodukts bei der Initiative mit. Damit ist sie die weltweit größte Kooperationsplattform und das mit Abstand ehrgeizigste Entwicklungsvorhaben der Menschheitsgeschichte. Der amerikanische Strategieberater und Buchautor Parag Khanna hat sie auch als das »bedeutendste diplomatische Projekt des 21. Jahrhunderts« bezeichnet: »Gründung der UNO, Weltbank plus Marshallplan, alles in einem.« Damit sei ein »Prozess in Gang gesetzt« worden, »der Asien zu einem Ganzen kristallisiert, das größer ist als die Summe seiner Teile«.

Zugleich bildet die Initiative auch den Kern der chinesischen Außenpolitik und dient der Führung in Peking als wichtigstes geopolitisches Instrument zur Erfüllung ihrer Mission, ein Reich der Mitte 2.0 zu schaffen. Endziel der Initiative, so Wang Yiwei, Politikprofessor an der Renmin-Universität in Peking und einer ihrer geistigen Urheber, sei die »Formierung eines großen asiatisch-europäischen Marktes, der das Gravitationszentrum der Welt wieder weg von den USA und zurück nach Eurasien holt«. Neben diesem Hauptziel verfolgt Peking mit der »Neuen Seidenstraße« auch eine ganze Reihe von Nebenzielen:

- neue Märkte für eigene Produkte zu schaffen,
- Überkapazitäten in der Wirtschaft, besonders im Stahl- und Bausektor, abzubauen bzw. zu beseitigen,
- die Entwicklung der gegenüber den Küstenregionen noch zurückgebliebenen Inlandsprovinzen im Westen des Landes wie Xinjiang, Gansu, Qinghai und Tibet zu fördern,
- eigene technologische Standards, etwa in der Telekombranche oder im Schnellbahnbau, zu verbreiten,
- einen größeren Teil der insgesamt über 3 Billionen Dollar Devisenreserven statt in niedrig verzinsten US-Staatsanleihen nutzbringender zu verwenden und
- mithilfe von Investitionskrediten, *Swap*-Abkommen usw. die

internationale Bedeutung der Landeswährung Yuan Renminbi zu stärken.

Die Idee, China mit Russland und ganz Eurasien über eine gemeinsame Infrastruktur zu verbinden und zu einem gemeinsamen Markt zu entwickeln, hatte schon Sun Yatsen, der Gründer der ersten chinesischen Republik Anfang des Jahrhunderts. Praktisch in Angriff genommen wurde sie jedoch erst Anfang des vergangenen Jahrzehnts als Antwort auf Barack Obamas sogenannten »Schwenk nach Asien«, mit dem Washington 2011 seine Politik zur Eindämmung des aufstrebenden Chinas eingeleitet hat.

In diesem Zusammenhang ist auch Pekings umstrittenes Vorgehen in der westchinesischen Provinz Xinjiang und im Südchinesischen Meer zu sehen. Mit der maritimen Seidenstraße und dem rapiden Aufbau einer modernen Seestreitmacht will China als größter Energie-, Rohstoff- und Nahrungsmittelimporteur der Welt in erster Linie die lebenswichtigen Öl- und Gasversorgungsrouten zum Nahen Osten, den Rohstoffnachschub aus Afrika und den Warenaustausch mit Südostasien gegenüber möglichen Blockaden schützen. Dabei spielt die Kontrolle über das Südchinesische Meer eine wesentliche Rolle. China erhebt seit jeher Anspruch auf den größten Teil dieses Seegebiets. In den späten 70er- und frühen 80er-Jahren hatten andere Anrainerstaaten wie Malaysia, die Philippinen und Vietnam die damalige Schwäche ihres großen Nachbarn infolge der Kulturrevolution ausgenutzt und sich Dutzende Inseln gesichert. Peking wurde erst viel später aktiv, ließ mit großem Aufwand sieben Sandbänke und Riffe zu kleinen Inseln aufschütten und darauf teilweise Militärstützpunkte einrichten.

Obwohl die USA, anders als 167 Länder dieser Welt inklusive China, die UN-Seerechtskonvention bis heute nicht unterzeichnet haben, spielen sie sich mit Marinepatrouillen im Südchinesischen Meer als Garant für die Freiheit des internationalen

Schiffsverkehrs gegen mögliche Einschränkungen durch Peking auf. Dabei ist in der Region niemand stärker an einem ungehinderten Transport von Gütern und Rohstoffen interessiert als China. Das Land muss 70 Prozent seines Erdölbedarfs importieren. 40 Prozent davon kommen heute vom Persischen Golf auf dem Seeweg über den Indischen Ozean, die Straße von Malakka und das Südchinesische Meer. Washington dagegen hat ein offenkundiges Interesse nicht nur daran, diese Versorgungswege im Konfliktfall abschneiden zu können; es will China auch daran hindern, die strategische Versorgungssicherheit des Landes zu erhöhen, indem es einen stattlichen Anteil an dem Fischfangreichtum des Gebiets sowie dessen Öl- und Gasvorkommen für sich reserviert. Experten schätzen die Erdölreserven in dem Gebiet auf 11 Milliarden Barrel, die Erdgasreserven auf 5 Milliarden Kubikmeter.

Und noch ein weiterer Aspekt der nationalen Sicherheit erklärt Pekings militärische Präsenz im Südchinesischen Meer: Für eine glaubwürdige Zweitschlagskapazität gegen einen möglichen atomaren Angriff ist China bis auf Weiteres auf das festlandnahe und zugleich tiefe Gewässer angewiesen. Denn die strategischen U-Boote seiner Marine sind bisher noch zu laut und auf Tauchfahrt in den Weltmeeren zu leicht zu entdecken und gegebenenfalls zu zerstören. Die ständigen Patrouillenfahrten der US Navy und Aufklärungsflüge der Air Force in der Region dienen daher nicht zuletzt dazu, die Positionen der dort getauchten chinesischen U-Boote und deren Kommunikation mit der Kommandozentrale auszuspähen.

Die terrestrische Seidenstraße soll China von den besonders verletzlichen Handels- und Versorgungsrouten über das Meer unabhängiger und so das Land strategisch weniger verwundbar machen. Dabei spielt die westliche Provinz Xinjiang eine zentrale Rolle. Dort beginnt sowohl der nördliche Arm der Route nach Europa durch Kasachstan und Russland als auch der südliche durch den Iran. Hinzu kommt der Landkorridor durch Pakistan zum Hafen von Gwadar am Indischen Ozean, mit dem China das Nadelöhr der Straße von Malakka zu umgehen sucht, das sich im Konfliktfall leicht blockieren lässt. Einen weiteren Hafen mit diesem Ziel und einer Ölpipeline nach Kunming in der Provinz Sichuan bauen die Chinesen auch im burmesischen Kyaukpyu. Mit der brutalen Internierung und Umerziehung Hunderttausender Angehöriger des in Xinjiang beheimateten Volksstamms der Uiguren will Peking sowohl islamistischen Terrorismus und Separatismus bekämpfen als auch seine wichtigste geostrategische Initiative und die strategische Versorgungssicherheit des Landes abschirmen.

Wichtigster Verbündeter Chinas bei der Initiative »Neue Seidenstraße« ist das benachbarte Russland, das eine durchgehende Landbrücke nach Europa und zudem reichlich Energiereserven zu bieten hat. Peking und Moskau pflegen heute so gute Beziehungen miteinander wie noch nie in ihrer Geschichte. Die Staatschefs beider Länder, Xi Jinping und Wladimir Putin, haben sich seit Beginn der Initiative 2013 über 30 Mal getroffen. Xi bezeichnet Putin als seinen »besten Freund«, ja »Busenfreund«, Putin umgekehrt Xi als »guten und verlässlichen Freund«. China ist Russlands wichtigster Handelspartner. Sein Anteil am Außenhandel des Nachbarn im Nordwesten hat seit 2013 von 10,5 auf 17,6 Prozent zugenommen. Das Volumen des Warenaustauschs zwischen beiden Ländern verdoppelte sich in den vergangenen zehn Jahren auf über 100 Milliarden Dollar. Schon bis 2024 soll es sich erneut verdoppeln. In den vergangenen Jahren haben sich Zehntausende chinesische Geschäftsleute in Russland niedergelassen. Vor allem als Öl- und Gas-, aber auch Gold-, Holz- und Milchlieferant wird das Land immer wichtiger für Peking. Beide Volkswirtschaften sind hochgradig komplementär zueinander. »Wir werden Chinas Vorzüge bei Industrie, Kapital und Markt mit Russlands Stärken bei natürlichen Ressourcen, Technologie und Talenten verbinden«, so Regierungschef Li Keqiang im September 2019 anlässlich seines Besuchs beim Wirtschaftsforum in St. Petersburg.

Russland ist laut der Datenbank von Refinitiv auch das Land mit den meisten Seidenstraßenprojekten bisher. Moskau und Peking kooperieren besonders bei der wirtschaftlichen Erschließung der Arktis und der Entwicklung Sibiriens. Sie lassen Fernstraßen- und Eisenbahnverbindungen bauen und weiten grenzübergreifend das Netz von Öl- und Gasröhren aus. Die schon in den vergangenen Jahren für 400 Milliarden Dollar realisierte Erdgasleitung von Südostsibirien nach Nordostchina soll durch eine weitere aus der Jamal-Region in Nordwestsibirien ergänzt werden. Russland verfolgt dabei unter anderem das Ziel, Gazproms Abhängigkeit von Europa und möglichen politischen Verwerfungen, wie sie sich bei Nordstream II zeigen, vorzubeugen. Außerdem wollen beide Länder das Abschmelzen der Eisdecke infolge des Klimawandels für eine ganzjährige Schiffspassage von Fernost durch das Nordmeer nach Europa nutzen. Der Frachtweg vom chinesischen Dalian nach Rotterdam würde dadurch um 5000 nautische Meilen und zehn Tage kürzer. Längerfristig will Russland die Eurasische Wirtschaftsunion – eine Zollunion mit Weißrussland und Armenien sowie Kasachstan und Kirgistan – mit der Seidenstraßeninitative verschmelzen.

Die Partnerschaft zwischen Peking und Moskau ist mehr als nur eine ökonomische. Bei Xis Staatsbesuch im Juni 2019 in Russland vereinbarten beide Staaten eine »umfassende strategische Partnerschaft der Koordination für eine neue Ära«. Im UN-Sicherheitsrat stimmen sie meist einheitlich ab. Beide Länder vereint der Wille, Washingtons Eindämmungspolitik gegen sie auszuhebeln, die Vorherrschaft der USA in der Welt zu brechen und Eurasien als Gegengewicht zum Atlantizismus zu stärken. Russlands »unverrückbare Priorität«, so Außenminister Sergej Lawrow 2019 in einer Rede vor der UNO, sei es, eine »*Greater Eurasian Economic Union* zu bilden«, und er zählte dann auf, was er damit meint: die *Shanghai Cooperation Organisation (SCO)*, die *Association of Southeast Asian Nations (ASEAN)* »und alle anderen Länder des eurasischen Kontinents inklusive der EU-Staaten«. Hatte sein Chef Wladimir Putin zuvor nur von einem Europa vom Atlantik bis Wladiwostok gesprochen, spannte Lawrow den Bogen noch weiter und sprach von einem Eurasien »von Lissabon bis Jakarta«.

Besonders deutlich wird die strategische Dimension der chinesisch-russischen Partnerschaft an dem gemeinsamen Bemühen, den Dollar als Leitwährung abzulösen. Beide Länder haben sich verpflichtet, im bilateralen Handelsverkehr zunehmend die eigenen Landeswährungen zu nutzen. Russland und China arbeiten auch in der Rüstung und militärisch immer enger zusammen, halten gemeinsam Manöver der Landstreitkräfte, Marineübungen und Luftpatrouillen ab.

Eine ähnlich enge Zusammenarbeit strebt Peking mit Teheran an. Beide haben bereits einen langfristigen Vertrag über eine »strategische Partnerschaft« ausgearbeitet. Er sieht vor, dass China in den kommenden 25 Jahren umgerechnet rund 400 Milliarden Dollar in die Modernisierung der iranischen Wirtschaft, insbesondere die Ölförderung und -verarbeitung, in Häfen, die Verkehrs- und Telekommunikationsinfrastruktur und den Finanzsektor investiert und dafür deutliche Preisnachlässe für aus dem Land importiertes Öl erhält. Neben der wirtschaftlichen ist zudem eine enge politische und militärische Kooperation mit dem Iran geplant, in die auch Moskau einbezogen werden soll.

Eurasien sei das »Schachbrett, auf dem der Kampf um die globale Vorherrschaft auch in Zukunft ausgetragen werden wird«, so der strategische Denker Zbigniew Brzeziński schon vor mehr als zwei Jahrzehnten weitsichtig. Dabei sei es »für Amerikas Fähigkeit, die globale Vorherrschaft auszuüben, von entscheidender Bedeutung, das Heranwachsen einer dominanten eurasischen Gegenmacht zu verhindern«. In Gestalt der Volksrepublik China und ihrer Seidenstraßeninitiative mit Russland und dem Iran als zentralen Koalitionspartnern entwickelt sich diese Gegenmacht heute. Ergänzt durch die beiden Rohstoff-Riesen Russland und Iran, hat China gute Voraussetzungen, seine Erfolgsgeschichte in den kommenden Jahren und Jahrzehnten fortzuschreiben, als erstes großes autoritär regiertes Land der Welt von einem Schwellen- zu einem vollentwickelten Land aufzusteigen und die USA als größte Volkswirtschaft der Welt zu überholen. Rein rechnerisch muss dazu schließlich nur jeder der 1,4 Milliarden Chinesen ein Viertel so viel Wert schaffen wie jeder der 330 Millionen Amerikaner. Eine vorausschauend, pragmatisch und flexibel handelnde Regierung aus Technokraten, die konsequent ein klares Ziel verfolgt und dabei eine zunehmend besser ausgebildete, fortschrittsorientierte und traditionell unternehmerisch denkende Bevölkerung hinter sich weiß, kann dies schaffen. »*China rocks*«, so Tesla-Chef Elon Musk, der als Standort für seine erste E-Auto-Produktionsstätte im Ausland Schanghai wählte und dort 7 Milliarden Dollar investierte. Es gebe in dem Land eine Menge »smarter, hart arbeitender Leute«, die sich »nicht zu bestimmten Ansprüchen berechtigt« fühlten und »selbstgefällig« seien, wie er sie in den USA zunehmend sehe, so Musk.

Während Amerika rund um den Globus immer mehr an Ansehen verliert, gewinnt China in weiten Teilen der Welt zunehmend an Attraktivität, vor allem in den Entwicklungs- und Schwellenländern Asiens, Afrikas und Lateinamerikas, den Wachstumsregionen der Welt von morgen. Aber nicht nur dort ist Amerika nicht mehr das leuchtende Vorbild von einst. In einer Umfrage von *Kantar Public* im Auftrag der Körber-Stiftung vom Mai 2020 fanden mit 36 Prozent nahezu gleich viele Deutsche die Beziehungen zu China ebenso wichtig wie die zu den USA (37 Prozent). Bei den jüngeren Deutschen im Alter zwischen 18 und 34 Jahren richteten sich die Erwartungen sogar bereits deutlich stärker nach Osten. 46 Prozent dieser Altersgruppe halten die Beziehungen zu China für wichtiger als die zu den USA. Nur 35 Prozent sehen dies andersherum. Junge Menschen hatten schon immer vor allem die Zukunft im Blick.

Die Welt erlebt gerade den Untergang einer Epoche. Das amerikanische Imperium und die von ihm beherrschte unipolare

Ordnung der zurückliegenden drei Jahrzehnte neigen sich ihrem Ende zu. Und mit ihm die Epoche der westlichen Vorherrschaft. »Eine Reihe tektonischer Verschiebungen erschüttert die Position der USA in der Welt und im eigenen Land«, resümierte eine Studie des *Atlantic Council* im Frühjahr 2020. »Eine Rückkehr zur glücklichen Zeit der 90er-Jahre, als die USA überall auf dem Höhepunkt ihrer Macht waren, wird für keinen künftigen Präsidenten eine Option sein.«

Die Eindämmungspolitik der USA gegen China und die Folgen für die Welt

Amerika will sich jedoch noch nicht geschlagen geben. Dass ein anderes Land, noch dazu aus einem nicht-westlichen Kulturkreis, »Gottes eigenem Land« den ersten Platz in der Welt streitig macht, empfinden Amerikas Eliten wenn nicht als Sakrileg, zumindest als zivilisatorische Kränkung. Amerika habe es zum ersten Mal mit einem Konkurrenten zu tun, »der nicht kaukasisch« sei, so die damalige Leiterin des politischen Planungsstabs im State Department, Kiron Skinner, im April 2019. Geradezu empört weigert sich Washington, die Realität einer multipolaren Welt anzuerkennen und seine Macht mit dem aufstrebenden China (und anderen Staaten) zu teilen, also Demokratie auf zwischenstaatlicher Ebene zuzulassen. China müsse auf »den ihm gebührenden Platz in der Welt verwiesen werden«, so US-Außenminister Mike Pompeo im Herbst 2019 in der ihm eigenen Mischung aus Geschichtsblindheit und Arroganz.

Washington habe sich mit der Idee, dass eine Welt mit mehreren Staaten vergleichbarer Stärke »ihre Ordnung auf ein Konzept des Gleichgewichts gründen« müsse, noch »nie wohlgefühlt«, so Henry Kissinger. Im Falle von China kommt offenbar auch das Gefühl hinzu, »verschmäht worden zu sein«, so der Außenpolitiker und ehemalige Weltbank-Präsident Bob Zoellick, weil das Land sich nicht wie erwartet amerikanisiert hat. Dies erkläre die »hochgradige Feindseligkeit« gegenüber Peking.

Um ihre Hegemonialposition zu verteidigen, setzen die USA nicht in erster Linie darauf, ihre verloren gegangene Wettbewerbsfähigkeit wiederzugewinnen. Vielmehr wollen sie mit allen Mitteln und an allen Fronten Chinas Fortschritt verhindern oder zumindest bremsen. Dafür sind sie offenbar sogar bereit, die internationale Ordnung zu ignorieren, die sie selbst einst geschaffen haben. Jahrelang hätten sich die USA und China bereits »gegenseitig unter dem Tisch getreten«, so der Politik-Professor Minxin Pei vom Claremont McKenna College, »jetzt erfolgt das Treten ganz offen«. Schon mit dem »Schwenk nach Asien« unter Präsident Barack Obama war die Eindämmungsstrategie wieder zu Ehren gekommen, die George Kennan 1947 gegen die Sowjetunion empfohlen hatte. Seit der Verkündung der neuen nationalen Sicherheitsstrategie von 2017 gilt China auch offiziell als »langfristiger strategischer Rivale«, dessen weiterer Aufstieg möglichst verhindert werden müsse. Vor allem wirtschaftlich. Das Land soll, so Amerikas Plan, in der sogenannten »*middle income trap*«, also auf dem Niveau eines Schwellenlandes, stecken bleiben. Aus dem Verfechter von Globalisierung und internationalem Wettbewerb ist in Bezug auf China ein Anhänger des Protektionismus und der Entkoppelung geworden.

Wachsender Protektionismus und Entglobalisierung

»Das Wirtschaftssystem, das westliche Politiker am Ende des Kalten Krieges entwickelt haben«, so der republikanische Senator und mögliche künftige Präsidentschaftskandidat Joshua Hawley über den neuen Kurs der amerikanischen Politik, »dient unseren Zwecken in dieser neuen Ära nicht.« Es müsse daher aufgegeben werden, um zu vermeiden, dass Amerika »hinter die Imperialisten aus Peking zurückfällt«. Den USA gehe es darum, so der Ökonom Kenneth Rogoff, ein System zu schaffen, »das die amerikanische Dominanz verlängert«. Daran wird sich auch unter der Präsidentschaft von Joe Biden nichts ändern. »China-Bashing war in den USA noch nie so populär wie heute«, so Stephen Roach von der Yale University. Und Jake Parker vom *US-China Business Council* befürchtet, dass »die positive, konstruktive Beziehung zu China in der Vergangenheit Vergangenheit bleibt«.

Mit seiner Konfrontationspolitik wird Amerika Pekings Aufholprozess jedoch allenfalls verzögern, nicht aber verhindern können. Das Land schneide sich damit ins eigene Fleisch, mache nicht die USA, sondern »China wieder groß«, unkt der New Yorker Star-Ökonom Nouriel Roubini und spielt damit auf Trumps politisches Mantra an. Mit seinem riesigen Binnenmarkt und seinen großen Ex- und Importmärkten in Asien, Afrika und Lateinamerika hat China auch bei einer Entkoppelung von Amerika (und Europa) immer noch ausreichend Wachstumsspielraum. Eine solche Entkoppelung und Entglobalisierung würde aber nicht nur den beiden Rivalen, sondern der ganzen Welt und speziell Deutschland mit seiner starken Abhängigkeit vom Weltmarkt schaden. Eine gespaltene Weltwirtschaft behindert zudem den technischen Fortschritt und macht viele Produkte teurer, weil sowohl Wettbewerber wie auch Skalenvorteile wegfallen. Für die Entwicklungsländer wird es ohne Globalisierung noch schwieriger, ökonomisch aufzuholen und der Armut zu entwachsen.

Der Handelskrieg

Die erste Front in seiner Anti-China-Offensive eröffnete Donald Trump im März 2018 mit einem Tweet, in dem er heftige Zollerhöhungen auf zahlreiche chinesische Importprodukte ankündigte. Trump hat Außenhandel offenbar stets als ein Nullsummenspiel und das große andauernde Handelsbilanzdefizit seines Landes mit China als Beleg für mangelnde Fairness oder gar Betrug betrachtet. Die USA haben jedoch mit über hundert Ländern ein Defizit im Warenhandel. Wie jeder Student der Volkswirtschaft schon im Grundstudium lernt, ist dies schlicht und einfach die Folge davon, dass das Land zu wenig spart, investiert und produziert und zu viel konsumiert, oder anders ausgedrückt: über seine Verhältnisse lebt.

Dass Washington Anfang des Jahrhunderts Chinas Aufnahme in die WTO zugelassen habe, ist für Trump der »größte strategische Fehler« der amerikanischen Außenpolitik überhaupt gewesen. Dabei sank der durchschnittliche gewichtete Zollsatz Chinas auf Importe aus Amerika zwischen 2000 und 2017 von durchschnittlich 23 auf 6 Prozent und die Einfuhren stiegen in der Zeit um über 500 Prozent; bei Agrarprodukten waren es sogar fast 1.000 Prozent. Nach Angaben des *Institute for International Finance* sind die amerikanischen Ausfuhren nach China zwischen 2006 und 2016 dreimal, die Dienstleistungsexporte sogar fünfmal so schnell gewachsen wie die US-Exporte generell. »Unfaire chinesische Handelspraktiken haben die Wachstumsrate der amerikanischen Volkswirtschaft nicht einmal um 0,1 Prozent im Jahr beeinträchtigt«, so der frühere US-Finanzminister Larry Summers.

Für die höheren Zölle auf chinesische Produkte, die Washington seit 2018 verhängte, um Chinas Exporteinnahmen und Wirtschaftskraft zu reduzieren, müssen die Amerikaner mit höheren Preisen und entsprechenden Wohlstandseinbußen zahlen. Sie wirken wie eine Verbrauchssteuer. Nach einer Untersuchung der Federal Reserve Bank von New York blieben bisher nahezu die gesamten Kosten der höheren Zölle an den Konsumenten hängen. Auch das Ziel, mit Einfuhrzöllen verloren gegangene Arbeitsplätze zurückzuholen, wurde verfehlt. Was nicht mehr direkt aus China kommt, importieren die USA nun aus Vietnam oder Kambodscha – mit erheblichen Vorleistungen aus China.

Der amerikanische Handelskrieg fördert so die Integration der asiatischen Volkswirtschaften um das Kernland China herum. Aus »*Made in China*« wird »*Made around China*« wie die »South China Morning Post« schrieb.

Mit ihren Zöllen schadet die US-Regierung aber nicht nur den Verbrauchern. Auch alle einheimischen Unternehmen, die mit Vorprodukten aus China arbeiten, haben unter den höheren Kosten zu leiden. Ebenso wie Unternehmen, die nach China exportieren und deren Produkte durch Pekings Vergeltungszölle teurer geworden und deshalb weniger gefragt sind. Mit höheren Zöllen auf Waren aus China schaden die Vereinigten Staaten vor allem sich selbst, zumal auch eine Reihe der größten Exporteure in amerikanischem Besitz sind. US-Unternehmen hatten in China zuletzt jedes Jahr Gewinne in Höhe eines mittleren zweistelligen Milliardenbetrags erzielt. Der Autobauer General Motors etwa verkaufte dort lange Zeit mehr Fahrzeuge als auf dem heimischen Markt und Boeing mehr Flugzeuge. Das Land steuerte ungefähr 15 Prozent des Umsatzes von Apple, Intel oder Tesla bei.

Washingtons Handelspolitik ist schon deshalb verfehlt, weil China aufgrund seines um ein Vielfaches größeren Marktes und erheblich höheren Wachstumspotenzials amerikanischen Exporteuren mehr Zukunftschancen bietet, als umgekehrt chinesische Exporteure in den USA haben. Washington kann China mit dieser Politik schon jetzt nicht mehr wirklich beikommen. Chinas Außenhandel spielt sich schon heute hauptsächlich innerhalb Asiens ab. Von dort kommen zwei Drittel aller Importe und dorthin geht rund die Hälfte der Exporte. »Lasst den europäischen und amerikanischen Markt doch einfach sausen«, empfahl denn auch Li Dakui, Wirtschaftsprofessor an der Eliteuniversität Tsinghua, den Regierenden in Peking bereits. Der chinesische Markt mit den Märkten der Seidenstraßeninitiative sei genug. »Das ist die neue Ära der Globalisierung.« Der Export hat für China zudem bereits erheblich an gesamtwirtschaftlicher Bedeutung verloren. Inzwischen steuert der Export nicht einmal mehr 20 Prozent zum Bruttoinlandsprodukt bei. Im Jahr 2007 waren es noch 9 Prozent. Der Anteil der Ausfuhren in die USA am BIP beläuft sich auf nur 5 Prozent. Werden davon noch die aus anderen Ländern zugelieferten Vorprodukte abgezogen, beträgt die chinesische Wertschöpfung bei den Exporten nach Amerika nur 3 Prozent des BIP. An die Stelle des stark vom Export und von staatlichen Investitionen getriebenen Wachstums der Vergangenheit tritt immer mehr ein überwiegend vom Binnenmarkt und Konsum getriebenes Wachstum.

Der Inlandkonsum macht bereits heute mehr als die Hälfte von Chinas BIP und mehr als zwei Drittel des Wachstums aus. Und das soll sich noch steigern. Ende November erklärte Liu He, oberster Wirtschaftsberater von Präsident Xi, in einem Namensbeitrag in der »Volkszeitung« es zu einem zentralen Ziel des 14. Fünf-Jahres-Plans bis 2025, den Anteil der Lohnsumme am Wirtschaftswachstum zu steigern, um so die Binnennachfrage weiter zu beflügeln. Das neue chinesische Wirtschaftsmodell einer »dualen Zirkulation« unterscheidet stärker zwischen dem nationalen und dem internationalen Wirtschaftskreislauf. Um von externen Schocks politischer oder wirtschaftlicher Natur unabhängiger zu werden, sollen möglichst alle Schlüsselprodukte und -dienstleistungen künftig in China gefertigt und erbracht werden. Dies bedeutet jedoch keine Abschottung nach außen. Das Land will damit im Gegenteil für Investitionen ausländischer Unternehmen und ausländisches Anlagekapital noch attraktiver werden. Die Aussicht auf noch bessere Geschäfte in einem noch größeren Binnenmarkt soll beide anlocken.

Washington beschleunigt mit seinem Handelskrieg diese Transformation noch und zahlt für seine Handelspolitik gegenüber Peking somit einen hohen Preis, ohne selbst viel zu erreichen.

Die Entkoppelung der Wertschöpfungsketten

Außer mit Zöllen will Washington Chinas Fortschritt auch dadurch hemmen, dass es das Land aus möglichst vielen Wertschöpfungsketten herausdrängt. Produktion, die heute in China stattfindet, soll in ein anderes Land, wenn möglich zurück in die USA, verlagert werden. Schon 2015 hatte Donald Trump dem damals amtierenden Präsidenten Barack Obama empfohlen, »mit der Abkoppelung von China zu beginnen«, da es sonst die USA »zu Fall bringen« werde. Im Wahlkampf um das Weiße Haus ein Jahr später verkündete er dann: »Wir können es nicht weiter hinnehmen, dass China unser Land ausplündert«. Eine von Trump als Präsident eingesetzte Sonderkommission schätzte den Schaden, den China durch den Diebstahl geistigen Eigentums den USA zufügt, für das Jahr 2017 auf eine Summe zwischen 225 und 600 Milliarden Dollar.

Allein die riesige Spanne zeigt schon den hochspekulativen Charakter dieser Zahlen. Überdies beruhen sie auf der Datenbasis von einseitig interessegeleiteten Organisationen wie dem *US-China Business Council*, in dem sich im China-Geschäft tätige amerikanische Unternehmen zusammengeschlossen haben. Besonders dünn sind die Belege für die Behauptung, ein Großteil der genannten Summe gehe auf erzwungenen Technologietransfer in Joint Ventures mit Chinesen zurück. Dass internationale Großunternehmen ihre wertvollsten Geschäftsgeheimnisse und Schlüsseltechnologien für solche Gemeinschaftsunternehmen preisgeben, ist unplausibel. Und selbst wenn, wäre dies nicht allein dem Druck ihrer chinesischen Partner, sondern ebenso der eigenen Gier auf schnellen Profit zuzuschreiben. Nur jedes fünfte in China tätige europäische Unternehmen sah sich nach einer Umfrage der Europäischen Handelskammer vom Mai 2019 jedenfalls von Peking zum Technologietransfer genötigt. Die Hälfte ging davon aus, dass sich das Problem ohnehin bald erledigen und die chinesische Regierung innerhalb der nächsten fünf Jahre für Wettbewerbsneutralität auf dem heimischen Markt sorgen werde.

Zwar lag auch George Kennans erfolgreicher *Containment*-Strategie gegenüber Moskau einst die Annahme zugrunde, dass die Wirtschaft der Sowjetunion letztlich zusammenbrechen müsse, wenn sie nur lange genug von der Weltwirtschaft isoliert würde. China aus den internationalen Wertschöpfungsketten herausdrängen zu wollen ist jedoch eine ganz andere Sache:

- Das Land bringt fast doppelt so viel wirtschaftliches Gewicht auf die Waage wie seinerzeit die Sowjetunion.
- Mit 1,4 Milliarden Menschen ist Chinas Binnenmarkt etwa vier Mal so groß wie der amerikanische und besitzt obendrein ein erheblich größeres Wachstumspotenzial. Die chinesische Mittelklasse stellt mit an die 500 Millionen Menschen schon heute deutlich mehr Konsumenten als die gesamte US-Bevölkerung. Durch den massiven Ausbau des nationalen Transport- und Logistiknetzwerks wächst dieser Markt, der teilweise immer noch aus regionalen Einzelmärkten besteht, überdies immer stärker zusammen. Jedes Unternehmen, das seine Produktion in China aus politischen Gründen einstellt und ins Ausland verlagert, muss mit Absatzeinbußen seiner Produkte auf dem größten Wachstumsmarkt der Welt rechnen.
- Anders als seinerzeit die UdSSR ist China mit vielen großen Volkswirtschaften, darunter auch der deutschen, so stark verknüpft, dass eine Entkopplung diese zu schweren Wohlstandseinbußen führen würde, denen nicht einmal ein potenzieller geopolitischer Nutzen wie bei den USA gegenüberstünde.
- Im Gegensatz zur Sowjetunion (und inzwischen auch Amerika) verfügt China über ein umfassendes industrielles Ökosystem, das größte seiner Art in der Welt, mit an die 200 Millionen gut ausgebildeten und erfahrenen Arbeitskräften, eine moderne Infrastruktur, umfangreiche Zulieferindustrie und qualifizierte Arbeiterschaft. Dies lässt sich kaum ersetzen.

- Jede Produktionsverlagerung kostet Unternehmen Geld, oft sehr viel Geld. Aus diesem Grund fördert die japanische Regierung die teilweise Rückverlagerung von wichtigen Produktionen medizinischer Güter aus China als Konsequenz aus der Coronakrise mit über 2 Milliarden Dollar. Eine (Rück-)Verlagerung führt meist auch zu höheren Preisen und treibt die Kosten im Gesundheitssystem in die Höhe. Ohne die billigen Vorprodukte aus China büßen viele Hersteller medizinischer Endprodukte international an Wettbewerbsfähigkeit ein und Arbeitsplätze gehen verloren. Den bei der Produktion von Medizinprodukten oft anfallenden Giftmüll zu entsorgen kostet etwa in den USA auch aufgrund strengerer Umweltstandards rund zehnmal so viel wie in China.

All das macht China als Wirtschaftspartner und Produktionsstandort nur schwer verzichtbar. Obwohl China in der Weltbank-Rangliste der Länder, die es Unternehmen am leichtesten machen, ihren Geschäften nachzugehen, nur auf Platz 46 steht, fließen seit Jahren regelmäßig über 10 Prozent der globalen ausländischen Direktinvestitionen in das Land. Wer heute in China investiert, tut dies zunehmend, um den riesigen Markt mit nach wie vor hohem Wachstumspotenzial optimal zu bedienen, und weniger als Teil einer internationalen Wertschöpfungskette.

Laut *China Business Confidence Survey* der Europäischen Handelskammer vom Februar 2020 dachten denn auch trotz Handels- und Technologiekrieg nur 11 Prozent der in China tätigen europäischen Unternehmen darüber nach, dort bereits getätigte oder geplante Investitionen ganz oder teilweise in ein anderes Land zu verlagern. Gut die Hälfte der Befragten erwog dagegen eine Expansion. Von den deutschen Unternehmen wollten in einer vergleichbaren Umfrage vom März 2020 sogar nur 4 Prozent den Standort China eventuell ganz oder teilweise aufgeben. Kein Wunder: Die Direktinvestitionen von Firmen aus der EU in China warfen im Vergleich mit Investitionen in anderen Ländern der Welt in den vergangenen Jahren die höchste Rendite ab. Amerikanische Unternehmenslenker denken genauso wie ihre Kollegen aus Europa. US-Unternehmen haben in China 500 Milliarden Dollar investiert, machen dort im Jahr 2019 einen Umsatz von 700 Milliarden und verdienten dabei 50 Milliarden Dollar. Bei einer Umfrage der US-Handelskammer im Oktober 2020 gaben 92 Prozent der amerikanischen Unternehmenslenker an, ihre Produktionsstätten in China trotz auf Jahre hinaus zu erwartender Spannungen mit Washington behalten zu wollen. Nur etwas über 4 Prozent dachten über eine Rückverlagerung in die USA nach. Damit hatte sich gegenüber dem Vorjahr so gut wie nichts geändert. Die Kosten eines vollständigen Abzugs der US-Unternehmen aus China, so Arthur Kroeber von Gavekal Research, wären »für die amerikanische Wirtschaft inakzeptabel hoch«.

Unabhängig davon ist ein Auslagerungsprozess von Billigproduktionen wegen der steigenden Arbeitskosten in China und Fortschritten bei der Automatisierung schon seit Längerem im Gang. Unternehmen, die höherwertige Produkte herstellen, zieht es dagegen immer zahlreicher in das Land. Dies gilt gerade auch für US-Unternehmen. Der kalifornische E-Auto-Pionier Tesla eröffnete 2020 seine erste Fabrik außerhalb der USA in Schanghai (geplante Jahresproduktion: 150.000 E-Fahrzeuge) und denkt bereits über eine Erweiterung nach. Honeywell weihte im Mai 2020 in Wuhan ein neues Innovationszentrum und Hauptquartier für die Schwellenländer ein. Auf der Problemliste der im *US-China Business Council* versammelten amerikanischen Unternehmen, die in China tätig sind, stand der Technologieklau 2019 nur noch an sechster Stelle. 2014 war es noch Platz zwei.

Unternehmen, die sich jetzt von China entkoppeln, würden sich zudem ausgerechnet zu einem Zeitpunkt zurückziehen, da das Land als Absatzmarkt noch attraktiver wird als schon bisher. Um sich gegen externe Wachstumsschocks vonseiten der USA besser abzusichern, verdoppelt die Regierung in Peking wie bereits erwähnt gerade ihre Anstrengungen, den Binnenmarkt zu stärken. Zugleich vollzieht sie einen neuen Öffnungsschub und erleichtert ausländischen Unternehmen und Investoren das Geschäft im Lande.

Wer die Ankündigungen der chinesischen Führung aufmerksam verfolgt, weiß seit dem Parteitag der KP im Jahr 2013, dass diese am wirtschaftlichen Öffnungskurs und weiteren marktwirtschaftlichen Reformen festhält. Doch anders als im Westen vielfach angenommen, ist die Partei mit ihren über 90 Millionen Mitgliedern kein monolithischer Block. Auch in ihren Reihen gibt es unterschiedliche Stimmen, Strömungen und Interessen. Aus nachvollziehbaren Gründen sind nicht alle Parteikader, vor allem in den großen und einflussreichen Staatsunternehmen des Landes, für mehr Öffnung und Wettbewerb. Ihr Widerstand hat die von der Parteispitze geplanten Reformen immer wieder verzögert. So war es schon einmal um die Jahrhundertwende. Der damalige Ministerpräsident Zhu Rongji, der das Land damals in die WTO führen wollte, setzte darauf, dass der Beitritt zu der Handelsorganisation die von ihm geplante Reform des staatlichen Sektors der Wirtschaft erleichtern und der internationale Wettbewerbsdruck diese insgesamt konkurrenzfähiger machen würde. In der KP gab es damals jedoch viele, die genau das Gegenteil fürchteten: dass Chinas Unternehmen – und sie mit ihnen – im globalen Wettbewerb untergehen würden. Ohne den Öffnungsdruck von außen hätte sich Zhu gegen den innerparteilichen Widerstand wohl nicht durchsetzen können. Und China stünde heute nicht so erfolgreich da.

In einer ähnlichen Situation befindet sich die Führung des Landes jetzt wieder. Der Druck der USA hilft ihr, die schon seit Längerem angekündigten Öffnungs- und Reformvorhaben endlich umzusetzen und der chinesischen Wirtschaft einen neuen Produktivitäts- und Wachstumsschub zu verleihen. Alle strukturellen Zugeständnisse, die Peking bei dem im Januar 2020 mit den USA abgeschlossenen Handelsabkommen gemacht hat und der Europäischen Union in einem Investitionsabkommen zu machen bereit ist, sind tatsächlich gar keine Konzessionen, sondern stehen schon länger auf der eigenen Agenda. Allerdings stießen sie in den eigenen Reihen immer wieder auf teilweise heftigen Widerstand und konnten deshalb bisher, wenn überhaupt, nur bruchstückhaft umgesetzt werden. Dabei geht es neben einem besseren Schutz geistigen Eigentums, einer weitgehenden Aufhebung des Joint-Venture-Zwangs und weiteren Öffnung der Wirtschaft, speziell der Finanzwirtschaft, vor allem auch um eine Konsolidierung und Produktivitätssteigerung der Staatsunternehmen. Diese sollen entscheidend dazu beitragen können, dass das Land in den industriellen Schlüsselbranchen bis Mitte des Jahrhunderts weltweit die technologische Führung übernimmt. Von den 124 chinesischen Unternehmen auf der »Fortune«-500-Liste der größten Unternehmen der Welt sind 85 Prozent in staatlicher Hand.

Bereits auf dem 19. Parteitag der KP im Sommer 2017 hat Staats- und Parteichef Xi Jinping von den Staatsunternehmen eine »kraftvolle Anstrengung« verlangt. In der Regierungszentrale wurde dazu auch eine lange To-do-Liste für die einzelnen Ministerien erstellt: Schulden und Überkapazitäten abbauen sowie schlanker, konzentrierter, schlagkräftiger und innovativer werden. Wie das aussieht, zeigten etwa die beiden Staatsunternehmen Sinochem und ChinaChem, die sich 2020 zum größten Chemiekonzern der Welt zusammenschlossen und BASF auf den zweiten Platz verwiesen.

Washingtons Klagen über Pekings Wettbewerbsverzerrungen durch eine vornehmlich mithilfe der Staatsunternehmen betriebene Industriepolitik haben Xis Forderungen zusätzlich Nachdruck verliehen. Inzwischen ist das Gros der Unternehmen im Besitz des Zentralstaats offenbar bereits so weit vorangekommen, dass sie ausländische Konkurrenz auf dem Heimatmarkt nicht mehr fürchten müssen. Die Führung in Peking kann den

Markt deshalb jetzt weiter öffnen, in mehr Wirtschaftszweigen auf den Zwang zu Gemeinschaftsunternehmen verzichten und die sogenannte Negativliste der für ausländische Unternehmen gesperrten Branchen deutlich ausdünnen. Die neue Konkurrenz von außen soll nicht nur dabei helfen, die Staatsunternehmen – soweit sie es noch nicht sind – international wettbewerbsfähig zu machen, sodass sie künftig ohne staatliche Subventionen auskommen. So will China auch den vielfach erhobenen Vorwurf abschütteln, nicht fair zu spielen und ausländischen Konkurrenten nicht dieselben Chancen zu gewähren. Dasselbe gilt für den besseren Schutz geistigen Eigentums. Zum einen ist ein solcher gerade in Zeiten, da das Land angesichts des amerikanischen Entkoppelungsdrucks den weiteren Zufluss ausländischer Direktinvestitionen sicherstellen muss, besonders wichtig; vor allem aber sind viele chinesische Unternehmen inzwischen selbst technologisch schon so weit vorangekommen, dass sie selbst an einem besseren Schutz geistigen Eigentums interessiert sind.

Ein Signal dafür, wie weit Peking in seinen Bemühungen gekommen ist, die noch bestehenden Hindernisse für einen freien internationalen Wirtschaftsverkehr abzubauen, sandte Staatschef Xi höchstpersönlich bei einem virtuellen Treffen der Asiatisch-Pazifischen Wirtschaftsgemeinschaft (APEC) Ende November 2020 aus. Zur Überraschung der internationalen Öffentlichkeit erklärte er, sein Land werde »wohlwollend erwägen«, der *Comprehensive and Progressive Trans-Pacific Partnership* (CPTPP) beizutreten. CPTPP ist das Nachfolgeabkommen, das die nach dem Austritt der USA aus TTIP verbliebenen APEC-Partner miteinander abgeschlossen haben. Es ist im Hinblick auf staatliche Unterstützung für Unternehmen, Arbeitsbedingungen oder Umweltstandards deutlich anspruchsvoller als das Freihandelsabkommen namens *Regional Comprehensive Economic Partnership* (RCEP), das China kurz zuvor mit den zehn Staaten der *Association of Southeast Asian Nations* (ASEAN) sowie Japan, Südkorea, Australien und Neuseeland geschlossen hatte.

Sollte Peking dieser Ankündigung Taten folgen lassen, wäre es für die USA vollends unmöglich geworden, China zu isolieren, selbst wenn es ihnen gelänge, Europa für ihre Entkoppelungspolitik zu gewinnen und die Ratifizierung des zum Jahresende mit der EU vereinbarten Investitionsabkommens im europäischen Parlament zu hintertreiben. Denn außer dem eigenen großen Binnenmarkt bliebe das Land dadurch immer noch mit großen Teilen Asiens, Afrikas und selbst Lateinamerikas und damit den schon heute oder morgen dynamischsten Wirtschaftsregionen der Welt eng verbunden:

- Afrika ist der letzte wirtschaftlich noch größtenteils unerschlossene Kontinent mit einer rasch wachsenden Bevölkerung und großem wirtschaftlichem Wachstumspotenzial. China hat sich mit seinen Milliarden-Investitionen auf dem Kontinent in den vergangenen Jahren die beste Ausgangsposition erarbeitet, um davon am meisten zu profitieren.
- In Lateinamerika ist China bereits der zweitgrößte Handelspartner und holt mit Riesenschritten zu den USA auf.
- Asien weist das höchste Wirtschaftswachstum in der Welt auf. Es wird immer mehr Konsumenten zählen als der Rest der Welt zusammen. Wie RCEP zeigt, wachsen die südost- und ostasiatischen Länder nicht nur infolge der Seidenstraßeninitiative immer mehr zu einer integrierten Wirtschaftszone mit China als Mittelpunkt zusammen. Nur Indien wollte vorerst noch nicht mitmachen, wird sich dem Sog auf Dauer aber wohl kaum entziehen können. Zusammen mit Indien repräsentiert RCEP 3,6 Milliarden Menschen, 40 Prozent des Welthandels und ein Sozialprodukt von 26 Billionen Dollar. Ohne Indien sind es immer noch 2,2 Milliarden Menschen, ein Drittel des Welthandels und der größte Wirtschaftsblock der Welt. Im Vergleich dazu steht das nordamerikanische USMCA-

Abkommen (früher NAFTA) für eine halbe Milliarde Menschen, 7 Prozent des Welthandels und ein BIP von 25 Billionen Dollar. Die EU schließlich kommt auf ebenso viele Bürger wie USMCA, 15 Prozent des Welthandels und ein Sozialprodukt von 15 Billionen Dollar. Zusätzlich zu RCEP sprechen die drei führenden Volkswirtschaften Asiens, China, Japan und Südkorea, auch über ein Freihandelsabkommen miteinander. Diese machen 80 Prozent des Handels innerhalb von RCEP aus. Chinas Ministerpräsident Li Keqiang hat bereits das Ziel formuliert: »eine ostasiatische Wirtschaftsgemeinschaft«. Schon RCEP wird die Wirtschaftsbeziehungen der beteiligten Länder stärker auf die Region konzentrieren und den Handel untereinander nach Schätzungen von Experten bis 2030 um über 400 Milliarden Dollar steigern.

– Mit der 2013 von Peking begonnenen Initiative »Neue Seidenstraße« rücken darüber hinaus auch die Länder in Zentralasien sowie dem Mittleren und Nahen Osten, West- und Südwestasien zunehmend zusammen und an China heran. Dessen Warenaustausch mit den an der Initiative beteiligten Ländern nahm 2019 um 11 Prozent zu. Zugleich schloss Peking im Rahmen der Initiative nach Angaben des Handelsministeriums neue Kontrakte im Wert von über 130 Milliarden Dollar ab, ein Plus von 40 Prozent gegenüber dem Vorjahr.

Wer meint, China links liegen lassen zu können, droht auf das Abstellgleis der Geschichte zu geraten. »Beim Versuch, China zu isolieren, riskieren die USA, sich selbst zu isolieren«, so denn auch das Fazit von Henry Paulson, ehemals US-Finanzminister und Chef der amerikanischen Investmentbank Goldman Sachs, zu Washingtons Entkoppelungspolitik.

Die Finanzfront

Damit wollte der Finanzfachmann Paulson nicht zuletzt davor warnen, im Wirtschaftskrieg der USA mit China noch eine weitere Front zu eröffnen. Gegenüber den 5 Billionen Dollar, die jährlich allein an Investitionen in Schatzbriefe, Aktien und Anleihen zwischen den USA und China hin und her fließen, nehmen sich die Summen im Güterhandel klein aus. Es steht also viel auf dem Spiel. Doch Paulsons Warnung war vergeblich. Die Scharmützel haben auch an der Finanzfront immer mehr zugenommen. Zuerst hat das Weiße Haus einem staatlichen Pensionsfonds für Angestellte der Bundesregierung untersagt, Geld in chinesischen Werten anzulegen. Später forderte die Regierung die Colleges und Universitäten des Landes auf, Anlagen in chinesische Unternehmen aufzulösen.

Die bisher schärfsten Attacken an der Finanzfront sind das Verbot für US-Bürger, in Dutzende große, auch international erfolgreiche chinesische Unternehmen zu investieren, denen Washington enge Verbindungen zum Militär nachsagt. Dazu zählen etwa Huawei, der Chemieriese Sinochem, die Telefongesellschaft China Mobile, der Eisenbahnriese China Railway Corporation oder der Schiffbauer China Shipbuilding Corp. Anfang des Jahres kündigte die New Yorker Börse auf Anordnung des Weißen Hauses schon einmal an, die drei großen chinesischen Telefongesellschaften von ihrem Kurszettel zu streichen. Zudem verpflichtete Washington die an der Wall Street notierten chinesischen Unternehmen, ihre Bilanzprüfungsunterlagen künftig der zuständigen amerikanischen Aufsichtsbehörde zur Einsicht vorzulegen und nachzuweisen, dass sie »nicht von einer ausländischen Regierung kontrolliert werden«. Sonst droht vom Jahr 2022 an der Rauswurf von der Börse. Dies beträfe an die 200 chinesische Unternehmen mit einer Marktkapitalisierung von mehr als 1 Billion US-Dollar.

Die Stoßrichtung dieser Maßnahmen ist klar: Amerika, dessen Unternehmenswelt selbst weithin in Symbiose mit dem Militär lebt, will nur dem Hinweis auf vermeintliche oder tatsächliche Verbindungen zum Militär des Landes sowohl große, auf dem Weltmarkt erfolgreiche Konzerne als auch junge und vielversprechende Unternehmen aus China finanziell austrocknen und deren weiteres Wachstum erschweren. »Warum sollten wir ihnen erlauben, in diesem Land auch nur einen Penny einzusammeln?«, so Kenneth Lewis von der *US-China Economic and Security Review Commission* bei einer Kongress-Anhörung im Januar 2020. Amerikanische Investitionen in chinesische Unternehmen verglich er sogar mit Investitionen in deutsche Unternehmen in den 30er-Jahren des vorigen Jahrhunderts, die Adolf Hitler geholfen hätten.

Doch auch dieser Schuss droht nach hinten loszugehen. Um für ein *De-Listing* in New York vorzusorgen, wechseln inzwischen immer mehr der in den USA notierten chinesischen Unternehmen an die Börse in Hongkong und sorgen dort für einen neuen Boom. Dieser wird noch mehr durch chinesische Unternehmen befeuert, die für ihren Börsengang von vorneherein zunehmend Schanghai und Hongkong statt New York wählen. Prominente Beispiele dafür sind das E-Handelsunternehmen jd.com und die Ant-Gruppe, zu der etwa der Onlinehändler Alibaba und die Zahlungsapp Alipay gehören. Ersteres wählte für seine Zweitnotierung die Metropole im Perlflussdelta und beschaffte sich dort im Juli 2020 rund 4 Milliarden Dollar. Ant plante für Herbst 2020 eine Erstnotierung an der Technologiebörse in Schanghai und Hongkong, musste diese jedoch in letzter Minute absagen. Die Finanzaufsicht in Peking hatte ganz im Geiste der restriktiven Schuldenpolitik der Regierung kurz zuvor die Vergaberegeln für die unter anderem von Ant zuletzt stark angestiegenen Mikrokredite geändert und damit den Börsenprospekt des Unternehmens hinfällig gemacht. Künftig sind Online-Kredite mit 30 Prozent Eigenkapital zu unterlegen. Aber aufgeschoben ist nicht aufgehoben – auch wenn Ant jetzt nicht mehr wie zunächst erwartet den größten Börsengang der Wirtschaftsgeschichte hinlegen kann.

Der einflussreichen US-Finanzlobby gefällt der Konflikt ihrer Regierung mit Peking denn auch ganz und gar nicht. Zum einen schwächt er den Finanzplatz New York; zum anderen kommt er just zu einem Zeitpunkt, da die global aufgestellten amerikanischen Banken erstmals eine echte Chance haben, sich ein gutes Stück des schon heute 46 Billionen Dollar schweren chinesischen Finanzmarkts zu sichern. Mit der weiteren Öffnung für ausländische Geldhäuser will China die Effizienz des heimischen Kapitalmarkts verbessern, die Fehlallokation von Ressourcen durch staatliche Banken reduzieren und bessere Finanzierungs- und damit auch Wachstumsmöglichkeiten vor allem für seine privaten Unternehmen schaffen.

Die Finanzierung der chinesischen Unternehmen ist immer noch stark von der Kreditvergabe durch staatliche Banken geprägt. Wegen der besseren Besicherungsmöglichkeiten bevorzugen diese dabei große Staatsunternehmen. Kleine und mittlere Privatunternehmen haben dagegen oft Schwierigkeiten, sich das nötige Kapital für eine Expansion zu beschaffen, und flüchten sich in ihrer Not deswegen oft in riskante Finanzierungsmethoden. Um dem abzuhelfen, hat Peking bereits vor Jahren die Versicherungen des Landes aufgerufen, ihr Kapital weniger in Immobilien und vermehrt in kleine und mittelständische Unternehmen anzulegen. Gleichzeitig wurden die staatlichen Banken angehalten, Unternehmensgründern bei der Ausgabe von Anleihen und dem Börsengang zu helfen sowie vermehrt Kredite zu geben und als Sicherheit dafür etwa Patente zu akzeptieren. Der Aufruf hatte jedoch nur mäßigen Erfolg. Der chinesische Kapitalmarkt hat noch viel Entwicklungspotenzial. Obwohl beide fast denselben Anteil am Sozialprodukt der Welt haben, repräsentiert Amerika 50, China dagegen erst 5 Prozent des Kapitals im internationalen Aktienindex MSCI. Die neue Konkurrenz durch erfahrene ausländische Investmentbanken soll dem nun nachhelfen, die Kapitalmarktexpertise und Professionalität der großen einheimischen Geldhäuser beflügeln und für eine bessere Betreuung der Privatwirtschaft bei der Finanzierung von wirtschaftlichem Wachstum sorgen. Zudem können die ausländischen Banken mit ihrer größeren Verbriefungserfahrung auch bei der Entwicklung des nach wie vor unterentwickelten Kapitalmarkts sowie beim Management und Abbau der Schulden des Landes helfen. Indem die USA chinesisches Kapital abstoßen, um China zu schwächen, drohen sie das Land eher zu stärken und sich selbst zu schwächen: Denn sie bremsen damit auch die Dollar-Nachfrage just zu einer Zeit, da sie sich immer mehr Geld im Ausland leihen müssen.

Huawei und der Technologiekrieg

Mehr noch als auf Zölle, Entkoppeln und Finanzrestriktionen setzt Washington im Wirtschaftskrieg mit China auf technologischen Protektionismus. Der Welt drohe ein »ökonomisch-technologischer Krieg«, wie sie ihn »noch nie gesehen« habe, so die bekannte Zukunftsforscherin Amy Webb.

Die Attacke der USA auf das chinesische Paradeunternehmen Huawei mit einem Jahresumsatz von über 100 Milliarden Dollar und fast 200.000 Mitarbeitern ist nur das erste große Gefecht des technologischen Großkonflikts um die Führungsposition in der Welt von morgen. Hier zeigt sich wie in einem Brennglas sowohl Amerikas Niedergang als auch Chinas Aufstieg und wie Washington diesen mit allen Mitteln stoppen will. »Die USA möchten Huawei zerstören«, so der Politikprofessor John Mearsheimer von der Universität Chicago. »Sie möchten 5G kontrollieren und in allen modernen anspruchsvollen Technologien an der Spitze stehen. Das sehen sie durch China bedroht.«

Unter Berufung auf die nationale Sicherheit sorgte die US-Regierung Anfang 2018 zunächst dafür, dass die amerikanische

Telefongesellschaft AT&T ihren Plan fallen ließ, Mobiltelefone von Huawei anzubieten. Im Mai 2019 setzte das Handelsministerium das chinesische Unternehmen dann auf eine Negativliste. Auf der standen bis dahin nahezu ausschließlich kriminelle oder zumindest dubiose Unternehmen und Banken, die der Geldwäsche, des Drogenhandels oder Verbindungen zu Terrorgruppen verdächtig waren. Ein Weltunternehmen wie Huawei stellte dort ein absolutes Novum dar. Amerikanischen Firmen war es ohne ausdrückliche Genehmigung der Regierung fortan untersagt, Produkte von Huawei zu erwerben oder den Chinesen eigene Produkte zu verkaufen. Damit war dem Unternehmen aus Shenzhen zum einen sowohl der US-Markt für Mobiltelefone und moderne Netzwerkausrüstung verschlossen; hinzu kam ein Belieferungsstopp mit hochentwickelten Mikrochips amerikanischer Firmen wie Intel, Qualcom, Micron oder Xilinx und Software besonders von Google, die Huawei in seinen Produkten und Anlagen bisher einsetzte. »@Huawei5G, RIP«, twitterte denn auch der republikanische Senator und notorische Chinahasser Tom Cotton damals triumphierend.

Zur Rechtfertigung des Banns gegen Huawei und Washingtons Druck auf verbündete Länder, das Unternehmen nicht an der Modernisierung ihres Telekommunikations-Netzwerks auf den 5G-Standard zu beteiligen, griff Matt Pottinger, Vizechef im Nationalen Sicherheitsrat, bezeichnenderweise zu einem Vergleich mit dem Kalten Krieg: »Können Sie sich vorstellen, dass Ronald Reagan und Margaret Thatcher in den 80er-Jahren gesagt hätten, wir sollten den KGB kommen und unsere Telekommunikations- und Computernetze einrichten lassen?« Peking verpflichte »alle Bürger, Organisationen und Unternehmen des Landes per Gesetz, die nationale Aufklärungsarbeit zu unterstützen«, so Pottinger und drohte Verbündeten, die dem Huawei-Boykott nicht Folge leisten, ihnen keine sensiblen Geheimdienstinformationen mehr zukommen zu lassen und die militärische Zusammenarbeit einzuschränken.

Nun ist bei der Installation von sicherheitssensibler Infrastruktur, zumal wenn diese aus dem Ausland kommt, stets Vorsicht geboten. Dies gilt in alle Richtungen und natürlich besonders für ein Land wie China, das für seine Überwachungs- und Datensammelwut bekannt ist. Dennoch muss dies noch nicht zwingend heißen, Huawei von jeder Beteiligung am 5G-Netz auszuschließen. Das Unternehmen bietet die mit Abstand preiswerteste und technisch beste 5G-Infrastruktur; Fachleute schätzen seinen Vorsprung zur Konkurrenz auf mindestens anderthalb Jahre. Auf diese Vorteile zu verzichten muss zumindest wohlüberlegt und begründet sein. Zu berücksichtigen ist dabei auch, dass Huawei-Technik bereits seit Jahren in die Telekomnetze zahlreicher westlicher Länder eingebaut, bisher aber nirgends ein Hintertürchen entdeckt wurde, das Peking Spionage ermöglicht hätte. Als einziger 5G-Ausrüster hat das Unternehmen sogar den Quellcode seiner Software offengelegt. »Im privaten Gespräch«, so berichtet Garrett Graff von der angesehenen Fachzeitschrift »Wired«, einer der weltweit sachkundigsten und am besten vernetzten Telekom-Experten, im Januar 2020, hätten selbst amerikanische Regierungsbeamte eingestanden, keinen Beleg für einen Missbrauch von Huawei-Produkten durch den chinesischen Geheimdienst zu haben. »Es gibt keinen rauchenden Colt«, so Graff, »auf den sie auch nur hindeuten oder zu dem sie auch nur zustimmend nicken würden.«

Wie wir dank Edward Snowden hingegen inzwischen im Detail wissen, kooperieren amerikanische Telekom- und Internetunternehmen eng mit Regierung, Militär, Geheimdiensten und Polizei. Schon 1993, also lange vor dem »Krieg gegen den Terror«, der später gern als Begründung für die Abhörtätigkeit von NSA, CIA und FBI angeführt wurde, hatte der damalige Präsident Bill Clinton die Sicherheitsdienste aufgefordert, amerikanische Unternehmen im Ausland mit selbst gewonnenen Informationen zu unterstützen. Eine im März 2020 veröffentlichte Untersuchung des chinesischen Cybersecurity-Unternehmens Qihoo 360 beschuldigt die CIA, elf Jahre lang chinesische Luftfahrtgesellschaften, Energie- und Internetunternehmen, Regierungsstellen und Forschungseinrichtungen ausspioniert zu haben. Die Hacker seien stets während der Arbeitszeit an der US-Ostküste aktiv gewesen. Und die von ihnen benutzte Schadsoftware sei aus dem Spionage-Instrumentenkasten namens Vault 7 gekommen, den Edward Snowden 2017 zur Veröffentlichung weitergereicht hatte.

Um ungehindert spitzeln zu können, haben die US-Geheimdienste die Techfirmen des Landes auch dazu gebracht, ihre Verschlüsselungsstandards abzuschwächen. 2013 wurde bekannt, dass die NSA so jahrelang auch das Mobiltelefon von Bundeskanzlerin Angela Merkel abhören konnte. Mithilfe der in der neutralen Schweiz ansässigen Verschlüsselungsfirma Crypto AG, die er (zusammen mit seinem deutschen Pendant BND) insgeheim kontrollierte, hat der amerikanische Auslandsgeheimdienst CIA mehr als hundert Staaten für Hunderte von Milliarden Dollar über Jahrzehnte selbst Verschlüsselungstechnik verkauft und sich so noch von denen dafür bezahlen lassen, die er erst in Sicherheit wog, um sie dann umso besser abhören zu können.

Wie die von Snowden geleakten Dokumente belegen, hat die National Security Agency (NSA), die sich vor allem auf die technische Auslandsspionage konzentriert, in amerikanische Telekommunikationsausrüstung auch Hintertüren eingebaut, die ihr das Spionieren erlauben, oder einheimische Tech-Firmen veranlasst, Informationen über ausländische Zielobjekte zur Verfügung zu stellen. Snowdens Fazit: »Es ist mitunter schwer zu erkennen, wie sich die Vereinbarungen zwischen der US-Regierung und amerikanischen Tech-Firmen grundsätzlich von den Beziehungen zwischen der Kommunistischen Partei und chinesischen Tech-Firmen unterscheiden.«

Wie auch immer: Einem eventuellen Lauschangriff des chinesischen Staates via Huawei lässt sich durchaus vorbeugen. So besteht die Möglichkeit, vertraglich derart prohibitive Strafen zu vereinbaren, dass ein solcher Fall dem Konkurs des Unternehmens gleich- oder nahekäme. Ohnedies würde Huawei, sollte in seinen 5G-Installationen ein Hintertürchen entdeckt werden, nicht nur seinen eigenen Ruf und das Fortbestehen des Unternehmens riskieren, sondern auch den Ruf des ganzen Landes. Davon abgesehen gibt es für die Kunden auch technische Mittel und Wege, Spionage zu verhindern. So können die Netzbetreiber Huawei von vornherein aus besonders sicherheitssensiblen Netzbereichen ausschließen und ihre Kunden das Mithören und -lesen mit End-to-End-Verschlüsselung unmöglich machen. Zu denken gibt in diesem Zusammenhang, dass Russland das Unternehmen für den Ausbau seines 5G-Netzes einsetzt. Es ist kaum vorstellbar, dass Moskau es riskiert, von Peking gegebenenfalls mit einem Schlag lahmgelegt werden zu können.

Als die USA merkten, dass nicht einmal die europäischen Verbündeten ihnen ihre Sicherheitsbedenken gegenüber Huawei abkauften, führten sie weitere Argumente ins Feld. Die Chinesen hätten bei der Entwicklung der 5G-Technologie foul gespielt und müssten schon allein deswegen vom Platz gestellt werden. Nur durch »massive staatliche Subventionen« sei es dem Unternehmen möglich gewesen, »den Wettbewerb im Preis zu unterbieten« und seine führende Marktposition zu erreichen, so Sicherheitsberater Pottinger im Januar 2020. Kurz zuvor hatte das »Wall Street Journal« für Huawei Zuwendungen, Kredite, Steuererleichterungen und andere Formen der staatlichen Unterstützung in Höhe von rund 75 Milliarden US-Dollar errechnet. Dadurch könne es seine Produkte um 30 Prozent günstiger anbieten. Zwischen 2008 und 2018 habe das Unternehmen aufgrund staatlicher Anreize für private Technologie-Firmen 25 Milliarden Dollar an Steuern und 2 Milliarden durch Vergünstigungen bei Grundstückspreisen gespart sowie zwischen 1998 und 2018 1,6 Milliarden an staatlichen Beihilfen erhalten. Zudem seien in derselben Zeit 46 Milliarden Dollar staatliche Kredite an Huawei und weitere 30 Milliarden an Kunden der Firma geflossen.

Die Richtigstellung aus Shenzhen folgte auf dem Fuße: Huawei habe wie andere Unternehmen in China zwar von dem allgemein »guten politischen Umfeld« profitiert, aber »keine spezielle Unterstützung« vom Staat erhalten. Staatliche Forschungsförderung habe in der vergangenen Dekade ganze 0,3 Prozent der Gesamteinnahmen ausgemacht. Kreditgeber seien »überwiegend nicht-chinesische Banken« gewesen; seine Kreditlinien habe das Unternehmen im Übrigen nur zu 10 Prozent genutzt. Entscheidend für seinen Erfolg seien die außerordentliche Leistungsbereitschaft der Mitarbeiter, denen das Unternehmen selbst gehöre, sowie die Tatsache gewesen, dass es über die vergangenen 30 Jahre jeweils 10 bis 15 Prozent seiner Einnahmen, zusammen bisher 73 Milliarden US-Dollar, für Forschung und Entwicklung ausgegeben habe. Über die Hälfte der fast 200.000 Huawei-Mitarbeiter sind in diesem Bereich tätig.

Auch wenn das Unternehmen damit die erhaltene staatliche Unterstützung kleinreden mag – mit dem Hinweis auf seine wahren Stärken hat Huawei recht: durch die Beteiligung an dem Unternehmen hochmotivierte Mitarbeiter und enorme Ausgaben für Forschung und Entwicklung. In der branchenübergreifenden Weltrangliste der Unternehmen mit den höchsten F&E-Ausgaben rangiert die Firma anders als ihre 5G-Konkurrenten ganz vorne. Während Huawei 2018 auf Platz 5 stand, erreichte Cisco nur Platz 25, Nokia Platz 27 und Ericsson sogar nur Platz 47. Zwischen 2009 und 2019 gab es über 4 Milliarden mehr für F&E aus als diese zusammen.

Weder die Warnung vor Spionage noch der Vorwurf des unfairen Wettbewerbs vermochte die Verbündeten zu überzeugen. Diese wussten, dass der eigentliche Grund für Washingtons Halali auf das Unternehmen aus Shenzhen ein anderer war: Erstmals in der jüngeren Geschichte dominierte nicht ein amerikanisches Unternehmen eine Schlüsseltechnologie, sondern ein Unternehmen aus dem Land des schärfsten Konkurrenten der USA um Platz eins in der Welt. 5G ist nicht nur eine graduelle technische Fortentwicklung von 4G, wie der Wechsel von 3G zu 4G zuvor, sondern ein Quantensprung. Es ist hundertmal schneller als 4G, ermöglicht erstmals nahezu eine Echtzeitverbindung beim Transport großer Datenmengen und eröffnet damit für Wirtschaft und Gesellschaft eine völlig neue Ära. Mit 5G wird das Kommunikationsnetzwerk zum zentralen Nervensystem der Wirtschaft, beginnt eine neue Dimension des Internets, das »Internet der Dinge«, und es entsteht die nächste Generation von Industrie, auch Industrie 4.0 genannt. Speziell für Länder wie Deutschland, in denen die Industrie einen großen Anteil an der Wirtschaft hat, ist 5G daher von entscheidender Bedeutung.

5G wird weite Bereiche unseres Lebens revolutionieren. Es wird aus Fabriken *smart factories*, aus Bauernhöfen *smart farms*, aus Städten *smart cities* und aus Häusern *smart homes* machen. 5G ist wesentlich für den künftigen Einsatz von Robotern, für autonomes Fahren, für 3D-Druck, Nano- und Biotechnologie, Quantencomputer usw. Und natürlich, nicht zu vergessen, für das Militär. Um etwa Hyperschallwaffen (über 5 Mach Geschwindigkeit) einer Abwehrrakete ausweichen lassen zu können, müssen in Sekundenbruchteilen enorme Datenmengen gesammelt, verarbeitet und weitergeleitet werden. Das geht nur mit 5G. Mit der Technik können auch die Informationslage auf dem Schlachtfeld, die Funktionstüchtigkeit von Kampfrobotern oder die Treffsicherheit von Drohnen wesentlich verbessert werden.

5G-Marktführer Huawei ist das Unternehmen, das die erste große Bresche in die lange scheinbar uneinnehmbare technologische Spitzenposition der USA geschlagen hat. Entsprechend groß sind deren Anstrengungen, es außer Gefecht zu setzen. Nie zuvor in der Wirtschaftsgeschichte hat ein Staat gesetzgeberische, administrative, rechtliche, diplomatische und mediale Mittel so massiv und konzentriert gegen ein Unternehmen aus einem anderen Land eingesetzt. Washington hat Huawei den totalen Krieg erklärt. Der Präsident, der Außen- und der Verteidigungsminister samt dem gesamten Sicherheitsapparat des Landes, der Justizminister, die Führer beider Parteien im Kongress, die Mehrzahl der Denkfabriken und führenden Medien, nahezu das gesamte politische Establishment in Washington schoss sich auf das Unternehmen ein.

Anfang Februar 2020 machte Justizminister William Barr als Hauptredner einer Veranstaltung seines Ministeriums deutlich, dass es dabei für Amerika ums Ganze gehe: um seine imperiale Vormachtstellung. »Die Macht ökonomischer Sanktionen, die die USA heute haben«, so Barr, »würde gegenüber den bisher nie da gewesenen Druckmitteln verblassen«, die China mit Huawei zu gewinnen drohe. Das Unternehmen könne nicht nur viel Geld verdienen, sondern »andere Länder von der Technologie ausschließen und von den Maschinen, die die Technologie brauchen«. Um dies zu verhindern, bedürfe es einer gesamtgesellschaftlichen Anstrengung aller Kräfte. »Als Diktatur« könne Chinas Regierung private Wirtschaft und Wissenschaft zu vereintem Handeln »zwingen«, so der Justizminister. Wenn die Amerikaner sich in der Vergangenheit mit ähnlichen Herausforderungen konfrontiert sahen, »wie dem Zweiten Weltkrieg und Russlands Sputnik im Kalten Krieg«, hätten sie sich »als freies Volk zusammengeschart und durch diese Kooperation die Oberhand behalten«. Bedauerlicherweise sei diese Mobilisierung heute jedoch nicht mehr so leicht möglich. Wolle Amerika aber seine technologische Führungsposition, seine wirtschaftliche Stärke »und damit am Ende seine nationale Sicherheit bewahren«, müsse es wie China ebenfalls »dafür sorgen, dass der öffentliche und private Sektor Schulter an Schulter zusammenarbeiten«. In dem Zusammenhang brachte Barr sogar eine Beteiligung der USA an dem finnischen Unternehmen Nokia und/oder der schwedischen Firma Ericsson ins Spiel, entweder direkt oder über ein Konsortium aus privaten amerikanischen Firmen oder verbündeter Länder. Kurz: Im Kampf gegen China ist Washington bereit, zu denselben Methoden zu greifen, die zu benutzen es Peking vorwirft. Staatlicher Dirigismus und Industriepolitik, nationalistische Mobilisierung der Bevölkerung inklusive.

Und dies beschränkt sich keineswegs auf die Republikaner. In der Biden-Administration werden die staatskapitalistischen Tendenzen in Amerika eher noch zunehmen. In der Verfemung von Huawei stehen die Demokraten den Republikanern nicht nach. Im Gegenteil. Auf der Münchner Sicherheitskonferenz 2020 bezeichnete Nancy Pelosi, demokratische Mehrheitsführerin im Repräsentantenhaus, das Unternehmen als die »heimtückischste Form der Aggression«, die man sich denken könne. Wie das römische Straßennetz Europa einst das Christentum gebracht habe, so werde der chinesische Netzwerkausrüster den Kommunismus bringen, so Pelosi. »Die Sinifizierung von 5G hieße, Autokratie der Demokratie vorzuziehen.«

Die Chinesen hatten die technologische Kriegserklärung von Seiten Washingtons offenbar erwartet und vorgebaut. Schon kurz nach der Entscheidung der USA, Huawei auf die schwarze Liste zu setzen, erklärte Unternehmenschef Ren Zhengfei: »Wir stehen am Anfang eines neuen Langen Marsches.« Damit meinte Ren die verlustreichen Rückzugsgefechte, die sich die chinesischen Kommunisten unter der Führung von Mao Zedong mit den damals noch überlegenen Truppen des chinesischen Staatschefs Tschiang Kaischek einst geliefert hatten, um sich dann in einer schwer zugänglichen Region tief im Inneren des Landes neu zu gruppieren und die Gelegenheit zur Gegenattacke abzuwarten. Das Ergebnis ist bekannt.

Ren zeigte sich für sein Unternehmen ähnlich zuversichtlich. Huawei habe eine »unbesiegbare, eiserne Armee« aufgestellt, die unter Hochdruck statt Android ein eigenes Betriebssystem, eigene Apps statt denen von Google und eigene Hochleistungschips statt denen von Intel und anderen entwickle. Um die Zeit zu überbrücken, bis seine Leute vor allem die benötigten Halbleiter selbst herstellen können, hat Ren schon Ende 2018, nach der Verhaftung seiner Tochter Meng Wanzhou, begonnen, das Lager kräftig aufzustocken. Für den Einkauf von Chips, Material und Komponenten gab das Unternehmen 2019 insgesamt 23 Milliarden Dollar aus, 73 Prozent mehr als im Jahr zuvor. Ein Großteil davon entfiel auf programmierbare Chips des US-Herstellers Xilinx und Serverprozessoren von Intel und AMD sowie dem taiwanesischen Hersteller TSMC. Die Vorräte sollen bis ins Jahr 2022 reichen.

Doch im Mai 2020 holten die USA zu einem neuen Schlag aus. Nachdem aller Druck selbst den engsten Verbündeten Großbritannien nicht dazu veranlassen konnte, Huawei von seinem 5G-Netzausbau völlig auszuschließen, dehnte Washington unter Androhung exterritorialer Sanktionen das Lieferverbot für Computerchips an die Chinesen auch auf alle ausländischen Unternehmen aus, die mithilfe amerikanischer Hard- oder Software Halbleiter entwickeln oder produzieren. Und das sind praktisch alle. Zwei Monate davor revidierte die britische Regierung daraufhin ihre Entscheidung vom Jahresanfang und sperrte Huawei vom 5G-Netz des Landes komplett aus. Denn plötzlich war die Versorgung mit den für dessen Betrieb nötigen Hochleistungschips zumindest mittelfristig unsicher geworden.

Chinas Selbstversorgungsrate mit integrierten Schaltkreisen beträgt nur 20 Prozent. Solange Amerika die Entwicklung und Produktion hochleistungsfähiger Chips dominiert und China hier noch nicht mitzuhalten vermag, kann es Peking sehr wehtun. Integrierte Schaltkreise sind das Schlüsselprodukt der digitalen Wirtschaft. Diese ist vor allem ein permanenter Austausch von Elektronen zwischen Halbleitern. Auch wenn es den Chinesen gelingt, Hochleistungschips relativ schnell selbst zu entwickeln, könnte es bis zu zehn Jahre dauern, sie auch zuverlässig in großer Stückzahl zu produzieren. »Das ist sehr kompliziert. Huaweis Fähigkeit, langfristig Produkte herzustellen, die modernste Technologie verwenden, scheint ernsthaft bedroht«, so

Ian Levy, technischer Direktor des britischen *National Cyber Security Centers*, zu dem Meinungsumschwung in London. Ersatzprodukte der Chinesen würden »wahrscheinlich mehr Sicherheits- und Zuverlässigkeitsprobleme haben und für uns wäre es schwieriger, auf sie zu vertrauen«.

Wie recht Levy damit hatte, zeigte sich wenige Wochen später, als Washington den Belieferungsbann nochmals nachschärfte: Seitdem gelten die Restriktionen für alle Technologieunternehmen der Welt, sogar chinesische, die in irgendeiner Form amerikanisches Know-how verwenden, das beim Design oder der Produktion von integrierten Schaltkreisen genutzt wird. Und als wäre das noch nicht genug, gab US-Außenminister Pompeo im Zusammenhang mit der Verkündung von Sanktionen gegen Huawei-Mitarbeiter, die bei der Überwachung von Uiguren in Xinjiang oder Oppositionellen in Hongkong Hilfestellung leisten, allen Telekomunternehmen der Welt einen »Hinweis«. Diese Firmen müssten wissen, »wenn sie Geschäfte mit Huawei machen, machen sie Geschäfte mit Menschenrechtsverletzern«. Eine kaum verhüllte Sanktionsdrohung auch an die Adresse von Unternehmen wie die Deutsche Telekom.

Das rigorose Vorgehen gegen den chinesischen Netzwerkausrüster und der nachhaltige Druck auf die Verbündeten zeigen, wie ernst es Amerika mit der Eindämmung von China ist. Dabei nimmt es auch auf engste Verbündete keine Rücksicht. Denn nicht nur für die Chinesen, auch für die Briten hat der Bann gravierende wirtschaftliche Folgen. Und das zu einer Zeit, da sich das Land Brexit- und Corona-bedingt ökonomisch ohnehin bereits in einer äußerst prekären Lage befindet. Huawei wird in England nun wohl kaum noch das geplante Forschungs- und Entwicklungszentrum realisieren, in das es allein 1 Milliarde Pfund investieren wollte. Der Aufbau des britischen 5G-Netzes wird sich um drei Jahre verzögern und circa 2 Milliarden Pfund mehr kosten.

Und das ist noch gar nichts im Vergleich zu den gesamtwirtschaftlichen Kosten, die der Ausschluss des chinesischen Vorzeigeunternehmens für Großbritannien nach sich ziehen kann. Mit dem erhofften Handels- und Investitionsabkommen zwischen London und Peking dürfte es nun auch nichts mehr werden. Das Vereinigte Königreich war bisher Chinas wichtigstes Land für Investitionen in Europa. Nach den USA ist China Großbritanniens zweitgrößter Handelspartner. Allein chinesische Studenten brachten dem Land zuletzt 1,7 Milliarden Pfund im Jahr an Einnahmen. Das *National Institute for Economic and Social Research* rechnet damit, dass das Handelsvolumen mit China schlimmstenfalls um bis zu 90 Prozent absacken und das britische BIP um einen Dreiviertelprozentpunkt mindern könnte. Der britische China-Experte Martin Jacques hat Londons Entscheidung denn auch als »eine nationale Selbstmordübung« bezeichnet. Großbritannien wende sich damit von der Zukunft ab und steuere wirtschaftlich in »eine Sackgasse«.

Deutschland käme ein Ausschluss von Huawei noch teurer zu stehen. Angaben der Deutschen Telekom zufolge würde es sie allein rund 3 Milliarden Euro kosten und die Einführung von 5G um mindestens drei Jahre verzögern, wenn sie bei der Modernisierung ihres Netzes auf die chinesische Firma ganz verzichten müsste. Und das deutsch-chinesische Handelsvolumen ist noch weit größer als das britisch-chinesische. 2020 hat China die USA als Deutschlands wichtigster Absatzmarkt überholt. Vor allem die ohnehin angeschlagene deutsche Automobilindustrie, die stark vom chinesischen Markt abhängt, müsste zittern. Ganz abgesehen von dem Schaden, den eine um Jahre verzögerte Einführung von 5G für die Entwicklung des autonomen Fahrens und das »Internet der Dinge« für das Autoland und den Industriestandort Deutschland verursachen würde.

Den Vorsitzenden des Auswärtigen Ausschusses im Deutschen Bundestag, Norbert Röttgen (CDU), der auch im Vorstand der »Atlantik-Brücke« sitzt, dem Sammelbecken der Transatlantiker hierzulande, schien dies alles gleichwohl nicht anzufechten.

Das eifrigste Masseteilchen des Atlantizismus in der deutschen Politik hatte die Beteiligung des chinesischen Telekomnetzwerkausrüsters am deutschen 5G-Netz schon zuvor mit einer »Atombombe« verglichen, die Deutschland mit einem Schlag »praktisch stilllegen« könne. Im Magazin »Focus« erklärte er nun, »Peking käme gar nicht auf die Idee, sein 5G-Netz für ausländische Anbieter zu öffnen, dann sollte es verstehen, warum wir das umgekehrt auch nicht machen«. In seinem Gefolgschaftseifer gegenüber Washington sind Röttgen offenbar die Fakten verrutscht: Chinas größte staatliche Telekomgesellschaft, China Mobile, räumt dem schwedischen Huawei-Konkurrenten Ericsson und dem finnischen Unternehmen Nokia fast ein Viertel an seinem 5G-Netz ein – und das sogar beim sicherheitssensiblen Kernnetz. Ursprünglich sollten es sogar über 40 Prozent sein. Als jedoch immer mehr Länder sich dem amerikanischen Druck beugten und Huawei aus ihrem 5G-Netz ausschlossen, stockte Peking den Anteil des Unternehmens als Ausgleich dafür auf. Europa, das von China immer Reziprozität, also die gleichen Bedingungen für seine Unternehmen auf dem chinesischen Markt fordert, wie diese in Europa genießen, wird sich in Sachen 5G jetzt selbst daran messen lassen müssen.

Huawei-Chef Ren jedoch macht sich keine Illusionen über die Entschlossenheit der USA, ihren Willen bei den Verbündeten durchzusetzen und sein Unternehmen über einen Lieferstopp von Hochleistungshalbleitern auszuhungern. Er spricht inzwischen nicht mehr nur von einem »Langen Marsch«, sondern von »Krieg«. Wie in jedem Krieg wird es dabei auf beiden Seiten Verluste geben. Für Amerikas Chiphersteller war China der größte Absatzmarkt. Das Land verbraucht mehr als die Hälfte aller weltweit hergestellten Halbleiter. Der Wert der jährlichen Halbleiterimporte betrug weit über 200 Milliarden Dollar und damit fast doppelt so viel wie die Ölimporte des Landes. 11 Milliarden von dem insgesamt 70 Milliarden Dollar umfassenden Einkaufsvolumen Huaweis entfielen bisher auf die USA. Washingtons

Lieferverbot bedeute eine »erhebliche Störung« der Geschäfte, klagt denn auch der Verband der amerikanischen Halbleiterindustrie. Die hohen Absatzzahlen hätten Forschung und Innovation in den USA angetrieben, die wiederum »entscheidend für Amerikas wirtschaftliche Stärke und nationale Sicherheit« seien. Nicht zuletzt mit dem in China verdienten Geld konnte allein der führende amerikanische Hersteller Intel 2019 über 13 Milliarden Dollar für Forschung & Entwicklung ausgeben.

Der Boykott von Huawei nimmt vor allem amerikanischen Herstellern von Hochleistungschips nicht nur ihren wichtigsten Kunden weg – er treibt China auch dazu, in diesem zentralen Zukunftsbereich schnellstmöglich autark zu werden. Wie schon in der Weltraumtechnologie. Man habe gehofft, dass die Chinesen hier nicht weit kommen, wenn Amerikas Technologien vor ihnen abgeschirmt würden, so Brian Weeden von der *Secure Space Foundation:* »Aber natürlich haben sie es einfach selbst gemacht.« So sei China nicht nur in der Weltraumtechnologie unabhängig, sondern auch seine Industriebasis größer geworden.

Tatsächlich behandelt Peking das Thema Halbleiter mit derselben Priorität und Intensität wie zuvor die Raumfahrt, die Entwicklung eines eigenen Satellitennavigationssystems oder einst der Atombombe. Peking weiß: Der Kalte Krieg 2.0 wird nicht zuletzt auf dem Feld der integrierten Schaltkreise entschieden. »Wir haben aus der amerikanischen ›Schwitzkastenliste‹ [gemeint ist die Boykottliste, auf der chinesische Firmen wie Huawei stehen] unseren wissenschaftlichen Forschungsauftrag gemacht«, sagt Bai Chunli, Chef der Chinesischen Akademie der Wissenschaften. Für ein entsprechendes Forschungs- und Entwicklungsprogramm stellten Peking und Huawei Tausende von Experten und Milliarden an Kapital bereit. Bis 2025 will der chinesische Staat umgerechnet 1,4 Billionen Dollar vor allem für die Entwicklung und Produktion von Hochleistungschips ausgeben. 2019 wurde dafür ein Fonds von 30 Milliarden Dollar eingerichtet. Die

Semiconductor Manufacturing Internationals Corp. (SMIC), der größte Halbleiterhersteller des Landes, erhielt daraus schon über 2 Milliarden. Im Juli 2020 besorgte sich das Unternehmen an der Schanghaier Technologie-Börse STAR zusätzlich fast 7 Milliarden Dollar. So viel kostet die geplante neue Chipfabrik in Peking, mit der SMIC die eigenen Produktionskapazitäten ausweiten und so den Lieferboykott gegen Huawei kompensieren will. Zudem holte sich das Unternehmen den früheren Forschungs- und Entwicklungschef des größten Chipherstellers als neuen Vizechef in sein Führungsgremium. TSMC aus Taiwan ist neben Samsung das einzige Unternehmen, das bereits 5-Nano-Halbleiter herstellen kann. Etablierte chinesische Hersteller von integrierten Schaltkreisen ab einer bestimmten Qualitätsstufe wie etwa SMIC werden darüber hinaus für zehn Jahre von der Einkommenssteuer und Importzöllen für Vorprodukte befreit, bekommen verbilligte Kredite und F&E-Hilfen.

Chinas Chipindustrie hat den Finanz- und Know-how-Schub dringend nötig. Während amerikanische Firmen wie Intel oder Qualcomm und die taiwanesische TSMC bereits Chips der Größe sieben bis zehn Nanometer in Großserie produzieren, schaffen die besten chinesischen Hersteller bisher maximal 14 Nanometer, hinken also zwei Generationen hinterher. Ihre zur Herstellung hochleistungsfähiger Chips entscheidenden Lithografiegeräte sind derzeit noch weit davon entfernt, hochleistungsfähige Halbleiter herzustellen. Führend sind hier die Extrem-Ultraviolett-Lithografiemaschinen des holländischen Weltmarktführers ASML, dem die Regierung in Den Haag auf amerikanischen Druck hin eine Exportlizenz nach China verweigert.

2021 wollte SMIC ursprünglich zwar mit der Massenfertigung eines Zehn-Nanometer-Halbleiters beginnen. Doch im September 2020 nahm Washington das Unternehmen nach dem Muster von Huawei ins Visier. SMIC-Lieferanten in den USA müssen seitdem eine Exportlizenz beantragen. Die Begründung dafür ist dieselbe wie bei dem Netzwerkausrüster: Gefährdung der nationalen Sicherheit, SMIC arbeite mit dem chinesischen Militär zusammen. Im November setzte Washington den Chiphersteller auch auf die schwarze Liste für amerikanische Kapitalgeber.

Der technologische und finanzielle Boykott durch die USA wird Pekings technologischen Aufholprozess deutlich bremsen, aber nicht stoppen. Mit massiver staatlicher Unterstützung können Chinas Chiphersteller ihren technologischen Rückstand von drei bis sieben Jahren vermutlich noch in diesem Jahrzehnt aufholen. Dies gilt vor allem dann, wenn ihre bisherigen ausländischen Konkurrenten mit deutlich niedrigeren F&E-Budgets auskommen müssen, weil sie durch den Wegfall ihres größten Kunden erheblich weniger Gewinn machen. Der US-Kongress denkt deswegen bereits über ein Subventionsprogramm in Höhe von 22 Milliarden Dollar für die heimische Halbleiterindustrie nach. Ist Chinas Aufholjagd erfolgreich, wäre es auch auf diesem Feld von Importen unabhängig und Washington hätte mit dem Boykott den eigenen Niedergang vollendet. »Die USA tun China kurzfristig weh, aber helfen dem Land langfristig«, so Philip Solis, Forschungsdirektor bei dem amerikanischen Beratungsunternehmen IDC. Mit der Zeit dürften sich die Fähigkeiten chinesischer Chiphersteller »exponentiell erhöhen«, so auch Wang Dang, Technologieexperte bei dem auf China spezialisierten Analyseunternehmen Gavekal Economics. Amerikas Technik-Boykott werde »dabei helfen, China wieder groß zu machen«.

Das gilt auch für die von Washington in der US-Bevölkerung systematisch geschürte Sinophobie und pauschale Verdächtigung chinesischer oder chinesischstämmiger Studenten, Forscher und Wissenschaftler, an Universitäten und in Unternehmen des Landes wertvolle Technologie zu stehlen. Immer mehr in den Vereinigten Staaten tätige chinesische oder chinesischstämmige Wissenschaftler kehren dem Land deshalb den Rücken. Ein Beispiel von vielen ist der renommierte Chemieprofessor Tan Weihong von der University of Florida, der nach seiner Rückkehr in China einen Corona-Schnelltest entwickelte.

Die Zahl chinesischer Studenten in Amerika ist bereits rapide zurückgegangen und immer mehr bleiben nach Abschluss des Studiums auch nicht mehr in den Staaten, sondern kehren in ihre Heimat zurück. Im September 2020 ließ die US-Regierung rund 1.000 chinesischen Studenten und Forschern, meist in den Bereichen Computerwissenschaften und Telekommunikation, das Visum entziehen. Nach Angaben des auf China spezialisierten *Paulson Institute* in Chicago bilden Studierende dieser Fächer seit Jahren die »größte Quelle für Spitzenforscher« in den USA. Top-Universitäten und Technologiefirmen in dem Land weisen schon seit Längerem warnend darauf hin, dass Amerika seine Vormachtstellung vor allem seiner Anziehungskraft auf die besten Talente aus aller Welt zu verdanken habe, aber dabei sei, diesen Vorteil zu verspielen. Die USA machen damit denselben Fehler, der einst zum Abstieg des Reichs der Mitte führte. China hat aus diesem Fehler gelernt: »Wer sich von anderen abkoppeln will«, so der ehemalige Handelsminister Chen Deming bei einer Konferenz im Dezember 2019 in New York, »wird beim wissenschaftlichen und technologischen Fortschritt zurückfallen und schließlich ganz ausgeschlossen werden.«

Das drohende Ende der Globalisierung

Insgesamt erscheint die Eindämmungspolitik Washingtons somit als nicht durchdacht und in vielerlei Hinsicht mit negativen Folgen für die eigene Wirtschaft behaftet. Im Wettlauf um die Führung in der Welt dürfte sie China am langen Ende mehr helfen als schaden, den Fortschritt des Landes nicht ausbremsen, sondern ihn sogar eher befeuern. Beide Seiten verlieren in der Auseinandersetzung, aber China wird dabei wohl weniger einbüßen als die USA, relativ gesehen also einen Vorteil daraus ziehen. In jedem Fall aber werden die Kollateralschäden der Auseinandersetzung für die Weltwirtschaft beträchtlich sein.

Seit der englische Ökonom David Ricardo Anfang des

19. Jahrhunderts seine Theorie des komparativen Kostenvorteils entwickelte, wissen wir, dass der freie internationale Warenaustausch für alle beteiligten Länder vorteilhaft ist und Wohlstand schafft. Der epochemachende Aufsatz, den der Marketing-Professor Theodore Levitt im Mai 1983 unter der Überschrift »Die Globalisierung der Märkte« in der »Harvard Business Review« veröffentlichte, hat gezeigt, wie durch globale Märkte Skalenerträge, Kosten- und Preissenkungen entstehen. Der Dollar als Zahlungsmittel, der Container als Transportbehälter und das World Wide Web als Kommunikationsinstrument förderten die Standardisierung und den Globalisierungsprozess zusätzlich.

Den ersten kräftigen Schub erfuhr dieser Prozess mit der von Deng Xiaoping eingeleiteten Öffnungspolitik Chinas Ende der 80er- und nach dem Ende des Kalten Krieges Anfang der 90er-Jahre des vergangenen Jahrhunderts, als der frühere Ostblock Teil des gemeinsamen Weltmarkts wurde. Der zweite und noch viel stärkere Schub folgte nach dem Beitritt Chinas zur WTO Anfang des Jahrhunderts. Er brachte über 20 Prozent der Menschheit und damit den größten Markt in die Weltwirtschaft ein. Vor 2001 belief sich der durchschnittliche gewichtete Zoll auf Einfuhren nach China auf fast 23 Prozent. 2017 waren es nur noch gut 6 Prozent. Die beträchtlich ausgeweiteten globalen Handelsbeziehungen und Wertschöpfungsketten haben Hunderte Millionen Menschen aus Armut und Elend befreit und weltweit für wachsenden Wohlstand gesorgt. Dass dieser nicht allen zugutekam, viele leer ausgingen oder sogar Nachteile erfuhren, steht auf einem anderen Blatt. Mit den Waren gingen auch Terrorismus und Krankheiten leichter um die Welt.

Deng Xiaoping, der große Reformpolitiker des lange Zeit gegenüber der Außenwelt weitgehend verschlossenen Landes, wusste, dass es vor allem diese Abschottung war, die zu Chinas »Jahrhundert der Demütigung« durch den Westen geführt hatte. Seine Öffnungspolitik stieß in den eigenen Reihen anfangs allerdings auf heftigen Widerstand. Dort fürchteten viele um ihre

Macht. Letztlich konnte Deng die parteiinternen Bremser erst mit der Niederschlagung der studentischen Demokratiebewegung im Juni 1989 beruhigen, dass seine wirtschaftliche Öffnung nicht mit liberalen Reformen des politischen Systems einhergehen würde. »Vielleicht ist das eine schlechte Sache«, so Deng zu den blutigen Ereignissen von Tiananmen. Die Öffnung nach außen werde »aber ermöglichen, mit der Reform- und Öffnungspolitik stetiger, besser und sogar schneller voranzugehen«.

Dass eine offene Weltwirtschaft im Ganzen segensreiche Wirkungen entfaltet, darauf fußte auch die Nachkriegsordnung des sogenannten *Washington Consensus*. Chinas wirtschaftliche Öffnung wurde in der westlichen Welt daher allgemein begrüßt. Doch je mehr sich herausstellte, dass das globale Dorf und speziell »Chimerica«, wie der schottische Historiker Niall Ferguson die besonders intensive wirtschaftliche Verflechtung Chinas mit Amerika nannte, für Washington nicht nur Vorteile, sondern auch unerwünschte Folgen haben können, desto mehr kamen seinen Schöpfern Zweifel. Die Globalisierung ließ China, anders als erwartet, nicht wie der Westen werden, sondern das Land nur umso schneller zu einem Rivalen der USA heranwachsen. Statt sich zu fragen, ob sie vielleicht ihre eigene Konkurrenzfähigkeit vernachlässigt haben, gaben diese einseitig China die Schuld: Peking habe unfair gespielt, gestohlen und betrogen. Sich auf Sündenböcke zu fixieren, so Stephen Roach von der Yale University dazu, sei eben »leider viel einfacher als ein langer, tiefer Blick in den Spiegel«. Statt multilateraler Abkommen und Institutionen waren in Washington schließlich nur noch bilaterale Vereinbarungen gefragt, statt global galt nur noch national. »Die Zukunft gehört nicht den Globalisten. Die Zukunft gehört den Patrioten«, so fasste Donald Trump im September 2019 vor der UNO-Vollversammlung sein außenpolitisches Credo zusammen. »Patriotismus« steht hier für Protektionismus und das Recht des Stärkeren.

Die Biden-Regierung ist im Vergleich dazu zwar weltoffener

eingestellt, dennoch wird auch sie die Eindämmungspolitik gegenüber China fortsetzen und die Globalisierung so weiter unter Druck stehen. Die Gefahr einer Balkanisierung der Weltwirtschaft bleibt bestehen. Kurt Campbell, der Indo-Pazifik-Koordinator in Bidens Nationalem Sicherheitsrat, hat in einem Beitrag in »Foreign Affairs« Mitte Januar einen Kurs der »gezielten Entkoppelung« (*managed decoupling*) von China befürwortet.

Nach Jahrzehnten der Integration ist die weltweite Ökonomie inzwischen so stark verflochten, dass eine Entkoppelung der zwei größten Volkswirtschaften voneinander, und sei sie nur partiell, zwangsläufig den gesamten Globus in Mitleidenschaft zöge. Der Handel von Gütern und Dienstleistungen, der Austausch von Kapital, Arbeit und Technologie schrumpfen, und mit ihnen das Wirtschaftswachstum. Und der Exportweltmeister Deutschland ist davon besonders betroffen. Unser wirtschaftliches Wohl und Wehe hängt in hohem Maße von freiem Handel und ungestörten internationalen Wertschöpfungsketten ab. Schon jetzt geben laut EU-Handelskammer in China über die Hälfte der dort tätigen europäischen Unternehmen an, von der amerikanischen *Decoupling*-Politik nachteilig betroffen zu sein. Für die Zukunft rechnen rund drei Viertel damit. »Wir sehen einen Sturm aufziehen«, so der Präsident der Organisation, Jörg Wuttke. Eine Vorahnung bekamen bereits deutsche Automobilhersteller zu spüren, die wegen der Halbleiter-Sanktionen gegen China ihre Produktion einschränken mussten. Eine Zweiteilung der Welt wird die Kosten- und Preissenkungen, die die Globalisierung ermöglicht hat, weitgehend zunichte und die Welt ärmer machen.

Zölle, nicht-tarifäre Handelshemmnisse und -beschränkungen, Technologieboykott und Entkoppelung begründet Washington gerne mit dem Schutz der nationalen Sicherheit. Unter diesem Deckmantel tut es jedoch selbst vielfach das, was es China sonst immer öffentlich vorwirft: Es betreibt Protektionismus sowie Industriepolitik und verletzt obendrein ein rechtsstaatliches Grundprinzip, wonach jeder als unschuldig zu gelten hat, bis seine Schuld erwiesen ist. Eine Studie des Analyse-Unternehmens Rhodium Group für Bertelsmann kam zu dem Ergebnis, dass eine »weitgehende Entkoppelung« von China »aus Sicherheitsgründen nicht nötig« sei. Statt für wirklich sicherheitsrelevante Produkte und Technologien einen »hohen Zaun um einen kleinen Hof« zu ziehen, habe Washington »große Burgen mit weiten Burggräben« gebaut, kritisiert auch der ehemalige chinesische Handelsminister Chen Deming. So streben die USA für sich und ihre Verbündeten etwa ein »sauberes Netzwerk« an, in dem chinesische Apps und Clouds keinen Platz haben. Damit würde das *Inter*net, die Manifestation der Globalisierung schlechthin, jedoch zu einem westlichen *Intra*net.

Ein besonders aufschlussreiches Beispiel für Amerikas »nationale Sicherheititis« liefert die von dem chinesischen Digitalmedienunternehmen Byte Dance für das Ausland entwickelte Kurzvideo-App TikTok. Als immer mehr junge Leute weltweit und auch in den USA diese nutzten, um ihre Filmclips zu teilen, geriet das Unternehmen wie zuvor Huawei und andere chinesische Firmen ins Visier des amerikanischen Staates. Ohne irgendwelche Belege dafür zu liefern, unterstellte dieser TikTok, seine Nutzerdaten an Peking weiterzugeben und damit persönliche Erpressung und sonstige unbefugte Einflussnahme etwa auf Wahlen in Amerika zu ermöglichen. Außenminister Pompeo warnte seine jungen Landsleute im Fernsehen sogar persönlich davor, die App herunterzuladen – es sei denn, sie wollten, dass ihre »persönlichen Daten bei der Kommunistischen Partei Chinas landen«. Pompeos Chef Donald Trump setzte Byte Dance eine Frist von sechs Wochen, um TikTok an ein US-Unternehmen zu verkaufen. Und verlangte für diese Erpressung von dem prospektiven Käufer für seine Dienste auch noch eine stattliche Gebühr zugunsten der Staatskasse. »Blut-und-Boden-Kapitalismus auf Provisionsbasis« urteilte sogar das ansonsten amerikafreundliche »Handelsblatt«.

Die Daten der amerikanischen TikTok-Nutzer liegen auf einem Server in den USA, die Kopie ist auf einem Server in Singapur gespeichert. Selbst die CIA fand »keinen Beleg« dafür, dass chinesische Behörden sich jemals Zugang zu den Daten verschafft hätten. Die Kommunistische Partei dürfte auch Besseres zu tun haben, als Abermillionen von Filmchen amerikanischer US-Teenager in lustigen Posen durchkämmen zu lassen, um zu prüfen, ob sie jemanden davon später damit vielleicht erpressen, als Spion anheuern oder bei seiner Wahlentscheidung beeinflussen kann. Hingegen müssen sich, wie wir seit Edward Snowden wissen, schon eher die Nutzer von Facebook weltweit sorgen, dass ihre Daten bei der CIA landen. Und seit einer Studie des Politikwissenschaftlers Dov Levin von der Carnegie Mellon University ist bekannt, dass sich die USA seit Ende des Zweiten Weltkrieges bis zum Jahr 2000 insgesamt 81 Mal in Wahlen anderer Staaten eingemischt haben. Die Empfehlung des *Council on Foreign Relations* an die Adresse der Regierung in Washington, »eine globale Norm gegen verdeckte Wahlbeeinflussung zu schaffen, indem sie den US-Geheimdiensten einseitig eine solche Aktivität verbietet«, spricht in diesem Zusammenhang Bände.

Im Namen der »nationalen Sicherheit« gehen die USA selbst gegen freundliche Nachbarn und enge Verbündete vor. So verhängten sie mit dieser Begründung zusätzliche Zölle auf Stahl und Aluminium aus der EU und drohten an, auch den Einfuhrzoll auf Automobile aus der EU von 5 auf 25 Prozent anzuheben. Die Nachbarn Kanada und Mexiko zwang Washington zur Neuverhandlung des Nordamerikanischen Freihandelsabkommens (NAFTA) und Nachbesserungen zu seinen Gunsten. Mit Peking können Mexiko und Kanada jetzt kein Freihandelsabkommen mehr abschließen, ohne den Bestand des neuen Abkommens namens MCA zu riskieren. Zeitweise drohten die Vereinigten Staaten Mexiko sogar massive Importzölle an, wenn es Flüchtlinge aus Mittelamerika nicht von der US-Grenze fernhalte. Amerika hat die Wirtschaftsbeziehungen zu einer Waffe bei der

Verteidigung seiner Hegemoniestellung gemacht. Freihandel und offene Grenzen wurden durch nationalstaatlichen Zoll-, Finanz- und Technologieterror ersetzt.

Politiker, Unternehmenschefs und Wirtschaftsexperten rund um die Welt hat diese Politik ernsthaft besorgt gemacht. Der ehemalige US-Finanzminister und Chef von Goldman Sachs, Henry Paulson, warnte schon 2018 vor einem »ökonomischen Eisernen Vorhang«, der einen »langen Winter« der Weltwirtschaft zur Folge haben werde. Durch die Coronakrise sind die Sorgen noch angewachsen. Die Seuche sei »der letzte Sargnagel der Globalisierung«, so Carmen Reinhart, Chefökonomin der Weltbank. Und der schottische Historiker Niall Ferguson ist davon überzeugt: »Die lange Zeit sehr engen wirtschaftlichen Beziehungen zwischen den beiden größten Volkswirtschaften der Welt sind dauerhaft zerstört. Ich glaube, dass wir uns auf einen langen Kalten Krieg auf vielen Ebenen einrichten müssen.«

Corona und der Kalte Krieg 2.0

Geschichte wiederholt sich nicht, sie reimt sich aber. Der drohende Kalte Krieg 2.0 wird anders sein als sein Vorgänger, mit diesem jedoch wesentliche Merkmale teilen. Wie seinerzeit die USA und die Sowjetunion versuchen heute Amerika und China, jeweils möglichst viele Länder auf ihre Seite zu ziehen. Und immer mehr stellt Washington die Konfrontation mit China als eine ideologische Grundsatzfrage wie ehemals die mit dem kommunistischen Ostblock dar, bei der angeblich der Fortbestand der westlichen Welt und ihrer Werte, Freiheit, Demokratie und Menschenrechte auf dem Spiel steht.

In Wahrheit geht es jedoch allein um Macht. Trotz unüberbrückbarer weltanschaulicher Differenzen mit dem chinesischen Regime ist Henry Kissinger als Nationaler Sicherheitsberater 1972 mit seinem Präsidenten Richard Nixon nach Peking gereist, um das Riesenreich im Kalten Krieg mit Moskau auf die Seite Washingtons zu ziehen oder zumindest neutral zu halten. Unter Mao Zedong war das Land von westlichen Werten sehr viel weiter entfernt als heute unter Xi Jinping. So wenig die kommunistische Ideologie Amerika seinerzeit davon abhielt, sich mit China gegen Russland zusammenzutun, so ungeniert wird sie heute als Vorwand benutzt, um ein wesentlich weniger kommunistisches, dafür aber zu einem ernsthaften Wettbewerber herangewachsenes China zu dämonisieren.

Wie total und radikal die amerikanische Mobilmachung gegen Peking ist, zeigte sich besonders seit Ausbruch der Coronakrise. Nachdem die USA sich lange zu sicher gefühlt und gedacht hatten, die Seuche werde China in seiner Aufholjagd entscheidend zurückwerfen, schlugen sie umso wilder um sich, als das Virus sie noch viel stärker traf. Das zögerliche Verhalten der Weltgesundheitsorganisation und der örtlichen chinesischen Behörden zu Beginn des Seuchenausbruchs in Wuhan nahm Washington zum Anlass, die WHO und mit ihr den Multilateralismus zu geißeln und vor allem den Rivalen China vor der Weltöffentlichkeit systematisch anzuschwärzen.

Der Ablauf der Krise lässt sich wie folgt kurz zusammenfassen:

- Am 26. Dezember 2019 sequenziert ein Speziallabor in der Hongkong benachbarten Metropole Kanton im Lungensekret eines in Wuhan an »atypischer Lungenentzündung« Erkrankten den größten Teil eines neuartigen Coronavirus, der stark dem SARS-Virus von 2003 ähnelt. Am darauffolgenden Tag informiert das Labor das Krankenhaus in Wuhan, das die Probe geschickt hat, und die Chinesische Akademie der Medizinwissenschaften über den Befund.
- Die Sequenzierung zweier anderer Proben aus Wuhan am 29. und 30. Dezember ergibt ein ähnliches Resultat. Die Gesundheitsbehörden der Stadt und der dazugehörigen Provinz Hubei weisen alle Krankenhäuser der Region auf eine »aty-

pische Pneumonie« hin, die Personen mit Verbindung zu einem Freimarkt befallen habe, auf dem auch Wildtiere frisch geschlachtet und verkauft werden. Zugleich ergeht die Aufforderung, alle derartigen Fälle aufmerksam zu verfolgen und den zuständigen örtlichen Behörden zu melden, sowie die Empfehlung, Masken zu tragen.

- Die Nachricht vom Ausbruch der Krankheit und dem Charakter des Virus sorgt im Gesundheitssektor Wuhans für erhebliche Unruhe. Am 30. Dezember warnt der Augenarzt Li Wenliang seine persönliche Chatgruppe vor einem neuen Auftreten von SARS. Das KP-Mitglied wird von den örtlichen Behörden wegen der »Verbreitung von Gerüchten« gerügt und zum Schweigen verdonnert.
- Am 31. Dezember veröffentlicht die Gesundheitsbehörde von Wuhan auf ihrer Webseite das erste Briefing über die neuartige Krankheit. Darin ist von 27 Fällen die Rede. Die Einwohner der Stadt werden aufgefordert, in der Öffentlichkeit Masken zu tragen, Versammlungen und geschlossene öffentliche Räume zu meiden. Das WHO-Büro in Peking leitet das Briefing an die Zentrale in Genf weiter. Am darauffolgenden Tag, dem 1. Januar 2020, gibt diese die erste Meldung über die Krankheit an die Weltöffentlichkeit heraus. Sie ist nicht besonders beunruhigend: »Alle Indizien« deuteten darauf hin, so heißt es, dass der Ausbruch in Wuhan mit dem dortigen Markt für Frischprodukte zusammenhänge. Es gebe »keine eindeutigen Hinweise«, dass die Krankheit von Mensch zu Mensch übertragen werde.
- Am 3. Januar beginnen die chinesischen Behörden damit, die Weltgesundheitsorganisation und verschiedene Länder über die Lage in Wuhan regelmäßig zu unterrichten.
- Am 12. Januar berichtet die WHO über die Ergebnisse der Inspektionsreisen von zwei Untersuchungsteams der nationalen chinesischen Seuchenschutzbehörde nach Wuhan. »Auf der Basis vorläufiger Informationen«, so heißt es in der

Mitteilung, »gibt es keine Beweise für eine *signifikante* Übertragung« der Krankheit von Mensch zu Mensch. Außerdem seien »keine Infektionen von Beschäftigten im Gesundheitswesen berichtet worden«. Einen Tag zuvor war jedoch Doktor Li erkrankt, der später auch an dem Virus starb. Am 13. Januar wird der erste Krankheitsfall in Thailand bekannt. Wie das chinesische Wochenmagazin »Caixin« später berichtet, macht Mao Xiaowei, Chef der nationalen Gesundheitskommission, daraufhin intern mobil. In einer Telefonkonferenz warnt er die Vertreter der Gesundheitsbehörden aller Provinzen des Landes, der Ausbruch in Wuhan werde sich »wahrscheinlich zu einem bedeutenden Ereignis für die Volksgesundheit entwickeln«, auf den es sich dringend vorzubereiten gelte. Die »örtliche Häufung« von Krankheitsfällen lege eine Übertragung von Mensch zu Mensch nahe.

- Eine Twitter-Meldung der WHO vom 14. Januar wiederholt den zwei Tage vorher verbreiteten Hinweis, wonach »vorläufige Untersuchungen der chinesischen Behörden keinen *klaren* Beweis« für eine Verbreitung des Virus »durch Mensch-zu-Mensch-Übertragung« erbracht hätten.
- Am 20. Januar erklärt China offiziell die Übertragbarkeit des Virus von Mensch zu Mensch. Eine WHO-Delegation von internationalen Seuchenexperten reist nach Wuhan.
- Am 23. Januar wird die Elf-Millionen-Stadt vollständig abgeriegelt. Zu diesem Zeitpunkt sind in China 571, im Rest der Welt zehn, in Europa null Coronakranke amtlich bestätigt.
- Am 25. Januar wird die gesamte Provinz Hubei mit rund 60 Millionen Einwohnern abgeriegelt.
- Am 30. Januar, nach Rückkehr der WHO-Delegation aus China, ruft die Organisation in Genf eine »gesundheitliche Notlage internationaler Tragweite« aus. Den Regeln zufolge muss dafür eine Krankheit vorliegen, die »ernsthafte Auswirkungen für die allgemeine Gesundheit haben und sich international verbreiten kann«. Zugleich stellen die Seuchenex-

perten ihren chinesischen Kollegen und den Behörden vor Ort Bestnoten aus. Die radikalen Quarantänemaßnahmen in Wuhan und Hubei hätten »wahrscheinlich Hunderttausenden Menschen das Leben gerettet«, so der Delegationsleiter Bruce Aylward.
- Am 11. März 2020, fast zweieinhalb Monate nach der ersten Information durch China und nachdem sich die Seuche über nahezu die ganze Welt verbreitet hat, erklärt die Gesundheitsorganisation die Corona-Seuche schließlich zur Pandemie.

Insgesamt erscheint das Verhalten der WHO suboptimal. Zwar muss die Organisation sich grundsätzlich darauf verlassen, dass die Mitgliedsländer sie unverzüglich und bestmöglich informieren. Sie hat keine Weisungsbefugnis, Untersuchungs- oder Eingriffsrechte in ihren Mitgliedsstaaten. Das ist jedoch kein Freibrief, relevante Informationen aus anderen Quellen zu ignorieren. Und solche Informationen gab es zu Corona, gerade auch in chinesischen Medien. Vor allem die Reaktion Taiwans auf die ersten Meldungen aus Peking hätte das Büro der Organisation in Peking hellhörig machen müssen. Die Insel untersteht politisch zwar nicht der Volksrepublik, ist mit dieser aber auf der persönlichen Ebene eng verflochten und verfügt damit auch über einen besonders tiefen Einblick in die Verhältnisse und Geschehnisse vor Ort. Direkt nach der ersten WHO-Meldung am 1. Januar 2020 schlugen die taiwanesischen Behörden Alarm, nahmen vorsichtshalber eine Übertragbarkeit der Krankheit von Mensch zu Mensch an und gaben einen langen Katalog von Schutzmaßnahmen bekannt. Dazu zählten unter anderem Fieberkontrollen für Flugreisende aus Wuhan, Tests in allen Verdachtsfällen, das schnelle Aufspüren von Kontaktpersonen und deren Benachrichtigung über Mobiltelefon, die strikte Isolierung von Virusträgern, das Tragen von Masken sowie hohe Geldstrafen für Verstöße. Ergebnis: Die Corona-Toten in Taiwan (Einwohnerzahl: 24 Millionen) lassen sich bis heute an zwei Händen abzählen.

Hätte die WHO alle Warnzeichen so ernst genommen wie die Behörden auf Taiwan, wären der Welt fast drei Wochen mehr Zeit verschafft worden, sich für Covid-19 zu wappnen, wie die Seuche offiziell heißt. Ob dies viel geändert hätte, darf allerdings bezweifelt werden. Denn auch so hatte die Welt wochenlang Zeit, sich auf die Ausbreitung der Krankheit vorzubereiten bzw. diese einzudämmen – und hat sie dennoch nicht genutzt. Im Nachhinein ist man allerdings immer klüger. Ändern lässt sich an dem Geschehenen nichts mehr. Aber lernen, was sich in Zukunft besser machen lässt, schon. Darum ging es der amerikanischen Regierung und ihren Unterstützern bei ihren Attacken auf die WHO mitten in der Krise jedoch nicht, sondern sie wollten eine weitere internationale Organisation diskreditieren und vor allem von eigenen Versäumnissen ablenken, indem sie mit dem Finger auf andere zeigten. Dabei war ihnen kein Argument zu billig. »Hätte die WHO international schneller informiert«, so der Republikaner Ron Johnson, Vorsitzender im Heimatschutzausschuss des Senats, »hätte uns das geholfen, früher einen zuverlässigen Labortest zu entwickeln.« Unerwähnt ließ Johnson dabei, dass die USA nach der Verkündung des internationalen Gesundheitsnotstands Ende Januar mindestens den ganzen Februar Zeit hatten, einen solchen Test zu entwickeln, dies jedoch versäumten und dann, als die Seuche im Lande um sich griff, statt andernorts bereits erprobte Testverfahren zu übernehmen, eilig einen eigenen Test entwickelten, der sich zunächst auch noch als fehlerhaft erwies. Dadurch ging mehr wertvolle Zeit verloren als durch das anfangs zögerliche Vorgehen der Weltgesundheitsorganisation.

Als Trump und seine Parteifreunde befürchten mussten, dass der Flurschaden der Pandemie in Amerika auch ihre Chancen bei der Präsidentschaftswahl im November unter sich begraben könnte, hielten sie Ausschau nach einem Sündenbock. Als erstes Opfer wurde dabei die Weltgesundheitsorganisation ausgemacht. Obwohl die CIA bereits zu dem Ergebnis gekommen war, dass die WHO zu Beginn der Seuche auf China zwar »Rücksicht genommen« habe, dem Land »aber nicht verfallen« gewesen sei, verdächtigte die US-Regierung die UN-Behörde in Genf der Bestechlichkeit und Kungelei mit Peking. Am 14. April schrieb der republikanische Senator Rick Scott zusammen mit sechs weiteren Parteikollegen einen Brief an WHO-Chef Tedros Ghebreyesus. Darin verlangten sie unter anderem von ihm, dass er ihnen den gesamten Schriftverkehr der Organisation mit Peking seit Ausbruch der Corona-Seuche offenlege und detaillierte finanzielle Angaben insbesondere auch darüber mache, ob Angestellte »zusätzlich zu ihrem Gehalt« weitere Zahlungen erhalten hätten und wenn ja von wem. »Wir können dem kommunistischen China nicht trauen«, so Scott, »und wir haben gelernt, dass wir auch der WHO nicht trauen können, weil sie uns belügen.«

Der Brief der Senatoren zeigt, dass die Organisation Washington nur als Trittbrett zum eigentlichen Ziel diente: das »kommunistische« China für die Epidemie verantwortlich zu machen. Wie der nachfolgende Ablauf der Ereignisse zeigt, bot auch Chinas Verhalten zu Beginn der Coronakrise Angriffsflächen für Kritik:

- Nach den ersten Sequenzierungsergebnissen Ende Dezember 2019 spielen die örtlichen Behörden in Wuhan und Hubei erst einmal auf Abwarten, obwohl die Befunde eine Übertragung des Virus von Mensch zu Mensch als gut möglich, wenn nicht sogar wahrscheinlich erscheinen lassen. Am 1. Januar 2020 wird zwar der als Krankheitsherd vermutete Freimarkt geschlossen, doch eine weitere konsequente Reaktion verzögert: Nach Recherchen des chinesischen Wochenmagazins »Caixin« ruft ein Vertreter der Gesundheitsbehörde von Hubei bei dem Labor in Kanton an, das die erste Probe aus Wuhan untersucht hat, und fordert es auf, diese zu zerstören und keine weiteren Proben mehr anzunehmen.
- Der Überbringer schlechter Nachrichten macht sich nirgendwo auf der Welt beliebt – in dem hierarchisch struktu-

rierten und zugleich extrem erfolgs- und aufstiegsorientierten chinesischen Behördensystem schon gar nicht. Noch dazu stehen in Wuhan gerade ein beliebtes Volksfest und das wichtigste Treffen der höchsten Parteiführer der Provinz an. Für diese hat es daher offenbar Vorrang, erst einmal Zeit zu gewinnen, eine Panik in der Bevölkerung zu vermeiden und die Kontrolle über das Geschehen zu behalten.

- Am 5. Januar informiert der renommierte Professor Zhang Yongzhen von der Fudan-Universität in Schanghai die nationale Gesundheitsbehörde darüber, wie zuvor schon das Labor in Kanton, in einer Probe aus Wuhan ein SARS-ähnliches Virus identifiziert zu haben. Die Behörde verpflichtet daraufhin, so »Caixin«, alle beteiligten Labore zum Stillschweigen, untersagt ihnen weitere Tests und fordert sie auf, alle eingehenden Proben an vorbestimmte Testinstitute weiterzuleiten oder zu zerstören. Trotz zahlreicher neuer Krankheitsfälle in Hubei und Wuhan ist von den dortigen Gesundheitsbehörden dazu offiziell über eine Woche lang nichts mehr zu hören.
- Am 6. Januar ruft das chinesische Seuchenkontrollzentrum intern die zweithöchste Notfallstufe aus. Zu dem Zeitpunkt sind in Wuhan angeblich bereits auch einige Ärzte erkrankt, die selbst keine Verbindung zu dem Markt hatten, der als Krankheitsherd vermutet wird. Dennoch beruhigt Xu Jianguo, Leiter des ersten nationalen Expertenteams, das in die Stadt am Jangtse-Fluss entsandt worden war, die Öffentlichkeit. Es bestehe »nicht die geringste Chance«, so Xu in der Hongkonger Zeitung »Takungpao«, dass die Krankheit sich infolge des intensiven Reiseverkehrs zum chinesischen Neujahrsfest »weit verbreitet«, es gebe »keinen Beweis« für eine Übertragung von Mensch zu Mensch.
- Schon einen Tag später jedoch, am 7. Januar, weist Staatspräsident Xi Jinping intern an, sich auf eine mögliche Epidemie vorzubereiten.

- Am 9. Januar wird offiziell der erste Coronavirus-Todesfall bekannt gegeben. Ein zweites vom nationalen Seuchenschutzzentrum nach Wuhan geschicktes Expertenteam verkündet öffentlich, für die dort gehäuft auftretenden atypischen Lungenentzündungen sei vermutlich ein neuartiges Coronavirus verantwortlich. Chinesische Wissenschaftler arbeiten derweil fieberhaft an der Entschlüsselung des Virus.
- Am 12. Januar veröffentlicht das Team von Professor Zhang die vollständige Genomsequenz des neuartigen Virus. Sie wird von China über die *Global Initiative on Sharing All Influenza Data* (GISAID) weltweit verbreitet.
- Am 13. Januar weiten die Behörden in Wuhan die Maßnahmen gegen eine Ausbreitung der Krankheit aus (Fiebermessung, Versammlungsverbot usw.). Ein Inspektionsteam aus Hongkong, Macau und Taiwan besucht die Stadt. Am selben Tag wird der erste Coronafall im Ausland bekannt. Dies lässt aus der ohnehin schon hohen Wahrscheinlichkeit, dass sich das Virus von Mensch zu Mensch übertragen kann, nahezu Gewissheit werden.
- Die bereits erwähnte Telekonferenz der höchsten Seuchenschutzverantwortlichen des Landes am 14. Januar zeigt, dass sich die chinesischen Behörden dessen inzwischen auch bewusst sind. Die Zeitschrift »Caixin« zitiert später aus einem »internen Memo« der Sitzung. Danach habe der Chef der nationalen Gesundheitskommission in dem virtuellen Treffen auf die Reisewelle zum bevorstehenden chinesischen Neujahrsfest und das »hohe Risiko einer Übertragung und Verbreitung des Virus« hingewiesen. »Alle örtlichen Behörden« müssten sich »auf eine Pandemie und ihre Bekämpfung vorbereiten«. Intern wird die höchste Notfallstufe für den Seuchenschutz ausgerufen und eine landesweite Mobilisierung angeordnet. Mehr als ein Dutzend Arbeitsgruppen kümmern sich fortan mit Hochdruck um die Beschaffung der nötigen Finanzmittel, die technische Vorbereitung von Klini-

ken, das Training von Personal, das Sammeln und Aufbereiten von Daten, die Beschaffung von Masken, Schutzkleidung und anderem mehr im Inland wie im Ausland. In einem 63 Seiten starken Handbuch erhalten die Gesundheitsbehörden der einzelnen Provinzen, Krankenhäuser und Ärzte konkrete Instruktionen für die Einrichtung von Krankenstationen, die strikte Isolierung von Erkrankten, das Tragen von Schutzkleidung usw. Li Qun, Chef der Notfallzentrale beim nationalen Seuchenbekämpfungszentrum, bezeichnet im staatlichen Fernsehsender CCTV »das Risiko einer nachhaltigen Übertragung des Virus« derweil weiter als »niedrig«.

- Am 18. Januar schickt die nationale Seuchenbehörde erneut ein Untersuchungsteam unter Führung von Chinas prominentestem Seuchenbekämpfer, dem in der SARS-Krise berühmt gewordenen Professor Zhong Nanshan, nach Wuhan.
- Am 20. Januar verkündet Zhong öffentlich, dass das Virus von Mensch zu Mensch übertragbar ist, und fordert die Chinesen auf, nicht nach Wuhan zu reisen. Die örtlichen Behörden haben bis zu dem Zeitpunkt 198 Corona-Krankheitsfälle und drei Tote gemeldet.
- Am 22. Januar mahnt Staatschef Xi Jinping öffentlich, die Epidemie »ernst zu nehmen« und »alle notwendigen Maßnahmen zu ergreifen«. Intern ordnet er die Abriegelung von Wuhan und eine strenge Quarantäne ihrer Einwohner an. Am selben Tag telefoniert er auch mit Bundeskanzlerin Merkel und dem französischen Präsidenten Macron. Nach Angaben der chinesischen Regierung tauscht sich Xi dabei neben anderen Themen auch über die Epidemie aus. In der offiziellen Mitteilung des Sprechers der Bundesregierung über die Inhalte des Telefonats ist davon allerdings keine Rede.

Angesichts dieses Ablaufs stellt sich die Frage, warum China der WHO nicht schon am 14. Januar die Übertragbarkeit des Virus von Mensch zu Mensch gemeldet hat, sondern erst eine Woche später. Ray Yip, ehemals Bürochef des amerikanischen *Center for Disease Control and Prevention* (CDC) in Peking, verteidigt die chinesischen Behörden jedoch: »Die haben vielleicht nicht das Richtige gesagt, aber dafür das Richtige getan.« China habe am 20. Januar für das gesamte Land die Alarmglocke geläutet. Das sei »keine unvernünftige Verzögerung«. Die Behörden hätten sich in dem riesigen Land zuerst ausreichend vorbereiten müssen, um beim Ausrufen der Katastrophe einigermaßen gewappnet zu sein und sofort agieren zu können. Ansonsten hätten Chaos und Panik gedroht.

Wie eine spätere Analyse der Außenhandelsstatistik des amerikanischen Heimatschutzministeriums zeigt, importierte China im Januar 2020 bereits 278 Prozent mehr Atemschutzmasken, 71 Prozent mehr Schutzanzüge und 32 Prozent mehr Schutzhandschuhe für Ärzte als im gleichen Monat des Vorjahres. Gleichzeitig sackten die Exporte von Masken und Schutzhandschuhen um jeweils 48 Prozent, von Inkubationsgeräten um 56 Prozent, Fiebermessgeräten um 53 Prozent und Baumwollpads für den Testabstrich um 58 Prozent ab. Allein Auslandschinesen beschafften bis Ende Februar rund zwei Milliarden Schutzmasken und schickten sie ins Land ihrer Herkunft.

Ideal wäre zweifellos gewesen, wenn die Behörden in der Volksrepublik wie die auf Taiwan reagiert hätten und schon Anfang Januar vom schlimmsten Fall, der Übertragbarkeit des Virus von Mensch zu Mensch, ausgegangen wären. Aber ideal läuft es in dieser Welt nur selten. Und in diesem Fall kamen gleich mehrere ungünstige Umstände zusammen:

- Im Winter häufen sich Grippewellen und Fälle von Lungenentzündung. In der Provinz Hubei grassierte die Grippe in der fraglichen Zeit besonders stark. Eine neuartige, gefährliche Krankheit mit ähnlichen Symptomen eindeutig davon zu unterscheiden geht nicht von heute auf morgen.
- China wurde über Jahrtausende dezentral verwaltet. Diese Tradition ist in dem riesigen Land auch heute noch stark aus-

geprägt. Regionale Kader haben dadurch viel Freiraum und aus der Zentrale nichts zu befürchten, solange diese nichts von Missständen erfährt. Sie scheuen sich daher, schlechte Nachrichten nach oben weiterzuleiten und so deren Eingreifen auszulösen.
- Der Zeitpunkt des Seuchenausbruchs kurz vor großen und für die Menschen vor Ort bedeutenden Veranstaltungen und dem als »größte jährliche Völkerwanderung der Welt« bekannten Neujahrsfest war denkbar ungünstig.

Hinzu kommt ein generelles Problem, das mit China nichts zu tun hat. In einem Beitrag in der Zeitschrift »The Lancet« stellten internationale Wissenschaftler infrage, ob die Postulate, die Robert Koch 1884 für die kausale Herleitung einer Seuche aufgestellt hat, noch angemessen seien. Zu diesen gehört die Identifikation eines tierischen Virusträgers. Um die Ausbreitung ansteckender Krankheiten zu verhindern, komme es in dem globalen Dorf der Welt von heute jedoch entscheidend auf Geschwindigkeit an, so die Wissenschaftler. Deshalb sei es notwendig, schon auf der Basis eines bei der Sequenzierung festgestellten »hochgradig verdächtigen Pathogens« zu handeln.

Der WHO und China die Schuld an der weltweiten Verbreitung der Corona-Pandemie und deren Folgen zu geben, ist trotz mancher Fehler und Versäumnisse am Anfang der Krise jedenfalls ebenso unberechtigt wie bösartig. Bis heute ist ungeklärt, wo das Virus seinen Ursprung hat und wie lange es schon in Menschen zirkuliert. Zwar wurde es zuerst in Wuhan entdeckt, das heißt aber noch nicht zwingend, dass es dort auch seinen Ursprung hat. Inzwischen wurde das Virus zum Beispiel in Körperproben von Krebstoten in Norditalien entdeckt, die bereits im Herbst 2019 starben. Offenbar war es in der Region schon damals verbreitet, ohne dass es gleich zum Ausbruch einer Epidemie kam. Es sei auch diese italienische Virusvariante, nicht die aus Wuhan, die sich in Europa und Amerika später hauptsächlich verbreitet habe, so der Virologe Alexander Kekulé. Damit ist nicht gesagt, dass nicht auch dieses Virus ursprünglich unentdeckt von China nach Norditalien eingeschleppt worden sein kann. Es entzieht allerdings den Vorwürfen, China habe die weltweite Verbreitung des Virus schuldhaft ermöglicht, den Boden.

»Wie jedes Land, das zuerst von einem Virus befallen« werde, könne China in der Rückschau sagen, es habe »einige Dinge versäumt«, so Bill Gates, der sich sehr stark für die Bekämpfung von Epidemien engagiert. Das Land habe aber »viele Dinge richtig gemacht«. Die Kritik an China sei »unfair«, so auch »Lancet«-Chefredakteur Richard Horton. »Die meisten westlichen Länder und die USA haben den gesamten Februar und den ersten Teil vom März verplempert, ehe sie tätig wurden.« Gerade wer, wie Donald Trump und Michael Pompeo, so gerne das Wort »Gott« im Munde führt, sei an einen Satz aus dem Johannesevangelium erinnert, den Jesus Christus einst zu Menschen gesagt haben soll, die eine Ehebrecherin steinigen wollten: »Wer von Euch frei ist von Sünde, der werfe den ersten Stein!« Wenn die chinesischen Behörden gesteinigt werden sollen, weil sie schon eine oder vielleicht sogar zwei Wochen früher hätten laut Alarm schlagen können, was müsste dann mit den Pharisäern geschehen, die das Geschehen in China vor Augen mehr als zwei Monate so gut wie ungenutzt verstreichen ließen?

Die amerikanische Seuchenbekämpfungsbehörde CDC hat wie Taiwan am 31. Dezember 2019 von der Häufung »atypischer Pneumoniefälle« in Wuhan Kenntnis erhalten. Und was Taipeh daraufhin unternommen hat, hätte auch Washington tun können. Die Lageeinschätzung der taiwanesischen Behörden und die von ihnen getroffenen Schutzmaßnahmen waren wenige Tage später im »Journal of the American Medical Association« nachzulesen. Wäre die Trump-Administration diesen konsequent gefolgt, hätten die USA einige Hunderttausend Tote weniger zu beklagen.

Am 3. Januar telefonierte Robert Redfield, Chef des CDC, bereits persönlich mit seinem chinesischen Kollegen und unterrichtete anschließend Gesundheitsminister Alex Azar. Als die Nachrichtenagentur Reuters im März 2020 berichtete, dass die Epidemiologin Linda Quick, die dem CDC vor Ort in China als eine Art Frühwarnsystem für Seuchenausbrüche gedient hatte, im Juli 2019 von ihrem Posten abberufen worden war, winkte Azar höchstpersönlich ab: Amerikas »Fähigkeit, Informationen zu bekommen«, sei dadurch »nicht gehindert«.

All dies steht in direktem Widerspruch zu der von der amerikanischen Regierung später erhobenen Behauptung, wäre sie von Peking besser informiert worden, hätte sich der Ausbruch der Seuche in den USA verhindern oder diese zumindest erheblich einschränken lassen. Noch Ende März, als das Virus auch Amerika voll erreicht hatte, lobte der Direktor des Nationalen Instituts für Infektionskrankheiten und Präsidentenberater, Anthony Fauci, in der Zeitschrift »Foreign Affairs« die Zusammenarbeit mit China. Und als er Mitte April, auf dem Höhepunkt der ersten Seuchenwelle in Amerika, von einem Journalisten gefragt wurde, was er im Rückblick am meisten bedauere, antwortete er: »Vielleicht hätte ich wirklich versuchen sollen, etwas tiefer in den Sachverhalt einzudringen.« Der drastische Verlauf in den Staaten lag offenbar nicht an Peking, sondern daran, dass Washington selbst nicht richtig hingesehen hat.

Wenngleich die USA (und auch Europa) vielleicht nicht schon im Januar so rigoros wie das dem chinesischen Festland so nahe und auf der persönlichen Ebene viel enger verbundene Taiwan reagieren mussten, so hätten sie doch zumindest überprüfen können, ob ihr Gesundheitssystem für den Fall der Fälle gerüstet ist, genug Behandlungsplätze, Masken, Schutzanzüge, Beatmungsgeräte, Desinfektionsmittel usw. vorhanden sind. Aber nicht einmal, als der chinesische Staatschef am 20. Januar 2020 höchstpersönlich öffentlich Alarm schlug und am 23. die bis dahin größte Quarantäne der Weltgeschichte ausgerufen wurde, wachten die zuständigen Stellen auf.

Wie für die Parteioberen in Wuhan brach die Seuche auch für Amerika zu einem denkbar ungünstigen Zeitpunkt aus: Die Aufmerksamkeit der Regierung, ja der ganzen Nation war Anfang 2020 auf das *Impeachment*-Verfahren gegen Donald Trump gerichtet. Und nach Beendigung des Verfahrens durch den Senat Anfang Februar konzentrierte der sich ganz auf seine Wiederwahl, hielt laufend Wahlkampfveranstaltungen ab und achtete vor allem darauf, dass die Wirtschaft und mit ihr die Börse brummt – für jeden amerikanischen Präsidenten von jeher nahezu die Garantie für eine zweite Amtsperiode. Eine Seuchenwarnung passte da schlecht ins Bild. So nahm das Unglück seinen Lauf:

- Am 22. Januar 2020 wird Donald Trump auf dem Davoser Weltwirtschaftsforum von Fernsehreportern auf den kurz zuvor gemeldeten ersten Corona-Infizierten in den USA angesprochen. Der Präsident wiegelt ab: »Das ist eine einzige Person, die aus China eingereist ist. Wir haben das total im Griff. Alles wird gut.« Peking gehe mit dem Problem »wirklich gut« um.
- Als die WHO Ende Januar den internationalen Gesundheitsnotstand ausruft, stoppt Trump alle Flugreisen zwischen China und den USA für Nicht-Amerikaner und wähnt sich damit offenbar auf der sicheren Seite. Pekings rigorosem Vorgehen, das die Wirtschaft des gesamten Landes nahezu lahmlegt, zollt er erneut Lob: China habe »sehr hart daran gearbeitet, das Coronavirus einzudämmen«. Im Namen aller Amerikaner spreche er seinem »guten Freund« Xi Jinping dafür seinen Dank aus. Handelsminister Wilbur Ross freut sich in einer Morgensendung des Senders Fox sogar über den Seuchenausbruch in China: Er wolle zwar »nicht von einem Triumph sprechen«, so Ross, aber er denke schon, dass die Epidemie »dabei helfen« werde, »die Rückkehr von Jobs nach Nordamerika zu beschleunigen«. Der Satz offenbart nicht nur eine bemerkenswerte Gefühllosigkeit, sondern auch eine

Arroganz sondergleichen. Amerika hält sich offensichtlich für unverwundbar. Darüber versäumt es die Regierung jedoch, Flugreisende aus China mit amerikanischem Pass, darunter viele chinesischer Herkunft, die vor der Epidemie flüchten, auf das Virus zu testen bzw. die zweiwöchige Quarantäne für Einreisende aus Hubei strikt zu kontrollieren. Chinesen, die einen Umweg über andere Länder nehmen, und Reisende aus Europa, wo die Epidemie inzwischen ebenfalls ausgebrochen ist, bleiben völlig unbehelligt. So verbreitet sich die Krankheit in den USA. »Wir haben die Vordertür geschlossen, aber die Hintertür offen gelassen«, kritisiert Andrew Cuomo, Gouverneur des Bundesstaats New York, der gerade zu Anfang besonders betroffen war. Der Flugverkehr aus Europa in die USA wird erst Mitte März gestoppt.

- Am 7. Februar macht Trump dem als Watergate-Enthüller bekannten Journalisten Bob Woodward, der ihn für ein Buchprojekt interviewt, deutlich, dass er genau um die Gefährlichkeit des Virus weiß: »Das ist wirklich tödliches Zeug, tödlicher als die schlimmste Grippe.« China habe »die WHO und Länder wie die USA offen, transparent und verantwortungsbewusst über die Epidemie auf dem Laufenden gehalten«. Dennoch glaubt der Präsident mit dem Einreisestopp für Nicht-Amerikaner direkt aus China genug getan zu haben.
- Nach dem Januar verstreicht so auch der gesamte Februar nahezu ungenutzt. Die Warnungen von Experten häufen sich, bleiben jedoch unbeachtet. Am 25. Februar rät etwa das CDC dringend dazu, sich auf einen massiven Seuchenausbruch im Lande vorzubereiten. Als kurz darauf der erste Todesfall in den USA bekannt wird, spielt Trump die Gefährlichkeit des Virus in der Öffentlichkeit wider besseres Wissen herunter. Die Amerikaner müssten sich keine Sorgen machen, »das sei ein bisschen so wie die normale Grippe«. Bei Woodward, der ihn in einem weiteren Interview später auf diesen eklatanten Widerspruch zu seinen früheren Aussagen

ihm gegenüber anspricht, rechtfertigt sich der Präsident: »Ich wollte es immer herunterspielen, um keine Panik auszulösen.« Kritiker aus der Opposition behaupten dagegen, Trump habe vor allem die Einnahmen für seine Hotels und Golf-Resorts schützen wollen.

- Allerdings nehmen auch seine politischen Gegner in der Demokratischen Partei das Virus immer noch nicht richtig ernst. Ende Februar beruhigt Oppositionsführerin Nancy Pelosi öffentlich, man könne, ohne sich Sorgen machen zu müssen, das bekannte Chinesenviertel in ihrer Heimatstadt San Francisco besuchen. Noch am 3. März, dem sogenannten *Super Tuesday*, halten die Demokraten in 14 Bundesstaaten, darunter Kalifornien und Texas, den bevölkerungsreichsten Staaten des Landes, wie gewohnt ihre innerparteilichen Vorwahlen für die Präsidentschaftswahlen ab. Der heutige Präsident Joseph Biden macht auch noch Tage danach überall im Lande Wahlkampf. Sein enger Mitarbeiter und heutiger Nationaler Sicherheitsberater, Jake Sullivan, versucht seinen Chef später mit der fadenscheinigen Erklärung zu entschuldigen, die Regierung habe diesem »nicht mitgeteilt, dass das Virus sich über die Luft verbreite und wie tödlich es war«.
- Selbst als am 11. März die WHO eine globale Pandemie ausruft. Dennoch dauert es noch zwei weitere Tage, bis Trump einen nationalen Gesundheitsnotstand erklärt, die rechtliche Voraussetzung dafür, Ausgangssperren zu verhängen. Angeblich musste ihn sein Freund, der konservative Moderator Tucker Carlson vom TV-Sender Fox, dazu überreden. Obwohl die Zahl der Krankheits- und Todesfälle inzwischen längst steil nach oben schießt, empfiehlt das CDC den Amerikanern erst am 3. April, Masken zu tragen. Es dauert bis zum 7. April, ehe schließlich nahezu alle amerikanischen Bundesstaaten ihren Bürgern verordnet haben, zu Hause zu bleiben. »Es gab damals eine Menge Widerstand dagegen, den Laden zuzumachen«, so Ober-Virologe Fauci später.

Und damit meinte er nicht nur die Bundesregierung in Washington.

Die Folgen der schweren Versäumnisse auf verschiedenen Ebenen zeigten sich bald. Die Krankenhäuser der US-Vorzeigemetropole New York wurden von Corona-Kranken überschwemmt, es fehlte an Beatmungsgeräten, Masken und Schutzkleidung. Die Stadt musste die Bürger sogar dazu aufrufen, den Hospitälern zum Schutz des medizinischen Personals Regencapes zur Verfügung zu stellen. Auf der Insel Hart im Stadtteil Bronx, wo sonst nur Verstorbene ohne Angehörige landen, wurden Corona-Opfer in Massengräbern verscharrt – »wie Giftmüll«, so der Fotograf George Steinmetz, der die Szenen mit einer Drohne filmte. Die Polizei beschlagnahmte danach sein Aufnahmegerät. Transparenz hat nicht nur in China Grenzen.

New York ist nur *ein* Beispiel für die chaotischen Verhältnisse im Land, die auch die Börsenkurse an der Wall Street und die US-Wirtschaft abstürzen ließen. Jeffrey Sachs, Wirtschaftsprofessor an der New Yorker Columbia University, bescheinigte der Regierung »sehr schweres Missmanagement«. Innerhalb weniger Wochen brach die Basis weg, auf die Donald Trump seine Wiederwahl aufgebaut hatte. Die Stimmung im Lande drehte sich. »Trotz rechtzeitiger Warnung hat Trump zu spät gehandelt«, so die »New York Times«. Und: »China hat dem Westen Zeit gekauft, der Westen hat sie verplempert.« So sah es auch die Mehrheit der Amerikaner. In einer repräsentativen Umfrage des Meinungsinstituts Pew von Anfang April 2020 sagten 65 Prozent der Befragten, Trump habe »zu langsam gehandelt«.

Selbstkritik kam für Donald Trump dennoch nicht infrage: »Wir haben das Richtige gemacht und wir haben es auch zur rechten Zeit gemacht«, so der Präsident, als die Zahl der Corona-Toten in seinem Land bereits in die Zehntausende ging. Seine Wut und die seiner Anhänger richteten sich nun mit voller Wucht auf einen äußeren Feind – das »kommunistische China«. Peking wurde die Schuld an dem Schlamassel zugeschoben. »Das hätte in China gestoppt werden können, bevor es anfing«, so Trump, »aber das wurde es nicht und jetzt leidet deswegen die ganze Welt.« Zwischen den USA und China entwickelte sich ein Crescendo gegenseitiger Vorwürfe, Drohungen und Verschwörungstheorien wie kurz vor einem Kriegsausbruch. Die Welt bekam einen bitteren Vorgeschmack darauf zu spüren, was ein Kalter Krieg 2.0 bedeutet.

In Amerikas sozialen Medien tauchten immer mehr Berichte auf, denen zufolge das Coronavirus im *Wuhan Institut für Virologie* (WIV), dem einzigen biologischen Labor Chinas mit der international höchsten Sicherheitsstufe *(BSL-4)*, als Teil eines Biowaffenprogramms gezüchtet worden sei. Von dort habe es dann den Weg auf den Freimarkt gefunden, der als Ausgangsort der Pandemie gilt. Der republikanische Senator Tom Cotton aus Arkansas, ein notorischer Kommunisten- und Chinahasser, der sich wie Mike Pompeo Hoffnungen macht, eines Tages ins Weiße Haus einzuziehen, griff die Labortheorie auf und schärfte sie noch an: »China hat diese Seuche ausgelöst«, so Cotton, »und wenn sie überwunden ist, wird es eine Abrechnung dafür geben.« Die Führung in Peking habe »ganz bewusst und kalkuliert« entschieden, das Virus aus dem Land zu lassen, so Cotton, um »nicht eine relative Schwächung ihrer Macht« hinnehmen zu müssen.

Die chinesische Regierung war über diese Anschuldigung hell empört und ließ sich dazu hinreißen, mit demselben Kaliber zurückzuschießen. Statt sachlich auf die ungenügenden Schutzmaßnahmen Washingtons hinzuweisen, entwickelte Zhao Lijian, stellvertretender Sprecher des Außenministeriums und Vertreter einer jungen, kämpferischen Diplomatengeneration, die Gegenthese, das Virus stamme aus den USA: »Vielleicht hat die US Army die Epidemie nach Wuhan gebracht.« Damit spielte Zhao auf die Militär-Weltspiele an, die im Oktober 2019 in Wuhan stattfanden und an der auch GIs teilnahmen. Die Retourkutsche aus Peking brachte wiederum Washington noch mehr in Rage: Präsident Trump sprach fortan nicht mehr vom Coronavirus, sondern vom »chinesischen Virus«. In der Folge nahmen im Lande rassistisch motivierte Übergriffe gegen Amerikaner asiatischer Abstammung zu. Bei der Konferenz der Außenminister der G7-Staaten im März 2020 wollte Gastgeber Mike Pompeo in der Schlusserklärung statt Covid-19, der offiziellen Bezeichnung der WHO, partout die Bezeichnung »Wuhan-Virus« verankern. Als er damit bei seinen Kollegen nicht durchdrang, verzichtete er sogar lieber ganz auf ein Kommuniqué.

Deborah Birx, neben dem Immunologen Anthony Fauci die wichtigste Fachberaterin des Präsidenten in der Coronakrise, erklärte zwar, die Fachwelt sei »noch weit davon entfernt«, den Ursprung des Virus zu kennen, und es gebe »keinen Beweis« für eine Herkunft aus einem Labor. Dennoch machte Pompeo mit seiner Desinformationskampagne ungerührt weiter: »Wir wissen, dass es in einem Labor begann.« Und obwohl Top-Virenjäger vom angesehenen *Scripps Research Institute* in Kalifornien bereits Mitte März in der Fachzeitschrift »Nature Medicine« berichtet hatten, das Virus sei schon länger in der Welt, es komme nicht aus einem Labor, ja nicht einmal unbedingt aus China, kündigte der Republikaner Ron Johnson, Chef des Heimatschutzausschusses im Senat, Mitte April eine umfassende Untersuchung von Chinas Verhalten in der Coronakrise an. Dabei werde es besonders um die Frage gehen, ob das Virus aus einem Labor stamme und Peking deswegen versucht habe, »die Dinge zu vertuschen«. Johnsons Parteifreundin Martha McSally forderte sogar, in den USA zivile Schadenersatzklagen gegen den chinesischen Staat zuzulassen und Reparationsansprüche gegen das Land zu erheben. »Als Minimum«, so McSally, müssten Amerika »die Schulden erlassen werden«, die es bei China habe. Ihr Kollege Mitch McConnell, damals republikanischer Mehrheitsführer im Senat, wies flankierend darauf hin, dass China US-Schatzbriefe im Wert von über 1 Billion

Dollar besitze, die Washington gegebenenfalls einfach nicht mehr bedienen könnte.

Washingtons Hilfstruppen rund um den Globus reihten sich bereitwillig in die Kampagne ein. Das *Henry Jackson Institute* in London, eine wegen seiner undurchsichtigen Finanzierung und dubiosen Auftragsarbeiten umstrittene sogenannte »Denkfabrik«, erklärte China auch als rechtlich verantwortlich für die Pandemie und berechnete die bis zu dem Zeitpunkt (Mitte April 2020) aufgelaufene Schadenersatzsumme auf 3,7 Billionen, also 3.700 Milliarden US-Dollar. Falls Peking nicht zahlen wolle, ließen sich notfalls entsprechende chinesische Vermögenswerte im Ausland beschlagnahmen. Die »Bild«-Zeitung hängte sich prompt an und bezifferte die Summe, die »China Deutschland jetzt schon schuldet«, auf circa 150 Milliarden Euro. Von Journalisten darauf angesprochen, erklärte Donald Trump, sein Land denke noch über »wesentlich höhere Summen« nach. Im Juli 2020 stimmte die republikanische Mehrheit im Rechtsauschuss des Senats dann einer Gesetzesvorlage zu, die es Amerikanern erlaubt, die Volksrepublik China wegen Corona auf Schadenersatz zu verklagen. »Die Lügen, Vertuschung und Inkompetenz« Pekings, so Senator Joshua Hawley, hätten aus einer »lokalen Krankheit eine globale Pandemie« gemacht.

Eine lokale Krankheit war zunächst auch die sogenannte »Spanische Grippe« von 1918/19, die mit rund 50 Millionen mehr Menschenleben kostete als der Erste Weltkrieg. Zur globalen Pandemie wurde sie durch die Inkompetenz und Nachlässigkeit amerikanischer Behörden. 1918 hatte der Landarzt Loving Miner aus Haskell County im Bundesstaat Kansas wegen eines Patienten mit einer ungewöhnlich heftigen Lungenentzündung, aus der er nicht schlau wurde, den nationalen Gesundheitsdienst um Hilfe gebeten. Vergeblich. Kurz darauf wurden drei junge Männer aus Haskell County eingezogen und nach Europa in den Krieg geschickt. Einer von ihnen war der Unteroffizier Albert Gitchell, Küchenmeister in seiner Kompanie. Er gilt als Patient Null der sogenannten »Spanischen Grippe« und verbreitete das Virus in Europa. Die »spanische« war in Wahrheit eine »amerikanische« Grippe. Soll die Welt deswegen jetzt etwa nachträglich Schadenersatz vom amerikanischen Staat verlangen?

Zweifellos müssen sich die chinesischen Behörden vorwerfen lassen, nach dem Ausbruch von Covid-19 nicht sofort entschlossener reagiert zu haben. Das gestehen sie auch selbst ein. Die vor Ort in Wuhan und Hebei für die verzögerte Reaktion schuldhaft Verantwortlichen wurden von ihren Posten abgelöst. Gao Fu, der Chef der nationalen Seuchenbehörde, beichtete öffentlich, seine Behörde und er selbst hätten zeitweise »falsche Ansichten« vertreten. Das Seuchenberichtssystem müsse »weiter verbessert werden, sodass es Infektionen früher erfassen kann«. Im Nationalen Volkskongress liegt inzwischen eine Gesetzesinitiative für ein breiter aufgestelltes integriertes Meldesystem vor, das sowohl Ärzte wie Krankenhäuser und staatliche Gesundheitsbehörden umfasst und für eine schnellere Eskalation von Seuchenwarnungen sorgen soll.

Unabhängig davon muss bei Beantwortung der Frage, wie schwer das anfangs zögerliche chinesische Vorgehen wiegt, Chinas entschlossene Reaktion in der Folge berücksichtigt werden und vor allem, wie sehr dagegen die insgesamt mehr als nur zögerliche Reaktion der USA ins Gewicht fällt. Wenn China für seine Versäumnisse bezahlen soll, müsste der amerikanische Staat dann nicht erst recht dafür bezahlen, dass er monatelang die Gefahr ignoriert und dadurch nicht nur im eigenen Land schweren Schaden angerichtet hat? Washington habe »zwei unwiederbringliche Monate vergeudet, um sich vorzubereiten«, so die Zeitschrift »The Atlantic«.

»Chinas aggressive Antwort« habe dagegen »wahrscheinlich eine viel schlimmere Situation verhindert, die eine globale Ausdehnung der Krankheit beschleunigt hätte«, glaubt Professor Andrew Tatem von der University of Southhampton. Pekings Vorgehen habe der Welt ein »Zeitfenster der Vorbereitung und eine reelle Chance« im Kampf gegen das Virus gegeben. China habe es »brutal, aber brilliant« gemacht und »eine Million Menschenleben gerettet«, so Donald McNeill jr., Wissenschaftsredakteur der »New York Times«.

Schon Aristoteles hat einst zwischen *Causae remotae* und *causae proximae*, also mittelbaren und unmittelbaren Ursachen, unterschieden. Spätestens seit dem 20. Januar 2020, nach der öffentlichen Mahnung von Staatspräsident Xi, konnte jeder wissen, dass es in China ein ernsthaftes Gesundheitsproblem gab. Ich selbst habe am Morgen des 22. Januar, wenige Stunden vor Abflug, schweren Herzens eine geplante Reise nach China abgesagt. Spätestens am 23. Januar 2020 musste jeder gewarnt sein, der Augen hat zu sehen, Ohren zu hören und noch über einen Rest an Verstand verfügt. An diesem Tag ließ die Regierung in Peking die Elf-Millionen-Stadt Wuhan abriegeln, ein zentraler Verkehrsknotenpunkt des Landes.

Statt zu alarmieren, löste die radikale Maßnahme in Amerika (und Europa) jedoch weithin vor allem ungläubiges Staunen und Kopfschütteln über die autoritären Methoden der chinesischen Führung aus. Noch Wochen später tat die US-Regierung das Geschehen in China als für ihr Land bedeutungslos ab. Und die europäischen Regierungen verhielten sich kaum anders. Als ginge sie die Epidemie im fernen China nichts an. Die Ausgangssperre in Wuhan sei im Westen meist als staatliche Willkür diffamiert worden, so der deutsche Wissenschaftsjournalist Ranga Yogeshwar. »Wir haben das verschlafen, auch wir Journalisten.« Eine Studie der Universität Oxford zusammen mit der Seuchenbehörde der südchinesischen Provinz Guangdong (Einwohner: 120 Millionen) ergab später, dass vor der Abriegelung Wuhans täglich bis zu 200.000 Menschen von dort mit dem Schnellzug in das Perlflussdelta gekommen waren. Dennoch konnten die örtlichen Behörden die Zahl der Corona-Todesopfer nach eigenen Angaben auf unter 2.000 begrenzen. Die Trump-Regierung im 10.000 Kilometer entfernten Amerika verharmloste die

Krankheit dagegen bis zum Schluss. Sie ließ die Vorlaufzeit von mindestens zwei Monaten, die sie hatte, um sich auf den Notfall vorzubereiten, ungenutzt verstreichen. Selbst als die Epidemie dann im Lande wütete, wurde sie immer noch verharmlost und nicht konsequent bekämpft. Das jedem Menschen »von Gott verliehene« und deshalb »unveräußerliche Recht«auf »Leben«, das die amerikanische Unabhängigkeitserklärung als erstes durch den Staat zu schützendes Recht nennt, schien nicht mehr viel zu zählen.

Das politische System der Vereinigten Staaten hat sich bei der Bewältigung dieser epochalen Krise jedenfalls als dysfunktional erwiesen. Amerika steche global als »Emblem der Inkompetenz« hervor, so William Burns, Chef der *Carnegie-Stiftung*. Trumps Polit-Mantra »*America First*« fiel der Lächerlichkeit preis. Amerika ist tatsächlich Erster in der Welt – mit nicht einmal 5 Prozent der Weltbevölkerung hat es allein mehr als ein Viertel aller globalen Corona-Opfer zu beklagen.

Von über 50 befragten Ländern für den im Juni 2020 erschienenen *Democracy-Perception-Index* der *Alliance of Democracies* sagten nahezu alle und eindeutig, China habe auf die Coronaseuche besser reagiert als Amerika. In einer im September 2020 veröffentlichten Umfrage des Pew Research Center in 13 mit den USA befreundeten Ländern waren 48 Prozent der Meinung, Peking habe in der Coronakrise »gute Arbeit« geleistet. Washington billigten dies nur 9 Prozent zu. Amerikas Versagen in der Coronakrise werde »für den gesamten Rest dieses Jahrzehnts nachhallen«, fürchtet der bekannte Hightech-Unternehmer Marc Andreesen.

Diesem Versagen hat Joe Biden es zu verdanken, dass er als Nachfolger von Donald Trump ins Weiße Haus einziehen durfte. Ungeachtet der Mitverantwortung für die Misere, die vor allem auch demokratische Gouverneure in einzelnen Bundesstaaten des Landes trugen, stellte Bidens Wahlkampf konsequent auf Trumps Fehler in der Coronakrise ab:

- Erstens habe dieser das von der Obama-Regierung begonnene Frühwarnprogramm PREDICT gestoppt. In diesem hätten »Krankheitsdetektive« in aller Welt, auch in China, Ausschau nach Seuchengefahr gehalten, heißt es in einem internen Argumentationspapier der Demokraten. Trump habe auch die Position eines US-Beobachters in Chinas Seuchenkontrollbehörde unbesetzt gelassen und das Direktorat für globale Gesundheitssicherheit und Bioverteidigung im Nationalen Sicherheitsrat aufgelöst.
- Zweitens habe der Präsident Pekings »offenkundige Beschönigung der Lage bereitwillig übernommen«, die dortige Regierung im Januar und Februar insgesamt »15 Mal« für ihren »transparenten« Umgang mit der Epidemie gelobt und sich dafür sogar im Namen des amerikanischen Volkes bei Präsident Xi bedankt.
- Drittens schließlich habe Trump »trotz der Warnungen der Geheimdienste, seines eigenen Gesundheitsministers und des CDC« die drohende Gefahr nach einer Zählung der »Washington Post« mindestens »34 Mal verharmlost«, dann, als dies nicht mehr möglich war, »chaotisch reagiert« und »versucht, für sein Versagen in der Krise andere verantwortlich zu machen«. Welche Fehler die WHO auch immer begangen haben mag, so das Positionspapier des Biden-Wahlkampfteams, Tatsache sei, dass sie am 30. Januar 2020 den Ausbruch der Coronavirus-Epidemie »als öffentlichen Gesundheitsnotstand von internationaler Tragweite« ausgerufen habe. »Dennoch hat Trump auf diese offizielle und dringende Warnung bis Mitte März kaum reagiert.«

Mit ihrem propagandistischen Trommelfeuer gegen China hat es die Trump-Regierung zwar nicht geschafft, von ihrem eigenen Versagen in der Krise abzulenken, und deswegen auch die Wahlen verloren. Zugleich ist es Washington mit einer beispiellosen Agitprop-Kampagne jedoch gelungen, die Mehrheit der Amerikaner gegen China aufzubringen. Am Ende bezichtigte Washington Peking sogar, nicht nur die Gefährlichkeit der Corona-Seuche anfangs vertuscht, sondern das Virus absichtlich exportiert zu haben, um nicht allein darunter leiden zu müssen. »Das ist wirklich der schlimmste Angriff, den wir je hatten«, so Donald Trump im Mai 2020 über die Coronakrise, »schlimmer als Pearl Harbor, schlimmer als das World Trade Center.« Als Antwort auf beide Ereignisse zogen die USA bekanntlich in den Krieg.

Wie eine Umfrage des Meinungsforschungsinstituts Pew vom Juli 2020 zeigt, hat die ablehnende Haltung gegenüber China in den USA den höchsten Stand erreicht, seit die Frage vor 15 Jahren zum ersten Mal gestellt wurde. 73 Prozent der Amerikaner sehen China heute »negativ«, 42 Prozent sogar »sehr negativ«, doppelt so viele wie zuvor. Zu dieser Stimmungslage hat, wenngleich weniger schrill als die Regierung, auch die Opposition beigetragen.

Um sich angesichts der zunehmend sinophoben Haltung im Lande von niemandem übertreffen zu lassen, bezeichnete der heutige Präsident schon im Vorwahlkampf seiner Partei seinen chinesischen Amtskollegen öffentlich als »Gangster«. Amerika müsse gegenüber China »andere Saiten aufziehen«, so Biden. Je mehr Donald Trump im Verlauf des Wahlkampfs seinen Herausforderer dann als »Bejing Biden« und »China Softie« brandmarkte, desto härter äußerte sich dieser gegenüber Peking. Umso mehr, als er nur so das wirksamste Argument, Trumps Versagen in der Coronakrise, einsetzen konnte, ohne sich eine politische Blöße zu geben.

War das Verhältnis beider Länder schon durch den Handels- und Technologiestreit schwer angeschlagen, ist es seit Corona nachhaltig vergiftet. Wie in den USA eine antichinesische, so hat sich in China eine antiamerikanische Stimmung breitgemacht. Als die chinesische Zeitung »Global Times« im August 2020 ihre Leser fragte, ob sie Amerika mögen, antworteten nur 1,5 Prozent mit »Ja«. 38,5 Prozent gaben an, Amerika »noch nie gemocht« zu haben, 30 Prozent sagten »früher mal, aber jetzt weniger« und 27 Prozent, dass sie an Amerika zwar immer noch den hohen Stand von »Wissenschaft und Technologie sowie die Herrschaft des Rechts« mögen, aber nicht seine China-Politik. »Die Würfel sind gefallen«, so Stephen Roach von der Yale University, und das Ergebnis sei »tragisch für beide Seiten – und die Welt«. Der Kalte Krieg 2.0 hat begonnen.

Das »kommunistische China« wolle sich nicht der Gemeinschaft der Nationen anschließen, sondern diese »beherrschen«, so der republikanische Senator Rick Scott von Florida im März 2020 beim *Hudson Institute* in Washington. Ben Sasse, Scotts Parteifreund und Kollege aus Nebraska, hatte bereits im Januar zuvor in der Zeitschrift »The Atlantic« geschrieben, China strebe nicht danach, »wieder seinen Platz als eine von mehreren Großmächten zurückzugewinnen«, sondern wolle »die alleinige Supermacht der Welt« sein. Peking gehe es »am Ende« darum, »die gesamte Welt unter die politische und geistige Hegemonie der KP zu bringen«. Die Herausforderung sei »letztlich eine zivilisatorische«, China wolle ein neues Modell dafür etablieren, »wie Menschen zusammenleben können und sollen, das tödlich für unser westliches Modell wäre«.

Ähnlich wie Scott und Sasse denkt und äußert sich die Mehrheit des politischen Establishments in Washington. China sei »die größte Gefahr«, so der ehemalige Anführer der Republikaner, Newt Gingrich, »viel größer als Nazi-Deutschland oder die Sowjetunion«. Um dieser Gefahr zu begegnen, hatte Steve Bannon, der einstige Wahlkampfmanager und Top-Berater von Präsident Trump, schon im März 2019 das *Committee on the Present Danger* wieder aufleben lassen, das in den 50er-Jahren des vergangenen Jahrhunderts gegründet worden war, um die Aufrüstung gegen die Sowjetunion im Kalten Krieg zu fördern. Diesmal geht es um die totale Mobilmachung gegen China. Richard Kemp vom *Gatestone Institute* sieht in Corona einen »9/11-Moment, der den Westen aufwecken und zurückschlagen lassen muss«. »Unsere politische Elite hat eine karikaturhafte Vorstellung von China als ökonomischer Taschendieb, militärisches Raubtier und Möchtegern-Exporteur von autoritärem Denken«, so der amerikanische Ex-Diplomat und China-Kenner Chas Freeman jr. zu der Sinophobie in seinem Heimland.

Deng Xiaoping, Chinas großer Reformer, hatte seinen Genossen in den 1980er-Jahren geraten, »für die nächsten 50 Jahre« ihr Licht unter den Scheffel zu stellen und zuerst die eigene Stärke nachhaltig zu entwickeln. Seine Handlungsanweisung damals lautete: »Die Entwicklungen nüchtern beobachten, unsere Position aufrechterhalten, Herausforderungen ruhig begegnen, unsere Fähigkeiten verbergen, geduldig abwarten, frei von Ehrgeiz bleiben, nie einen Führungsanspruch stellen.« Die 50 Jahre sind noch nicht vorüber, aber das »Reich der Mitte« stellt sein Licht seit einigen Jahren nicht mehr unter den Scheffel, verbirgt seine Fähigkeiten nicht länger, zeigt seinen Ehrgeiz und meldet deutlich vernehmbar seine Ansprüche an. Je mehr der Glanz der USA verblasste, desto stärker sah Peking sich offenbar ermutigt, das eigene Licht umso heller leuchten zu lassen. Das Projekt der »Neuen Seidenstraße« und das ausgreifende Auftreten im Südchinesischen Meer, die ehrgeizigen ökonomischen und technologischen Pläne, die in dem Programm »*Made in China 2025*« zum Ausdruck kommen, illustrieren die Ansprüche des Landes. Sind sie die Vorboten dafür, dass Peking die *Pax Americana* durch eine *Pax Sinica* ersetzen, sein eigenes autoritäres Gesellschaftsmodell exportieren und die Weltherrschaft übernehmen will?

Wachsamkeit ist zweifellos geboten, aber Angst ist fehl am Platz. Die aggressiven Ideologien dieser Welt, Militarismus, Kolonialismus, Imperialismus und auch Kommunismus, stammen allesamt aus dem Westen. »Es war Europas tiefverwurzelte Beziehung zu Gewalt und Militarismus, das es ihm ermöglichte, zum Zentrum der Welt zu werden«, so der in Oxford lehrende

Historiker Peter Frankopan. Amerika tat es Europa später gleich und löste es als Führungsmacht an der Spitze ab. Konfuzianismus und Taoismus hingegen, die beiden großen Denkschulen Chinas, nehmen sich im Vergleich dazu geradezu pazifistisch aus. Wie die Große Mauer augenfällig zeigt, war China in seiner Geschichte grundsätzlich defensiv eingestellt. Das Wort Kampfkunst (*Wu*) kombiniert die Zeichen für »Waffe« und »stoppen«. Bis heute gibt China prozentual zu seinem BIP nicht mehr für das Militär aus als Deutschland und viel weniger als die 3,5 Prozent von Amerika. Anders als die amerikanische ist die chinesische Kultur keine Jugendkultur, in der es nicht zuletzt darum geht, seine Stärke zu beweisen, sondern eine Kultur der Altersweisheit. Während sich Europas Oberschicht über Jahrhunderte im Kriegshandwerk übte, konzentrierte sich Chinas Elite vor allem auf Kalligrafie und Gedichteschreiben. Auf Krieger und Soldaten schaute sie eher verächtlich herab. In der gesellschaftlichen Rangordnung standen diese ganz unten.

Anfang des 15. Jahrhunderts, also fast ein Jahrhundert bevor Kolumbus Amerika entdeckte, segelte der chinesische Admiral Zheng He mit Schiffen, die 20-mal größer waren als die *Santa Maria,* das Flaggschiff von Kolumbus, und mit einer Flotte, die mehr Schiffe umfasste als alle Flotten europäischer Länder zusammen, um den halben Globus. Für China wäre es damals ein Leichtes gewesen, die Weltherrschaft an sich zu reißen. Das Land war allen anderen wirtschaftlich wie miltärisch haushoch überlegen, nutzte das jedoch nicht aus. Es war schlicht nicht daran interessiert. Bald nach Zhengs Reisen vernichtete es sogar selbst seine gesamte Hochseeflotte zusammen mit den Bauplänen für ihre Riesenschiffe und stellte den Neubau von größeren Schiffen unter Strafe. China ist stets eine Landmacht gewesen, sein Denken agrarisch geprägt. Weltimperien und Kolonien auf anderen Kontinenten sind eher die Sache von Seemächten und Handelsnationen.

Wie die Amerikaner halten auch die Chinesen ihr Land für

etwas Besonderes. Im Unterschied zum amerikanischen Exzeptionalismus verspüren sie jedoch keinerlei Sendungsbewusstsein, keine *mission civilisatrice*, keinen universellen Auftrag, alle Welt nach ihrem Ebenbild zu gestalten. »Das ist ein tiefes Missverständnis der chinesischen Strategie«, so Robert Daly, China-Experte und Politikprofessor an der New Yorker Columbia University. Chinas Strategie sei zwar »forsch« und stärke »autoritäre Kräfte, aber nicht ideologisch ambitioniert«. Chinesen fühlen sich schon deshalb weder zu Missionaren noch Weltpolizisten berufen, weil sie wissen, dass ihre Kultur und das darauf beruhende Gesellschaftsmodell so andersartig und spezifisch chinesisch sind, dass sie sich zum Export nicht eignen, schon gar nicht nach Europa oder Amerika. Peking will denn auch anders als seinerzeit Moskau die USA als Hegemon nicht ersetzen, sondern nur entthronen; es strebt keine neue *uni*polare, sondern eine *multi*polare Weltordnung an, in der es allerdings eine seiner Bedeutung entsprechende Führungsrolle spielt.

Europa muss demnach nicht fürchten, dass China es »wie Afrika zu einer Kolonie« machen will, wie etwa Mathias Döpfner, Präsident des Bundesverbands Digitalpublisher und Zeitungsverleger BDZV und Vorstandsvorsitzender der Axel Springer SE, Europas größtem Medienhaus, argwöhnt. Dafür sprechen schon der Pragmatismus und Realitätssinn, die den Chinesen von Natur aus eigen sind. Der Führung in Peking ist sehr wohl bewusst, dass der fulminante Fortschritt des Landes in den zurückliegenden Jahrzehnten ohne die Globalisierung nicht möglich gewesen wäre. Und sie weiß ebenso genau, dass die enormen Reform- und Entwicklungsaufgaben, die sie noch zu bewältigen hat, um das Land von einem Schwellen- und teilweise immer noch Entwicklungsland zu einer voll entwickelten modernen Volkswirtschaft zu machen, ohne eine prosperierende und friedliche Welt nicht zu schaffen sind. »Der chinesische Traum«, so Xi Jinping, »kann nur in einer friedlichen internationalen Umgebung und unter einer stabilen internationalen Ordnung Wirklichkeit werden.«

Das weiß allerdings auch Washington und will mit Unfrieden und Instabilität die Erfüllung dieses Traums verhindern. Um das für einen Kalten Krieg notwendige politische Klima zu schaffen, wiegeln Regierungsvertreter, gewählte Abgeordnete, Beamte, gleichgesinnte Denkfabriken und Medien die Amerikaner und die Menschen in anderen Nationen seit Längerem systematisch gegen Peking auf. Seit seinem Amtsantritt als Außenminister beschwor allen voran der frühere CIA-Chef Mike Pompeo die »gelbe Gefahr«. In einer Rede im *Commonwealth Club* von San Francisco im Januar 2020 erinnerte er die versammelten Tech-Manager aus dem Silicon Valley an den Zweiten Weltkrieg und appellierte an sie, sich hinter dem Sternenbanner zu scharen, um China mit vereinten Kräften klein zu halten. Das Zusammenspiel zwischen Staat und Privatwirtschaft sei »für Amerikas Sieg im Zweiten Weltkrieg essenziell« gewesen, so Pompeo. Daneben arbeitet die Regierung in Washington auch daran, ein neues »westliches« Lager gegen Peking zu bilden. In Gestalt der angelsächsischen Geheimdienstallianz *Five Eyes*, die außer den USA Kanada, Großbritannien sowie Australien und Neuseeland umfasst, existiert bereits seit Langem ein harter Kern. Dazu sollen künftig vor allem noch die EU und Japan sowie Indien und Südkorea stoßen.

Die Sinophobie erreicht in Amerika immer neue Höchststände. Die USA schränken nicht nur den Austausch von Gütern und Dienstleistungen mit China zunehmend ein, errichten immer neue technologische Blockaden und versuchen China finanziell auszutrocknen, sondern verabschieden auch ein Gesetz gegen Peking nach dem anderen. Gab es in den Jahren 2017 und 2018 zusammen bereits 85 Gesetzesvorlagen zu China, waren es allein 2019 schon 117 und 2020 fast 170. Und dabei stehen Republikaner und Demokraten einander wenig nach. Die Atmosphäre erinnert an den »roten Schrecken« zu den Zeiten des Kommunistenjägers und Senators Joseph McCarthy in den 50er-Jahren des vorigen Jahrhunderts. FBI-Chef Christopher

Wray ersuchte seine Landsleute dringend, auf Chinesen und Amerikaner chinesischer Abstammung im Lande ein wachsames Auge zu haben, vor allem wenn sie im Forschungs- und Hochtechnologiebereich tätig sind. Senator Tom Cotton aus Arkansas brachte ein Gesetz ein, das es keinem Studenten aus China mehr erlauben soll, in den USA ein sogenanntes STEM-Fach zu studieren. Es sei ein »Skandal«, so Cotton, dass amerikanische Einrichtungen »so viele der besten Köpfe der Kommunistischen Partei Chinas« ausgebildet hätten, diese anschließend wieder nach Hause zurückkehren, »amerikanische Arbeitsplätze stehlen sowie Waffen und andere Dinge entwickeln, die gegen das amerikanische Volk eingesetzt werden können«. Solche Leute sollten in den USA Shakespeare und die *Federalist Papers,* die Begründung für die amerikanische Verfassung, studieren, so Cotton, »nicht KI und *Quantum Computing*«. Das Justizministerium gründete eine *Foreign Influence Task Force,* die Journalisten chinesischer Medien, Konfuzius-Institute, Partnerschaften mit chinesischen Städten, Delegationsreisen nach und aus China, chinesische Sponsorengelder usw. unter die Lupe nimmt. Im November 2020 verkürzte Amerika die maximale Aufenthaltsdauer in den USA für Mitglieder der KP Chinas und ihre Familienangehörigen auf einen Monat. Normale Einreisevisa für Chinesen sind bis zu zehn Jahre gültig. Hinter jeder Ecke wird in Amerika inzwischen ein Spion oder Agent Pekings vermutet.

Seit Donald Trump das Coronavirus als »chinesisches Virus«, brandmarkte, leiden nicht nur Menschen mit schwarzer Hautfarbe unter Diskriminierung und Rassismus, sondern zunehmend auch die 2,5 Millionen US-Bürger chinesischer Abstammung und mit ihnen Asiaten, die für Chinesen gehalten werden. Amerika fällt damit noch weit hinter die Zeit von McCarthy bis ins 19. Jahrhundert zurück. Nach dem zweiten Opium-Krieg und dem Vertrag von Tianjin hatten die USA mit China 1868 den sogenannten *Burlingame Treaty* geschlossen. Dieser sah vor allem den Import chinesischer Kulis vor. Viele dieser Billigarbeiter wurden wie Sklaven von Menschenhändlern in ihrer Heimat entführt, »shanghait«, wie es in der Seemannssprache seitdem heißt, und im Westen der USA für den Bau von Eisenbahnen und die Arbeit in Bergwerken eingesetzt. Weil dadurch in einem Jahrzehnt an die 200.000 Chinesen ins Land gekommen waren und die einheimische Bevölkerung nach Fertigstellung der Eisenbahn den Wettbewerbsdruck der tüchtigen und wenig anspruchsvollen Arbeiter fürchtete, setzte der US-Kongress die Einwanderung von Chinesen 1880 zunächst aus und untersagte sie zwei Jahre später sogar mit dem sogenannten *Chinese Exclusion Act* für zehn Jahre völlig. 1884 dehnte Washington das Verbot auf alle Chinesen aus, unabhängig davon, welchen Pass sie besaßen. Auch Chinesen, die zuvor in den USA gelebt hatten, durften nicht wieder einreisen. Dies alles geschah etwa zur selben Zeit, als vor der Südspitze von Manhattan die Freiheitsstatue entstand! Der *Chinese Exclusion Act* wurde erst 1943 mit dem *Magnuson Act* formal aufgehoben, nachdem China im Zweiten Weltkrieg Bündnispartner der USA geworden war. In Amerika lebende Chinesen erhielten damit zugleich erstmals auch die Möglichkeit, amerikanische Staatsbürger zu werden.

An diese dunkle Vergangenheit knüpfte Amerikas Regierung in den vergangenen Jahren an. Mahnende Stimmen dringen dagegen kaum noch durch. »Wir glauben nicht, dass China ökonomisch ein Feind« Amerikas ist »oder ein existenzielles Sicherheitsrisiko« darstellt, schrieben führende Wissenschaftler der Universitäten Harvard, Yale, MIT und des vom Kongress gegründeten *Wilson Center* im Juli 2019 in einem offenen Brief an Präsident Trump und kritisierten die Haltung der Regierung gegenüber Peking als »fundamental kontraproduktiv«. Eine Studie der Stanford University kam im Sommer 2020 zu dem Ergebnis, dass nicht nur immer mehr junge Chinesen nach dem Studium in den USA direkt nach China zurückkehren, sondern dies auch immer mehr mit einem negativen Bild von Amerika tun. Gerade auch solche, die ihrer eigenen Regierung gegenüber relativ kritisch waren. Für den ehemaligen Finanzminister und Goldman-Sachs-Chef Hank Paulson stellt China »keine existenzielle Bedrohung« dar. Susan Shirk, Professorin an der University of California, hält die vielfach beschworene Gefahr einer »lautlosen Eroberung« durch diverse Pekinger Beeinflussungsversuche schlicht für »übertrieben«. Keine dieser Aktivitäten unterminiere »wirklich unsere demokratischen Institutionen«, so die China-Expertin. »Das Legitime« werde dabei »nicht vom Illegitimen unterschieden«.

Trotz solch gewichtiger Mahnungen zur Besonnenheit eskalierte die Trump-Administration die Spannungen immer weiter. Ließ sich die US-Außenpolitik einst von dem Motto Präsident Theodore Roosevelts leiten, »leise zu sprechen, aber einen großen Stock mitzuführen«, wurde Amerikas Stimme zuletzt immer schriller. Die vorerst letzte Eskalationsstufe leitete schließlich Außenminister Michael Pompeo ein. Auf dem Gelände der symbolträchtigen Präsidentenbibliothek von Präsident Richard Nixon, der vor fast einem halben Jahrhundert für die Wiederaufnahme diplomatischer Beziehungen zu China gesorgt hatte, hielt Pompeo am 23. Juli 2020 im kalifornischen Yorba Linda eine Grundsatzrede, die an Desinformation und Aggression kaum noch zu überbieten ist. Nixons einmal geäußerte Sorge, ob er mit der diplomatischen Anerkennung Chinas nicht ein »Frankenstein«-Monster geschaffen habe, sei gerechtfertigt gewesen, so Pompeo. Die Volksrepublik habe den Ländern in die »Hände gebissen, die sie genährt haben«, Amerikas »wertvolles geistiges Eigentum gestohlen« und seine »Versorgungsketten weggesaugt«. Wie seinerzeit gegen die kommunistische Sowjetunion müsse die Welt jetzt eine »neue Allianz der Demokratien« zur Bekämpfung der »Hegemoniepläne der KP Chinas« bilden. Sogar die Chinesen selbst rief Pompeo zum *Regime Change* auf: »Wir müssen auch das chinesische Volk einbeziehen und befähigen, 1,4 Milliarden überwachte, unterdrückte Menschen, die Angst haben, ihre Stimme zu erheben.« Kommunisten »lügen fast immer«, so Pompeo. Die »größte Lüge« der Regierung in Peking sei es, die Welt glauben zu machen, »dass sie für 1,4 Milliarden Chinesen spreche«.

Der US-Chef-»Diplomat« sagte in seiner Rede seinerseits gleich mehrfach die Unwahrheit. »Pompeo stellt falsch dar, was Nixon gesagt hat«, so Chas Freeman jr., Chefdolmetscher des US-Präsidenten bei dessen Gesprächen mit Mao Zedong. Mit seiner Politik, China in die Gemeinschaft der Nationen zu integrieren, habe Nixon auf die »internationale Stellung« des Landes gezielt und »nicht gemeint, dass es sich im Inneren verändern müsse«. Auch Henry Kissinger schrieb in seinem Buch »On China«, Nixon und er seien nicht nach China gereist, »um dessen Führer zu den amerikanischen Prinzipien von Demokrate und Unternehmerfreiheit zu konvertieren«, sie hätten dies beide als nutzlos betrachtet. Vielmehr wollten sie mit der Wiederaufnahme diplomatischer Beziehungen vor allem Washingtons Position im Kalten Krieg gegen Moskau stärken.

Pompeos Behauptung, die Kommunistische Partei spreche nicht für das chinesische Volk, sondern unterdrücke es, entbehrt ebenfalls jeder empirischen Grundlage. »Die meisten Chinesen sind stolz und fühlen sich ermächtigt, nicht unfrei«, so Robert Daly, Direktor des *Kissinger Institute* am *Woodrow Wilson Center* in Washington. Tatsächlich belegen zahlreiche Umfragen, dass die Führung in Peking das Vertrauen der großen Mehrheit der Bürger des Landes genießt. Das *Edelman Trust Barometer* vom Januar 2021 weist eine Zustimmungsrate von 82 Prozent aus. Der Regierung, der Michael Pompeo angehörte, sprachen im Vergleich dazu nur 42 Prozent der Amerikaner ihr Vertrauen aus. Eine Online-Umfrage des *China Data Lab* der University of California in San Diego unter Stadtbewohnern in China zeigt, dass mit der Coronakrise das im internationalen Vergleich ohnehin schon sehr hohe Vertrauen der Bürger in ihre Regierung noch einmal deutlich angestiegen ist. Im Juni 2019 lag es auf einer Skala von 1 bis 10 bei 8,23 Punkten, im Februar 2020 bei

8,65 und im Mai bei 8,87 Punkten. Nach der Unterstützung für das politische System gefragt, stiegen die Werte auf einer von 1 bis 5 reichenden Likert-Skala von 3,89 über 4,14 auf 4,28. Dabei nahmen vor allem die Werte von jungen Menschen mit höherer Bildung besonders zu. Diese waren vorher niedriger als der Durchschnitt der Bevölkerung, liegen jetzt aber etwa auf demselben Niveau.

Ohne dieses Vertrauen der Chinesen wäre es wohl auch kaum denkbar, dass jedes Jahr rund 130 Millionen von ihnen Urlaub im Ausland machen und danach wieder nach Hause zurückkehren. Ebenso wie die allermeisten der Hunderttausenden chinesischen Studenten, die rund um die Welt studieren. Niemand kehrt freiwillig in einen Gulag zurück. Susan Thornton, Amerikas vielleicht beste China-Kennerin, die eine Zeit lang als *Assistant Secretary of State* für Ostasien und den Pazifischen Raum amtierte und heute an der *Brookings Institution* und der Yale University arbeitet, charakterisierte Pompeos Rede denn auch als »jenseits von Hybris«. Die Chinesen seien heute »viel freier« als zu Nixons Zeiten. Es sei nur schwer vorstellbar, dass andere Regierungen das Land besser hätten entwickeln können. »Wenn in China Wahlen abgehalten würden«, so Thornton, »würde Xi Jinping diese Wahlen gewinnen.«

Mit ihrer systematischen Konfrontationspolitik gegenüber China hat die amerikanische Regierung die psychologische Grundlage für einen neuen Kalten Krieg geschaffen. Mit seiner Rede in Yorba Linda hat Pompeo diesen der Volksrepublik erklärt. Ein Kalter Krieg mit China sei jedoch ein »schwerer strategischer Fehler«, so Richard Haass, Präsident des *Council on Foreign Relations*. Ein solcher werde für Amerika und die Welt einen »schweren Rückschlag« bringen, viel mehr kosten und erheblich größeren Schaden anrichten als der erste, warnt Susan Thornton. Womöglich steigt der Schaden diesmal sogar ins Unermessliche. »Der erste Kalte Krieg war wenigstens kalt«, so Wang Jisi, Präsident des Instituts für Internationale und Strategische Studien an der Beida-Universität in Peking. Das müsse bei der zweiten Auflage nicht auch so sein.

Das Risiko eines Dritten Weltkriegs

Die Rivalität zwischen einer etablierten Führungs- und einer aufstrebenden Macht, die deren Vormachtstellung bedroht, führte in der Geschichte immer wieder zu Kriegen. Bekanntestes Beispiel dafür ist die Rivalität zwischen dem etablierten Sparta und dem vorwärtsdrängenden Athen im griechischen Altertum. Der daraus folgende Peloponnesische Krieg ruinierte am Ende ganz Griechenland. »Was den Krieg unvermeidlich machte, war der Aufstieg Athens und die Angst, die das in Sparta hervorrief«, so der bekannte Geschichtsschreiber Thukydides. Nach ihm wird die Konstellation deshalb als »Thukydidesfalle« bezeichnet.

Graham Allison, Politikprofessor an der Harvard University, hat 16 solch brisante Konstellationen aus den vergangenen 500 Jahren untersucht. In zwölf davon kam es zu militärischen Auseinandersetzungen. Ein heißer Krieg zwischen den USA und China sei zwar »nicht unvermeidlich«, folgert Allison daraus, aber doch »sehr viel wahrscheinlicher« als allgemein angenommen. Aus »übersteigerten Gefühlen der eigenen Bedeutung« werde aufseiten der aufsteigenden Macht leicht »Hybris«. Aus »unvernünftiger Furcht« entwickle sich aufseiten der vorherrschenden Macht schnell »Paranoia«.

Anzeichen von Hybris aufseiten Chinas, mehr noch aber von Paranoia gemischt mit der Anmaßung eines quasi gottgegebenen Rechts auf die führende Position in der Welt aufseiten der USA waren zuletzt unübersehbar. »Wir Chinesen sollten lernen, unaufgeregt, aufrichtig und ruhig zu sein«, appelliert der Wirtschaftsexperte Long Yongtu, der einst den Beitritt seines Landes zur WTO verhandelte, denn auch an die Verantwortlichen in Peking. »Ein Beamter, der befördert, oder ein Unternehmer, der reich wird, vergisst manchmal, wie hoch der Himmel und wie dick die Erde ist. Sie verlieren die Bodenhaftung.« Aufseiten Amerikas ist diese schon längst verloren gegangen. »Wir können sicher sein«, so fürchtet der Politikwissenschaftler Allison denn auch, »dass die Dynamik, die Thukydides beschrieben hat, in den kommenden Jahren an Intensität zunehmen wird.« Sein Kollege Kishore Mahbubani aus Singapur sieht das genauso: »Selbst wenn China sehr friedlich ist, selbst wenn es alles korrekt macht, werden die USA sich immer bedroht fühlen.«

Allisons und Mahbubanis düstere Warnungen stammen noch aus der Zeit vor Corona. Seitdem hat sich die Lage weiter zugespitzt. Die Eindämmungspolitik Amerikas ist immer aggressiver und ideologischer geworden und gibt Anlass zu den schlimmsten Befürchtungen. Im Grunde herrscht zwischen den USA und China bereits Krieg. Es ist nur noch kein kinetischer, geführt mit Raketen, Bombern und Kriegsschiffen, sondern ein hybrider mit den Waffen des Handels, der Technologie und Finanzen, von Cyber und Propaganda. Seit 2017 wird die Volksrepublik China in den USA immer deutlicher nicht nur als ökonomischer und systemischer Rivale, sondern auch als möglicher Kriegsgegner dargestellt. In einem Weißbuch zur nationalen Sicherheit reagierte die chinesische Führung 2019 darauf noch zurückhaltend: Chinas Militär hinke »den führenden Streitkräften in der Welt noch weit hinterher«, heißt es da. »Bis Mitte des 21. Jahrhunderts« solle die Volksbefreiungsarmee aber »zu einer Weltklasse-Streitmacht« entwickelt werden, die es mit jedem Gegner aufnehmen kann, der Chinas »Kerninteressen« bedroht.

Zu diesen Kerninteressen gehört für Peking ohne Zweifel Taiwan. Mitte des Jahrhunderts, genauer 2049, wird die Volksrepublik 100 Jahre alt und 2049 ist auch das offizielle Zieldatum für die Realisierung des chinesischen Traums. Eine überwältigende Mehrheit der Bürger des Landes sähe diesen jedoch nur als vollständig erfüllt an, wenn auch die 24 Millionen Landsleute auf der Insel politisch wieder mit dem Mutterland vereint wären.

Zwar sind es bis zu dem Datum noch fast drei Jahrzehnte, in denen sich viel ändern kann. Aus heutiger Sicht erscheint es jedoch als extrem unwahrscheinlich, dass sich Taiwans mittlerweile an ein demokratisches System gewöhnten Einwohner ohne eine erhebliche politische Liberalisierung in Peking zu einer friedlichen Wiedervereinigung auch nur nach dem Modell »Ein Land, zwei Systeme« bereit erklären würden. Eine solche Liberalisierung ist derzeit nicht absehbar. Vor allem junge Taiwanesen betrachten ihre Heimat zunehmend als vom Festland unabhängigen, souveränen Staat. Um diese Wählerschicht nicht völlig zu verlieren, will jetzt offenbar auch Johnny Chiang, der neue Chef der Oppositionspartei Kuomintang, nicht mehr unverbrüchlich an dem Ein-China-Prinzip festhalten, das seine Partei bisher stets hochgehalten hatte. Die Regierung in Taipeh hat zuletzt die Lizenz für einen Peking-freundlichen Kabelkanal nicht erneuert und missliebige Bücher auf den Index gesetzt.

Die Insel driftet politisch immer mehr vom Festland weg und erhöht damit den Handlungsdruck auf die Führung in Peking – und die Kriegsgefahr. Nach einer Befragung von Militärstrategen rund um die Welt stufte *Air Power*, Australiens führende Institution für militärische Analysen, im Juli 2020 die Wahrscheinlichkeit eines gewaltsamen Konflikts um Taiwan sogar schon innerhalb der nächsten drei Jahre als »nahezu sicher« ein.

Die USA tun nichts dazu, um diese Gefahr abzuwenden. Im Gegenteil. Mit ihrer Unterstützung der Demokratiebewegung in Hongkong zielten sie nicht zuletzt auf Taiwan und darauf, das Modell »Ein Land, zwei Systeme« nachhaltig zu diskreditieren, das Peking auch für eine Wiedervereinigung mit der abtrünnigen Insel im Auge hat. Dabei hatten die Vereinigten Staaten mit dem sogenannten Shanghai Communique vom Februar 1972, das der Wiederaufnahme der politischen Beziehungen zwischen Peking und Washington vorausging, anerkannt, »dass alle Chinesen auf beiden Seiten der Taiwan-Straße die Position vertreten: Es gibt nur ein China und Taiwan ist Teil von China« und ausdrücklich erklärt: »Die Vereinigten Staaten bestreiten diese Position nicht.« So heißt es in dem Text, den der damalige US-Präsident Nixon und der chinesische Premierminister Zhou Enlai unterschrieben haben. Obwohl Washington mit Taipeh keine diplomatischen Beziehungen unterhält, gratulierte Donald Trump 2016 als erster US-Präsident der taiwanesischen Regierungschefin Tsai Ingwen in einem Telefonat zu ihrer Wahl. Zu Tsais Wiederwahl im Jahr 2020 wählte Außenminister Pompeo sogar die formelle Schriftform. Washington kooperiert immer enger mit Taipeh, hat dort eine riesige neue inoffizielle Vertretung eröffnet, wertet die Regierung international auf, wo immer es kann, und liefert ihr in großem Umfang moderne Waffen. Im August 2020 provozierte es Peking, indem es mit Gesundheitsminister Alex Azar erstmals seit 40 Jahren einen Regierungsvertreter im Kabinettsrang auf die Insel schickte. Im Januar folgte die UN-Botschafterin Kelly Craft und kurz vor seinem Ausscheiden aus dem Amt erklärte Außenminister Pompeo die jahrzehntelang gültigen Regeln für einen zurückhaltenden Umgang offizieller Vertreter seines Landes mit Taiwan für null und nichtig.

Damit, vor allem aber mit seinen Waffenlieferungen im Wert von 13 Milliarden Dollar allein in den vergangenen vier Jahren, darunter erstmals auch Raketen, die das Festland erreichen können, höhlen die USA das gemeinsame Kommuniqué mit China aus dem Jahr 1982 immer stärker aus. Darin hat Amerika zugesichert, dass es »keine langfristige Politik von Waffenverkäufen an Taiwan« verfolgen werde und diese Verkäufe »weder in qualitativer noch quantitativer Hinsicht über das Niveau der Lieferungen seit Aufnahme diplomatischer Beziehungen zwischen den USA und China hinausgehen«, sondern »graduell abgebaut und nach einer gewissen Zeit endgültig eingestellt« werden sollen. Die Realität sieht jedoch ganz anders aus. Wollen die USA Peking vielleicht zu einer Attacke provozieren, solange sie noch meinen, die Oberhand behalten zu können? »Es ist immer besser, bergab zu kämpfen als bergauf«, so John Ratcliffe, Chef der nationalen Sicherheitsdienste in der Trump-Regierung. Er glaube nicht, so Douglas Paal von der *Carnegie-Stiftung* für internationalen Frieden, dass alle Verantwortlichen in Washington begreifen, »wie sensibel und explosiv« das Thema für Peking sei.

Je mehr Peking die Zuversicht verliert, dass eine friedliche Einigung in der Taiwan-Frage noch möglich ist, desto mehr wächst die Kriegsgefahr. Sollte es zu einer förmlichen Abspaltung der Insel kommen, wird ein Waffengang unvermeidlich. Die Kommunistische Partei würde sonst das Gesicht und das Vertrauen der Chinesen verlieren. Ein Gesetz verpflichtet die Regierung der Volksrepublik im Falle einer Unabhängigkeitserklärung durch Taipeh sogar zum Eingreifen. »Sollte irgendjemand es wagen, Taiwan von unserem Land abspalten zu wollen, wird das chinesische Militär die nationale Einheit, Unabhängigkeit und territoriale Integrität schützen«, heißt es denn auch im chinesischen Verteidigungsweißbuch unmissverständlich.

Um den Status quo auf Taiwan zu sichern und die Inselregierung davon abzuhalten, einen von China unabhängigen Staat auszurufen, haben die USA bisher stets eine Politik der sogenannten »strategischen Unklarheit« verfolgt. Diese lässt offen, ob Washington in diesem Falle und bei einem darauffolgenden Angriff vom Festland Taipeh zu Hilfe eilen würde. In Amerika mehren sich jedoch die Stimmen, »strategische Klarheit« zu schaffen und Taipeh zumindest für den Fall einer Invasion durch die Volksbefreiungsarmee ohne vorherige Unabhängigkeitserklärung das Eingreifen der US-Streitkräfte zuzusichern. Würde Amerika in einem solchen Falle nicht eingreifen, wäre seine Machtposition in der Asien-Pazifik-Region endgültig *perdu*.

Manche Experten halten die Volksbefreiungsarmee allerdings bereits heute für stark genug, die Insel notfalls mit Gewalt heimzuholen, auch wenn Amerika ihr militärisch zu Hilfe eilt. »Ich schätze, Taiwan würde nach ein bis zwei Wochen aufgeben«, so Lyle Goldstein, Professor am US Naval War College. »Die amerikanische Bilanz der Kriegsspiele gegen China über die vergangenen zehn Jahre fällt nahezu perfekt aus«, so Christian Brose, lange Stabsleiter im Streitkräfteausschuss des US-Senats, mit bitterer Ironie: »Wir haben fast jedes Mal verloren.« Der Streitkräfteausschuss des US-Senats hat das Pentagon inzwischen deshalb beauftragt, bis 2026 dafür zu sorgen, dass ein militärisches *Fait accompli* zugunsten Pekings auf Taiwan verhindert werden kann. Dies schließt auch die Rolle ein, die »die Atomstreitkräfte der Vereinigten Staaten« dabei spielen können, die Volksrepublik von einem Angriff auf die Insel »abzuschrecken oder ihn zum Scheitern zu bringen«.

Der ständige Rundumschlag der US-Regierung gegen China hat auf beiden Seiten eine Atmosphäre geschaffen, in der schon ein kleiner Zwischenfall im Südchinesischen Meer oder in der Taiwan-Straße kriegerische Folgen und einen weltweiten Flächenbrand bis hin zum Einsatz von Atomwaffen nach sich ziehen könnte. Und ein solcher Zwischenfall kann sich jeden Tag ereignen. 2020 steigerten die USA die Frequenz ihrer militärischen Aufklärungsflüge entlang der südchinesischen Küste knapp außerhalb des Luftraums des Landes gegenüber den Vorjahren um ein Vielfaches. Zur Tarnung gaben die Spionageflugzeuge nach Angaben aus Peking dabei über 100 Mal den Transpondercode einer zivilen Verkehrsmaschine an. Mindestens einmal sollen sie sich im Dunkeln sogar so nah an eine Zivilmaschine drangehängt haben, dass auf den Radarschirmen der chinesischen Luftraumüberwachung nur noch ein Signal zu erkennen war. Durch die provokanten Manöver sah sich Chinas Militärführung bereits dazu veranlasst, ihre Truppen ausdrücklich darauf hinzuweisen, in keinem Fall den ersten Schuss abzugeben.

Die große Gefahr bei alledem: Wird der Konkurrent erst einmal als Feind betrachtet, wird er auch zum Feind. Und der Krieg zur sich selbst erfüllenden Prophezeiung. Schon 2019 stellte US-Vizepräsident Mike Pence bei seiner Abschlussrede für die Absolventen der berühmten Militärakademie West Point diesen in Aussicht, eines Tages »auf einem Schlachtfeld zu stehen«, also in den Krieg ziehen zu müssen. Und auf der Münchner Sicherheitskonferenz Anfang Februar 2020 forderte US-Verteidigungsminister Mark Esper die westlichen Länder auf, sich an der Seite der USA auf einen »hochintensiven Konflikt mit China« vorzubereiten.

Wie man in den Wald hineinruft, so schallt es auch wieder heraus. »Die strategische Konfrontation« mit den USA, so der chinesische Verteidigungsminister Wu Fenghe auf dem Nationalen Volkskongress im Mai 2020, sei in »eine Hochrisikophase übergegangen«. Bei derselben Veranstaltung appellierte Xi Jinping, der nicht nur Staatspräsident und Parteichef, sondern auch Vorsitzender der Militärkommission und Oberbefehlshaber der Streitkräfte ist, an die Soldaten der Volksbefreiungsarmee: »Wir müssen unseren Kampfgeist stärken, den Mut haben zu kämpfen und gute Kämpfer sein.«

Ein bewaffneter Konflikt der USA mit China über Taiwan oder im Südchinesischen Meer droht sehr schnell zum Flächenbrand zu werden. Japan und Südkorea, wo Amerika seit dem Zweiten Weltkrieg jeweils eine Reihe großer Militärstützpunkte unterhält, die es noch weiter ausbauen will, würden wohl unweigerlich in die Auseinandersetzung verwickelt werden. Mit China eng verbandelte Staaten könnten einen solchen Konflikt für ihre eigenen Zwecke nutzen wollen: Nordkorea zum Beispiel, das einen Beistandspakt mit China hat, um den Süden des Landes anzugreifen; Indien, um eine zweite Front für China aufzumachen und verlorenes Terrain im Himalaya zurückzuerobern; Pakistan, um sich das seit Langem beanspruchte gesamte Kaschmir von Indien zu holen; der Iran, um gegen Saudi-Arabien loszuschlagen; und Russland, um die Ukraine als Glacis gegenüber der NATO zurückzugewinnen oder Grenzlinien im Baltikum zu begradigen.

Moskau hat mit Peking eine »umfassende strategische Partnerschaft der Koordination für eine neue Ära« geschlossen, um die »globale strategische Stabilität aufrechtzuerhalten«, sprich: um gemeinsam die USA in Schach zu halten. Auf dem Gipfel der sogenannten BRICS-Staaten (Brasilien, Russland, Indien, China und Südafrika) im November 2019 in Brasilia erklärte Xi Jinping den anderen Teilnehmerländern, die veränderte internationale Lage dränge Russland und China zu einer »engeren strategischen Koordination, um gemeinsam die grundlegenden Normen der internationalen Beziehungen zu verteidigen, Widerstand gegen einseitige, erpresserische Einmischung in die Angelegenheiten anderer Länder zu leisten, Souveränität und Sicherheit zu bewahren und ein faires und gerechtes internationales Umfeld zu schaffen«. Eine Warnung an die Adresse der USA, der sich Wladimir Putin voll und ganz anschloss: Russland und China, so der Kreml-Chef, seien sich darüber »einig, gemeinsam die globale strategische Sicherheit und Stabilität aufrechtzuerhalten«. Beide wollten weiter eine »enge strategische Kommunikation pflegen und sich gegenseitig nachdrücklich darin unterstützen, die eigene Souveränität, Sicherheit und die eigenen Entwicklungsrechte zu bewahren«.

Formal ist das zwar noch kein militärischer Beistandspakt, kommt dem aber schon recht nahe. Auf jeden Fall muss Washington damit rechnen, es im Konfliktfall nicht nur mit Peking *oder* Moskau, sondern mit beiden gleichzeitig zu tun zu haben. Die 2018 verkündete neue nationale Verteidigungsstrategie Amerikas betrachtet denn auch nicht mehr den weltweiten Terrorismus, sondern das »erneute Entstehen eines langfristigen strategischen Wettbewerbs durch revisionistische Mächte« als »zentrale Herausforderung für den Wohlstand und die Sicherheit der USA«. Gemeint sind damit China und Russland sowie deren Bestreben, Amerikas alleinige Vormachtstellung zu revidieren.

Angesichts der chinesisch-russischen Entente rüstet die NATO unter der Führung Washingtons nicht nur gegen Russland auf. Das einst zur Verteidigung Europas gegen die Sowjets gegründete Bündnis will seinen Horizont jetzt bis in den Pazifik ausdehnen. Musste Europa bisher angeblich schon am zentralasiatischen Hindukusch verteidigt werden, soll der Perimeter nun noch weiter nach Osten ausgedehnt werden. Geht es nach der deutschen Verteidigungsministerin Annegret Kramp-Karrenbauer (AKK), wird die Bundeswehr künftig auch im Indischen und Pazifischen Ozean »maritime Präsenz« zeigen. »Unsere Partner im indo-pazifischen Raum, allen voran Australien, Japan und Südkorea, aber auch Indien, fühlen sich von Chinas Machtanspruch zunehmend bedrängt«, so die geopolitische Novizin Ende 2019 an der Bundeswehrhochschule in München. Sie wünschten sich »ein klares Zeichen der Solidarität«. Es sei deshalb »an der Zeit, dass Deutschland auch ein solches Zeichen setzt, indem wir mit unseren Verbündeten Präsenz in der Region zeigen«. Am Ende taufte AKK die Fregatte »Hamburg«, die sie zum Zeichen der Solidarität in asiatische Gewässer schicken will, noch auf »Iltis« um, den Namen des kaiserlichen Kanonenboots, das bei der Niederschlagung des sogenannten Boxeraufstands durch die Kolonialmächte im Jahr 1900 das Taku-Fort, eine Befestigungsanlage zum Schutz von Peking, sturmreif geschossen hat.

Mit ihrem ausgreifenden Gestus besorgt Kramp-Karrenbauer das Geschäft der USA. Diese wollen die NATO mit dem *Quadrilateral Security Dialogue*, kurz Quad, bestehend aus Amerika, Japan, Australien und Indien, verknüpfen und so von einem einst europäisch ausgerichteten Verteidigungsbündnis endgültig zu einer globalen militärischen Allianz im Dienste ihrer Hegemonialinteressen umfunktionieren. »China kommt uns immer näher«, so NATO-Generalsekretär Jens Stoltenberg im Juni 2020 auf Propagandatour bei Europas Medien. Als Belege dafür führte er in der BBC »kritische Infrastruktur« (sprich: 5G und Huawei), »Cyberspace« und die »Arktis« an. In einem Interview mit der »Welt am Sonntag« kurz darauf wurde seine Argumentation noch fadenscheiniger. China baue sein Atomwaffenarsenal stark aus und produziere Langstreckenraketen, »die auch Europa erreichen können«. Dass das Arsenal der amerikanischen Atomsprengköpfe das chinesische nach wie vor um annähernd das Zwanzigfache übersteigt, erwähnte Stoltenberg nicht.

Ebenso wenig hatte er einen auch nur halbwegs plausiblen Grund dafür vorzubringen, dass Peking mit Raketen auf Europa schießen sollte. »China will langfristig das amerikanische Bündnissystem in Asien demontieren und es durch eine neue regionale Sicherheitsordnung ersetzen, in der es die wichtigste Rolle spielt und idealerweise auch eine Einflusssphäre erhält, die seiner Macht entspricht«, so Richard Haass, Präsident des amerikanischen *Council on Foreign Relations*. Von einer Absicht, die Weltherrschaft zu erringen, ist bei ihm keine Rede. Einen chinesischen Raketenbeschuss hätte Europa demnach allenfalls zu befürchten, wenn es sich im Rahmen einer NATO-Vorwärtsverteidigung in Ostasien an einem Krieg gegen China beteiligen würde. Stoltenberg, Kramp-Karrenbauer und Co. führen die Gefahr selbst herbei, vor der sie heute warnen.

Selbstverständlich sagte Stoltenberg auf seiner Propagandatour auch nichts dazu, dass die USA, die als einziges Land der Welt bereits (und noch dazu ohne Not) Atomwaffen eingesetzt und (im Unterschied zu China) auch nie deren Ersteinsatz abgeschworen haben, sich diese Option weiter offenhalten. So hat Washington den INF-Vertrag vor allem in der Absicht gekündigt, landgestützte Mittelstreckenraketen in Japan und Südkorea gegen China und in Europa gegen Russland in Stellung zu bringen und von dort aus gegebenenfalls einen begrenzten Atomkrieg zu führen, ohne direkt das eigene Territorium zu gefährden. Die Behörden der japanischen Insel Okinawa und die Regierung in Seoul lehnen die Stationierung solcher Raketen bisher zwar ab, weil sie zu Recht befürchten, dadurch zum Ziel chinesischer Raketen zu werden. Es bleibt jedoch abzuwarten, ob bzw. wie lange die betroffenen Staaten dem Druck des übermächtigen Bündnispartners standhalten können und wie Peking auf eine solche Stationierung reagieren würde. Experten haben eine solche bereits mit der seinerzeit geplanten Aufstellung sowjetischer Raketen auf Kuba verglichen. Von Okinawa und Südkorea nach Peking ist es etwa so weit wie von Kuba nach Washington. Der Politologe John Mearsheimer kann sich sogar einen »begrenzten Nuklearkrieg« in der Straße von Taiwan und dem Süd- oder Ostchinesischen Meer durchaus vorstellen, wenn entweder China oder die USA einen Krieg um die Insel mit konventionellen Waffen zu verlieren drohen. Dann gebe es, so Mearsheimer, »eine ernsthafte Versuchung, Nuklearwaffen einzusetzen«.

Die USA entwickeln jedenfalls bereits »leichte« Atomwaffen. Neue Nukleartests sind dafür in Vorbereitung. Zudem stocken sie ihre ohnehin schon hohen Bestände an spaltbarem Material derzeit weiter auf. Besonders beunruhigt, dass Amerika immer wieder auf die Möglichkeit einer »präventiven Selbstverteidigung«, sprich: eines nuklearen Erstschlags, verweist. Er sei »ein Fan der Erstschlagsflexibilität«, bekannte etwa General Tod Wolters, Oberbefehlshaber der US-Streitkräfte und Chef der NATO-Kommandozentrale (SACEUR) in Europa bei einer Anhörung des Streitkräfteausschusses des Senats im Februar 2020. Im selben Monat simulierte das Pentagon im Beisein von Verteidigungsminister Mark Esper in der strategischen Kommandozentrale der US-Streitkräfte in Omaha einen begrenzten Atomkrieg mit sogenannten »leichten« taktischen Atomwaffen.

Amerika und China haben sich der Thukydidesfalle schon gefährlich genähert. »Wenn nicht Waren die Grenzen überschreiten, tun es Soldaten«, so der liberale französische Ökonom Claude-Frédéric Bastiat im 19. Jahrhundert. Sollte Washington seinen Konfrontationskurs fortsetzen, könnte die Kriegsfalle irgendwann zuschnappen. Und die ganze Welt wäre dabei mitgefangen. Im Kalten Krieg 1.0 konnte ein Atomkrieg zwischen den Kontrahenten Amerika und Sowjetunion vermieden werden, aber »das nächste Mal hat die Welt womöglich nicht so viel Glück wie bei der Kuba-Krise«, so Robert Manning vom *Showcroft Center for Strategy and Security* (SCSS) beim *Atlantic Council*. Die

Differenzen zwischen zwei so großen und unterschiedlichen Spielern wie China und den USA müssten gelöst werden, warnt der Realpolitiker Henry Kissinger. Andernfalls führe das zwangsläufig zu einem »katastrophalen Ergebnis«. Und dieses werde »schlimmer sein als die Weltkriege, die die europäische Zivilisation ruiniert haben«.

TEIL II

Die notwendige Emanzipation Europas

»In den Angelegenheiten des Menschen gibt es Gezeiten«, sagt Brutus zu Cassius im 4. Akt von William Shakespeares »Julius Caesar«. »Wer die Flut nutzt, dem beschert sie Glück. Wer sie auslässt, ist zu einem Leben in Not und Elend verurteilt … Wir müssen die Strömung mitnehmen oder wir verpassen unsere Chancen.« Mit dem Aufstieg Chinas, dem Niedergang der USA und deren Politik des Kalten Krieges gegen den Rivalen erlebt die Welt derzeit einen solchen epochalen Gezeitenwechsel. Er stellt Europa vor eine große Herausforderung, bietet ihm aber auch ebenso große Chancen.

Amerika hat auf den Aufstieg Chinas schon vor Jahren reagiert und seine Geopolitik neu auf Asien ausgerichtet. »Unsere Zukunft wird mehr von unserer Position im Pazifikraum gegenüber China bestimmt als von unserer Position im atlantischen Raum gegenüber Europa«, so begründete Präsident Barack Obama seinen Schwenk (*Pivot*) seinerzeit und begann damit Amerikas Eindämmungspolitik gegenüber Peking. Die übrigen Länder der Welt sind dabei jedoch »nicht bloß Zuschauer«, so Robert Daly, Direktor des *Kissinger Instituts* am *Wilson Center* der Harvard University. »Sie sind das Feld, auf dem die Auseinandersetzung stattfindet.«

Der geopolitische Gezeitenwechsel und Amerikas Antwort darauf stellen speziell Europa vor eine historische Entscheidung. Will es die neue Strömung nutzen, muss es sich ebenfalls darüber klar werden, dass seine Zukunft stärker in Asien bestimmt wird als im atlantischen Raum. Zugleich muss es auf die chinesische Herausforderung aber eine andere, bessere Antwort geben als Amerika. Die »richtige Antwort auf Chinas Aufstieg zu finden«, so Martin Wolf, Starkolumnist der »Financial Times«, sei »für die ganze Welt von entscheidender Bedeutung«. Bisher lägen die USA dabei »beängstigend weit daneben«. Sein amerikanischer Kollege Fareed Zakaria, einer der renommiertesten geopolitischen Analytiker unserer Zeit, geht noch einen Schritt weiter: »Die USA laufen Gefahr, beim wichtigsten aller außenpolitischen Probleme der nächsten Jahrzehnte einen teuren Fehlschlag zu erleiden.« Ein Kalter Krieg mit China werde »wahrscheinlich viel länger dauern und mehr kosten« als der mit der Sowjetunion und sein Ausgang sei »ungewiss«, so Zakaria. Auch die China-Expertin und frühere hohe Beamtin im US-Außenministerin, Susan Shirk, heute Politikprofessorin an der University of California San Diego, hält Washingtons Eindämmungspolitik für »hochgradig kontraproduktiv«.

Um auf Chinas Aufstieg die richtige Antwort zu geben, muss Europa konsequent den eigenen Interessen folgen und die Lehren aus seiner Geschichte beherzigen. Nur so kann es den Gezeitenwandel nicht nur für sich selbst, sondern für die ganze Welt nutzen und auch Amerika von seinem ebenso zerstörerischen wie selbstzerstörerischen Kurs abbringen. Wenn überhaupt eine Macht auf dem Globus den Konflikt zwischen den USA und China entschärfen kann, dann ist es Europa. Die Europäische Union hat rund 450 Millionen Einwohner und bringt wirtschaftlich ungefähr so viel Gewicht auf die Waage wie jeweils die beiden Konfliktparteien. Dass die EU selbst keinerlei hegemoniale Ambitionen hegt, verschafft ihr zudem die Glaubwürdigkeit eines ehrlichen Maklers zwischen den Fronten.

Europa müsse »die Sprache der Macht lernen«, propagierte die EU-Kommissionschefin Ursula von der Leyen vor ihrem Amtsantritt im November 2019. Zu Recht. Es muss jedoch die

Macht und Sprache der Vernunft sein. Als größtes transnationales Gebilde der Weltgeschichte ist der Kontinent Amerika und China in einem entscheidenden Punkt voraus: Anders als diese denkt Europa nicht mehr, oder zumindest nicht (mehr) vorrangig, in traditionellen Macht- und Vormachtkategorien. Die US-Außenpolitik gegenüber China verharre dagegen, so Richard Haass, Präsident des *Council on Foreign Relations,* in einer nationalen, »überholten Denkweise«. Die »größten Gefahren« von morgen seien aber »transnational«. Um die neue, transnationale Denkweise wirksam zur Geltung bringen zu können, muss sich Europa deshalb vom Großen Bruder USA emanzipieren.

Am 4. Juli 1962, dem Nationalfeiertag des Landes, hielt der amerikanische Präsident John F. Kennedy in der Independence Hall in Philadelphia, wo einst die Unabhängigkeitserklärung (*Declaration of* ***In****dependence*) unterzeichnet wurde, eine denkwürdige Rede. In ihr bot er dem sich damals allmählich vereinigenden Europa eine »*Declaration of* ***Inter****dependence*« an und versprach eine Partnerschaft auf Augenhöhe. Sechs Jahrzehnte später ist von diesem Geist kaum etwas übrig geblieben. Das Verhältnis zwischen den USA und Europa im 20. Jahrhundert, so die amerikanische Historikerin Mary Nolan in ihrem Buch »The Transatlantic Century«, sei »weniger eine Geschichte von Konvergenz und Kooperation als von Divergenz.

Entgegen allen offiziellen Beteuerungen Washingtons, Europas Einheit zu unterstützen, haben höchste Vertreter der US-Regierung aber den Brexit und damit den schwersten Rückschlag für die EU seit ihrer Gründung unverhohlen begrüßt. Und während des Maidan-Putsches wies Victoria Nuland, seinerzeit im State Department für Europa zuständig, ihren Botschafter in Kiew an, bei der weiteren Ausdehnung des amerikanischen Brückenkopfes auf dem Kontinent keine Rücksicht auf Brüssel zu nehmen: »Fuck the EU!«. Präsident Donald Trump, erklärte 2018 in einem Interview mit dem TV-Sender CBS: »Ich denke, Europa ist ein Gegner, wenn man sich ansieht, wie sie uns beim

Warenaustausch behandeln.« Bei der Verfolgung ihrer Hegemonialinteressen kennen die USA keine Freunde mehr, nur sich selbst.

Sosehr Demokraten und Republikaner, der neue Präsident Joe Biden und Donald Trump sich in Ton, Stil und Vorgehensweise unterscheiden, beim Ziel sind sich beide einig: Die Europäer müssen ohne Rücksicht auf ihre eigenen Interessen Amerika bei der Verteidigung seiner Hegemoniestellung zur Seite stehen. »Es wäre ein Fehler, wenn Deutschland in Bezug auf China seinen eigenen Weg gehen würde und sich nicht den Vereinigten Staaten anschließt«, so John Emerson, einst Obamas Botschafter in Berlin und heute Vorsitzender des *American Council on Germany*. Statt Deutschland hätte er auch Europa sagen können.

Die Ziele einer Emanzipation

Sollte Europa dieser Mahnung Folge leisten, käme dies jedoch einer Selbstverstümmelung gleich. Um ihre eigenen, von den USA inzwischen deutlich verschiedenen Interessen verfolgen zu können, muss die EU zwingend strategische Autonomie erlangen. Anders kann sie für sich weder äußeren und inneren Frieden noch Wohlstand, das europäische Projekt und die »westlichen« Werte bewahren.

Bewahrung des äußeren Friedens

Der erste und wichtigste Grund, sich von den USA zu emanzipieren, ist die Sicherung des Friedens. Durch seine ständigen Kriege und Regimewechseloperationen wird Amerika in der Welt inzwischen weithin als größte Bedrohung wahrgenommen. Amerika sei »heute dazu da, Krieg zu führen«, so Colin Wilkinson, einst Stabschef von Ex-Außenminister Colin Powell. Er habe »mit zu vielen Menschen in Washington und Peking gesprochen, die an der Planung von Kriegsszenarien beteiligt waren«, so auch der ehemalige australische Außen- und Premierminister Kevin Rudd und jetzt Präsident der *Asia Society* in New York, »um weiter zu glauben, dass Krieg nur theoretisch ist«. Seit Anfang 2020 steht die »Weltuntergangsuhr«, die das *Bulletin of Atomic Scientists* seit Ende des Zweiten Weltkriegs einmal jährlich von einem renommierten Expertenkreis einstellen lässt, auf 100 Sekunden vor Mitternacht – so nah an einer nuklearen Katastrophe wie noch nie zuvor.

Ein Krieg der USA mit China, etwa wegen Taiwan, könnte eine Kettenreaktion auslösen und auch Europa schwer in Mitleidenschaft ziehen, wenn nicht gar zum (atomaren) Schlachtfeld machen. Durch das Vordringen der NATO bis an die russischen Grenzen, den Aufbau von angeblich gegen den Iran gerichteten Raketenabwehrbatterien in Rumänien und Polen, das neue Wettrüsten bei Mittelstreckenraketen und taktischen Kernwaffen und die von Washington abgesenkte Schwelle für den Einsatz solcher Waffen sieht Russland seine Sicherheitsinteressen massiv bedroht. Ein in Fernost stark gebundenes Amerika würde einem russischen Vorrücken in der Ukraine oder im Baltikum vermutlich nur Einhalt gebieten können, wenn es dort taktische Kernwaffen einsetzt.

Moskau an die Seite Pekings gedrängt zu haben erweist sich immer mehr als die größte strategische Fehlentscheidung der amerikanischen und europäischen Politik seit Jahrzehnten. Sogar die gleichermaßen Trump- wie Putin-kritische »New York Times« schrieb im Juli 2019 in einem Kommentar, der die Position des Blattes insgesamt, nicht nur die eines einzelnen Redakteurs wiedergab, der US-Präsident habe zu Recht versucht, »ein besseres Verhältnis mit Russland zu etablieren und es von China abzuschälen«. Für Washington sei es »die beste Politik, stillschweigend das Bestehen einer russischen Einflusssphäre anzuerkennen«, so auch Andrew Basevich, Präsident der amerikanischen Denkfabrik *The Qincy Institute*.

Beim Vorrücken der NATO auf die russische Grenze dachten die USA seinerzeit jedoch offenbar nur daran, ihren Brückenkopf in Europa nach Osten auszudehnen und einem Europa vom Atlantik bis zum Ural bzw. bis Wladiwostok vorzubeugen. Sie stellten damit das Ziel der Ostpolitik von Willy Brandt, Moskau näher an den Westen heranzuführen, auf den Kopf und trieben es von Europa weg. Dass China eines Tages zu einem echten Rivalen heranwachsen könnte, hielt Washington damals offensichtlich für undenkbar. Den Fehler muss es jetzt bitter büßen: Als Gegenspieler stehen ihm heute Moskau und Peking zugleich gegenüber. Bei der Entwicklung der strategischen Kooperation beider Länder sehe er »keine Grenzen, keine verbotene Zone, keine Decke«, so der chinesische Außenminister Wang Yi Anfang des Jahres 2020. China und Russland seien füreinander »strategischer Anker, diplomatische Prioriät, Entwicklungschance und globaler Partner«.

Noch teurer als die Amerikaner kommt es jedoch die Europäer zu stehen, dass sie sich der von den USA systematisch verfolgten Entfremdung von Russland nicht entgegengestellt, sondern diese noch unterstützt haben. Europa ist dadurch nicht nur weniger sicher und abhängiger von den USA geworden, ihm sind dadurch zugleich auch beträchtliche wirtschaftliche Chancen entgangen. Russland verfügt über ein enormes unausgeschöpftes Entwicklungspotenzial sowie riesige Öl-, Gas- und andere Rohstoffreserven. An warnenden Stimmen hat es nicht gefehlt. Sie kamen vor allem aus dem Lager derer, die einst den historischen Kompromiss mit Moskau vorbereitet hatten, der schließlich zum Fall des Eisernen Vorhangs und zur Wiedervereinigung Deutschlands führte. So äußerte Egon Bahr, der Architekt der Ostpolitik von Bundeskanzler Willy Brandt (SPD), kurz vor seinem Tod im Jahr 2015 den Wunsch, der Westen möge Russland nach der zunehmenden Entfremdung seit Anfang des Jahrhunderts wieder die Hand reichen. Auch Hans-Dietrich Genscher (FDP), Außenminister unter Einheitskanzler Helmut Kohl, rief wenige Monate vor seinem Tod im Jahr 2016 dazu auf. Matthias Platzeck (SPD), ehemals Ministerpräsident von Brandenburg, und sein Parteigenosse Ex-Bundeskanzler Gerhard Schröder mahnen dies bis heute immer wieder an. Horst Teltschik (CDU), einer der engsten Mitarbeiter Kohls und danach lange Chef der Münchner Sicherheitskonferenz, tritt ebenfalls für einen Abbau der nach der Wiederangliederung der Krim an Russland erlassenen Sanktionen der EU gegen Moskau ein. Eine im Januar 2021 veröffentlichte Umfrage für den *European Council on Foreign Relations* zeigt, dass eine Mehrheit von zwei Dritteln der Deutschen und Europäer in einem Konflikt der USA mit Russland und/oder China neutral bleiben möchten. Nur 16 Prozent der Europäer wollten dabei für Amerika Partei ergreifen.

Prominentester Fürsprecher einer neuen Ostpolitik nach dem Vorbild von Brandt und Bahr ist heute kein Deutscher, sondern der französische Staatspräsident Emmanuel Macron. Europa habe in den zurückliegenden Jahren gegenüber Russland leider »das Gefühl vermittelt, das trojanische Pferd eines Westens zu sein, dessen Ziel es letztlich sei, Russland zu zerstören«, so Macron beim Jahrestreffen der Botschafter Frankreichs im August 2019. Russland sei »ein zutiefst europäisches Land«, es zu isolieren oder von Europa weg in die Arme Chinas zu drängen »ein schwerer strategischer Fehler«. Der europäische Kontinent werde »weiter der Schauplatz eines strategischen Kampfes« zwischen Washington und Moskau und »nie stabil und sicher sein, wenn wir nicht unsere Beziehungen mit Russland befrieden«. Auch wenn das »nicht das Interesse einiger Verbündeter« sei, so Macron in Anspielung auf die USA, Frankreich sei keine »gleichgeschaltete Macht, die die Feinde unserer Freunde automatisch auch als unsere Feinde betrachtet«. Europa müsse eine »neue Architektur des Vertrauens und der Sicherheit aufbauen«, um »einen Weltenbrand zu verhindern«. Wenn die Europäer ihre eigenen strategischen Interessen wahren und auf ihrem Kontinent weiter in Frieden und Sicherheit leben wollten, so das französische Staatsoberhaupt, müssten sie sich von der Politik der USA gegenüber Russland und China absetzen.

Erhalt des inneren Friedens und der Union

Macrons Forderung kommt umso mehr Bedeutung zu, als Amerikas Politik nicht nur den äußeren, sondern auch den inneren Frieden und Zusammenhalt der Europäischen Union bedroht. Die sogenannten Antiterrorkriege der USA im Irak, in Afghanistan und Syrien ebenso wie die Konfrontationspolitik gegenüber dem Iran sowie die Interventionen in Libyen, Somalia oder im Süd-Sudan dienten und dienen nicht nur der Terrorbekämpfung; sie zielten und zielen nicht zuletzt darauf, die engere Verflechtung von Asien und Europa zu einem eurasischen Doppelkontinent, die enge Anbindung Afrikas an denselben und den Erfolg des großen geopolitischen Projekts zu verhindern, das unter dem Namen »Neue Seidenstraße« bekannt ist. Die bisherige Bilanz dieser Politik sind über eine Million Tote und ein Vielfaches an Verletzten, Not und Elend sowie massenhafte Flucht- und Migrationsbewegungen, unter denen neben den direkt betroffenen Ländern und deren Anrainern speziell Europa zu leiden hat. Die zu einem guten Teil von Washingtons militärischen Interventionen verursachte Fluchtwelle aus Asien und Afrika ergießt sich ins benachbarte Europa und droht den inneren Frieden und Zusammenhalt der EU unter sich zu begraben. 43 Prozent aller im vergangenen Jahrzehnt gestellten Asylanträge weltweit entfielen auf die EU. In Deutschland sind inzwischen 16 Prozent der Einwohner zwischen 15 und 29 Jahren im Ausland geboren – mehr als im traditionellen Einwanderungsland USA. Dort sind es nur 11 Prozent. Die Folge sind Ängste vor Überfremdung sowie zunehmend nationalistische und fremdenfeindliche Tendenzen.

Mit ihrer De-Globalisierungs- und bestenfalls halbherzigen Klimaschutzpolitik tragen die USA zudem dazu bei, dass den vielen Kriegsflüchtlingen noch eine neue Welle von Armuts- und Klimaflüchtlingen zu folgen droht, die Europa vollends überfordert. Auch wenn die USA mit Joseph Biden wieder in das Pariser Klimabkommen zurückgekehrt sind, heißt das noch lange nicht, dass seine Regierung ihr geplantes Multibillionen-Ausgabenprogramm für den sogenannten *Green Deal* im Kongress voll durchsetzen kann. Die äußerst knappen Mehrheitsverhältnisse sprechen eher dagegen. Sicher ist jedoch: Afrikas Bevölkerung wird sich in den kommenden drei Jahrzehnten von 1,3 auf 2,5 Milliarden Menschen nahezu verdoppeln. Die Weltbank erwartet, dass bis 2050 infolge des Klimawandels 86 Millionen von dem Kontinent fliehen werden. Steven Smith, Professor für Afrikastudien an der Duke University, hält es sogar für möglich, dass die Zahl der in Europa lebenden Afrikaner von heute an die zehn bis Mitte des Jahrhunderts auf 150 Millionen ansteigt. »Es geht nicht um Hunderttausende oder eine Million Menschen«, warnt auch Günter Nooke, der Afrika-Beauftragte der Bundesregierung. »In den nächsten 20 bis 30 Jahren geht es vielleicht um 100 Millionen und mehr Menschen. Wir müssen diese schicksalhafte Verbindung zwischen Europa und Afrika erkennen.«

Einwanderung muss keine Bürde sein, sie kann ein Land oder einen Kontinent, zumal wenn die Bevölkerung dort stark altert, auch neu beleben. Aber dazu dürfen nicht zu viele Migranten zu schnell kommen. Das aufnehmende Gemeinwesen muss in der Lage sein, die Einwanderer relativ zügig und reibungslos in den Arbeitsmarkt zu integrieren. Die EU insgesamt leidet jedoch bereits seit Längerem unter Wachstumsschwäche und hoher Arbeitslosigkeit. Als Folge der anstehenden technologischen Umwälzungen, des von den USA ausgehenden Deglobalisierungsdrucks sowie der Corona-Epidemie drohen diese in den kommenden Jahren weiter zuzunehmen. Schlechte Voraussetzungen, um zig Millionen neuer Migranten erfolgreich einzugliedern. Zumal deren berufliche Qualifikationen nur zu einem kleinen Teil dem Anforderungsprofil der Jobs von morgen entsprechen dürften. Eine massenhafte Einwanderung, die zum weitaus größten Teil in den Sozialstaat erfolgt, würde jedoch dessen ohnehin schon zunehmend prekäre Finanzierungsgrundlage weiter aushöhlen. Schwere Verteilungskonflikte sowohl *in* den einzelnen Mitgliedsländern der EU als auch *zwischen* ihnen und eine Zerreißprobe für die Gemeinschaft wären unvermeidlich.

Massenmigration stellt nicht nur den Sozialstaat, eine der zentralen Säulen und Attraktionen des europäischen Politikmodells, infrage, sie erschwert auch die Regierungsfähigkeit der einzelnen Mitgliedsstaaten und untergräbt das Sicherheits- und Identitätsgefühl vieler Europäer. Mit der Vielfalt wächst der Pluralismus der Interessen und Standpunkte, die Parteienlandschaft zersplittert und die gesellschaftlichen Bindekräfte lassen nach. Es wird immer schwieriger, sich noch in hinreichendem Maße auf Gemeinsamkeiten zu verständigen, ein konfliktarmes Zusammenleben zu gewährleisten sowie eine stabile und effiziente Regierung zu bilden. Multikulti macht ein Land zwar bunter, aber auch komplizierter. Vielen Menschen ist es offenbar schon heute zu bunt geworden. Sie fühlen sich durch die massenhafte Zuwanderung aus fremden Kulturkreisen und die damit verbundenen Tendenzen zur Ghetto-Bildung und Tribalisierung zunehmend fremd im eigenen Land. Das ethnisch-kulturelle Patchwork, das sie im Urlaub genießen, erscheint ihnen zu Hause nicht mehr als bereichernd, sondern irritierend, wenn nicht gar bedrohlich. Laut Oliver Malchow, dem Bundesvorsitzenden der Gewerkschaft der Polizei, hat die Masseneinwanderung der vergangenen Jahre Hunderttausende von Bundesbürgern dazu veranlasst, sich eine Waffe zuzulegen. Über 700.000 Deutsche besitzen bereits eine Schreckschuss- oder Gaspistole. 2014, vor der großen Migrationswelle, waren es erst 260.000. Amerika lässt grüßen.

Die Annahme, durch Globalisierung und Multikulti werde eine mehr oder weniger einheitliche Weltkultur und mit ihr eine Welt des Friedens entstehen, hat sich als falsch erwiesen. Die Globalisierung hat die Nationen wirtschaftlich enger zusammenrücken lassen, zugleich aber auch das Bewusstsein kultureller Differenz geschärft. Durch Massenmigration kann dieses Bewusstsein, vor allem in wirtschaftlich prekären Zeiten, leicht in Nationalismus, Fremdenfeindlichkeit und Rassismus kippen. Als besonders anfällig dafür erweisen sich Bürger, die auf den Sozialstaat angewiesen sind oder fürchten, ihn demnächst womöglich beanspruchen zu müssen. Für sie sind Immigranten keine kulturelle oder ökonomische Bereicherung, sondern Konkurrenten. Speziell die Bürger der EU-Staaten in Mittel- und Osteuropa halten nach Jahrzehnten sowjetischer Fremdherrschaft ihre eigene nationale und kulturelle Identität hoch. So weigern sich etwa die tief katholisch geprägten Mitgliedsstaaten Polen und Ungarn, muslimische Migranten aufzunehmen, und plädieren am entschiedensten dafür, der großen Migration in die EU einen Riegel vorzuschieben. Wenn die Zuwanderung so weitergehe, warnte Ungarns Regierungschef Viktor Orbán seine westeuropäischen Partner, »werden unsere Kultur, Identität und unsere Nationen, wie wir sie kennen, aufhören zu existieren«.

Wollte es jemand darauf anlegen, die Europäische Union zu sprengen, gäbe es wohl kaum ein wirksameres Instrument dafür, als eine Massenimmigration auszulösen. Ben Hodges, ehemaliger Oberbefehlshaber der amerikanischen Streitkräfte in Europa und heute Chef des vor allem vom US-Verteidigungsministerium und von Rüstungsfirmen finanzierten *Center for European Policy Analysis* (CEPA) in Washington, war sich dessen offenkundig bewusst, als er im Oktober 2020 die »Bild«-Zeitung unwidersprochen zur Desinformation nutzte: Die Flüchtlingskrise in Europa sei »Teil eines Plans des Kreml, den man in Syrien aktiv umgesetzt« habe, so Hodges. Perfider und schamloser geht es kaum. Schließlich sind es die USA, die mit ihren Kriegen und militärischen Interventionen in Afghanistan, im Irak, in Syrien und Afrika seit Jahrzehnten immer wieder neue Fluchtgründe nach Europa schaffen. Sie destabilisieren damit Europa und schwächen dessen größte politische Errungenschaft, die Europäische Union.

Wohin dies führen kann, zeigt der Brexit. Dass mit Großbritannien eines der wichtigsten Mitglieder der Gemeinschaft diese verließ, lag vor allem an der Migrationsbewegung und damit verbundenen Identitätsverlustängsten. Fällt die EU den Vereinigten Staaten und ihrer imperialen und bellizistischen Politik nicht entschlossen in den Arm, könnten bald weitere Mitglieder den Staatenbund verlassen. Statt einst 80 Prozent stellen die proeuropäischen Parteien im Europaparlament schon heute nur noch 65 Prozent der Abgeordneten. Im Auftrag des *European Council on Foreign Relations* fragte YouGov die EU-Bürger 2019, ob sie es für wahrscheinlich halten, dass die Gemeinschaft »in 10 bis 20 Jahren auseinanderfällt«. Eine Mehrheit der Europäer bejahte diese Frage: 58 Prozent der Franzosen, 57 Prozent der Italiener und Polen und selbst 50 Prozent der besonders europabewegten Deutschen. Es ist höchste Zeit für Europa, diesen pessimistischen Erwartungen mit einer überzeugenden Außen-, Friedens-, Migrations-, Klima- und Wirtschaftspolitik zu begegnen, ehe sie zu einer selbsterfüllenden Prophezeiung werden.

Sicherung des Wohlstands

Nur in einer gefestigten Union, friedlichen Welt und offenen Weltwirtschaft hat Europa eine Chance, seinen Wohlstand zu bewahren und zu mehren. Mit seinem Handels-, Technologie- und Finanzkrieg sowie der Entkoppelungsstrategie gegenüber Peking setzt Washington diesen Wohlstand aufs Spiel. China ist der wichtigste Handelspartner der EU – und umgekehrt. 2019 exportierte die EU Waren im Wert von fast 200 Milliarden Euro in das Riesenreich, nahezu die Hälfte davon kam aus Deutschland. Dessen Paradebranche, die Automobilindustrie, verkauft allein ein Viertel ihrer Modelle an Chinesen. Volkswagen erzielt mit ihnen rund die Hälfte seiner Gewinne. 50 Prozent der von China importierten Ausrüstungen für den Transportsektor stammen aus Europa; bei chemischen Produkten sind es 25 und bei Präzisionsinstrumenten rund 20 Prozent; bei Maschinen, elektrischer Ausrüstung und landwirtschaftlichen Produkten jeweils über 10 Prozent. In seinem *World Economic Outlook* von 2020 schätzt der Internationale Währungsfonds die chinesische Volkswirtschaft nach Kaufkraft gemessen heute schon um ein Sechstel größer ein als die der USA. Ende des Jahrzehnts soll sie sogar doppelt so groß sein wie die amerikanische und ein Drittel der Weltwirtschaft ausmachen.

Indem die USA mit ihrer Politik Chinas Wirtschaftskraft und den weltweiten Güteraustausch beeinträchtigen bzw. verzerren, schaden sie auch Europas Exportwirtschaft. Der sogenannte »Phase-Eins-Deal« des Handelsabkommens zwischen beiden Ländern vom Januar 2020 etwa sieht vor, dass Peking bis Ende 2021 die Importe aus den USA gegenüber dem Vorjahr um 200 Milliarden Dollar steigert. Die Coronakrise und die zugespitzte politische Lage zwischen beiden Nationen haben dieses Abkommen inzwischen zwar teilweise obsolet werden lassen. Aber was immer China zusätzlich in Amerika einkauft, geht anderswo verloren. Schlimmer noch: Sollten sich die beiden größten Volkswirtschaften der Welt stark voneinander entkoppeln, wäre dies das Ende der Globalisierung – mit entsprechend gravierenden Wohlfahrtseinbußen besonders für die stark vom Export geprägte deutsche Wirtschaft.

Gemessen am Umsatz ist China für deutsche Unternehmen 2020 erstmals zum wichtigsten Exportmarkt aufgerückt. Nach Angaben des Instituts der deutschen Wirtschaft (IW) handelt es sich dabei nicht nur um eine »temporäre Verschiebung« infolge der Coronakrise. China werde, so das IW, für Deutschland in

Zukunft »Exportzielland Nummer Eins« sein. Schon durch Washingtons Konfrontationspolitik mit Russland und dem Iran sind der deutschen Wirtschaft zwei traditionell wichtige Märkte und mit ihnen zig Milliarden an Geschäft weggebrochen. Auch die Sanktionen gegen Nordstream II und Huawei treffen unser Land besonders: Dessen Industrie ist in hohem Maße auf eine sichere und möglichst preisgünstige Energieversorgung sowie einen schnellen Aufbau des »Internet der Dinge« angewiesen. Schließt Deutschland auf Druck von Amerika hin Huawei von seinem 5G-Netz aus, wird China dem »nicht tatenlos« zusehen, so Wu Ken. Pekings Botschafter in Berlin verwies darauf, dass seine Regierung dann mit demselben Recht deutsche Autos als unsicher erklären könnte. »Wenn wir Huawei ausschließen, wird die deutsche Automobilindustrie aus dem chinesischen Markt gedrängt«, argwöhnt auch der ehemalige deutsche Wirtschafts- und Außenminister Sigmar Gabriel.

Die Coronakrise hat einen der heftigsten Wirtschaftsschocks seit Menschengedenken und einen dramatischen Anstieg der ohnehin schon beträchtlichen Staatsverschuldung ausgelöst. Um diese wieder abzutragen, eine neue Schuldenkrise zu vermeiden und zugleich den notwendigen digitalen und ökologischen Umbau zu finanzieren, ist die EU mehr denn je auf Wachstum angewiesen. Dafür ist jedoch eine global integrierte Weltwirtschaft inklusive Asien und besonders China unabdingbar. Der Weltwährungsfonds schätzt, dass im Jahr 2021 die Hälfte des Wachstums der gesamten Weltwirtschaft allein aus China kommen wird. Aus China und Asien kann Europa künftig zudem auch mehr Direktinvestitionen erwarten als aus Amerika. Zur Stimulation der Wirtschaft werden diese noch größere Bedeutung haben als in der Vergangenheit, da das Instrument der Zinssenkung zum Ankurbeln der einheimischen Investitionen auf unabsehbare Zeit ausfällt. Verbündet sich die EU mit den USA, um die bald größte Volkswirtschaft der Welt einzudämmen, und schränkt zunehmend Direktinvestitionen von dort ein, läuft sie Gefahr, bald nichts mehr zum Einschränken zu haben. »Ich hoffe, dass die EU an den Prinzipien von Offenheit, Fairness, Gerechtigkeit und Nicht-Diskriminierung festhält«, so Zhang Ming, Chinas Botschafter in Brüssel, an die Adresse der Europäer. Wenn nicht, würde dies »desaströse« Folgen für die Gemeinschaft haben.

Rettung der »westlichen« Werte

»Die Ziele eines Imperiums sind unvereinbar mit der moralischen Gesundheit der Menschen«, so der Literaturnobelpreisträger Alexander Solschenizyn. Die Emanzipation Europas von den USA ist nicht nur wegen der Notwendigkeit geboten, den äußeren und inneren Frieden, seinen Zusammenhalt und Wohlstand zu erhalten; sie ist auch nötig, um die »westlichen« Werte vor weiterem Ansehensverlust zu bewahren, ihnen eine Chance zu geben, neue Strahlkraft zu entfalten und dauerhaft zu überleben.

Nach dem Ende des Kalten Krieges, ohne Konkurrenz durch andere Mächte und alternative Systeme, hat Amerika die Werte der liberalen Demokratie zunehmend aus den Augen verloren. Zugleich ist damit auch deren Attraktivität in der Welt verblasst. »Die Soft Power der Demokratie ist nicht mehr das, was sie einmal war«, so Martin Wolf von der »Financial Times«. Die Glaubwürdigkeit der westlichen Führungsmacht Amerika als »Kraft des Guten in der Welt«, als Vorbild für Freiheit, Menschenrechte und Demokratie, ist dahin. Die Schere zwischen Anspruch und Wirklichkeit ist im Laufe der Zeit einfach zu groß geworden.

Kann ein Land noch glaubwürdig als Verteidiger der Menschenrechte gelten, das in seiner Unabhängigkeitserklärung einst mit dem feierlichen Versprechen antrat, das »unveräußerliche Recht« auf Leben zu schützen, in der Coronakrise seinen Bürgern aber von allen großen Ländern der Welt mit Abstand am wenigsten Schutz bot? Kann ein Land noch als demokratisches Vorbild gelten, dessen Präsident seinen Herausforderer im Wahlkampf als »korrupten Politiker« und »Kriminellen« bezeichnet und von diesem umgekehrt als »Rassist«, »Lügner« und »Clown« tituliert wird? Dessen amtierenden Staatsoberhaupt die Frage gestellt werden muss, ob er eine Wahlniederlage anerkennen und dann das Weiße Haus räumen werde? Und der darauf antwortet: »Ich muss mal sehen«? Und der sich in der Wahlnacht einfach zum Sieger erklärt, obwohl das Ergebnis noch längst nicht feststeht?

Wenn die zweifelsfreie Durchführung freier und fairer Wahlen und der Respekt aller Beteiligten vor ihrem Ausgang keine Selbstverständlichkeit mehr sind, was bleibt dann vom selbst ernannten »Leuchtturm der Demokratie«, der »größten Nation in der Geschichte der Zivilisation«, wie Ex-Außenminister Pompeo sein Land pries, noch übrig? Mit welchem Recht können die USA dann für sich noch einen moralischen Führungsanspruch als Verteidiger der »westlichen« Werte reklamieren? Als Amerikaner habe er das Gefühl, so Evan Osnos vom Magazin »The New Yorker«, dass »wir selbst einen jahrhundertelangen Kampf kämpfen müssen, um unseren eigenen Ansprüchen gerecht zu werden«. Ob Chancengleichheit, Gleichheit vor dem Gesetz, eine wirklich freie Presse, Schutz von Minderheiten, den Schwachen in der Gesellschaft – Amerika bleibe noch viel zu tun, damit »wir auch nur sagen können, wir sind ein Verfechter dieser Werte in der Welt«.

Wie im Inneren wird Amerika auch im Äußeren seinen eigenen Ansprüchen längst nicht mehr gerecht. Bruno Maçães, früher Botschafter Portugals in Brüssel und heute ein gefragter politischer Berater, ist davon überzeugt, dass für Washington nichts mehr zählt als »die globale Vorherrschaft«. »Macht« gehe Amerika »vor Recht«, hatte Willy Wimmer, einst parlamentarischer Staatssekretär im Verteidigungsministerium, schon vor zwanzig Jahren gewarnt: Wo das Recht im Wege stehe, werde es »beseitigt«. Das Denken, das der Christdemokrat in einem persönlichen Brief an Bundeskanzler Gerhard Schröder seinerzeit beschrieb, manifestiert sich heute vor allem in Washingtons Eindämmungspolitik gegenüber China. Allein schon dieses Land am weiteren Aufstieg hindern zu wollen ist mit »westlichen« Werten nicht zu vereinbaren. Es sei falsch, so Martin Wolf von der »New York Times«, sich gegenüber dem »legitimen Wunsch des chinesischen Volkes nach einem besseren Leben feindlich zu verhalten«. Amerika sage dem chinesischen Volk damit, »dass wir seinen wachsenden Wohlstand als unfair und etwas Unerlaubtes empfinden«, so auch Adam Posen, Präsident des Petersen Instituts in Washington. Wenn Amerika dies dennoch tut, zeigt dies, dass es ihm letztlich nicht um diese Werte, sondern vor allem um seine Vormachtstellung geht. Selbst wenn China ein demokratisches Land wäre, würde es dessen weiteren Aufstieg an die Spitze verhindern wollen.

Wie hohl das amerikanische Wertebekenntnis geworden ist, zeigt sich an dem Handelsvertrag, den die USA im Januar 2020 mit China geschlossen haben. Peking, dem Washington sonst bei jeder Gelegenheit seine staatliche Einmischung in die Wirtschaft vorwirft, soll nach dem Vertrag riesige Einkäufe in den USA tätigen – ein Versprechen, das nur durch massive staatliche Intervention zu erfüllen ist. »Das ist genau das, wogegen wir in den vergangenen 40 Jahren gekämpft haben«, so Charlene Barshefsky, die frühere Handelsbeauftragte der US-Regierung. Mit der Entwicklung, die Amerika genommen hat, haben Europa und der gesamte Westen den Bannerträger ihrer Werte verloren.

Nach der Finanzkrise 2008 und dem Versagen in der Coronakrise bezweifeln immer mehr Menschen, vor allem in Afrika, Asien und Lateinamerika, dass das polit-ökonomische System des Westens noch geeignet ist, die Probleme zu bewältigen, denen sie sich gegenübersehen. »Der Triumph der liberalen Demokratien erscheint sehr viel ungewisser als vor drei Jahrzehnten«, als der Sowjetblock und die Mauer zusammenbrachen, so der britische Politologe David Runciman. Dies ist vor allem auf den Abstieg der USA, der Führungsmacht der »freien Welt«, zurückzuführen. Um die »westlichen« Werte und mit ihnen den Westen vor weiterem Ansehensverlust zu bewahren, muss Europa die Standarte von Amerika übernehmen, die »westlichen« Werte glaubwürdig vorleben und so deren globale Anziehungskraft wieder stärken. Dies geht nicht im Schlepptau von Washington, sondern nur als unabhängige, souveräne Führungsmacht. Dafür muss Europa sich zwingend von Amerika abnabeln und zugleich seine eigenen Strukturen und Institutionen stärken.

In seinem Roman »Der Leopard« erzählt Guiseppe Tomasi di Lampedusa, wie das sizilianische Fürstenhaus Salina an seiner Passivität angesichts der bürgerlichen Umwälzung in Italien zur Zeit des Risorgimento zugrunde geht. Daraus ist die Ermahnung weltberühmt geworden, die der verarmte Adlige Tancredi an seinen Onkel Don Fabrizio, den Chef des Fürstenhauses, richtet: »Wenn wir wollen, dass alles so bleibt, wie es ist, muss alles sich ändern.« Ein solcher Moment ist für die Europäische Union durch die geopolitische Achsenverschiebung und den Großkonflikt zwischen den USA und China gekommen. Wenn die EU ihren Bestand, den äußeren und inneren Frieden, Wohlstand und die »westlichen« Werte bewahren will, muss sie ihre Außenpolitik ändern, sich vom Großen Bruder Amerika emanzipieren und strategische Autonomie erlangen. Wobei Autonomie nicht Autarkie heißt und Emanzipation nicht das Ende eines partnerschaftlichen Verhältnisses bedeuten muss. Es heißt, seine Partner und den Umfang der Partnerschaft frei wählen zu können und sich auf Augenhöhe zu begegnen. »Wir können nicht der Juniorpartner der USA sein«, bringt es Frankreichs Staatschef Macron auf den Punkt. Aus dieser Juniorpartnerschaft muss Europa sich lösen.

Wege zur strategischen Autonomie

Eine globale Welt braucht auch eine globale Ordnung. Wenn diese einigermaßen gerecht und dauerhaft stabil sein soll, darf sie nicht von einer einzigen Nation bestimmt, also unipolar sein, sondern muss möglichst repräsentativ und inklusiv, also multipolar sein und für einen fairen Interessenausgleich zwischen den einzelnen Mächten sorgen. Wie jedem Menschen unabhängig von Herkunft, Hautfarbe, Geschlecht oder Religionszugehörigkeit, so ist auch jeder Nation unabhängig von Größe, politischem System und Entwicklungsmodell ein Recht auf Selbstbestimmung und Respekt, Nicht-Diskriminierung und Teilhabe zuzubilligen. Trotz der bereits vor einem Dreivierteljahrhundert verabschiedeten UN-Charta ist das Recht des Stärkeren im Umgang von Staaten miteinander jedoch immer noch nicht tabu.

Multipolare Weltordnung und friedliche Koexistenz der Systeme als Grundlage europäischer Außenpolitik

Die von den Siegermächten nach Ende des Zweiten Weltkriegs, allen voran den USA, aufgestellte Weltordnung wird weder dem Erfordernis der Selbstbestimmung noch dem der Repräsentativität gerecht. Asien stellt nahezu die Hälfte der Weltbevölkerung und mit China, Japan und Indien drei der vier größten Volkswirtschaften der Welt. Dies spiegelt sich jedoch weder in den Einflussmöglichkeiten beim Internationalen Währungsfonds und bei der Weltbank, noch in der Zusammensetzung der ständigen Mitglieder des Weltsicherheitsrats wider. Neben den USA, China und Russland haben dort mit Frankreich und Großbritannien noch zwei europäische Vertreter einen festen Sitz und Vetomacht, aber nicht Japan oder Indien und auch kein Land aus Afrika und Lateinamerika.

Wenn die Führer der Welt nicht bald anfingen, sich der »inneren Widersprüche« der bestehenden Ordnung anzunehmen, so Kishore Mahbubani von der National University in Singapur, werde das »wahrscheinlich zu einer Krise führen – und zu noch gefährlicheren Widersprüchen«. Schon auf der Münchner Sicherheitskonferenz 2007 hatte Wladimir Putin die von den USA dominierte unipolare Weltordnung als »nicht nur inakzeptabel, sondern in der heutigen Welt auch unmöglich« bezeichnet. Keine Nation verfüge auf Dauer über die dafür nötigen militärischen, politischen und wirtschaftlichen Ressourcen, so der russische Staatschef, überdies fehle einem solchen Konzept auch »eine moralische Grundlage«.

Wahrheit wird nicht zur Unwahrheit, nur weil sie aus unberufenem Munde kommt. Die Geschichte und das Beispiel der USA gerade in der jüngeren Zeit lehren, dass Monopolmacht schädlich ist – in der Politik genauso, wenn nicht noch mehr als in der Wirtschaft. Imperien hätten »kein Interesse, in einem internationalen System zu operieren«, so Henry Kissinger, der *Grand Old Man* der amerikanischen Diplomatie, »sie wollen selbst das System sein«. Eine unipolare Weltordnung ist nicht nur nicht nachhaltig und ungerecht, sie bremst auch den Fortschritt, weil sie das Potenzial internationaler Kooperation und den Wettbewerb um die besten Problemlösungen beschränkt. »Der einzige Weg nach vorn führt über echten Multilateralismus, bei dem Amerikas Exzeptionalismus wirklich gemeinsamen Interessen und Werten, internationalen Institutionen und einer Herrschaft des Gesetzes untergeordnet ist, von der die USA nicht ausgenommen sind«, so der Wirtschaftsnobelpreisträger Joseph Stiglitz in einem Beitrag für »Project Syndicate«. Dies wäre für Amerika ein einschneidender Politikwechsel »weg von seit Langem gewohnter Hegemonie hin zu einer Position, die auf Partnerschaften beruht«.

Schutz vor Krieg, Terrorismus, Pandemien, Armut, Klimawandel – die großen Menschheitsfragen lassen sich nur mithilfe von Kooperation und friedlichem Wettbewerb und nur in einer multipolaren Ordnung lösen. Der (Wieder-)Aufstieg Chinas, des volkreichsten Landes der Erde, hat eine solche Weltordnung vollends unumgänglich gemacht. Man könne nicht so tun, als sei damit nur ein weiterer großer Akteur auf der Weltbühne hinzugekommen, warnte Lee Kuan Yew, erster Premierminister des Stadtstaates Singapur und China-Kenner, schon vor Jahren: »China ist der größte Akteur in der Geschichte der Menschheit.« Das Ausmaß, mit dem das »Reich der Mitte« die Gewichtsverteilung verschiebe, sei so groß, dass »ein neues Gleichgewicht« gefunden werden müsse.

Auf der Suche nach diesem Gleichgewicht kommt Europa eine historische Aufgabe und Verantwortung zu. Nicht nur seine Position im heutigen Weltgefüge, auch seine Geistesgeschichte prädestiniert es dazu, eine führende Rolle beim Aufbau dieser neuen Ordnung zu übernehmen. Europas Werte sind die Werte der Säkularisierung und Aufklärung. Nach Jahrhunderten mit ständigen Kriegen lebt es, durch Schaden klug geworden, seit Jahrzehnten wie niemand sonst auf der Welt Vielfalt, Multipolarität und friedliche Koexistenz vor.

Unterschiedliche Systeme, geschichtliche Erfahrungen und Kulturen führen zu unterschiedlichen Vorstellungen und machen Konflikte unvermeidlich. Entscheidend ist, wie damit umgegangen wird. Sollen sie friedlich gelöst werden, muss jedes Land sich von dem Irrglauben verabschieden, ein auserwähltes Land zu sein, den Sinn der Geschichte zu kennen, die Wahrheit und Moral allein für sich gepachtet zu haben und deshalb alle politisch Andersgläubigen missionieren zu dürfen. »Die Idee des Fortschritts in der Geschichte ist der ins Säkulare gewendete Glaube an die Vorsehung«, so der britische Philosoph John Gray. Wann immer ein Staatsmann sich »als Instrument der Vorsehung« begreife, sei jedoch »das Schlimmste zu befürchten«.

Eine multipolare Welt bedeutet nicht nur Mächte-, sondern auch Wertepluralismus. Nachdem die religiösen Kreuzzüge lange Geschichte sind, müssen auch die ideologischen Kreuzzüge eingestellt werden. Wer für Säkularisierung, Religionsfreiheit und das friedliche Nebeneinander verschiedener Glaubensrichtungen eintritt, muss auch die friedliche Koexistenz verschiedener politischer Systeme akzeptieren und sich von allen universalistischen Ansprüchen verabschieden. »Wir können nicht davon ausgehen, dass die Angehörigen fremder Kulturen unsere Auffassung von Freiheit, Demokratie und Menschenrechten sowie die westliche Weltordnung einfach übernehmen«, so der französische Philosoph und Sinologe François Jullien. Die besonders in den USA verbreitete Erwartung, China in die westliche Weltordnung integrieren zu können, ist von Anfang an illusorisch gewesen. »China will nicht Ehrenmitglied des Westens werden«, so Lee Kuan Yew: »Es will China sein und als solches respektiert werden.«

Der Westen hat jedes Recht, seine Kultur und Werte aufs Entschiedenste zu verteidigen. Er darf und muss für diese Werte auch werben. Aber er hat kein Recht, sie anderen aufzuzwingen. »Wo immer die Standarte der Freiheit und Unabhängigkeit aufgerollt wird, werden [Amerikas] Herz, Segen und Gebete sein. Aber es wird nicht nach draußen gehen, um Monster zu zerstören. Es wünscht allen Freiheit und Unabhängigkeit, verficht und verteidigt diese aber nur bei sich selbst«, so der damalige US-Außenminister und spätere Präsident John Quincy Adams, Sohn des Gründungsvaters und zweiten Präsidenten des Landes, John Adams, in einer bemerkenswerten, aber leider weithin vergessenen Rede zur Feier des Unabhängigkeitstags im Jahr 1821. Und weiter: »Amerikas Marsch ist der Marsch des Geistes, nicht der Eroberung.« Indem sie sich selbst in die inneren Angelegenheiten anderer Nationen einmischen, würden die Vereinigten Staaten »ihre eigene Existenzberechtigung zerstören«. Die Grundmaximen ihrer Politik wären dann nicht mehr »von denen des Imperiums [zu] unterscheiden, das durch Amerikas Revolution besiegt wurde«.

Amerika: Vom Vorbild zum Heilsbringer

Leider haben sich die USA dieses Prinzip nicht auf Dauer zu eigen gemacht. Heute sind sie davon sogar so weit entfernt wie nie zuvor in ihrer Geschichte. Statt John Quincy Adams, später der sechste Präsident des Landes, setzte sich Anfang des 20. Jahrhunderts mit Theodore Roosevelt die genau entgegengesetzte Doktrin durch, die dann von Präsident Woodrow Wilson Mitte des Jahrhunderts noch weiter gefestigt wurde. Während Adams für Amerika die Rolle eines »Leuchtfeuers auf dem Berg« sah, »ein Licht des Heils und der Erlösung für die Unterdrückten«, das den Menschen überall in der Welt als *Vorbild* dient, betrachtete Wilson es als die »Bestimmung« der Amerikaner, »Freiheit, Gerechtigkeit und die humanen Prinzipien überall *hinzutragen*«. Sah Adams sein Land als große Kontinentalmacht, waren Roosevelt und Wilson von den Ideen Alfred Thayer Mahans geprägt, der in seinem 1890 erschienenen Buch »Influence of Sea Power Upon History« geschrieben hatte, Amerika müsse zu einer Seemacht werden und die Nachfolge des British Empire antreten. Theodore Roosevelt sorgte seinerzeit persönlich dafür, dass alle Kongressmitglieder ein Exemplar des Mahan-Buches bekamen. Nur unter Präsident John F. Kennedy erlebte Adams' Ansatz noch einmal eine kurze Renaissance. »Wir wollen unser System niemandem aufzwingen, der das nicht will«, so Kennedy. »Wir wollen aber und können dies auch, mit jedem Volk der Welt darüber einen friedlichen Wettstreit austragen.«

Der kategorische Moral-Imperativ von Immanuel Kant verlangt, andere so zu behandeln, wie man selbst behandelt werden möchte. Dies muss nicht nur für den Umgang unter Menschen, sondern auch unter Nationen gelten. Wer an die Universalität der Menschenrechte wirklich glaubt, der glaubt auch daran, dass sie sich früher oder später überall durchsetzen werden. Wer an die Demokratie glaubt, muss Mitsprache, also Multipolarität, auch auf internationaler Ebene erlauben. Menschenrechte, Freiheit, Demokratie und Rechtsstaat verteidigt und verbreitet am besten, wer diese glaubwürdig und überzeugend vorlebt und sie so ihre Anziehungskraft von selbst entfalten lässt. Eine Studie der politischen Beratungsfirma Eurasia Group vom Mai 2019 hat dies eindrucksvoll bestätigt. »Die Ergebnisse legen nahe«, so Eurasia-Präsident Ian Bremmer, »dass Demokratie zwar rund um die Welt ein populäres Verlangen bleibt, für ihre Verbreitung aber ›Anziehungskraft‹ wirksamer ist als ›aktive Beförderung‹«. Die Attraktivität der Demokratie bestehe schließlich vor allem darin, dass sie »jedem Einzelnen die Macht gibt, seinen eigenen Weg zu gehen«, so Bremmer. Amerika sollte deshalb auch »akzeptieren, dass jedes einzelne Land seinen eigenen Weg zur Demokratie finden muss«. Der große amerikanische Nachkriegs-Stratege George Kennan wusste das und hat darum seine Landsleute aufgefordert, ihre »tief verwurzelte Neigung, andere danach zu beurteilen, wie weit sie es schaffen, wie sie selbst zu sein, zurückzudrängen und wenn möglich ein für alle Mal auszulöschen«. Leider vergeblich.

In seinem »West-östlichen Diwan« schrieb Johann Wolfgang von Goethe einst: »Gottes ist der Orient! Gottes ist der Okzident! Nord- und südliches Gelände ruht im Frieden seiner Hände.« Europa liegt an der Nahtstelle zwischen West und Ost, Nord und Süd. Dies bringt für den »Alten Kontinent« eine besondere Verpflichtung mit sich, eine Außenpolitik zu betreiben, die seine eigene Ordnung der friedlichen Koexistenz, des Lebens und Lebenlassens, als Grundlage hat. Außenpolitik ist vor allem Friedenspolitik. »Friedenspolitik muss Machtkonflikte entschärfen«, hieß es im Berliner Grundsatzprogramm der SPD von 1989. »Interessenausgleich suchen, gemeinsame Interessen aufgreifen, dem Vormachtstreben der Weltmächte durch regionale Zusammenschlüsse entgegenwirken und Gegensätze zwischen

Systemen, Ideologien und Religionen im friedlichen Wettbewerb und in einer Kultur des politischen Streits austragen.«

Angela Merkel und Emmanuel Macron scheinen die historische Verpflichtung erkannt zu haben, die Europa zufällt. »Ich möchte keine neue Bipolarität«, so die deutsche Bundeskanzlerin. Europa und China trenne »sehr Grundsätzliches«. Das sei jedoch kein Grund, eine Zusammenarbeit abzulehnen, »ganz im Gegenteil«, ein »offener, kritischer Dialog« sei »wichtiger denn je«; Europa habe ein »großes strategisches Interesse, die Zusammenarbeit mit China aufrechtzuerhalten«. Europa müsse eine »Macht des Gleichgewichts« in der Weltpolitik sein, ergänzt der französische Präsident.

Um dieses Gleichgewicht herzustellen, muss Europa Amerika zur Abkehr von seinem imperialen Kurs und zur Rückkehr zu einer Außenpolitik bewegen, wie sie zuletzt Präsident John F. Kennedy anstrebte. Im Juni 1963, wenige Wochen vor seiner Ermordung, hatte sich dieser in einer Rede an der American University in Washington zur friedlichen Koexistenz in der internationalen Politik bekannt. Er wolle »keine der Welt durch amerikanische Kriegswaffen aufgezwungene *Pax Americana*« und »nicht nur Frieden für Amerikaner, sondern Frieden für alle«, so Kennedy.

China: Koexistenz als Voraussetzung der Existenz

Heute plädiert nicht Amerika, sondern China für friedliche Koexistenz und Multipolarität. Während in Amerika traditionell die Maxime vorherrscht »The winner takes it all« und der Zweite schon als Verlierer gilt, sprechen chinesische Außenpolitiker gerne von »Win-win-Beziehungen« und der Menschheit als »Schicksalsgemeinschaft«. Kultur und Geschichte des Landes lassen die Annahme zu, dass dieses Bekenntnis nicht bloß Propaganda ist. »Die Koexistenz ist die Voraussetzung der Existenz«, so fasst der Staatsphilosoph Zhao Tingyang von der Chinesischen Akademie der Sozialwissenschaften das uralte konfuzianische »Alle-unter-dem-Himmel«-Konzept (*Tianxia*) in zeitgenössischer Form zusammen. Chinesen und alle Konfuzianer betrachten den Menschen nicht als *in*dependentes, sondern *inter*dependentes Individuum, also relational. »Relationale Rationalität ist die Rationalität der Koexistenz«, so Zhao. Rational sei, auf internationaler Ebene nicht den größtmöglichen Nutzen für den eigenen Staat zu erreichen, sondern möglichst fruchtbare Beziehungen mit anderen Staaten.

Wir im Westen sehen die Dinge gerne binär, in den Kategorien von Entweder-oder, Richtig oder Falsch, Gut oder Böse, Schwarz oder Weiß. Die Chinesen dagegen denken hybrid, in Grautönen. Wie die Formel »Ein Land, zwei Systeme« zeigt, hat China mit dem Nebeneinander unterschiedlicher gesellschaftlicher Systeme selbst unter einem Dach keine grundsätzlichen Probleme. Peking kann deshalb mit einem Europa, das im westlichen Wertelager verankert und damit auch Amerika verbunden bleibt, auf allen Feldern zusammenarbeiten, auf denen dies im beiderseitigen Interesse liegt. »Als undemokratisches System« werde China im Westen zwar »automatisch als illegitimer Staat« betrachtet, so Xiang Lanxin, Professor für Politik und Geschichte am *Graduate Institute of International and Development Studies* in Genf. Im Unterschied zu der »rigiden westlichen Vorstellung von Politik, die Demokratie als Krönung der politischen Entwicklung für die menschliche Gesellschaft generell« ansehe und alle anderen Systeme herabsetze, sei im chinesischen Regierungssystem der Legitimität durch Leistung, nicht durch Wahlen, »konzeptionell stets Platz für systemische Verbesserung«, so Xiang.

Kurz: Für Chinesen gibt es keine geschichtliche Teleologie, China wollte die Welt denn auch nie bekehren und strebte nie nach globaler Herrschaft. Es war nie Kolonialmacht, obwohl sich reichlich Gelegenheit dazu bot. Das Tributstaatensystem, das es in seiner unmittelbaren Nachbarschaft zeitweise unterhielt, diente nicht der Unterdrückung und Ausbeutung, sondern der Absicherung der eigenen Herrschaft. Die betreffenden Länder wie Korea oder Vietnam blieben faktisch so gut wie unabhängig, sie mussten nur die formale Oberhoheit des chinesischen Kaisers anerkennen und als Symbol dafür regelmäßig Tribut entrichten. Dafür erhielten sie im Gegenzug Geschenke, die meist mehr wert waren als die selbst überbrachten.

Dennoch gilt China seit März 2019 auch für die Europäische Gemeinschaft offiziell als »systemischer Rivale«, der in der Welt »alternative Regierungsmodelle« unterstütze, wie es in dem Strategiepapier der EU-Kommission »EU-China: A Strategic Outlook« heißt. Falls damit gemeint ist, dass Peking die ganze Welt mit seinem Gesellschaftssystem überziehen will, so wäre dies allerdings ein fataler Irrtum. Dafür fehlt den Chinesen schon das Sendungsbewusstsein, das etwa dem christlichen und muslimischen Kulturkreis eigen ist. Zudem sind sie sich viel zu sehr der Einzigartigkeit ihrer Kultur bewusst, um diese und ihr darauf basierendes Gesellschaftssystem für exportfähig zu halten. »Chinesen sind nicht daran interessiert, ein Modell zu exportieren. Sie haben gar kein richtiges Modell«, so der Politikprofessor Xiang. Ein Modell beinhaltet eine bestimmte in sich stimmige Struktur und festgelegte Prozeduren. Dies entspricht westlichem Denken. Chinesen denken nicht in festen konzeptionellen Rahmen, sondern in Kategorien ständigen Wandels, konkret, situativ, nicht-linear, ambivalent und hybrid. Nicht in Verfahren und Institutionen, sondern in Ergebnissen.

Auf dem 19. Parteitag der KP im Herbst 2017 sprach Staatspräsident Xi Jinping denn auch nur von einem »*Ansatz*« Chinas, der anderen Ländern eine »neue *Option*« für ihre Entwicklung biete, nicht von einem *Modell*, das über die Welt ausgerollt werden solle. Peking will die *Pax Americana* nicht gegen eine *Pax Sinica* austauschen, die USA nicht *ersetzen*, sondern nur *entthronen* und die bestehende unipolare zu einer multipolaren Ordnung verändern, in der es eine ihm gebührende Rolle spielen kann. Wie Jean-Jacques Rousseau Freiheit nicht als die Möglichkeit definierte, tun und lassen zu können, was immer man wolle, sondern nicht tun zu müssen, was man nicht wolle, so sieht China seine Position in der Welt: Es will sich von niemandem bedroht fühlen müssen und wider seinen Willen zu etwas gezwungen werden können. Amerika beharrt im Gegensatz dazu auf der von ihm etablierten und dominierten unipolaren Weltordnung.

Umso mehr obliegt es Europa, das Werben für eine multipolare Weltordnung, die repräsentativer und demokratischer ist als die unipolare Weltordnung von heute, eine Ordnung, die jedes Land sein eigenes Wertesystem leben lässt, solange und soweit es dabei die Systeme anderer respektiert, nicht Peking zu überlassen. Dazu muss Brüssel sich für eine Reform von Internationalem Währungsfonds (IWF), Weltbank sowie UN-Weltsicherheitsrat starkmachen mit dem Ziel, die realen Verhältnisse in der Welt besser abzubilden. In einem dementsprechend neu formierten Sicherheitsrat müsste Großbritannien seinen ständigen Sitz aufgeben und die EU den von Frankreich übernehmen; Indien, Japan, Brasilien und Nigeria sollten als ständige Mitglieder neu in das Gremium einziehen. Daneben wären auch das *Gentlemen's Agreement* aufzukündigen, das Europa bisher den Chefposten bei der Weltbank und Amerika den beim IWF sicherte, und stattdessen die im Abschlusskommunique der G20-Tagung von 2007 enthaltenen Verabredungen hinsichtlich der Führung beider Institutionen konsequent in die Praxis umzusetzen. Diese sehen vor, dass die Auswahl des Topmanagements »auf Verdiensten« beruht und »die Breite der Mitgliedschaft repräsentiert«. Europa müsste sich ferner Bestrebungen Washingtons widersetzen, die Gruppe der sieben Industrieländer (G7) zu einem Anti-China-Club der Demokratien mit Indien, Australien und Südkorea (D10) umzufunktioneren, und sich stattdessen für eine institutionelle Stärkung des G20-Formats einsetzen. Vor allem anderen aber gilt es für Europa, eine wirtschaftliche, technologische und kulturelle Zweiteilung der Welt und einen Kalten Krieg zu verhindern. Nicht nur wegen der dadurch drohenden Wohlstandsverluste, sondern auch, weil dies eine wirkungsvolle Zusammenarbeit auf für die Zukunft der Menschheit existenziell wichtigen Politikfeldern wie der Bekämpfung des Klimawandels oder von Pandemien unmöglich machen würde.

Ohne Einbindung Chinas lässt sich vor allem der Klimawandel, das große, alles überwölbende Politikthema der kommenden Jahrzehnte, nicht erfolgreich bekämpfen. Im Übrigen kann auch nur durch die Zusammenarbeit auf Feldern gemeinsamen Interesses mit der Zeit eine Atmosphäre entstehen, die auch Lösungen auf Konfliktfeldern ermöglicht und den Frieden sichert. In der vernetzten Welt von heute »werden wir lernen, miteinander zu leben, zusammenzuarbeiten und die Würde des anderen anzuerkennen, oder wir werden untergehen«, so der ehemalige US-Präsident Barack Obama in seinem Ende 2020 erschienenen ersten Memoirenband. Eine späte Erkenntnis. Aber zugleich eine großartige Regierungsmaxime für seinen einstigen Vize, den heutigen Präsidenten Joseph Biden.

Kritisch-konstruktive Mitarbeit bei der Initiative »Neue Seidenstraße« als Kern einer europäischen (Fern-)Ostpolitik

Ein zentrales Feld gemeinsamen Interesses mit China stellt für Europa die wirtschaftliche Entwicklung des Mittleren und Nahen Ostens sowie Afrikas dar, die Peking mit seiner Initiative »Neue Seidenstraße« adressiert. Dass China damit die Achse der Weltwirtschaft und Weltpolitik nach Eurasien zurückverlagern will, muss Amerika Sorge bereiten, bietet für Europa jedoch große Chancen. Eine Kooperation würde nicht nur seiner lahmenden Wirtschaft neue Wachstumsimpulse verleihen; sie kann auch den Immigrationsdruck stark vermindern und so die Gemeinschaft stabilisieren. Auf dem Höhepunkt der Immigrationskrise 2015 hat die EU feierlich versprochen, künftig die Fluchtursachen zu bekämpfen. Will sie dieses Versprechen einlösen, gibt es kein besseres Instrument dafür als die Mitarbeit bei der Initiative. Zudem wäre diese auch ein probater Weg, eine multipolare Weltordnung auf der Basis einer friedlichen Koexistenz unterschiedlicher Systeme zu befördern und sich in der Weltpolitik eine Position auf Augenhöhe mit China und den USA zu sichern. Wie einst die deutsche Ostpolitik von Willy Brandt und Egon Bahr zur Entspannung zwischen dem Westen und dem Ostblock unter Führung Moskaus und schließlich zum Ende des Kalten Krieges beitrug, so könnte die EU heute mit einer klugen Fernostpolitik zu einer Entspannung zwischen den USA und China beitragen und damit die Globalisierung und den Frieden in der Welt bewahren. Ein europäisches Engagement bei der Seidenstraßeninitiative würde Washington am Ende keine andere Wahl mehr lassen, als den geordneten Rückzug von seiner Konfrontationspolitik gegenüber China anzutreten und die unipolare Weltordnung aufzugeben.

30 internationale Organisationen und weit über 100 Länder, die rund die Hälfte des globalen Sozialprodukts erwirtschaften und zwei Drittel der Weltbevölkerung repräsentieren, wollen bei der Initiative mitmachen und haben ein entsprechendes *Memorandum of Understanding* unterschrieben. Viele dieser Länder koordinieren ihre eigenen nationalen Entwicklungspläne mit der Initiative. Damit sorgt diese für den größten Globalisierungsschub seit der Öffnung Chinas in den 90er-Jahren des vergangenen Jahrhunderts. Das Handelsvolumen zwischen China und den beteiligten Ländern beläuft sich inzwischen auf 1,3 Billionen US-Dollar im Jahr. Seit Gründung der Initiative hat allein Peking bereits an die 400 Milliarden Dollar in sie investiert. Derzeit sind in ihrem Rahmen rund 2.000 Projekte mit einem finanziellen Umfang von nahezu 4 Billionen Dollar in Arbeit oder Planung. Der Politikwissenschaftler Parag Khanna hat das erste

Gipfeltreffen der Initiative im Mai 2017 in Peking sogar als »Grundsteinlegung« einer »asiatisch geführten Weltordnung bezeichnet«.

Die Wirkung als Wachstumsmotor und Migrationsbremse

In dem Maße, in dem das Vorhaben zur politischen Befriedung und ökonomischen Entwicklung des Nahen und Mittleren Ostens sowie Afrikas beiträgt, hilft sie auch der Wirtschaft der benachbarten EU. Wird der Wachstumsmotor der Weltwirtschaft, Ost- und Südostasien, stärker mit dem Mittleren und Nahen Osten sowie Europa zusammengespannt, verstärken sich dort ebenfalls die Wachstumsmöglichkeiten. In einer geopolitischen Zukunftsbetrachtung kam das renommierte Analysehaus Gavekal Research zu dem Schluss, von einer beschleunigten Entwicklung des Vorderen und Mittleren Orients im Rahmen eines eurasischen Verbunds könne Europas und speziell Deutschlands starke Investitionsgüterindustrie auf Jahrzehnte hinaus profitieren. Der fulminante Fortschritt Chinas zeigt, wie zentral der Ausbau der Infrastruktur für die wirtschaftliche Entwicklung ist. Die Asian Development Bank schätzt Asiens Bedarf an Infrastrukturinvestitionen in diesem Jahrzehnt auf jährlich 1,5 Billionen Dollar. Hinzu kommen die Wachstumsimpulse, die sich aus den verkürzten Transportzeiten und -kosten für den Warenaustausch zwischen China bzw. Asien und Europa auf dem Landweg und in nicht allzu ferner Zukunft auch über die Schiffsroute durch die Arktis ergeben. Aufgrund ihrer geografischen Lage können nicht zuletzt die wirtschaftlich schwächelnden Mittelmeeranrainer und die osteuropäischen EU-Mitglieder von einer Kooperation mit der Initiative Vorteile erwarten. Dies würde erheblich zur politischen Stabilisierung der Gemeinschaft beitragen.

Einen noch größeren Stabilitätsbeitrag verspricht die Entschärfung des Migrationsproblems, die eine beschleunigte Entwicklung des Nahen und Mittleren Ostens sowie Afrikas mit sich bringt. Der schwarze Kontinent stellt bereits heute ein Viertel der Weltbevölkerung unter 15 Jahren. Noch in diesem Jahrhundert soll die Zahl seiner Bewohner auf das Zehnfache der von Europa ansteigen. Wird diese Entwicklung nicht von einem entsprechenden und obendrein umweltfreundlichen Wirtschaftswachstum begleitet, hat dies auch für das benachbarte Europa schwerwiegende Folgen. Es müsste mit Armuts-, Kriegs- und Klimaflüchtlingen in zwei-, womöglich sogar dreistelliger Millionenhöhe rechnen. Besonders Frankreich, dessen koloniale Vergangenheit große Teile des Schwarzen Kontinents bis heute sprachlich prägt, scheint entschlossen, die Herausforderung anzunehmen und zugleich die Chancen zu ergreifen, die damit verbunden sind. »Europa wird nicht erfolgreich sein, wenn Afrika nicht erfolgreich ist«, so der französische Staatschef Emmanuel Macron. Aber auch Günter Nooke, Afrika-Beauftragter der Bundesregierung, stimmt dem zu: »Das Überleben Europas, wie wir es gewohnt sind, hängt mehr davon ab, wie die Entwicklung in Afrika verläuft, als vom Klimawandel.«

Die Seidenstraßeninitiative leistet schon heute einen bedeutenden Beitrag zur Entwicklung Afrikas. Mit einem Gesamtvolumen von mehr als 300 Milliarden Dollar jährlich ist China dessen größter Handelspartner. Der gegenseitige Warenverkehr ist seit Anfang des Jahrhunderts um das 20-Fache gestiegen, die Direktinvestitionen aus China um das 100-Fache. Sie machen 15 Prozent der gesamten Auslandsinvestitionen des Landes aus. Seit Anfang des Jahrhunderts hat Peking nach Angaben der *School for Advanced International Studies* (SAIS) an der Johns Hopkins Universität dort über 152 Milliarden Dollar Kredite für den Bau von Straßen, Schulen, Krankenhäusern, Eisenbahnen, Häfen, Kraftwerken, den Abbau von Rohstoffen usw. vergeben. Mit chinesischer Hilfe sind in Afrika bereits jeweils über 6.000 Kilometer Eisenbahnstrecke und Straßen, an die 20 Häfen und über 80 Kraftwerke gebaut worden. Der Unternehmensberatung McKinsey zufolge arbeiten auf dem Kontinent weit mehr als 10.000 chinesische Unternehmen und rund zwei Millionen Chinesen. Laut Deborah Bräutigam, die an der SAIS zu den Beziehungen zwischen China und Afrika forscht, hat Peking sich damit nicht nur wirtschaftliche Vorteile und politischen Einfluss verschafft; dadurch entstanden auch zahlreiche neue Arbeitsplätze für Einheimische und viele Afrikaner konnten wertvolle berufliche Fähigkeiten erwerben. Nicht zuletzt wegen Chinas Engagement gilt Afrika, vom »Economist« im Jahr 2000 schon als »hoffnungsloser Kontinent« abgeschrieben, mittlerweile als neue Wachstumshoffnung für die Weltwirtschaft.

Von dem Engagement Chinas bei der Seidenstraßeninitiative profitiert auch Europa. Umso näher liegt es, dabei selbst aktiv mitzuwirken, die Entwicklung in seinem Sinne zu beeinflussen und ihre positiven Effekte zu verstärken. Dazu bietet sich vor allem eine grundlegende Reform der europäischen Agrarpolitik sowie mit Blick auf den Klimawandel die Zusammenarbeit bei der Energieversorgung an. In Afrika sind derzeit rund 450 Kohlekraftwerke im Bau oder in Planung – viele davon mithilfe Pekings. Hunderte neue Kohlekraftwerke könnten in Asien hinzukommen. Werden diese Projekte alle umgesetzt, rückt das Ziel des Pariser Klimaabkommens, die Erderwärmung bis 2028 möglichst auf 1,5, mindestens aber auf 2 Grad Celsius zu begrenzen, in unerreichbare Ferne. »Afrika muss der grüne Kontinent der erneuerbaren Energien werden«, so Entwicklungshilfeminister Gerd Müller. Der geplante *New Green Deal* der EU kann nur gelingen, wenn Europa sich bei der »Neuen Seidenstraße« beteiligt und den Ausbau der Energieversorgung in ihrem Rahmen in sein Klimaschutzprogramm einbezieht.

Gleichwohl erscheint Brüssel gegenüber der Initiative bisher »wie versteinert«, so der Umweltpolitiker Jo Leinen, der bis 2019 für die SPD im Europaparlament saß. Bisher verhält es sich ihr gegenüber insgesamt eher ablehnend und damit nicht viel anders als die USA. Die bekämpfen die Initiative sogar mit Zähnen und Klauen. Und sie wissen auch warum: Im 19. Jahrhundert hatten sie eine Eisenbahn zur Pazifikküste gebaut. Die Absicht dabei: die Vereinigten Staaten über den gesamten nordamerikanischen Kontinent auszudehnen, so andere Staaten daran zu hindern, sich dort festzusetzen, zugleich weniger verletzlich gegenüber der britischen Beherrschung der Weltmeere, besonders des Atlantik, zu werden und den Handel mit China »direkt quer über den nordamerikanischen Kontinent abzuwickeln«, so William Gilpin, Gouverneur von Colorado und einer der prominentesten Befürworter des Mega-Projekts. Mit der Seidenstraße verfolgt China heute das Ziel, den eurasischen Kontinent enger zusammenzuschließen, die USA möglichst von ihm fernzuhalten und die eigene Verletzbarkeit durch die amerikanische Seemacht zu reduzieren. Washington ist sich darüber im Klaren, dass ein Erfolg des Schlüsselprojekts der chinesischen Außenpolitik das Ende seiner Hegemonie über die Welt bedeutet, und tut deshalb alles, um möglichst viele Länder von einer Kooperation abzuhalten. »Die USA tolerieren keinen gleichrangigen Wettbewerber. Sie werden eine Machtteilung nicht akzeptieren«, so der Politologe John Mearsheimer von der Universität Chicago.

Raubtierwirtschaft? Der Fall Hambantota

Amerika brandmarkt die Initiative deshalb als »Raubtierwirtschaft« und »Schuldenbuch-Diplomatie« Pekings mit dem Ziel, die beteiligten Länder abhängig zu machen und eine »repressive Weltordnung« zu errichten. Als Musterbeispiel dafür führt es den Hafen von Hambantota auf Sri Lanka an, den die Regierung in Colombo für 99 Jahre an China vermieten musste, weil sie die finanziellen Lasten daraus nicht mehr stemmen konnte.

Bei näherem Hinsehen ergibt sich jedoch ein ganz anderes Bild. Es beginnt schon damit, dass der Hafenbau keine chinesische Idee war, sondern ein Lieblingsprojekt des seinerzeitigen

Präsidenten von Sri Lanka, Mahinda Rajapaksa, der aus der Region stammt. Gleich nach seinem Amtsantritt 2005 gab dieser zuerst bei kanadischen und dänischen Beratungsunternehmen Machbarkeitsstudien in Auftrag. Auf deren Grundlage versuchte er anschließend, zuerst indische Baufirmen für das Projekt zu gewinnen. Erst nachdem diese – nicht zuletzt wegen des damals noch anhaltenden Bürgerkriegs in dem Land – abgewunken hatten und sich auch sonst niemand interessiert gezeigt hatte, wandte sich Rajapaksa 2006 schließlich an die Firma *China Harbor Engineering*, die bereits drei Fischereihäfen im Lande gebaut hatte. Mit Erfolg. Die staatliche chinesische Exim-Bank kreditierte 1,1 der insgesamt 1,3 Milliarden Dollar Baukosten zu (damals) mäßigen Zinssätzen von 5,6 Prozent in der ersten und 2,0 Prozent in der zweiten Baustufe. 2007 begannen die Arbeiten.

2009 gewann dann ein anderes chinesisches Staatsunternehmen, China Merchants Port Holdings, die Ausschreibung für die Erweiterung des Containerterminals in der Hauptstadt Colombo. Für eine Investition von 500 Millionen Dollar gewährte Sri Lankas nationale Hafenbehörde der Firma für 35 Jahre die Konzession, dort vier Liegeplätze zu betreiben. Ungeachtet der negativen Auswirkungen auf die Rentabilität des Hambantota-Projekts garantierte sie China Merchants zusätzlich, den geplanten Containerumschlag dort so lange zurückzustellen, bis der Hafen von Colombo ein bestimmtes Zielniveau erreicht hat. Die Folge waren tiefrote Zahlen und Probleme bei der Rückzahlung des Kredits an China.

2015 kam mit Präsident Maithripala Sirisena ein scharfer Hambantota-Kritiker an die Macht. Um die Finanzprobleme zu lindern, versuchte er im Ausland neue Investoren zum Einstieg in das Projekt zu bewegen. Fündig wurde auch er jedoch erst nach langer Suche – in China. 2017 erklärte sich China Merchants, mit deren Hilfe Colombo mittlerweile zu einem der dynamischsten Häfen weltweit geworden war, bereit, für eine Gebühr von 1,1 Milliarden Dollar 70 Prozent von Hambantota für 99 Jahre zu leasen. Nach dem Erfolgsmodell von Shenzhen im heimischen Südchina will das Unternehmen aus dem Hafen ein umfassendes Entwicklungsprojekt samt Industriezone und einer neuen Stadt machen. Anders als vielfach behauptet, sind in Hambantota also nicht Kreditschulden des Inselstaats mit einem sogenannten *Debt-Equity-Swap* in chinesisches Eigentum umgewandelt worden – der Hafen gehört nach wie vor Sri Lanka. Das Land kann die Leasing-Gebühren zudem nutzen, um den chinesischen Kredit zu bedienen. Raubtierwirtschaft und Schuldenbuch-Diplomatie sehen anders aus.

Ein Muster, wonach chinesische Staatsbanken wissentlich und willentlich unwirtschaftliche Projekte finanzieren, um andere Länder damit in eine »Schuldenfalle« zu locken und politische Vorteile für die Regierung in Peking zu erreichen, ist weder in Hambantota noch anderswo zu erkennen. Von 17 hochverschuldeten afrikanischen Ländern stehen nur drei vornehmlich bei Peking tief in der Kreide. »Nahezu alle Projekte« im Rahmen der Seidenstraßeninitiative seien »von den Gastländern initiiert worden«, so eine Studie des Londoner *Royal Institute of International Affairs* vom September 2020. Die Initiative könne sich »nicht nach einer einseitigen chinesischen Strategie entfalten«, sondern »nur Schritt für Schritt durch bilaterale Verhandlungen«.

Peking weiß aus eigener Erfahrung, dass unfaire Verträge nur Widerwillen und Widerstand erzeugen. Und hat sich nicht allein im Falle Hambantotas gegenüber Kreditnehmern, die Probleme bekommen hatten, zu Nachverhandlungen und Entgegenkommen bereit gezeigt. Die Nord-Süd-Eisenbahn in Malaysia, der Batang-Toru-Staudamm in Indonesien und das Kohlekraftwerk im kenianischen Lamu sind nur einige Beispiele dafür. Nach Angaben der amerikanischen Analysefirma *Rhodium Group* schrieben die chinesischen Kreditgeber in 16 von 40 untersuchten Fällen die Schulden komplett ab, in elf Fällen verlängerten sie die Rückzahlungsfristen und in jeweils vier wurden eine Refinanzierung, ein Zahlungsstopp oder eine Neuverhandlung der Konditionen vereinbart. Nach Ausbruch der Coronakrise erließ Peking im Juni 2020 allen afrikanischen Schuldnerländern sämtliche Schulden aus zuvor vergebenen zinsfreien Krediten. Gleichzeitig führte es die meisten Projekte trotz der Krise weiter und startete sogar wie geplant einige neue. Entlang den Fernbahnlinien der Seidenstraßenkorridore verkehren heute mehr »stählerne Kamele«, wie die Güterzüge aus China auch genannt werden, als zuvor. 2020 waren es über 50 Prozent mehr als im Jahr zuvor.

Ein trojanisches Pferd Pekings?

An Europas skeptischer bis ablehnender Haltung gegenüber der Initiative vermochte all dies bisher gleichwohl nichts zu ändern. Der Grund dafür ist nicht zuletzt in dem sogenannten »Kooperationsforum 16+1« zu suchen, das China schon 2012, also vor der Seidenstraßeninitiative ins Leben gerufen hatte. Die daran beteiligten 16 ehemals kommunistisch regierten mittel- und osteuropäischen Länder, darunter ein Dutzend EU-Mitgliedsstaaten, machten bei der Seidenstraße von Anfang an bereitwillig mit. In Brüssel entstand dadurch die Sorge, Peking wolle das Forum als trojanisches Pferd nutzen, um die Einheit der EU zu untergraben. Der damalige deutsche Außenminister Sigmar Gabriel etwa forderte von China eine »Ein-Europa-Politk«, so wie es selbst von Europa eine »Ein-China-Politik« verlange.

Die Bereitschaft der 16 Länder, zu denen inzwischen noch Griechenland gestoßen ist, bei der Initiative sofort mitzumachen, hat jedoch ihren Grund: Sie versprechen sich davon neue Wachstumsimpulse. Gerade für diese Region ist der Schienenweg für den Warenaustausch mit China deutlich schneller und billiger als der Seeweg. Aus demselben Grund waren auch wirtschaftlich schwache EU-Mitgliedsländer in Südeuropa wie Griechenland, Portugal, Italien und Spanien der Initiative gegenüber von Beginn an besonders aufgeschlossen. 2019 trat Italien als erstes großes EU-Land und G7-Mitglied der Initiative bei. Für deren maritime Route ist Südeuropa der erste Anlaufpunkt auf dem Kontinent. Von Venedig oder Triest etwa lässt sich sowohl das Herzstück der italienischen Wirtschaft um Mailand wie auch über den künftigen Brennertunnel der ökonomisch starke Süden Deutschlands schnell erreichen. Von Genua aus ergeben sich kurze Verbindungen in die Industrieregion Turin und nach Südfrankreich. Europäischer »Drachenkopf« der maritimen Seidenstraße ist bisher allerdings der Hafen von Piräus. 2016 erwarb das staatliche chinesische Reedereiunternehmen Cosco dort die Mehrheit, investierte fast 1 Milliarde Dollar und enwickelte ihn der Fachzeitschrift »Seatrade Maritime« zufolge zu dem Hafen mit dem höchsten Wachstum der Welt.

Die durch den Brexit ohnehin schon arg angespannten Nerven in Brüssel wurden durch solche Erfolge nur noch mehr gereizt. Zumal Griechenland und Ungarn 2016 gegen eine geplante offizielle Erklärung der Gemeinschaft votierten, die deutliche Kritik am militärischen Vorgehen Chinas im Südchinesischen Meer üben sollte. Im Jahr darauf scheiterte auch eine kritische EU-Stellungnahme zu Menschenrechtsverstößen in China am Veto Athens.

Im Herbst 2018 stellte die EU-Kommission in einem Positionspapier deshalb eine »Gegenstrategie« zur Seidenstraßeninitiative vor. Der »europäische Weg der Konnektivität«, wie die damalige Außenbeauftragte Federica Mogherini die Strategie taufte, betonte als Grundlagen europäischer Entwicklungszusammenarbeit Transparenz, finanzielle, soziale und ökologische Nachhaltigkeit sowie gleiche Wettbewerbsbedingungen für alle. Das Programm sah allerdings nur 60 Milliarden Euro zusätzlich für Investitionen der Gemeinschaft im EU-Ausland vor. Auch wenn dieser Betrag durch Partnerschaften mit der Privatwirtschaft gehebelt werden soll, kann der EU-Plan mit der Seidenstraßeninitiative weder finanziell noch hinsichtlich des geopolitischen und geoökonomischen Horizonts auch nur annähernd mithalten: »Der Konnektivitätsplan ist nicht die große Gegenstrategie, auf die manche gehofft haben«, so Jan Weidenfeld vom Berliner Chinaforschungsinstitut MERICS.

Im Kern versucht Brüssel damit vor allem, bedürftigen Mitgliedsländern und Beitrittskandidaten an der östlichen und südlichen Peripherie eine finanzielle Alternative zu der chinesischen Initiative zu bieten und sie bei der Stange zu halten. So sollen diese Länder den Löwenanteil der Investitionsmittel des Infrastrukturfonds erhalten und auch von Mittelkürzungen infolge des Brexit verschont bleiben.

Trotz der beträchtlichen politischen und ökonomischen Vorteile eines Engagements bei der Seidenstraßeninitiative und obwohl bereits über die Hälfte der EU-Mitglieder bilateral dort mitmachen, scheut die Gemeinschaft als Ganzes davor bis heute zurück. China wolle »die geo- und handelspolitische Verbindungsachse zwischen dem chinesischen Meer und Lissabon« wiederbeleben, so der grüne Ex-Außenminister Joseph Fischer in einem Interview mit der »Neuen Zürcher Zeitung« an Weihnachten 2020. Europa sollte diesen Plänen jedoch »extrem vorsichtig begegnen, denn für uns ist der transatlantische Westen von existenziellem Interesse. Als westlichster Wurmfortsatz Asiens hätten wir keine gute Zukunft.« Fischer bringt damit die in Brüssel bestehenden Vorbehalte gegenüber China zum Ausdruck, verkennt jedoch, dass Europa schon bei der historischen Seidenstraße nicht nur ein Wurmfortsatz war und dies ebenso wenig bei der neuen sein muss. Vor allem aber unterschlägt er, dass Europa bereits seit Jahrzehnten kaum mehr als ein Wurmfortsatz der USA ist und dies in einem Kalten Krieg gegen China endgültig würde. Wenn Brüssel bei Pekings Initiative mitmache, werde es damit »nur zu einem System beitragen, in dem China der stärkste Spieler ist«, warnt auch Frans-Paul van der Putten vom niederländischen Clingendael Institut für Internationale

Beziehungen. Dass China auf dem eurasischen Kontinent der stärkste Spieler sein wird, erscheint allerdings so oder so unvermeidlich. Folglich kann es nur darum gehen, wie sich am besten verhindern lässt, dass es alle anderen Spieler in Eurasien dominiert und dort alle Wege nach Peking führen. Indem Europa sich den USA verpflichtet, an deren Seite einen Kalten Krieg gegen Peking (und Moskau) führt, damit seine Wirtschaft schwächt und seinen Zusammenhalt sowie womöglich einen Dritten Weltkrieg riskiert? Oder indem es mit China kritisch-konstruktiv kooperiert, dabei aber auf einem fairen Interessenausgleich und Umgang auf Augenhöhe besteht?

Die Einflussmöglichkeiten Europas

Für Bruno Maçães steht die Antwort fest: »Ich denke nicht, dass Widerstand gegen die Seidenstraßeninitiative für die Europäische Union das Richtige ist. Es ist vielleicht für die Vereinigten Staaten das Richtige, für Japan und Indien. Aber nicht für die EU.« Diese müsse vielmehr »zu einem Miteigentümer und Mitakteur« der Initiative werden und sie von innen heraus mitgestalten. Wenn China die USA als Welthegemon nicht ersetzen, sondern nur entthronen will, spricht einiges dafür, dass Europa bei dieser Kooperation mehr als nur Juniorpartner sein, die Initiative zu seinen Gunsten beinflussen und seine Kerninteressen durchsetzen könnte:

- Sein überragendes Ziel, mit der Seidenstraßeninitiative den Schwerpunkt der Weltwirtschaft und Weltpolitik nach Eurasien zurückzuholen, ist für Peking schon *per definitionem* nur gemeinsam mit Europa zu erreichen. Dazu muss es sich mit diesem zu einem fairen Interessenausgleich bereitfinden.
- Je mehr Druck die USA auf China ausüben, desto mehr ist es auf Europa angewiesen. Und desto mehr muss es Europa entgegenkommen.
- Europa würde bei der Initiative zusammen mit Russland ein

starkes Gegengewicht zu China bilden. Die Wiederannäherung Amerikas an China 1971 hat »die Machtbalance mitten im Kalten Krieg fundamental zum Nachteil der Sowjetunion verändert«, so der Historiker Niall Ferguson. Dasselbe gilt heute in umgekehrter Richtung für die (Wieder-)Annäherung Pekings und Moskaus infolge der exzessiven Ausdehnung der NATO nach Osten. Gleichwohl wird sich Russland, ein im Kern europäisches Land mit starken eigenen geopolitischen Interessen in Zentralasien und gewissermaßen der Pförtner der Seidenstraße, China nicht mit Haut und Haaren ausliefern wollen. »Es ist nicht die Bestimmung Russlands, der Juniorpartner von China zu sein«, so der französische Staatschef Emmanuel Macron. Die EU müsse Moskau daher eine »strategische Option offenhalten«.

Kompromisse einzugehen ist den Chinesen nicht fremd. Sie finden es im Gegenteil völlig normal, denken pragmatisch und flexibel. Nach dem berühmten Diktum von Deng Xiaoping ist es ihnen letztlich egal, ob eine Katze schwarz ist oder weiß, Hauptsache, sie fängt Mäuse. Seit dem Beginn der Initiative hat sich China denn auch schon deutlich auf Europa zubewegt. Im April 2018 kritisierten 27 der 28 EU-Botschafter in Peking (einzige Ausnahme war Ungarn) in einer gemeinsamen Stellungnahme zur Seidenstraßeninitiative, diese sei China-zentriert und diene vor allem dem Abbau von Überkapazitäten im eigenen Land, der Erschließung neuer Exportmärkte sowie der Sicherung des Zugangs zu Rohstoffen. Außerdem laufe sie der EU-Agenda für eine Liberalisierung des Handels zuwider, es mangele an Transparenz bei den Projektausschreibungen, diese ließen nachhaltige finanzielle, ökologische und soziale Standards vermissen und bei der Auftragsvergabe würden chinesische Unternehmen durch staatliche Hilfen etwa in Form garantierter oder subventionierter Kredite begünstigt. Auf dem zweiten Seidenstraßengipfel im April 2019 erklärte Chinas Staatschef Xi Jinping daraufhin, es sei »völlig normal«, dass es unterschiedliche Ansichten zu der Initiative gebe. Solange sich die Beteiligten »auf die Prinzipien einer umfassenden Konsultation, gemeinsamer Beiträge und gemeinsamen Nutzens verständigen«, ließen sich »die Differenzen sicher ausräumen«. Sein Land werde bei der Initiative künftig transparenter, multilateraler und nachhaltiger vorgehen. »Wir begrüßen die Teilnahme von multinationalen und nationalen Finanzinstituten bei Investitionen und Finanzierungen von Seidenstraßenprojekten und ermutigen zu Drittmarktkooperationen«, so Xi.

Mit internationalen Projekten einer Größenordnung wie der Seidenstraße hatte China bisher keine Erfahrung – auch weil das Land nie Kolonien rund um die Welt besaß oder Weltmachtambitionen hegte. Fehler bei der Einführung waren daher unvermeidlich. Aber Peking lernt offenbar daraus. So berücksichtigt es heute stärker als zu Anfang die Schuldentragfähigkeit seiner Projektpartner und ist bereit, nachträglich den Umfang von Projekten und/oder die Finanzierungskonditionen zu korrigieren. Außerdem zeigt es sich zunehmend offen dafür, die anfangs unilaterale Initiative auf eine multilaterale Grundlage zu stellen. Seine Kreditvergaberegeln im Rahmen der Initiative hat China immer mehr an die multilateraler Entwicklungsbanken angepasst. Die *Oxford Business Group* schätzt, dass das Land nach Corona noch stärker auf Kosteneffizienz achten und Projekte auch für private Finanzierung bzw. Ko-Finanzierung und Partner (andere Regierungen, multilaterale Organisationen, Banken, Private-Equity-Gesellschaften, Green Fonds usw.) öffnen werde. Schon Ende 2019 war ein Fünftel der Projekte privat finanziert. Ein neues Gesetz, das Direktinvestitionen in China erleichtert, verschafft dort ansässigen ausländischen Unternehmen jetzt auch größere Chancen, an Seidenstraßenprojekten teilzunehmen. Bisher erhielten zu über 90 Prozent einheimische Firmen den Zuschlag, wenn chinesische Banken das Projekt finanzierten, was ebenfalls zu über 90 Prozent der Fall war. Und selbst wenn das Geld woanders herkam, ging fast ein Drittel der Aufträge an chinesische Unternehmen.

All diese Korrekturen sorgen für mehr Transparenz, Nachhaltigkeit und Chancengleichheit und kommen damit sowohl den Grundsätzen des EU-Konnektivitätsprogramms als auch den Forderungen Brüssels entgegen, wonach die beiderseitigen Wirtschaftsbeziehungen zwischen China und der EU künftig »von stärker ausgeglichenen, reziproken Verhältnissen bestimmt werden« müssen, wie es im Strategiepapier der EU-Kommission vom März 2019 heißt. Die Seidenstraßeninitiative erzähle »keine Geschichte chinesischer Herrschaft«, so denn auch Jonathan Hillman vom *Center for Strategic and International Studies*, »sondern eine Geschichte der Erziehung Chinas als aufsteigende Macht«.

Peking weiß, dass Europa, selbst wenn es bei der Initiative mitmacht, niemals fundamental gegen Amerika in Stellung gebracht werden kann, weil ein gemeinsamer Grundwertekanon beide miteinander verbindet. »Wir werden das transatlantische Bündnis immer in Ehren halten«, so EU-Kommissionspräsidentin Ursula von der Leyen in ihrer Rede zur Lage Europas im September 2020.

Peking weiß ebenso, dass es besonders in der Frage der Menschenrechte grundsätzliche Unterschiede zu Europa gibt und eine Annäherung hier nur partiell und längerfristig möglich sein wird. Andererseits strebt Europa im Unterschied zu den USA, für die es oberstes Gebot ist, China hinter sich zu halten und die eigene Führungsposition zu verteidigen, keine Hegemonie an, die einer Kooperation prinzipiell im Wege steht. China seinerseits stellt auch weder eine militärische noch eine ideologische Bedrohung für Europa dar, selbst wenn NATO-Generalsekretär Jens Stoltenberg das den Europäern einzureden versucht. Peking will Europa weder dominieren, missionieren noch spalten oder eindämmen. Während laut dem *Edelman Trust Barometer* von 2020 nur 41 Prozent der Amerikaner Vertrauen in die EU bekundeten, waren es in China 75 Prozent und damit sogar mehr als in den großen Mitgliedsstaaten der Gemeinschaft selbst. Mit 51 Prozent hatte gerade noch eine knappe Mehrheit der Deutschen Vertrauen in Europa. In Frankreich war es mit 47 Prozent bloß noch eine Minderheit.

»China ist ein größerer Teil der Weltwirtschaft geworden. Wir müssen jetzt sicherstellen, dass die Welt auch ein größerer Teil von Chinas Wirtschaft wird«, so umriss die spanische Außenministerin Arancha González Laya die Hauptaufgabe der EU im Hinblick auf China. Das beste Mittel dazu wie auch für die Stabilität Europas und den Frieden in der Welt ist eine Kooperation bei der Initiative »Neue Seidenstraße«. Die EU müsste dieser nicht einmal formell beitreten. Alternativ dazu könnte sie ihre eigenen Aktivitäten aus der Konnektivitätsplattform, das Infrastrukturinstrument *Connecting Europe Facility for Transport*, das *European Transport Network* TEN-T sowie die Entwicklungsprojekte der Europäischen Investitionsbank (EIB) und der Europäischen Bank für Wiederaufbau (EBRD) mit den Seidenstraßenländern über ein gemeinsames Sekretariat verzahnen. Viel wäre ebenfalls geholfen, wenn die einzelnen EU-Mitgliedsstaaten ihre betreffenden Entwicklungshilfeprojekte zuerst untereinander und dann über ein solches Sekretariat auch mit der Initiative abstimmen sowie vermehrt Kofinanzierungen mit der *Asian Infrastructure Investment Bank* (AIIB) und der *Asian Development Bank* (ADB) organisieren würden. Letzteres hätte zudem den Vorteil, dass dabei automatisch die europäischen Transparenz- und Nachhaltigkeitsstandards zur Geltung kämen.

Vielleicht habe es »die göttliche Vorsehung« ja so arrangiert, dass sich »die kultiviertesten Völker an beiden Enden [der Welt] weit auseinander befinden«, schrieb Gottfried Wilhelm Leibniz einst in der ersten Ausgabe von »Novissima Sinica« im Jahr 1697. »Wenn diese ihre Arme zueinander ausstrecken, könnte den Völkern dazwischen nach und nach zu einem besseren Leben verholfen werden.« Mit der Seidenstraßeninitiative hat China mehr als 300 Jahre später seinen Arm in Richtung Europa ausgestreckt. Es liegt nun an Europa, dies auch in umgekehrter Richtung zu tun. In seinem eigenen Interesse.

Eine europäische Verteidigungsgemeinschaft anstelle der NATO

Ein wesentliches Merkmal der Unabhängigkeit eines Staates oder einer Staatengemeinschaft ist es, für die eigene Sicherheit sorgen zu können und dabei nicht auf fremde Hilfe zurückgreifen zu müssen. Deutschland und die Europäische Union erfüllen dieses Kriterium nicht. Sie sind auf die Hilfe des Nordatlantischen Verteidigungsbündnisses angewiesen, das von den USA dominiert wird. Der bekannte amerikanische Analytiker und Autor Fareed Zakaria hat sie deshalb als »Quasi-Protektorat« Amerikas bezeichnet. Das NATO-Hauptquartier, keine zehn Kilometer von der Zentrale der EU in Brüssel entfernt, ist letztlich nicht viel mehr als eine Außenstelle des Pentagon und State Department. Beitritts- sowie Ratifikationsurkunden zu dem Abkommen müssen bei der Regierung in Washington hinterlegt werden.

Die NATO wurde im April 1949 gegründet, um Westeuropa gegen einen »bewaffneten Angriff« seitens der Sowjetunion und der im Warschauer Pakt unter deren Führung zusammengeschlossenen Staaten Mittel- und Osteuropas zu verteidigen. Mit dem Zusammenbruch der UdSSR und dem Ende des sogenannten Ostblocks ist der Gründungszweck des Bündnisses entfallen. Dennoch besteht die Allianz auch 30 Jahre danach fort. Sie hat sich seitdem sogar erheblich weiter nach Osten ausgedehnt und umfasst nach dem Beitritt Nord-Mazedoniens am 1. April 2019 jetzt 30 Mitgliedsstaaten. Von einem Verteidigungsbündnis zum Schutz des freien und demokratischen Teils Europas ist die NATO im Laufe der Zeit immer mehr zu einer Organisation geworden, die den USA Hand- und Spanndienste bei der Verteidigung ihrer globalen Hegemonialstellung leistet.

Schon vor dem Gipfeltreffen der Staats- und Regierungschefs der Mitgliedsländer zum 70. Jubiläum des Militärbündnisses Anfang Dezember 2019 in London gab US-Chefdiplomat Michael Pompeo die Richtung für die Zukunft vor: »Unsere Allianz muss sich mit der gegenwärtigen und potenziell langfristigen Bedrohung durch die Kommunistische Partei Chinas beschäftigen.« Die europäischen Partner folgten der Argumentation bereitwillig. In London deklarierte die NATO China als weiteren »Herausforderer« neben Russland. Seitdem zieht Generalsekretär Jens Stoltenberg durch Europa, um dessen Bürgern eine »Bedrohung« durch das Land am anderen Ende der Welt einzureden. China komme »immer näher vor die Haustür Europas«, so Stoltenberg im Juni 2020 im britischen Radiosender BBC und in der deutschen Wochenzeitung »Welt am Sonntag«. Es sei zunehmend »in der Arktis aktiv«. Außerdem investiere es stark »in Nuklearwaffen und Langstreckenraketen, die Europa erreichen können«. Die Bündnismitglieder müssten sich »dieser Herausforderung gemeinsam stellen«. Damit vertritt der NATO-Generalsekretär jedoch nicht die Interessen Europas, sondern die Washingtons:

– Der Arm der maritimen Seidenstraße durch die Arktis ist den USA ein besonderer Dorn im Auge. Denn er bietet China einen weniger verletzlichen Transportweg von und nach Europa entlang der russischen Nordmeerküste und erschwert so die strategische Eindämmung durch das indo-pazifische QUAD-Bündnis, eine Art Fernost-NATO der USA zusammen mit Japan, Australien und Indien. Für Europa verspricht die Arktisroute jedoch einen großen Nutzen: Der Güteraustausch mit China zur See würde sich gegenüber der heutigen Route über den Suezkanal, Indischen Ozean und Südchinesisches Meer von 53 auf 22 Tage mehr als halbieren und so die wirtschaftlichen Beziehungen fördern.
– Das angesehene Sipri-Institut in Stockholm schätzt, dass China sein Atomwaffenarsenal zuletzt um 30 Gefechtsköpfe

auf gut 300 aufgestockt hat. Das ist jedoch kaum mehr, als Frankreichs Atomstreitkraft besitzt. Amerika verfügt dagegen über annähernd 6.000 nukleare Gefechtsköpfe, also fast 20-mal mehr. »Peking strebt keine Fähigkeit zur nuklearen Kriegsführung an, sondern sucht auf geringem Niveau mit einer gesicherten Zweitschlagfähigkeit von einer Aggression abzuschrecken«, so das Fazit einer Studie der Berliner Stiftung Wissenschaft und Politik.

– Im Gegensatz zu den USA hat Peking überdies schon immer einem atomaren Erstschlag abgeschworen. Damit Europa von China mit atomaren Langstreckenraketen beschossen wird, müssten zuvor also entweder Frankreich oder Großbritannien die Volksrepublik atomar attackieren.

Europa als Hilfssheriff Amerikas

Mit dem Beschluss von London ist die NATO endgültig von einer Allianz vorrangig zur Verteidigung der Sicherheit und territorialen Integrität Europas zu einem Instrument globaler amerikanischer Hegemonialpolitik geworden. Das Bündnis wurde einst zur Verteidigung von Freiheit und Demokratie gegründet, nicht zur offensiven oder gar gewaltsamen Verbreitung dieser Werte in der ganzen Welt, zum Regimewechsel in anderen Ländern oder dazu, eine Seidenstraße von China über Afghanistan und die ölreichen Staaten Iran, Irak und Syrien bis ans Mittelmeer zu verhindern. »Die Parteien verpflichten sich«, so heißt es in Artikel 1 des Nordatlantikpakts, »sich in ihren internationalen Beziehungen jeder Gewaltandrohung oder Gewaltanwendung zu enthalten, die mit den Zielen der Vereinten Nationen nicht vereinbar ist.« Den europäischen Mitgliedern ist künftig vor allem die Aufgabe zugedacht, Washington in seinem neuen Kalten Krieg gegen Peking zu unterstützen, es in Europa, im Nahen und Mittleren Osten sowie in Afrika militärisch zu entlasten, damit es sich selbst auf die Eindämmung Chinas konzentrieren kann. Donald Trump

Anfang 2020: »Ich denke, die NATO sollte ausgedehnt werden und wir sollten den Mittleren Osten einschließen.« Amerika solle sich von dort »weitgehend zurückziehen« und »die NATO nutzen«. Sein Nachfolger denkt nicht grundsätzlich anders.

Es gibt einen weiteren Grund, das Bündnis durch eine europäische Verteidigungsgemeinschaft abzulösen, die sich ausschließlich um den Schutz Europas kümmert, die Rolle der Türkei. Wie die militärischen Eingriffe Ankaras in Syrien, im Irak, in Libyen und Nagorno-Karabach sowie vor allem die Konfrontation mit dem EU-Mitglied Griechenland um Öl- und Gasbohrrechte im östlichen Mittelmeer zeigen, ist Ankara für Europa ein zweifelhafter Bündnispartner. Auch mit ihrem völkerrechtswidrigen Vorgehen in Nord-Zypern, das sich im Grunde nicht von Russlands Vorgehen auf der Krim unterscheidet, macht sich die Türkei zunutze, dass sie nach den USA, Frankreich und Großbritannien die größte Streitmacht in dem Bündnis unterhält und für dieses strategisch günstig liegt. Für Washington wird sie dadurch zu einem besonders wichtigen Partner und nimmt sich deswegen gegenüber Europa viel heraus.

Amerika kann sich nicht mehr alles leisten: gleichzeitig in Fernost gegen China, in Europa gegen Russland und im Mittleren Osten gegen den Iran antreten. Betrachtete die *Quadrennial Defense Review 1997* noch die Fähigkeit, zwei Kriege gleichzeitig zu bestreiten, als »*Sine Qua Non* einer Supermacht«, war in Präsident Obamas *Defense Strategy Guidance* von 2012 der Standard nur noch »Zwei minus«. Inzwischen planen die USA für einen bis anderthalb Kriege gleichzeitig, also »Eins plus«. Um Ressourcen für seinen strategischen Schwenk nach Asien, sprich: gegen China, freizubekommen, drängte deshalb schon Barack Obama Europa, seine finanziellen Mittel für die NATO zu erhöhen. Auf dem Gipfeltreffen der Allianz 2014 in Wales gaben die europäischen Mitglieder dem nach und erklärten, sie wollten »darauf abzielen, sich innerhalb von zehn Jahren auf den Richtwert von 2 Prozent zuzubewegen«. Obwohl sie bereits gut das Dreifache der Summe von Russland und in Prozent des BIP so viel wie China für das Militär aufbrachten, beugten sie sich auf dem Gipfel 2019 dem immer heftigeren Druck von Obamas Nachfolger Trump, der sogar öffentlich mit dem Gedanken gespielt hatte, das Bündnis zu verlassen, und einigten sich darauf, die Finanzmittel für 2021 noch einmal um weitere 150 Milliarden Dollar zu erhöhen. Das ist die größte Steigerung des NATO-Budgets seit Jahrzehnten. Zugleich versprachen sie, das 2-Prozent-Ziel schneller zu erfüllen, als seinerzeit in Wales versprochen.

Das zusätzliche Geld für die NATO soll in einen neuen »atlantischen Kommandobereich« und einen »Logistik-Kommandobereich« fließen. Ersterer soll dafür sorgen, im Konfliktfall mit Russland Truppenverstärkungen aus den USA schneller nach Europa zu schaffen und dort in Stellung zu bringen. Dem anderen in Deutschland angesiedelten Bereich kommt die Aufgabe zu, die nötige Ausrüstung für diese Verstärkungen bereitzuhalten. Amerika will seine Präsenz in Europa tendenziell abbauen, aber im Kriegsfall schneller zu Hilfe eilen können. Und es will, dass die Europäer die Kosten der Stationierung amerikanischer Truppen auf ihrem Territorium übernehmen, um selbst über mehr Mittel für den Machtkampf mit China freizubekommen.

Mit der Selbstverpflichtung auf das 2-Prozent-Ziel finanziert Europa so vor allem Amerikas Hegemonialpolitik mit. Das Strategiepapier »NATO 2030 – United for a New Era« vom November 2020 lässt daran keinen Zweifel: »Die NATO muss den Herausforderungen, die China für die Sicherheit [ihrer Mitglieder] darstellt, viel mehr Zeit, politische Ressourcen und Aktivität widmen«, heißt es dort.

Überdies birgt das 2-Prozent-Ziel auch die Gefahr in sich, neue Spannungen innerhalb der EU auszulösen. 2020 trug Deutschland schon rund 1,5 Prozent seines BIP, also etwa 50 Milliarden

Euro, zum NATO-Budget bei. 2 Prozent würden auf dieser Basis rund 70 Milliarden Euro im Jahr bedeuten, weit mehr als die 46 Milliarden, die die Atommacht Frankreich heute ausgibt. Deutschland als mit Abstand wirtschaftlich stärkstes Land in Europa wäre damit in absehbarer Zeit auch militärisch die stärkste Kraft in der EU – mit unkalkulierbaren Folgen für deren politische Statik. Davon abgesehen liefe eine derartige Steigerung der Militärausgaben auch dem ausdrücklichen Volkswillen zuwider. Nach einer YouGov-Umfrage vom Sommer 2020 befürwortet nur ein Viertel der Deutschen das 2-Prozent-Ziel, eine deutliche Mehrheit von 58 Prozent lehnt es ab. Die Bundesbürger spüren offenbar, dass Europa damit einem neuen Kalten Krieg Vorschub leisten und sich selbst einer erhöhten Kriegsgefahr aussetzen würde. Und womöglich auch dem Einsatz von Atomwaffen auf seinem Territorium.

Den INF-Vertrag zur nuklearen Abrüstung im Mittelstreckenbereich haben die USA gekündigt, um sich die Möglichkeit zu verschaffen, nicht nur in Asien gegen China und in Europa gegen Russland taktische Atomwaffen, sogenannte *Mininukes* mit einer Sprengkraft unter 1 Kilotonne, einzusetzen. Eine Stationierung amerikanischer Mittelstreckenraketen mit solchen Gefechtsköpfen in Europa als Kompensation für einen Abbau ihrer konventionellen Streitmacht würde dieses jedoch nicht sicherer, sondern erheblich unsicherer machen. Dass die EU die Kündigung des INF-Vertrags nicht verhindert habe, sei »ein unglaubliches Versagen und ein Risiko für unsere Zukunft«, so General Harald Kujat, ehemaliger Generalinspekteur der Bundeswehr und Vorsitzender des Militärausschusses der NATO. Er habe den »Eindruck, dass man die sicherheitspolitsche Dimension, die mit der Kündigung des Vertrages verbunden ist, überhaupt nicht verstanden hat«.

Eine europäische Verteidigungsgemeinschaft

Statt Amerikas Forderungen nachzugeben und mehr dafür zu zahlen, dass es Europa gefährlichen neuen Risiken aussetzt und als Hilfssheriff für ihre geopolitischen Ziele missbraucht, sollte die EU besser alles tun, um die Gemeinschaft selbst verteidigen zu können. Nur wer einen neuen Kalten Krieg will, braucht die NATO von heute noch. Europa kann sich der Kriegsgefahr, der es durch die Konfrontation der USA besonders mit China, aber auch mit dem Iran und Russland ausgesetzt ist, nur entziehen, indem es die NATO verlässt und ein eigenes Militärbündnis bildet. Dies bedingt nicht, automatisch die transatlantische Partnerschaft aufzukündigen. Eine Europäische Verteidigungsgemeinschaft (EVG) könnte mit den USA und Großbritannien einen gegenseitigen Beistandspakt für den Fall eines unprovozierten bewaffneten Angriffs auf das Territorium der jeweiligen Partner abschließen. Ein NATO-Austritt Europas ist auch nicht mit einer Position der politischen Äquidistanz zwischen Washington und Peking gleichzusetzen, es bedeutet vielmehr, Augenhöhe zu beiden herzustellen. Das kann und muss in einigen Bereichen mehr Nähe zu Amerika heißen und in anderen größere Nähe zu China. Europa würde sich mit einer EVG nicht aus der westlichen Wertegemeinschaft, sondern nur aus dem Schlepptau der Hegemonialpolitik der USA herauslösen. Die EVG wäre ein reines Verteidigungsbündnis, wie es die NATO ursprünglich einmal war, ehe sie sich immer mehr von der Landes- bzw. Bündnisverteidigung hin zu Auslandseinsätzen und damit von ihrer verfassungsmäßigen Aufgabe wegbewegte. Nicht zuletzt würden ein solches Bündnis und die damit notwendig verbundene gemeinsame Außen- und Sicherheitspolitik der EU auch einen neuen Integrationsschub geben, vergleichbar mit der Einführung des Euro.

Bisher fehlt dafür allerdings der nötige politische Wille. Zwar stellte Bundeskanzlerin Merkel anlässlich der Verleihung des

Karlspreises im Mai 2018 in Aachen fest, es sei inzwischen »nicht mehr so, dass die Vereinigten Staaten uns einfach schützen«, Europa müsse deshalb »sein Schicksal selbst in die Hand nehmen«. Doch das lässt vieles offen. Der einzige europäische Staatsmann, der die NATO bisher öffentlich in Zweifel zog, ist Frankreichs Präsident Macron. Er hat verstanden, dass ein Konfliktkurs Europas mit Russland beide schwächt, während es Amerika und mehr noch China nutzt. Paris war in der EU schon immer der lauteste Fürsprecher europäischer Kriseninterventionsstreitkräfte als Vorstufe zu einer europäischen Armee, damit aber stets auf den Widerstand vor allem Großbritanniens gestoßen. Nach dem Brexit treibt Macron als Chef des nunmehr alleinigen EU-Mitgliedslandes mit Atomwaffen das Thema erneut voran. So bedauerlich der Brexit für die EU ist – geopolitisch hat der Austritt des Inselstaats der Gemeinschaft neuen Spielraum verschafft. Ohne die transatlantisch fixierten Briten ist die Emanzipation von den USA leichter geworden.

In einem Interview mit dem »Economist« warnte Macron Ende 2019, Europa stehe »am Rande eines Abgrunds«. Für den Kontinent sei es »höchste Zeit aufzuwachen«. »Wir erleben gerade den Hirntod der NATO.« Und nach einem Treffen mit Generalsekretär Stoltenberg Anfang Februar 2020 in Paris erklärte der französische Präsident, das Bündnis müsse sich fragen: »Wogegen und gegen wen verteidigt es sich? Wer ist unser gemeinsamer Feind? Ist unser Feind Russland oder China? Ist es die Aufgabe der atlantischen Allianz, diese zu Feinden zu erklären? Ich denke nicht.« Macron will eine »neue Architektur des Vertrauens« in Europa. Er akzeptiere es nicht, dass der Kontinent »erneut zum Feld der Auseinandersetzung von Atommächten« wird. Es könne »kein Verteidigungs- und Sicherheitskonzept für die Bürger Europas geben ohne politische Einigkeit darüber, nach und nach mit Russland wieder ein Vertrauensverhältnis herstellen zu wollen«. So wie sich die NATO entwickelt hat und nach den Vorstellungen der USA künftig weiterentwickeln soll, lässt sich diese Architektur des Vertrauens in ihrem Rahmen nicht realisieren. Dazu braucht es eine unabhängige europäische Verteidigungsgemeinschaft.

Erste Ansätze dafür sind in Form des Europäischen Verteidigungsfonds und der sogenannten *Permanent Structured Cooperation* (PESCO) bereits vorhanden. Mit dem 13 Milliarden Euro schweren Fonds soll die Eigenentwicklung von Waffensystemen finanziert, vorhandenes militärisches Know-how gesichert und so die strategische Autonomie Europas gestärkt werden. Die »Ständige strukturierte Zusammenarbeit« sieht unter anderem ein gemeinsames Offizierstraining, Krisenreaktionszentrum und Logistiknetzwerk vor. Auf diesen Einrichtungen kann die EU systematisch aufbauen, militärisches Gerät konsequent gemeinsam entwickeln und die enorme Anzahl von 178 Waffensystemen in den EU-Mitgliedsstaaten drastisch reduzieren. So leistet sie sich 17 verschiedene Kampfpanzer im Unterschied zu einem einzigen in den USA, 20 verschiedene Kampfflugzeuge (USA: 6) sowie 29 verschiedene Zerstörer bzw. Fregatten (USA: 4).

Als Folge dieser Verzettelung geben die EU-Staaten zusammen gut 200 Milliarden Euro für Verteidigung aus. Das ist nicht sehr viel weniger als China und gut das Dreifache des Militärbudgets von Russland. Dennoch erreichen ihre Streitkräfte nicht annähernd dessen Schlagkraft. Ein gemeinsames Militär mit einer gemeinsamen Waffenentwicklung könnte Europas Verteidigungskräfte auf ein konkurrenzfähiges Niveau anheben, ohne dass die EU-Staaten dafür mehr ausgeben müssten als heute. Allein durch eine gemeinsame Beschaffung ließen sich nach Angaben der Münchner Sicherheitskonferenz etwa 30 Prozent der Rüstungskosten einsparen und die sogenannte Interoperabilität der einzelnen nationalen Armeen wesentlich steigern. Die Coronakrise und die riesigen Löcher, die sie in die Budgets der EU-Mitgliedsländer reißt, bietet eine gute Gelegenheit, das Marschtempo in Richtung auf eine EVG zu erhöhen.

Wie der Europäischen Währungsgemeinschaft oder dem Schengen-Abkommen müssten sich auch einer Europäischen Verteidigungsgemeinschaft nicht gleich alle EU-Mitglieder anschließen. Länder wie Polen und die baltischen Staaten würden sich zumindest vorerst unter dem Schutzschild der USA vermutlich wohler fühlen. Politiker wie der grüne Außenpolitiker Omid Nouripour sprechen der NATO deshalb eine »stabilisierende Wirkung auch für den Zusammenhalt Europas« zu. Und fürchten im Umkehrschluss eine Destabilisierung der EU, wenn diese und die Allianz getrennte Wege gehen.

Doch diese Argumentation ist nicht überzeugend. Denn sie schließt Russland gedanklich von vorneherein aus Europa aus und verhindert damit gerade eine nachhaltige Stabilisierung des Kontinents. Und sie übersieht, dass die USA nicht zuletzt deswegen die Ausdehnung des Bündnisses nach Osten forciert haben, weil sie damit eine Annäherung zwischen der EU, besonders Deutschland, und Moskau verhindern wollten. Washington weiß um die tiefe Abneigung gegenüber Moskau in den Staaten Mittel- und Osteuropas. Amerika verfolgt dort eine Strategie wie einst der polnische Politiker Józef Piłsudski mit seiner sogenannten Intermarium-Föderation. Diese sollte in den 1930er-Jahren um Russland einen *Cordon Sanitaire* vom Baltikum bis zum Schwarzen Meer legen. Das Vorgehen Washingtons im Fall von Nordstream II zeigt, wie es Interessenunterschiede innerhalb der EU vertieft und für seine Zwecke ausnutzt.

Den Anfang für eine Europäische Verteidigungsgemeinschaft müssten Frankreich und Deutschland gemeinsam machen. Der Aachener Vertrag vom Januar 2019 bietet dafür eine gute Grundlage. Laut Präambel soll er die bilateralen Beziehungen zwischen beiden Ländern »auf eine neue Stufe heben«. Deutschlands und Frankreichs »Sicherheitsinteressen« seien »untrennbar miteinander verbunden«, heißt es zudem in Artikel 4 des Vertrags. »Sie leisten einander im Falle eines bewaffneten Angriffs auf ihre Hoheitsgebiete jede in ihrer Macht stehende Hilfe und Unterstützung. Dies schließt militärische Mittel ein.« Wenn die beiden wichtigsten EU-Mitglieder geschlossen vorangehen, werden andere Staaten folgen und rasch die kritische Masse für eine Entwicklung hin zu einer europäischen Armee herstellen. Längerfristig könnten sich dem auch Polen und die baltischen Staaten schwer entziehen, zumal es fraglich erscheint, ob Washington an einer Rumpf-NATO überhaupt noch interessiert wäre, wenn mit der EVG ein gegenseitiger Beistandspakt verabredet werden kann.

Schon der EU-Ratsgipfel 1999 in Köln hatte sich für eine größere europäische Autonomie im Rahmen des transatlantischen Bündnisses ausgesprochen. Ohne Folgen. Auch der Aachener Vertrag hat diesbezüglich bisher keine Früchte getragen. Während Deutschland nur von einem »europäischen Pfeiler innerhalb der NATO« spricht, peilt Paris eher eine selbstständige Verteidigungsgemeinschaft an. Sie entspricht einer alten gaullistischen Idee und verspricht der »Grande Nation« als einziger nach dem Brexit in der EU verbliebenen Atommacht dort die militärische Führungsrolle.

Die Rolle Frankreichs und der Force de Frappe

In einer Grundsatzrede an der *École de Guerre* in Paris hat Staatspräsident Emmanuel Macron im Februar 2020 seine sicherheitspolitischen Vorstellungen für Frankreich und Europa skizziert: »Die Europäer müssen sich gemeinsam schützen können. Sie müssen, wenn erforderlich, in der Lage sein, allein zu entscheiden und zu handeln.« Europas Souveränität und Handlungsfreiheit seien »das Pendant einer neu austarierten transatlantischen Beziehung«. Als erster Präsident Frankreichs regte Macron auch einen »strategischen Dialog« über die Rolle der französischen Nuklearstreitkräfte in Europas »kollektiver Sicherheit« an. Damit signalisierte er die Bereitschaft, den Atomschutzschirm der *Force de Frappe*, wie ihr Schöpfer Charles de

Gaulle sie nannte, nicht nur über dem eigenen Territorium, sondern dem der gesamten EU aufzuspannen. Interessierten Mitgliedern der Gemeinschaft bot Macron an, als Beobachter an Gefechtsübungen der Truppe teilzunehmen. Die Bundesregierung ist auf diese bemerkenswerte Offerte bisher nicht wirklich eingegangen. Viele in Berlin argwöhnen, dass Frankreich mit dem Angebot nur die Kosten für die Modernisierung seiner Atomstreitkräfte vergemeinschaften und seine politische Macht ausdehnen will. Ebenso argwöhnt Berlin, dass Paris die Idee einer Europäischen Verteidigungsgemeinschaft vorantreibe, weil seine starke Rüstungsindustrie davon wirtschaftlich am stärksten profitieren würde. Wegen solcher Vorbehalte gegenüber dem Nachbarn, aber auch aus Dankbarkeit für die Unterstützung der USA bei der Wiedervereinigung, steht Berlin der Idee aus Paris bisher reserviert gegenüber. Zwar erklärte Unionsfraktionsvize Johann Wadepuhl, Deutschland müsse »eine Zusammenarbeit mit Frankreich bei den Nuklearwaffen ins Auge fassen« und bereit sein, »sich mit eigenen Fähigkeiten und Mitteln an dieser nuklearen Abschreckung zu beteiligen«. Doch zugleich legte der CDU-Politiker die Latte für eine solche Kooperation unüberwindbar hoch. Im Gegenzug zu der deutschen nuklearen Teilhabe und dem Geld aus Berlin, so Wadepuhl, sollte Frankreich seine Atomstreitkräfte »unter ein gemeinsames Kommando der EU oder der NATO stellen«. Macron fordere Deutschland immer wieder auf, mehr europäische Zusammenarbeit zu wagen, so Wadepuhl. Mit einer Kooperation bei Atomwaffen könne er »zeigen, dass er auch dazu bereit ist«.

Dass Frankreich seine Atomstreitmacht unter ein gemeinsames Kommando der NATO stellen könnte, ist völlig illusorisch. De Gaulle hat die *Force de Frappe* einst schließlich aufgebaut, weil er sein Land von den USA unabhängig sehen wollte. Paris macht bis heute nicht in der nuklearen Planungsgruppe der NATO mit. Auch ein gemeinsames Kommando der EU für die französischen Atomstreitkräfte ist, wenn überhaupt, nur sehr begrenzt möglich.

Nukleare Streitkräfte dienen der Abschreckung. Damit diese wirkt, muss sie glaubhaft sein. Und um glaubhaft zu sein, muss sie eine vernichtende Zweitschlagskapazität garantieren. Dafür kommt es entscheidend auf eine schnelle Reaktion an, die sich im Ausschuss schwerlich sicherstellen lässt. Alternativ erscheint – ein entsprechendes massives finanzielles Engagement vonseiten Deutschlands vorausgesetzt – daher allenfalls denkbar, dass Paris gemeinsam mit Berlin über den Einsatz entscheidet. Nach einer Studie der Stiftung Wissenschaft und Politik kann eine europäische atomare Abschreckung jedoch nur dann wirksam erfolgen, wenn die EU den atomaren Schutzschirm der USA eins zu eins gegen den von Frankreich eintauscht. Inklusive der aus der NATO bekannten sogenannten »atomaren Teilhabe«, die es einzelnen Bündnismitgliedern erlaubt, Atomwaffen mit eigenen Trägersystemen ins Ziel zu befördern, jedoch »ohne die Entscheidungsfreiheit des französischen Präsidenten anzutasten«. Dass Paris im Fall des Falles die *Force de Frappe* auch tatsächlich zum Schutz seiner Nachbarn in der EU und selbst Großbritanniens einsetzen würde, sei schon wegen der größeren räumlichen Nähe verlässlicher und damit glaubwürdiger als das Schutzversprechen der USA.

Die Bündnisdebatte in Deutschland

Vor allem in der SPD regen sich neuerdings Stimmen, die Macrons Distanzierung von der NATO einiges abgewinnen können. Manche Sozialdemokraten scheinen sich zunehmend wieder der friedenspolitischen Linie ihres Berliner Grundsatzprogramms von 1989 zu erinnern, das 2007 von dem deutlich stärker atlantisch orientierten Hamburger Grundsatzprogramm abgelöst wurde. »Unser Ziel ist es, die Militärbündnisse durch eine europäische Friedensordnung abzulösen«, hatte die SPD am Ende des Kalten Krieges formuliert. »Bis dahin findet die Bundesrepublik Deutschland das ihr erreichbare Maß an Sicherheit im Atlantischen Bündnis, vorausgesetzt sie kann ihre eigenen Sicherheitsinteressen dort einbringen und durchsetzen, auch ihr Interesse an gemeinsamer Sicherheit.«

Der Fraktionschef der SPD im Deutschen Bundestag, Rolf Mützenich, bezweifelt, dass die deutschen und europäischen Sicherheitsinteressen in der NATO heute noch bestens aufgehoben sind. In der Debatte um die Beschaffung eines neuen Jagdbombers für die deutsche Luftwaffe im Sommer 2020 plädierte er dafür, die Stationierung amerikanischer Atomwaffen auf deutschem Boden zu beenden. Diese »erhöhen unsere Sicherheit nicht. Im Gegenteil«, so Mützenich. »Es wird Zeit, dass Deutschland die Stationierung künftig ausschließt.«

Tatsächlich erhöht die sogenannte »atomare Teilhabe« der Bundeswehr in Gestalt eines deutschen Trägersystems für die schätzungsweise 20 bei dem Ort Büchel in der Eifel stationierten amerikanischen Atomwaffen die Gefahr, dass Deutschland zum Ziel eines Atomschlags wird. Als Donald Trump ankündigte, von den immer noch über 36.000 in Deutschland stationierten amerikanischen Soldaten an die 10.000 abziehen zu wollen, sah Mützenich in dem Truppenabbau die Chance, die deutsche Sicherheitspolitik in ein »europäisches Umfeld einzubetten«. Auch nach der Wahl Joseph Bidens legte der Sozialdemokrat unverdrossen nach: Europa müsse sich von den USA »stärker emanzipieren«.

Mit seiner NATO-kritischen Position hatte Mützenich offenbar an einem Tabu der deutschen Nachkriegspolitik gerüttelt und löste in Berlin entsprechend wütende Proteste aus. Seine Äußerungen seien »unterschwellig antiamerikanisch«, so Paul Ziemiak, Generalsekretär des Koalitionspartners CDU. Er »erwarte«, dass Vizekanzler Olaf Scholz seinen Parteigenossen wieder »auf Linie bringt«. Ziemiaks Parteifreund Norbert Röttgen warnte, der Abzug der amerikanischen Atomwaffen würde »Deutschland isolieren, Europa schwächen, den Westen spalten und Russland ermuntern«. Der stellvertretende Unions-Fraktionsvorsitzende

Wadepuhl bezeichnete die Äußerungen des SPD-Fraktionschefs als »unverantwortlich, abenteuerlich, undurchdacht und unausgegoren«. Die EU müsse »transatlantisch bleiben« und dürfe nicht den »Ideen des französischen Präsidenten von der Autonomie Europas« folgen. Das »würde uns überfordern«. Vielmehr müsse Brüssel Amerika »etwas anbieten«, um es in der atlantischen Partnerschaft zu halten, und bereit sein, »an der einen oder anderen Stelle ins Risiko zu gehen«, sprich: selbst militärisch tätig zu werden. Wadepuhl erwähnte in dem Zusammenhang Irak, Syrien, die Ukraine und den Konflikt zwischen Armenien und Aserbaidschan. Auch Verteidigungsministerin Annegret Kramp-Karrenbauer widersprach Mützenich heftig. In einem Beitrag für die amerikanische Online-Publikation »Politico« bezeichnete sie eine »strategische Autonomie« Europas kurzerhand als »Illusion«, die »beendet werden« müsse. Die Europäer seien »nicht in der Lage«, Amerika als »Garant der Sicherheit zu ersetzen«, so Kramp-Karrenbauer. Die Abwehrfähigkeit gegen ballistische Raketen in Europa werde nahezu vollständig von den USA gestellt und in Europa seien 76.000 US-Soldaten stationiert. Dies zu substituieren würde viele Jahre dauern und sehr viel Geld kosten.

Die Ministerin machte damit jedoch eine falsche Rechnung auf. Zum einen behauptet niemand, dass es möglich ist, die NATO von heute auf morgen durch eine EVG vollständig zu ersetzen. Zum anderen erscheint es fraglich, inwieweit eine Abwehrfähigkeit gegen ballistische Raketen kurzfristig überhaupt notwendig ist, solange Europa über eine glaubwürdige Abschreckung und Fähigkeit zum atomaren Zweitschlag verfügt. Des Weiteren sind viele der US-Soldaten gar nicht hier, um Europa zu verteidigen, sondern damit die USA in Asien und Afrika leichter Krieg führen können. Schließlich – und vor allem – ist nicht einzusehen, warum die Europäische Union mit zusammen gut 200 Milliarden Dollar Rüstungsausgaben der einzelnen Mitgliedsstaaten nicht in der Lage sein sollte, sich gegen Russland mit einem Militärhaushalt von 65 Milliarden oder China, mit circa 260 Milliarden Dollar, zu schützen, wenn es seine heute auf 27 Staaten aufgesplitterten Kräfte bündelt. Zumal sich eine EVG anders als die NATO nicht mehr als Hilfssheriff der USA im Ausland betätigen müsste wie zuletzt etwa in Afghanistan und sich nahezu ausschließlich auf den Schutz des eigenen Territoriums konzentrieren könnte.

Ziemiaks und Röttgens, Wadepuhls und Kramp-Karrenbauers Positionen kommen einem Kotau vor Washington und einer friedens- und europapolitischen Bankrotterklärung gleich. Die genannten CDU-Politiker teilen offenbar die Ansicht des *Atlantic Council*, wonach das »Putin-Regime« die von Bundeskanzler Willy Brandt geprägte Politik des »Wandels durch Annäherung«, das »lange Zeit gültige Grundprinzip der SPD- (und deutschen) Außenpolitik, als irrig widerlegt« habe und jeder, der daran festhält, nur ein »trojanisches Pferd des Kreml« sein könne. In seiner kritischen Biografie des Altmeisters der amerikanischen Diplomatie beschreibt der Historiker Bernd Greiner, dass Henry Kissinger Willy Brandt wegen dessen Friedenspolitik seinerzeit buchstäblich die Pest an den Hals wünschte. In einem Telefonat mit Präsident Richard Nixon im Februar 1973 habe Kissinger bedauert, dass ein Geschwulst an Brandts Stimmbändern nicht so schlimm sei: »Leider ist es nicht bösartig … Leider wird er uns erhalten bleiben. Er ist ein Trottel und er ist gefährlich.«

Die willigen Helfer Washingtons in der Union und anderswo, die jede Kritik an der NATO in eine sektiererische Ecke rücken, übersehen, dass sie dabei die Mehrheit der Deutschen gegen sich haben. Eine repräsentative Umfrage von YouGov aus dem Sommer 2020 zeigt, dass zwei Drittel von ihnen die amerikanischen Atomwaffen aus ihrem Land verbannen wollen. Nur 20 Prozent sind dafür, dass sie bleiben. 47 Prozent der Befragten befürworten auch den Abbau der US-Truppen im Lande. Nur 28 Prozent waren anderer Meinung. Fast ebenso viele sprachen sich für einen vollständigen Abzug aus.

Den Transatlantikern in Berlin jagten diese Ergebnisse offenbar parteiübergreifend einen gehörigen Schrecken ein. Denn seitdem erheben sie ihre Stimme für Amerika noch lauter als zuvor. Statt sich Gedanken darüber zu machen, was Deutschland tun kann, um den drohenden Kalten Krieg 2.0 zwischen den USA und China abzuwenden, überlegten die Unionsparteien auf einer Klausurtagung ihrer Bundestagsabgeordneten im September 2020, wie sich die »transatlantische Partnerschaft als Garant unserer Sicherheit und Freiheit bewahren und ausbauen« lässt, und beschlossen, ein »deutsch-amerikanisches Jugendwerk« einzurichten sowie den 6. Oktober, Gründungstag von Germantown, der ersten deutschen Siedlung in Nordamerika im Jahr 1683, künftig als »Tag der deutsch-amerikanischen Freundschaft« zu feiern. Mehr Jugendaustausch mit den USA kann gewiss nicht schaden, angesichts der historischen Entwicklung wäre ein Jugendaustausch mit China jedoch mindestens genauso angebracht.

Doch Hintersassen Amerikas gibt es nicht nur in der Union. FDP-Chefaußenpolitiker Alexander Graf Lambsdorff lieferte mit einem Buch über »Deutschlands Rolle in den kalten Kriegen des 21.Jahrhunderts« eine schriftliche Ergebenheitsadresse gegenüber dem Großen Bruder USA ab. »Die Demokratien des Westens«, so Lambsdorff in nahtloser Übereinstimmung mit Washington, müssten »wieder zusammenrücken und ein machtvolles Gegengewicht zu China bilden«. Der SPD warf er nach Mützenichs Äußerungen vor, in die 80er-Jahre des vergangenen Jahrhunderts zurückzufallen und das Erbe Helmut Schmidts zu verraten. Mit einer solchen Partei sei »kein Staat zu machen«. Sein Parteikollege Johannes Vogel, Mitglied im Bundesvorstand der Liberalen und stellvertretender Vorsitzender der deutsch-chinesischen Parlamentariergruppe, bezeichnete Mützenichs Position als »vulgärpazifistischen Ausdruckstanz«, forderte die Bundesregierung auf, »notfalls auch im Südchinesischen Meer Verantwortung zu übernehmen« und bedauerte, dass »eine deutsche Fregatte noch nie durch die Taiwanstraße gefahren« ist. Dies müsse sich ändern und mit Japan, Südkorea und Australien »eine demokratische Allianz als dauerhafte Bündnisorganisation« etabliert werden.

Selbst die Linkspartei und die Grünen, die immer so gerne das Friedensfähnlein vor sich hertragen, wollten Mützenich nicht zur Seite springen und sich vor den herannahenden Bundestagswahlen die Chance auf eine Regierungsbeteiligung vermasseln. Linkenchef Dietmar Bartsch räumte stattdessen das letzte politische Hindernis für eine rot-rot-grüne Koalition auf Bundesebene ab: Es sei »absurd« zu glauben, seine Partei wolle die Auflösung der NATO oder das Verbot von Auslandseinsätzen der Bundeswehr zur Voraussetzung für einen Regierungseintritt machen. »Am Ende des Tages« werde sie »auch auf diesem Feld regierungsfähig« sein, so Bartsch. Annalena Baerbock, die Ko-Vorsitzende der Grünen, die sich auf eine Koalition mit der Union vorbereiten, erklärte die NATO sogar wie Kramp-Karrenbauer für »unverzichtbar« und befürwortete »robuste europäische Militäreinsätze«. Dafür seien auch Auslandseinsätze der Bundeswehr ohne UNO-Mandat zu ermöglichen, ergänzte ihre Parteifreundin und Ko-Fraktionsvorsitzende Katrin Göring-Eckardt: »Die Grünen waren noch nie eine pazifistische Partei«, so das Mitglied der Synode der Evangelischen Kirche Deutschlands. Um über die transatlantischen Beziehungen zu diskutieren, lud die Grünen-Fraktion anschließend die ehemalige US-Außenministerin Madeleine Albright ein, die den Tod von schätzungsweise einer halben Million Kindern infolge der 1996 von Amerika betriebenen Wirtschaftssanktionen gegen den Irak einst als »den Preis wert« erachtet hatte. »Wir waren einmal stolz darauf, uns nicht mehr an Kriegen zu beteiligen«, so das traurige Fazit des Friedensaktivisten und Neuparteigründers Jürgen Todenhöfer dazu. »Heute sind wir stolz darauf, dass wir uns an Kriegen beteiligen.«

Dieser Umschwung in der deutschen Politik hat vor allem zwei Gründe. Der eine ist die Abschaffung der Wehrpflicht. Das hat zwar einerseits die Nachwuchsprobleme für die Wirtschaft etwas gelindert, aber wie zuvor schon in den USA auch die Schwelle für Militäreinsätze abgesenkt. Eine Berufsarmee setzt weniger Bürger der Gefahr von solchen Einsätzen aus. Zudem nehmen Berufssoldaten das Risiko freiwillig auf sich. Das ist politisch weniger heikel, als Wehrpflichtige in den Kampf zu schicken. Zudem fördert eine Armee von Berufssoldaten nach Überzeugung des Kriegsveteranen und früheren West-Point-Dozenten Daniel Sjursen in der breiten Bevölkerung »außenpolitische Apathie«. Eine Europäische Verteidigungsgemeinschaft sollte deshalb keine reine Berufsarmee sein.

Die zweite Ursache für die gewachsene Bereitschaft der Politik zu militärischen Einsätzen lässt sich auf einen Taschenspielertrick zurückführen. Um für Einsätze jenseits der unmittelbaren Landesverteidigung Wählermehrheiten zu bekommen, werden nicht mehr patriotische, sondern moralische Motive herangezogen. Als bestes Motiv bietet sich dafür der Schutz der Menschenrechte an. So entstand der sogenannte Menschenrechtsbellizismus, den hierzulande besonders die Grünen pflegen, um ihr Gutmenschentum mit Regierungsfähigkeit zu vereinbaren.

Allerdings gibt es in den Reihen der Grünen auch Mitglieder, die nicht mehr länger Amerikas Hilfssheriff spielen wollen. Es sei »Zeit für Europa, die *Pax Americana* hinter sich zu lassen«, so etwa Franziska Brantner, europapolitische Sprecherin der Fraktion im Bundestag. Kramp-Karrenbauers Treueschwur gegenüber Washington in »Politico« sende eine »Botschaft der Resignation« an Europa, sei eine »direkte Attacke« auf Präsident Macron und damit auch auf »die deutsch-französische Allianz«. Deutschland und Europa bräuchten »mehr Souveräntität«, so Brantner. Sie sollten sich »nicht länger an das 2-Prozent-Ziel der NATO ketten«, sondern definieren, was sie brauchen, um ihre »territoriale Integrität zu garantieren« und dann »europäische Synergien schaffen, um sich diese Mittel zu verschaffen«.

Eine Europäische Verteidigungsgemeinschaft wird gerade für Deutschland schon allein dadurch immer dringender, dass das pfälzische Ramstein auch als Standort für das Weltraumzentrum der NATO im Gespräch ist, von dort also ein möglicher Krieg Amerikas im All mitgesteuert werden soll. Von deutschem Boden aus führen die USA schon heute nahezu jeden Tag Aktionen außerhalb des Bündnisterritoriums durch, die weder mit dessen Gründungszweck noch dem Grundgesetz in Einklang zu bringen sind. »In erster Linie«, so US-Cheflobbyist Röttgen in der öffentlichen Debatte um den von Trump angekündigten amerikanischen Truppenabbau ganz ungeniert, »dient Deutschland den USA als logistische Drehscheibe für die eigene internationale Militärpräsenz.« Der Stützpunkt in Ramstein ist der größte außerhalb der USA, die dortige Air Base Drehkreuz für die Militäreinsätze im Nahen und Mittleren Osten sowie in Afrika. In Ramstein machen fast alle Truppentransporte für Afghanistan und Irak einen Zwischenstopp. Von dort werden diese Truppen mit Munition versorgt, die in einem nicht weit davon entfernten Depot in Miesau lagert. Und über die dortige Satellitenrelaisstation werden die vielen Drohneneinsätze zur Exekution von Gegnern in Afghanistan, Syrien und Somalia, im Irak und im Jemen koordiniert.

Bei diesen Einsätzen sterben mehr Zivilisten als Kombattanten. Selbst Barack Obama räumte anlässlich des Erscheinens seines ersten Memoirenbands im November 2020 im US-Fernsehen ein, dass der Einsatz von Drohnen wie etwa dem *Reaper*, zu Deutsch »Sensenmann« eine »übermäßige Zahl an zivilen Opfern zur Folge« hatte. Auf solche sogenannten Kollateralschäden in der Zivilbevölkerung nimmt Washington allerdings wenig Rücksicht. Im März 2019 forderte das Oberverwaltungsgericht Münster die Bundesregierung deshalb auf, »darauf hinzuwirken, dass die USA bei der Nutzung ihres Stützpunkts in Ramstein das Völkerrecht einhalten«. Nach »Auswertung aller verfügbaren öffentlichen Erklärungen der US-Administration«, so das Urteil, bestünden Zweifel, ob »die generelle Einsatzpraxis für Angriffe dem Unterscheidungsgebot des humanitären Völkerrechts zwischen Soldaten und Zivilisten« genüge. Auf den Einspruch der Bundesregierung hin kippte das Bundesverwaltungsgericht das Urteil im Herbst 2020 jedoch. Es genüge Washingtons Zusicherung, dass alles, was in Ramstein geschehe, im Rahmen des Völkerrechts erfolge. In ihrem im Juli 2020 vorgelegten Untersuchungsbericht zur Tötung des iranischen Generals Quasem Soleimani war die UN-Sonderberichterstatterin Agnes Callamard kurz zuvor zu dem Ergebnis gekommen, der Drohneneinsatz sei »ungesetzlich« gewesen.

Angesichts der imperialen Politik der USA zweifeln immer mehr Deutsche daran, dass der Frieden in Europa mit der Nordatlantischen Allianz noch am besten gewährleistet ist. In einer Umfrage, die das Institut für Demoskopie in Allensbach im Auftrag des Zentrums für Strategie und höhere Führung 2020 durchführte, bezeichneten 61 Prozent der befragten Bundesbürger die USA als »größte Gefahr für den Frieden«. 36 Prozent nannten Russland und 34 Prozent China. Und mit 39 Prozent sahen auch nur noch wenig mehr Deutsche in Amerika den wichtigsten militärischen Bündnispartner als in Frankreich (34 Prozent). In den ostdeutschen Bundesländern hatte unser westlicher Nachbar mit 37 gegenüber 30 Prozent sogar einen klaren Vorsprung vor den USA. Eine ähnliche Umfrage für die Körber-Stiftung im Jahr zuvor hatte ergeben, dass mehr als die Hälfte der Deutschen sich eine größere Unabhängigkeit von Washington wünschen und 40 Prozent sich lieber durch französische Atomwaffen schützen lassen wollen als durch amerikanische. Letzteres zogen nur noch 22 Prozent vor. Und, wie bereits erwähnt, sind laut *European Council on Foreign Relations* im Januar 2021 eine Mehrheit der Deutschen und Europäer dafür, sich aus einem Konflikt der USA mit China und/oder Russland heraus- und neutral zu alten. Nur noch eine Minderheit von 48 Prozent sahen eine »große« oder »ziemlich große« Notwendigkeit für den amerikanischen Schutzschirm über Europa. 60 Prozent der Deutschen und sogar 67 Prozent der Europäer sind der Meinung, Europa müsse sich, statt sich auf Amerika zu verlassen, um seine eigene Verteidigungsfähigkeit bemühen.

Strukturelle ökonomische Autonomie und Ablösung des US-Dollar als dominierende Leitwährung

Neben einer entsprechenden Außen- und Verteidigungspolitik ist eine wettbewerbs- und zukunftsfähige Volkswirtschaft samt einer starken und stabilen Währung unabdingbare Voraussetzung für strategische Autonomie und echte Souveränität. Im März 2000 hatten sich die europäischen Staats- und Regierungschefs auf einem Sondergipfel in Lissabon daher zum Ziel gesetzt, die Gemeinschaft bis 2010 »zum wettbewerbsfähigsten und dynamischsten wissensbasierten Wirtschaftsraum der Welt zu machen«. Das Ziel wurde weit verfehlt. Im Juni 2010 verabschiedete der Europäische Rat daraufhin das Anschluss-Programm »Europa 2020«, das sich stark an die Lissabon-Agenda anlehnte. Auch dieses Vorhaben muss als Misserfolg betrachtet werden. Die EU hängt in punkto ökonomischer Wettbewerbsfähigkeit und Dynamik in vielen wissensbasierten Zukunftsbereichen international nach wie vor deutlich zurück.

Wettbewerbs- oder Industriepolitik?

Dieses Manko scheint die Gemeinschaft ebenso wie die USA zunehmend durch protektionistische Maßnahmen ausbügeln zu wollen. Statt die eigene Konkurrenzfähigkeit zu verbessern, will sie diese offenbar durch Schutz vor unerwünschten Wettbewerbern sichern. Sogar das als vergleichsweise wirtschaftsliberal geltende Deutschland verschärft im Systemwettbewerb mit China ständig sein Außenwirtschaftsrecht und betreibt immer offener staatliche Industriepolitik. Musste bisher etwa für das

Verbot einer Investition von außerhalb der EU eine »Gefährdung« der Sicherheit vorliegen, soll künftig schon »eine voraussichtliche Beeinträchtigung« reichen. Zudem soll die bisherige Liste der schutzwürdigen Wirtschaftsbereiche um die Sektoren Medizin, Biotech, KI, Robotik und Halbleiter erheblich erweitert werden.

Der wissenschaftliche Beirat der Stiftung Marktwirtschaft, besser als »Kronberger Kreis« bekannt, hält einen »Rückzug in die Festung Europa« als Antwort auf die chinesische Herausforderung jedoch für »die falsche Strategie«. Zum einen ist Chinas Wirtschaft keineswegs so verschlossen, wie viele glauben. Ausländische Unternehmen sorgen für rund 40 Prozent des chinesischen Exportwerts und für ein Viertel des Bruttosozialprodukts. Während der Anteil chinesischer an allen ausländischen Direktinvestitionen in der EU mit 3 bis 4 Prozent alles andere als besorgniserregend ausfällt, ist umgekehrt die EU in Chinas Wirtschaft um ein Vielfaches stärker investiert. Zum anderen bremst die Abwehr chinesischer Investitionen das Wachstumspotenzial Europas. Unternehmen im Visier chinesischer Interessenten gewissermaßen in staatliche Schutzhaft zu nehmen beschleunigt nur die Zombifizierung der Wirtschaft. Wirtschaften ist kein Nullsummenspiel, bei dem der eine zwangsläufig verliert, was der andere gewinnt. Technisches Wissen, so Fulko Lenz in einer Studie der Stiftung Marktwirtschaft zum Systemwettbewerb Europas mit China, sei »ein nicht-rivales Gut, das nicht verschwindet oder sich verbraucht, wenn andere es verwenden«. Europa hat vom Aufstieg Chinas bisher stark profitiert und das kann es auch in Zukunft – es ist nur nicht mehr so einfach wie bisher und verlangt eine neue Anstrengung. Der Westen muss beweisen, dass sein Wirtschaftsmodell mindestens genauso erfolgreich sein kann wie Chinas Staatskapitalismus.

Durch protektionistische Maßnahmen und staatliche Industriepolitik lässt sich eine gesunde Wettbewerbsfähigkeit jedenfalls nicht erreichen. Diese entsteht durch Produktivitätswachstum *im* Wettbewerb, nicht aus Schutz *vor* Wettbewerb. Die Produktivität einer Volkswirtschaft wird vor allem durch Bildungs- und Forschungs-, Arbeitsmarkt-, Sozial- und Steuerpolitik bestimmt. Die strukturelle ökonomische Autonomie Europas hängt in erster Linie davon ab, was die einzelnen Mitgliedsstaaten in diesen Bereichen tun, und davon, inwieweit ihre jeweilige Politik in Richtung auf ein konkurrenzfähiges Modell konvergiert. Kern einer solchen Autonomie sind eine verlässliche und kostengünstige Versorgung mit Energie, Nahrungsmitteln und medizinischen Produkten, eine moderne industrielle Basis besonders in den Schlüsseltechnologien der Zukunft wie Halbleiter, Big Data, Quantencomputing oder Biotechnologie, eine sichere digitale Infrastruktur sowie nicht zuletzt eine leistungsfähige Finanzindustrie und starke Währung, die vor unerwünschter Einflussnahme von außen schützt.

Auf fast all diesen Feldern weist Europa heute zum Teil schwerwiegende Defizite auf:

– Weil es nur unzureichend in Bildung und Ausbildung sowie Forschung und Entwicklung investiert, drohen eine Erosion der Produktivität und internationalen Wettbewerbsfähigkeit sowie eine schleichende De-Industrialisierung. Problembereiche sind die wichtigen Zukunftsindustrien und die Verfügbarkeit von Risikokapital für innovative Unternehmen. Wenn Europa im Wettbewerb mit den USA und China als eigenständige Größe bestehen will, muss es die Lissabon-Agenda endlich umsetzen, also deutlich mehr in Bildung und Ausbildung sowie Forschung und Entwicklung (F&E) investieren und bessere Standortbedingungen für die besten Talente der Welt schaffen. Dazu müssen Weltklasseuniversitäten und Spitzenforschungsinstitute sowie F&E-Treiber nach dem Muster der amerikanischen *Defense Advanced Research Projects Agency* (DARPA) und der Bundesagentur für Sprunginnovationen (SPRIN-D) auf europäischer Ebene herangezogen werden, die Innovationen leichter zum ökonomischen Durchbruch verhelfen können.

- Das Wettbewerbsrecht der Gemeinschaft orientiert sich zu sehr am Binnen- und zu wenig am Weltmarkt. Dies bremst das Entstehen global konkurrenzfähiger Unternehmen.
- Infolge der Zersplitterung in nationale Teilmärkte fehlt Europa ein starker Kapitalmarkt und Europas Banken können trotz eines großen Binnenmarktes von 450 Millionen Menschen nicht mit den führenden amerikanischen Geldhäusern mithalten.
- Ohne eine eigene konkurrenzfähige Kapazität zur Produktion hochleistungsfähiger Halbleiter kann es keine digitale Souveränität für Europa geben. Der niederländische Lithografiegerätehersteller ASML reicht dafür allein nicht aus. Europa braucht ein eigenes Samsung oder TSMC. Die digitale Souveränität Europas endet bereits am Netzwerkrouter. Einige wenige amerikanische Konzerne wie Google, Apple, Facebook, Amazon und Microsoft bestimmen, wie Europa seine Daten, die wertvollste Ressource der Wirtschaft von morgen, erzeugt, verarbeitet, transportiert und aufbewahrt. Diese Konzerne verfügen in ihren Clouds, sprich Serverfarmen, über die Telefonnummern, Adressen, Kontakte, Vorlieben und Bewegungsprofile nahezu aller Europäer. Das birgt ein enormes Missbrauchs- und Erpressungspotenzial. Der sogenannte CLOUD (*Clarifying Lawful Overseas Use of Data*) Act von 2018 etwa verpflichtet amerikanische Internetfirmen und IT-Dienstleister in aller Welt, den US-Behörden auch dann Zugriff auf von ihnen gespeicherte Daten zu gewähren, wenn diese auf Servern im Ausland liegen. Washington kann es abgefragten Unternehmen sogar verbieten, die betroffenen Personen, Unternehmen oder Institutionen darüber zu informieren. Wenn diese von einer Abfrage erfahren, können sie zwar gegen die Herausgabe der Daten klagen – aber nur in den USA.

Für den Chef des Burda-Verlags, Paul-Bernhard Kallen, ist Europa denn auch eine »digitale Kolonie« der USA. »Wir müssen eine eigene digitale Infrastruktur aufbauen, die unseren Wertevorstellungen bezüglich Datenschutz, Datensicherheit und Datenintegrität entspricht«, fordert Kallen.

Sarah Wagenknecht von der Partei Die Linke ist derselben Meinung: »Die Schlüsselinfrastruktur des 21. Jahrhunderts einer Handvoll US-Überwachungskonzernen zu überlassen« bedeute nicht nur, »eine zunehmende Abschöpfung von Werten und Wohlstand zulasten unserer Wirtschaft hinzunehmen«, so die Linken-Politikerin. »Es bedeutet vor allem, die Chance auf Souveränität und eine an den eigenen Interessen orientierte Politik in Deutschland und Europa endgültig zu verspielen.«

Wer die europäische Datenschutzverordnung wirklich ernst nimmt, muss sie auch gegenüber Amerika durchsetzen. Wenn Washington verlangt, dass die persönlichen Daten von TikTok-Kunden in den USA auf heimischen Servern amerikanischer Unternehmen gespeichert werden, muss Europa auch verlangen können, dass die von Google, Amazon, Facebook, Twitter usw. in Europa gesammelten Daten bei europäischen Unternehmen in der EU verbleiben. Ansonsten wird auch das Plädoyer dafür, Huawei wenigstens aus dem Kern des 5G-Netzes herauszuhalten, völlig unglaubwürdig.

Die Dollar-Knechtschaft

Neben den Bereichen der Bildung, Forschung und Entwicklung, Innovationsförderung, Digitalisierung und Informationstechnologie inklusive der Produktion von Hochleistungschips hat Europa den größten Nachholbedarf im Bereich der Finanzen. »Der Dollar ist unsere Währung, aber euer Problem«, so hatte US-Finanzminister John Connally seinen europäischen Kollegen Anfang der 70er-Jahre des vorigen Jahrhunderts einst kühl entgegengehalten, als sie sich über einen starken Kursverfall des

Greenback und den für ihre Volkswirtschaften damit verbundenen Verlust an Wettbewerbsfähigkeit beklagten. Das Problem Europas mit der US-Währung besteht jedoch weniger in Kursschwankungen, sondern darin, dass sie alle anderen Währungen dominiert. Über die Hälfte aller Handelsrechnungen, das Fünffache des amerikanischen Anteils an den weltweiten Importen und das Dreifache des Anteils am globalen Exportvolumen lauten auf Dollar. Hinzu kommen fast 60 Prozent der weltweiten Devisenreserven und über 40 Prozent der internationalen Währungsreserven in Form der Sonderziehungsrechte beim Weltwährungsfonds. Dies verschafft Amerika enorme Privilegien, macht andere Staaten von ihm abhängig und liefert sie weitgehend schutzlos Sanktionen aus.

Die marktbeherrschende Stellung des Dollar führt zu einer starken Nachfrage nach amerikanischen Vermögenswerten und dazu, dass selbst Länder, die kaum Handel mit den Vereinigten Staaten treiben, von Zinsveränderungen in Amerika und Kursschwankungen des *Greenback* beeinflusst werden und Dollarreserven halten müssen, um im Falle einer Kapitalflucht gegenhalten zu können. Mit ihrer Geldpolitik bestimmt die US-Notenbank Konjunktur und Wachstum in der ganzen Welt wesentlich mit. Wegen des Status ihrer Währung als Weltreservewährung können sich die USA leichter als andere Staaten hohe Defizite im Staatshaushalt und Außenhandel leisten, also über ihre Verhältnisse leben, weil sie in eigener Währung bezahlen und diese selbst drucken können.

Dies sorgt nicht nur für ein globales Ungleichgewicht, sondern drückt auch das längerfristig mögliche Wachstum der Weltwirtschaft. Auf der jährlichen Notenbankertagung im August 2019 in Jackson Hole plädierte Mark Carney, damals Chef der Bank of England, daher dafür, diesen Zustand zu beenden. »Um ihr Potenzial voll auszuschöpfen«, verlange eine »multipolare Weltwirtschaft ein neues internationales Währungs- und Finanzsystem«, so Carney.

Von solchen Ideen will Washington natürlich überhaupt nichts wissen. Den Amerikanern ist klar: Verliert die US-Währung ihre dominierende Rolle, verliert das Land seine globale Vormachtstellung überhaupt, da sie ganz wesentlich auf jener beruht. »Der Tag, an dem der Dollar als Währung Nummer eins stirbt und Amerika seine Finanzsanktions-Superpower verliert«, so Niall Ferguson, »das wird der D-Day.« Dieser Tag ist zuletzt immer näher gerückt. Die Investmentbank Goldman Sachs warnt, erstmals gebe es »echte Bedenken« hinsichtlich der Zukunft des *Greenback* als Weltreservewährung. »Eine Welt, in der der Dollar nicht mehr dominiert«, so Julian Gewirtz vom *Harvard Center for International Affairs*, »mag in weiter Ferne sein, aber sie ist nicht mehr undenkbar.«

Mit dem wirtschaftlichen Aufstieg Asiens, insbesondere Chinas, und anderer Schwellenländer wird das Missverhältnis zwischen der nachlassenden Stärke der US-Wirtschaft und der internationalen Bedeutung der Währung des Landes immer größer; und mit der zunehmenden Abkehr von fossilen Brennstoffen im Interesse des Klimaschutzes schwindet auch die Bedeutung des Petrodollar. Zudem kann Amerika nur so lange von den Ersparnissen anderer gut leben wie diese seine Schuldscheine kaufen. Die Bereitschaft dazu lässt jedoch mit dem wirtschaftlichen und gesellschaftlichen Niedergang der USA und der steil ansteigenden Verschuldung des Landes nach. »Man kann nicht über längere Zeit ständig defizitäre Haushalte haben, Schulden machen und Schuldscheine verkaufen oder Geld drucken, statt produktiv zu wirtschaften«, warnt Ray Dalio, Gründer des Investmentfonds Bridgewater. Wenn Amerika nicht bald wieder mehr Geld einnehme, als es ausgebe, »werden wir fallen«. Auch Zhu Min, einst stellvertretender Chef des IWF und heute Leiter des Nationalen Instituts für Finanzforschung an der Tsinghua-Universität, hält einen »plötzlichen Vertrauensverlust« der internationalen Anleger für möglich und fragt: »Will die Welt weiter die Dominanz des US-Dollar, wenn dieser gedruckt wird, um die amerikanischen Staatsausgaben zu monetarisieren?«

Die Stellung des Greenback als dominierende Weltwährung wird auch durch Washingtons China-Politik zunehmend bedroht:

- Mit der Globalisierung hat der Welthandel zugenommen und damit auch die Nachfrage nach Dollar; Entkoppelung und Entglobalisierung haben genau den gegenteiligen Effekt. Wenn China weniger in die USA exportiert, sinken auch die chinesischen Anlagen in amerikanische Schatzbriefe. »Die lange Herrschaft des Dollar über das internationale Finanzsystem hing davon ab, dass die USA wirtschaftlich stabil, finanziell glaubwürdig und kulturell offen blieben«, so der Wirtschaftshistoriker Harold James von der Princeton University im Juli 2020. »Jetzt, da die Schwächen des Systems immer offenkundiger werden, wird der Rest der Welt anfangen, den Greenback infrage zu stellen.«
- Seit Amerika seine Währung immer öfter als politische Waffe eingesetzt wird, wächst der Widerstand gegen die Dollarknechtschaft rund um die Welt und die Betroffenen suchen nach einem Ausweg. Der ehemalige russische Regierungschef Dmitri Medwedew bezeichnete die Sanktionen gegen sein Land wegen der völkerrechtswidrigen Wiedereingliederung der Krim deshalb sogar als hilfreich, weil sie »uns jetzt zwingen zu tun, was wir schon vor zehn Jahren hätten tun sollen«. Moskau hat den Anteil der US-Währung an seinen Devisenreserven in wenigen Jahren bereits mehr als halbiert und stattdessen seine Goldbestände deutlich aufgestockt.
- Neben Russland versucht vor allem China, das einen Großteil seiner Energie und Nahrungsmittel aus dem Ausland bezieht und für deren Bezahlung bisher weitgehend auf Dollar angewiesen ist, diese Abhängigkeit zu reduzieren. Trotz wachsender Handelsbilanzüberschüsse mit den USA hat Peking seinen Bestand an sogenannten *Treasury Bills*, also amerikanischen

Staatsanleihen, in den vergangenen Jahren kontinuierlich von 1,3 Billionen Dollar auf heute noch eine Billion ab- und (wie Moskau) seine Goldvorräte aufgebaut. Diese Entwicklung dürfte sich in den kommenden Jahren fortsetzen.

- China schließt mit immer mehr Ländern immer umfangreichere Währungsswapabkommen ab. Diese erleichtern den Warenhandel in eigener Währung, indem sie das Wechselkursrisiko begrenzen. China und Russland zahlen im bilateralen Warenverkehr zunehmend in Euro und eigener Währung. 2020 ging der Anteil des einst dominierenden Greenback dadurch bereits um die Hälfte auf 46 Prozent zurück, während der Euro-Anteil auf 30 und der von Yuan und Rubel auf 24 Prozent anstieg. Der Nachrichtenagentur Bloomberg zufolge hat der Dollar in Chinas grenzüberschreitenden Geschäften weltweit inzwischen nur noch einen Anteil von 56 Prozent. Vor zwei Jahren waren es noch 70 Prozent. Gleichzeitig nahm der Anteil des Yuan von 19 auf 37 Prozent zu. Besonders Erdöllieferungen begleicht China, seit 2017 weltgrößter Importeur, global immer öfter in der eigenen Währung und mindert so die Nachfrage nach Petrodollar. In Schanghai hat das Land schon vor Jahren einen *Futures*-Markt eröffnet, an dem Öl in Yuan zu kaufen und zu verkaufen ist.
- Bei der verabredeten langfristigen strategischen Zusammenarbeit mit dem Iran soll China im Gegenzug für umgerechnet 400 Milliarden Dollar Investitionen in dem Land von diesem einen saftigen Rabatt auf Erdöl bekommen, was die Nachfrage nach Petrodollars ebenfalls weiter reduzieren wird. Ein Großteil des bis 2026 vereinbarten bilateralen Warenaustauschs in Höhe von umgerechnet 600 Milliarden Dollar soll in Yuan bezahlt werden.
- Chinas Zentralbank arbeitet mit Hochdruck an einer Digitalisierung der Landeswährung und ist dabei von allen Staaten am weitesten fortgeschritten. In mehreren Städten und Re-

gionen laufen bereits große Feldversuche. Ein digitaler Yuan könnte als Zahlungsmittel im internationalen Handel relativ schnell große Bedeutung gewinnen. Er ermöglicht es nicht nur, die Transaktionskosten zu senken. Auch Finanzaufsicht, Risikomanagement und politische Steuerung lassen sich dadurch verbessern. Nicht zuletzt eröffnet sich dadurch die Möglichkeit, das amerikanisch dominierte internationale Zahlungssystem SWIFT und damit amerikanische Sanktionen zu umgehen. Mit einer digitalen Währung könnten Zahlungen künftig auch per Telefon-App, ohne Internet, erfolgen und wären damit durch die USA auch schwerer nachvollziehbar und zu sanktionieren.

– Schon 2015 hat die chinesische Zentralbank das *China Cross-Border Interbank Payments System* (CIPS) analog zum amerikanischen *Clearing House Interbank Payment System* (CHIPS) eingerichtet. Inzwischen werden darüber von fast 100 Ländern und Regionen Transaktionen im Wert von rund einem Zehntel der SWIFT-Transaktionen abgewickelt. Auch Russland hat ein ähnliches System eingeführt, das mit CIPS kooperiert. Um die globalen chinesischen Zahlungsströme für Washington weniger transparent zu machen und sich gegen Sanktionen besser zu schützen, wollen Chinas Geldinstitute anstelle von SWIFT künftig noch stärker auf CIPS setzen. Die Zahlungssysteme Alipay und WeChatPay aus China breiten sich in immer mehr Ländern aus, vor allem in Afrika. Dadurch sinken die Bargeldtransaktionen in Dollar. Werden die Systeme in den einzelnen Ländern auch international einmal miteinander vernetzt, kann dies die Dollarnachfrage weiter spürbar abbauen.

Sosehr China durch solche Aktivitäten die Bedeutung der US-Währung als internationales Zahlungsmittel im Handel und bei den Devisenreserven progressiv verringern mag – seine eigentliche Stärke gewinnt der Dollar vor allem als Anlagemedium.

Und hier hat die chinesische Währung ein grundsätzliches Problem: Sie ist international nicht frei handelbar. Zwar gibt Peking die Kapitaleinfuhr zunehmend frei, aber die Ausfuhr blieb bisher streng begrenzt. Um vermehrt internationale Anleger anzuziehen und den Kapitalmarkt sowie die internationale Rolle der eigenen Währung zu stärken, lockert China jetzt allerdings auch hier die Zügel, erleichtert die Abrechnung von Handelsgeschäften und Investitionen in Yuan und öffnet das Land für ausländische Banken. »Wir verbessern die Regulierung unseres Finanzmarkts, um diesen in den globalen Finanzmarkt zu integrieren«, so Zhang Xuechin, der stellvertretende Generaldirektor der Notenbank im Herbst 2020.

Doch das geht nicht von heute auf morgen. Die Börse in der Volksrepublik ist erst drei Jahrzehnte alt, die Wall Street über 200 Jahre älter. Solange Peking seine strengen Kapitalverkehrskontrollen nicht verlässlich aufhebt, seine Währung nicht voll konvertierbar ist und sein Kurs von Marktkräften bestimmt wird, kann er nicht zu einer führenden Reservewährung werden. Der Yuan sei zwar »der wahrscheinlichste Kandidat« für einen solchen Status, so Mark Carney in Jacksonhole, er habe jedoch noch »einen langen Weg vor sich, bis er diese Rolle spielen« könne.

Angaben der chinesischen Zentralbank vom August 2020 zufolge macht der Yuan heute nicht einmal 4,5 Prozent vom globalen Devisenhandel, erst 2 Prozent am internationalen Zahlungsverkehr und ebenfalls 2 Prozent an den weltweiten Devisenreserven aus. Zwar rechnet die Investmentbank Morgan Stanley damit, dass sich der Anteil an Letzteren in diesem Jahrzehnt bis auf 10 Prozent erhöht und der Yuan dann die drittwichtigste Währung der Welt sein wird. Aber damit läge er immer noch deutlich hinter dem Euro. Nach dem Dollar ist dieser, auch dank Peking, Moskau oder Teheran, mit Abstand die zweitwichtigste Währung. Angaben der Bank für Internationalen Zahlungsausgleich (BIZ) in Basel zufolge lauten auf ihn heute rund ein Drittel aller grenzüberschreitenden Transaktionen. Etwa ein Viertel der weltweiten Währungsreserven lauten auf Euro.

Diese gute Ausgangsposition muss Europa entschlossen nutzen und konsequent ausbauen, wenn es sich aus der Dollarknechtschaft befreien, eine künftige Abhängigkeit vom Yuan verhindern und ein Weltwährungsregime erreichen will, das ihm finanzielle und monetäre Autonomie sichert. Europa müsse alles tun, um »eine echte finanzielle und monetäre Souveränität« zu erreichen, so der französische Staatschef Macron in seiner Grundsatzrede vor den Botschaftern seines Landes im Sommer 2019. Dies sei »unabdingbar«. Krückenkonstruktionen wie das sogenannte *Instrument in Support of Trade Exchanges* (INSTEX) werden dazu nicht annähernd ausreichen. Nach der Kündigung des Atomabkommens mit dem Iran durch Washington hat die Europäische Union INSTEX mühsam zusammengebastelt, um das SWIFT-System zu umgehen und den EU-Handel mit dem Iran gegen US-Sanktionen abzuschirmen. Große europäische Unternehmen mit bedeutenden Geschäften im Dollarraum machen dabei aus Angst vor US-Repressalien jedoch nicht mit. Um wirklich souverän zu werden, muss die EU daher den Euro als geopolitisches Instrument verstehen und vor allem folgende Maßnahmen ergreifen:

- durch eine aktive Mitarbeit bei der Seidenstraßeninitiative die wirtschaftliche Kraft der Gemeinschaft und damit auch die Position des Euro weiter stärken,
- den Außenhandel mit anderen Nationen möglichst in Euro abwickeln,
- die Entwicklung eines digitalen Euro vorantreiben,
- ein eigenes Abrechnungsregime als Alternative zu CHIPS und SWIFT sowie eine Exportbank einrichten, die auf Basis dieses Regimes arbeitet,
- eine Behörde wie das amerikanische *Office for Foreign Assets Control* (OFAC) etablieren, die amerikanische Sanktionen wirksam erwidern kann,

- die Vermögensanlage in Europa stärker auf den Kapitalmarkt ausrichten, den europäischen Banken- und Kapitalmarkt weiter integrieren und vertiefen sowie für mehr attraktive, liquide und vielfältige Anlagemöglichkeiten sorgen. Dazu gehört besonders auch eine echte europäische Alternative zur New Yorker Technologiebörse Nasdaq,
- eine konsequente Abkehr von fossilen Brennstoffen verfolgen und damit den Petrodollarmarkt weiter austrocknen.

Wirkliche Souveränität kann Europa für sich erst reklamieren, wenn der Dollar zwar immer noch Amerikas Währung, aber für Europa kein Problem mehr ist, also nicht mehr als Waffe gegen Europa eingesetzt werden kann. Die Voraussetzungen dafür sind heute so günstig wie nie. Zwar hat der Besitz der Leitwährung den USA über Jahrzehnte leistungslose Einkommen verschafft, das Land mit der Zeit aber auch selbstgefällig gemacht. Und daran sind letztlich bisher alle Imperien zugrunde gegangen.

Die Hindernisse auf dem Weg zu echter Souveränität

Trotz der Chancen für neues Wachstum, eine Festigung der Europäischen Gemeinschaft, die Sicherung des Friedens und der »westlichen« Werte, die eine Emanzipation der EU vom Großen Bruder USA verspricht, stehen dieser eine Reihe von Hürden im Wege.

Die Europäische Union und ihr wirtschaftlich stärkstes Mitglied Deutschland sind gekennzeichnet von einer alternden Gesellschaft. Bei der Wahl zum deutschen Bundestag im Jahr 2017 stellten die über 60-Jährigen mit mehr als 36 Prozent bereits die größte Gruppe der Wahlberechtigten. Weitere fast 35 Prozent fielen in die Altersklasse 40 bis 59 Jahre. Es dauert somit nicht mehr lange, bis die Bundesrepublik überwiegend zu einer Rentnerrepublik wird. Und fast überall in Europa ist das Bild ähnlich. Alternde Gesellschaften scheuen allgemein das Unbekannte, Fremde, den Neuaufbruch und das Risiko. Sie halten gerne am Gewohnten fest, gehen mit Herausforderungen eher defensiv als offensiv um. Selbst wenn Amerika den Europäern nicht unbedingt sympathisch ist, so kommt es ihnen doch zumindest vertraut vor. »We're all living in America« heißt ein Song der deutschen Metalband Rammstein. China dagegen ist den allermeisten Europäern bis heute fremd geblieben und erscheint ihnen allenfalls als wundersam, eher aber bedrohlich. Alle haben unzählige Hollywood-Filme und US-Fernsehserien gesehen und Popsongs aus Amerika gehört. Fast alle lernen in der Schule Englisch, kaum jemand Chinesisch. Die Medien, zumindest hierzulande, berichten über die USA in einer Intensität, als wären wir deren 51. Bundesstaat. China spielte im Vergleich dazu immer noch eine Randvolle – und wird zudem weit überwiegend in ein düsteres Licht getaucht. Korrespondentenposten in Amerika sind meist gestandenen Journalisten vorbehalten, nach China werden, wenn überhaupt jemand, eher Jungredakteure geschickt. Oder sogenannte freie Journalisten beschäftigt, die einen ganzen Bauchladen von Medien beliefern müssen, um über die Runden zu kommen, damit aber zur Gleichförmigkeit der Berichterstattung und auch deren Anpassung an das bestehende China-Bild in der Heimat beitragen.

Ein weiterer Faktor für die ungleich größere Vertrautheit mit und der Nähe zu den USA sind die zahlreichen den Atlantik überspannenden persönlichen Verbindungen und Netzwerke. Wenn auch nicht mehr allzu lange, so stammt die Mehrheit der heute lebenden Amerikaner aus Europa. Allein ein Sechstel der Bevölkerung leitet ihre Herkunft aus Deutschland ab. Viele von ihnen pflegen ihre verwandtschaftlichen Beziehungen zur Heimat ihrer Vorfahren. Hunderttausende Deutsche sind neben hierzulande stationierten GIs aufgewachsen oder haben im Laufe der Jahrzehnte Teile ihrer Schulzeit, ihres Studiums oder Berufslebens in den Staaten verbracht oder dort Urlaub gemacht. Und nahezu alle teilen gemeinsame »westliche« Werte und positive Erinnerungen an Marshallplan, Berliner Luftbrücke und Wiedervereinigung.

In den sieben Jahrzehnten seit Ende des Zweiten Weltkriegs sind so eine besondere Vertrautheit sowie emotionale und ideelle Bindung entstanden, die uns die Welt unbewusst aus der amerikanischen Perspektive betrachten lassen. Deutsche und Europäer haben sich mit dem Leben im »luxuriösen Protektorat« arrangiert, wie der Ostpolitiker Egon Bahr es einmal ausdrückte. Die Abhängigkeit vom Großen Bruder ist ihnen nicht einmal mehr bewusst. Nicht zuletzt steht der Emanzipation von Amerika auch ein zunehmender Gefolgschaftsdruck vonseiten Washingtons entgegen.

»Westliche« Wertegemeinschaft und transatlantische Netzwerke

Auch nach drei Jahrzehnten rapider wirtschaftlicher Entwicklung in China und der Erwartung, dass das Land früher oder später die demokratischen Werte des Westens übernehmen werde, trennt beide im Hinblick auf Meinungs-, Presse- und Versammlungsfreiheit, Rechtsstaat und Schutz der Menschenrechte nach wie vor ein breiter Graben. Und daran wird sich auf absehbare Zeit wenig ändern. Der Zerfall der Sowjetunion und der anschließende Umgang des Westens mit Russland haben Pekings Haltung gegenüber einer demokratischen Öffnung eher wieder verhärtet. In der Glasnost-Politik von Michail Gorbatschow sieht die KP Chinas den Hauptgrund für den Kontrollverlust der Bruderpartei und den Zusammenbruch ihrer Herrschaft. Xi Jinpings autoritäre Machtfülle und rigorose Kontrolle der Gesellschaft sind auch das Ergebnis dieser Erfahrung. Der Westen muss daher davon ausgehen, dass China auch mit weiter steigendem Wohlstand an seinem gesellschaftlichen System festhalten wird. »Auf einen chinesischen Gorbatschow sollte der Westen nicht wetten«, so Niall Ferguson. Die Werte-Barriere wird damit Europa und China damit auf unabsehbare Zeit voneinander trennen.

Amerika dagegen gehört zweifellos zum westlichen Lager, selbst wenn es nach Ansicht des französischen Staatschefs Emmanuel Macron »nicht denselben Humanismus wie Europa« vertritt. Nach den Präsidentschaftswahlen 2020 und dem, was ihnen an Anfechtungen folgte, meint auch Ian Bremmer, Chef der Beratungsfirma Eurasia, Amerikas Demokratie gehöre nicht mehr zur selben Gruppe wie Deutschland, Kanada oder Japan. »Wir sind jetzt in der Mitte zwischen diesen und Ungarn.« Mit ihrem »militärischen Humanismus«, wie Noam Chomsky Washingtons Außenpolitik charakterisiert, und der zunehmenden Oligarchisierung des Landes haben sich die USA im Laufe der Jahre erheblich von liberalen demokratischen Ordnungsprinzipien entfernt. China sei eine »pseudo-konstitutionelle Oligarchie«, die durch eine »herrschende Klasse von Parteikadern zu ihrem persönlichen Vorteil« regiert werde, »mit einem Rechtssystem, das nur den privilegierten Schichten zur Verfügung steht und gegen jeden, den die Partei als Bedrohung ansieht, in Stellung gebracht werden kann«. So beschrieb der republikanische Senator Ben Sasse 2020 in der Zeitschrift »The Atlantic« das chinesische System. Parallelen dazu sind im heutigen Amerika nicht mehr zu übersehen. »Die USA sind eine Oligarchie mit grenzenloser politischer Bestechung«, kritisierte Ex-Präsident Jimmy Carter.

Wenn für den Umgang mit China derzeit viele im Westen das »Ende der Naivität« empfehlen, so erscheint dasselbe auch im Verhältnis zu den USA angebracht. Zumal diese in unserem Alltag so viel präsenter sind und unser Leben so viel mehr bestimmen als China. »Amerika ist wunderbar« heißt der Refrain in dem Song von Rammstein. Wie Corona, die Präsidentschaftswahlen im November 2020 und der Sturm auf das Kapitol zuletzt schmerzhaft offenbarten, ist das Amerika von heute jedoch alles andere als das. Die angebliche Musterdemokratie nimmt sich stellenweise wie ein *failed state* aus. In der Umfrage von YouGov für den *European Council on Foreign Relations* erklärten 61 Prozent der Europäer, Amerikas politisches System als völlig bzw. teilweise »kaputt«. »Wirklichkeit und Anspruch liegen so weit auseinander wie noch nie«, konstatierte die Autorin Susan Glasser im Magazin »The New Yorker«.

Eine Emanzipation Europas von Amerika bedeutet denn auch nicht, der westlichen Wertegemeinschaft den Rücken zu kehren. Sie ist ganz im Gegenteil ein unerlässlicher Schritt zu deren Rettung.

Die atlantische Schlagseite der deutschen Eliten

Gleichwohl lassen Deutschlands Eliten mehrheitlich nichts auf Amerika kommen. Die permanente Kritik an Donald Trump in den zurückliegenden Jahren ist kein Gegenbeweis für die atlantische Schlagseite, sie bestätigt diese vielmehr. Trump war und ist in diesen Kreisen nicht nur so verhasst, weil er sich nicht gerade als lupenreiner Demokrat erwiesen, sondern weil er die schöne Fassade ihres idealisierten Amerika-Bildes verunziert und permanent ihr Weltbild infrage gestellt hat. Das Dauerfeuer, das ihm dafür entgegenschlug, war vor allem Ausdruck der Wut auf einen Partycrasher, einen Nestbeschmutzer, Spielverderber und ungehobelten Außenseiter, einen *Outcast,* der die etablierten Spielregeln und den politisch korrekten Umgang miteinander ignorierte, sich keine Mühe gab, Form und Schein zu wahren, die gewohnten Kreise störte und diese schlecht aussehen ließ.

Als Bill O'Reilly vom Fernsehsender Fox im Februar 2017 dem Präsidenten eine zu freundliche Haltung gegenüber Wladimir Putin vorhielt, der doch »ein Killer« missliebiger Journalisten und Dissidenten sei, entgegnete Trump: »Wir haben auch viele Killer. Denken Sie, unser Land ist so unschuldig?« Zwei Jahre zuvor hatte der Präsident im Frühstücksfernsehen von MSNBC dem Gastgeber Joe Scarborough auf denselben Vorhalt schon einmal geantwortet: »Ich denke, unser Land tötet auch sehr viel.« Dieselben, die Donald Trump wegen solcher Aussagen heftig ablehnten, liebten Barack Obama, obwohl der als Präsident denselben »militärischen Humanismus« vertrat, nur gefällig verpackt. Mit Obamas ehemaligen Vize Joe Biden im Weißen Haus ist die Welt für die Mitglieder des transatlantischen Netzwerks jetzt weitgehend wieder in Ordnung.

Dieses Netzwerk spannt sich vom Schüleraustausch über den Studienaufenthalt in den USA, Stipendienprogramme wie *Fulbright* oder *McCloy*, die Mitgliedschaft in einer der vielen transatlantischen Vereinigungen wie Atlantikbrücke, *Aspen Institute* oder *German Marshall Fund* bis hin zur Teilnahme an Veranstaltungen der zahlreichen Washingtoner Denkfabriken wie *Brookings Institution* und *Heritage Foundation, Atlantic Council* und *Council on Foreign Relations* oder europäischer Pendants wie etwa Mercator-Institut für Chinesische Studien (MERICS) oder *European Council on Foreign Relations* (ECFR). Die Brüsseler Denkfabrik ist das Kind des amerikanischen Milliardärs und Kommunistenhassers George Soros und wird von diesem bis heute maßgeblich finanziert. Zu den Sponsoren gehört auch die NATO. Der EFCR propagiert für Europa eine Politik der Eindämmung gegenüber China. Ebenso wie das Berliner MERICS. Bis 2019 wurde das Institut ausschließlich von der Mercator-Stiftung, einer Gründung der Metro-Eigentümerfamilie Schmidt-Ruthenbeck, finanziert. Seitdem akquiriert es auch Fördermittel von anderen privaten und öffentlichen Einrichtungen, will aber erst von 2021 an eine jährliche Finanzübersicht veröffentlichen und so die Herkunft seiner Gelder transparent machen.

In Summe ist über die Jahre hierzulande ein transatlantisches *Juste Milieu* aus Mitarbeitern von Denkfabriken und Alpha-Journalisten, Politikern und wirtschaftlichen Entscheidern entstanden, das die Hegemonialstellung Amerikas in der Welt nicht mehr hinterfragt, sondern nur immer wieder aufs Neue wie selbstverständlich bestätigt. Jede Abweichung von dieser Weltsicht – und sei sie peripher und arglos – stößt dagegen auf heftigen Widerspruch.

Ein besonders anschauliches Beispiel dafür lieferte eine Ausgabe des »Heute Journal« im ZDF vom Januar 2020. Darin bezeichnete die Moderatorin Marietta Slomka die USA und Russland als »inzwischen fast gleichermaßen schwierig«. Das klang schon reichlich ketzerisch. Als Slomka dem dann noch in Anspielung auf den Mord an einem Georgier in Berlin, der sich offenbar im Tschetschenienkrieg gegen Russland besonders hervorgetan hatte und seitdem von Moskau als »Terrorist« verfolgt worden war, hinzufügte: »Gut, die Amerikaner lassen keine unliebsamen Leute in Berliner Parkanlagen ermorden – soweit man weiß«, brach eine Welle der Entrüstung über sie herein.

Auf der Suche nach Aufmerksamkeit legte sich dabei besonders FDP-Chef Christian Lindner für Washington ins Zeug: Ohne Beleg stelle man »einfach in den Raum, dass die USA vielleicht Menschen ermorden lassen könnten«, tadelte der Liberalenchef, als hätte er noch nie etwas von amerikanischen Killerdrohneneinsätzen gehört. Dass Slomka lange vor Abschluss der polizeilichen Ermittlungen die Hinrichtung des Mannes durch russische Auftraggeber nicht nur als dringenden Verdacht, sondern bereits als feste Tatsache hingestellt hatte, erregte bei dem obersten Vertreter der selbst ernannten Rechtsstaatspartei FDP hingegen keinen Anstoß. »Niemand ist hoffnungsloser versklavt«, heißt es schon bei Goethe, »als jene, die fälschlicherweise glauben, frei zu sein.«

Wie der frankierte Brief oder das Festnetztelefon hat auch der Kolonialismus einen Quantensprung hinter sich. In seiner zeitgenössischen Form braucht er kein Heer von Besatzungstruppen und Kolonialbeamten mehr – ein geschickt ausgeworfenes und gut gepflegtes Netzwerk von Parteigängern und Lobbyisten genügt.

Die Rolle der Medien

In der neokolonialen Herrschaftsmaschinerie produzieren Rüstungsindustrie, Militär und Sicherheitsapparat sowie zahlreiche mit ihnen in Symbiose lebende und von ihnen dotierte Denkfabriken in den USA und rund um die Welt den nachrichtlichen Rohstoff und konstruieren den geistigen Bezugsrahmen. Das in über sieben Jahrzehnten dicht gewebte transatlantische Netzwerk stellt sicher, dass sich auch in den Medien genügend einflussreiche Vertreter finden, die als Transmissionsriemen dienen und die öffentliche Meinung im gewünschten Sinn prägen. Die Versippung von führenden deutschen Journalisten und transatlantischen Eliten hat der Leipziger Medienwissenschaftler Uwe Krüger in seinem Buch »Meinungsmacht« detailliert beschrieben. Und in ihrem Buch »Die Macht um acht« haben die Journalisten Volker Bräutigam, Uli Gellermann und Friedhelm Klinkhammer anhand zahlreicher Beispiele demonstriert, wie in der »Tagesschau«, der wichtigsten Nachrichtensendung im deutschen Fernsehen, durch Hierarchisierung und Intonierung der Themen ein einseitiges Bild des Weltgeschehens erzeugt und zementiert wird, in dem die USA für das Gute und China (und Russland) für das Böse stehen.

»Distanz halten, sich nicht gemein machen mit einer Sache, auch nicht mit einer guten«, die Devise des einstigen »Tagesthemen«-Moderators Hanns-Joachim Friedrichs, nach der seitdem jährlich ein Preis für vorbildlichen Journalismus vergeben wird, konnte sich offensichtlich nicht durchsetzen. Beim ZDF, dem zweiten öffentlich-rechtlichen Sender, mit dem man angeblich besser sieht, ist es nicht anders als in der ARD. Es gebe »Bündnisrücksichten«, die sich »in der redaktionellen Unabhängigkeit widerspiegeln«, monierte Ulrich Tilgner, mit dem Friedrichs-

Preis ausgezeichneter früherer Nahostkorrespondent des Senders, schon vor Jahren das weit verbreitete Onkel-Tom-Verhalten gegenüber Washington in führenden deutschen Medien und wechselte zum Schweizer Fernsehen. Auch der Auslandssender Deutsche Welle stellt immer wieder seine Schlagseite unter Beweis. Als nur ein Beispiel für viele sei hier eine Dokumentation über die Seidenstraßeninitiative vom Dezember 2020 genannt. Ihr Titel: »Chinas Griff nach Europa«.

Bei den privaten Medien sticht besonders der Springer-Verlag hervor. Die Parteinahme für Amerika ist beim größten deutschen Medienhaus und einem der größten in Europa sogar in den Unternehmensgrundsätzen festgeschrieben und genießt so gewissermaßen Verfassungsrang. »Wir zeigen unsere Solidarität in der freiheitlichen Wertegemeinschaft mit den Vereinigten Staaten von Amerika«, heißt es da. In einer vielfältigen Medienlandschaft wäre dies noch nicht sonderlich beunruhigend. Mit Blick auf das Verhältnis zu Amerika mangelt es in den deutschen Leitmedien jedoch eklatant an Meinungsvielfalt; das Bündnis mit den USA und die Mitgliedschaft in der NATO gelten als nahezu sakrosankt. Doch selbst daran hapert es. »Wenn Journalisten von Aktivisten nicht mehr zu unterscheiden sind, können wir einpacken«, mahnte zwar Springer-Chef und Verbandspräsident Mathias Döpfner bei der Mitgliederversammlung des Bundesverbands Digitalpublisher und Zeitungsverleger (BDZV) im Jahr 2020. In Gestalt der »Bild«, Deutschlands auflagenstärkster Tageszeitung, erscheint in seinem Haus jedoch just das Leitmedium, das so unverfroren aktivistisch auftritt wie kein zweites im Lande. Und dessen einseitige Parteinahme für Washington und gegen Peking, Moskau, Teheran usw. unübertroffen ist.

Niemand brennt so oft bengalische Feuer zu Ehren Amerikas ab und kippt zugleich Kübel von Schmutz über dessen Rivalen China aus wie »Bild«. »China oder USA: Welche Hand ist uns wichtiger?«, lautete etwa die Überschrift zu einem ikonischen

Propagandastück in der Online-Ausgabe des Blattes vom 1. Juni 2019. Direkt darunter waren zwei Fotos von Bundeskanzlerin Angela Merkel platziert. Eines zeigt sie beim Händedruck mit dem chinesischen Vizepräsidenten Wang Qishan. Lachend und mit der Bildunterschrift: »Merkel streckt die Hand weit aus – trotz Totalüberwachung und Wirtschaftsspionage«. Auf dem anderen Foto vom selben Tag ist sie bei der Begrüßung von US-Außenminister Mike Pompeo zu sehen. Die Zeile dazu: »Schmale Lippen«. Ähnliche Beispiele dafür, was die publizistischen Laufburschen Washingtons unter »BILD Dir Deine Meinung« verstehen, gibt es zuhauf. Sie könnten einen eigenen Dokumentationsband füllen. Die Themen reichen dabei von Huawei über Hongkong, Taiwan, Tibet, Xinjiang bis Corona (siehe Liste unten) – und Plastiktüten.

Am 20. Januar 2020 tweetete der Abgeordnete und außenpolitische Sprecher der Bundestagsfraktion der Grünen, Omid Nouripour: »An alle aus der Geht-nicht-Fraktion: China verbietet bis Ende des Jahres Plastiktüten. Wo ein Wille ist, ist ›Umweltschutz‹.« Die Antwort von »Bild«: »Es lebe die Diktatur! Da geht alles Ruckzuck und ohne nervige Parlamentsdebatten (Menschenrechte wurden übrigens auch schon verboten, in Großstädten und auf dem Land).« Das Verbot von Plastiktüten eine Frage des Regierungssystems, auf einer Ebene mit der Verletzung von Menschenrechten? Es lebe der Wohlfahrtsausschuss von Julian »Robespierre« Reichelt und seinen Westentaschenjakobinern! Da fällt die Guillotine der Vorverurteilung ruckzuck und ohne nerviges Nachdenken.

»BILD«-Kampagne: Artikelüberschriften zu Corona in China vom 15. 4. bis 4. 5. 2020

15. 4. Was China uns jetzt schon schuldet

16. 4. China unter Verdacht – Kam das Virus aus dem Labor von Wuhan?

17.4. BILD-Chef Julian Reichelt schreibt an den chinesischen Präsidenten Xi Jinping: »Sie gefährden die ganze Welt«
21.4. Whistleblower: Das sind die Zeugen der chinesischen Corona-Lüge
26.4. EU findet Propaganda: China will die Herkunft des Coronavirus verschleiern
26.4. Kommentar: China zeigt uns den Stínkefinger
29.4. Trump schickt China eine Corona-Rechnung – nach BILD-Bericht
2.5. Geheimdossier belegt, wie China die ganze Welt betrog
4.5. Coronavirus: Skandal um China Masken! Jeder 5. Mundschutz ist unsicher
4.5. Corona-Schutzmaterial geliefert: Nutzte China unsere Gutgläubigkeit schamlos aus?

Der Abgeordnete Nouripour, Mitglied im Vorstand der Atlantikbrücke und nicht gerade für China-freundliche Umtriebe bekannt, hat sich übrigens wenig später einem antichinesischen Parlamentarier-Bündnis namens *Interparliamentary Alliance on China* (IPAC) angeschlossen. Dieses wurde von zwei der unerbittlichsten Kalten Krieger und China-Gegner im US-Senat, dem Republikaner Marco Rubio und dem Demokraten Bob Menendez, ins Leben gerufen, um den weltweiten Kampf gegen Peking dauerhaft in den Parlamenten zu verankern.

Ein anderes Beispiel für das grassierende Anti-China-Virus hierzulande lieferte der Sturm der Entrüstung, der über die Buchhandlungskette Thalia hereinbrach, als diese 2020 in einigen Filialen ein Regal an eine chinesische Einrichtung vermietete und diese dort unter anderem einen mehrteiligen Sammelband mit den Aufsätzen und Reden von Chinas Staatschef Xi Jinping auslegte. »Thalia bewirbt chinesische Propagandawerke«, so der Nachrichtensender n-tv in seinem Online-Dienst stellvertretend für den allgemeinen Tenor in deutschen Medien. Absurder geht es kaum noch! Ein Buch im Regal einer Buchhandlung ist genauso wenig als Werbung zu betrachten wie die Flasche Cola im Regal eines Supermarkts. Es ist lediglich ein Angebot, das Kunden annehmen können oder nicht. Mündigen Bürgern die Möglichkeit zu bieten, Gedanken und Absichten eines der wichtigsten, hierzulande zugleich aber über Schlagzeilen hinaus eines der unbekanntesten Politiker unserer Zeit im Original kennenzulernen, verdient zudem Lob und nicht Tadel. Die Lektüre mit dem Etikett »Propaganda« desavouieren oder gar verhindern zu wollen kommt einer Entmündigung freier Bürger gleich und ist obendrein auch kontraproduktiv. Es ist höchste Zeit, die »asymmetrische Ignoranz«, die der Kulturwissenschaftler Edward Said dem Westen attestiert, zu überwinden und China genauso gut kennen und verstehen zu lernen, wie China uns kennt und versteht. »Ich habe auch Exemplare für meine Kollegen gekauft«, so Mark Zuckerberg, Gründer und Chef von Facebook, nach Erscheinen des ersten Xi-Sammelbands. Er wolle, dass diese verstehen, was »Sozialismus mit chinesischen Merkmalen« bedeute.

»Wer antritt, die AfD zu verhindern, ist schon auf dem Holzweg.« Mit diesem Beispiel illustrierte Verbandspräsident Döpfner seine Warnung vor journalistischem Aktivismus auf der Jahrestagung des BDZV: Dasselbe gilt auch für Journalisten, die antreten, Chinas weiteren Aufstieg zu verhindern. Einige Wochen zuvor hatte der Springer-Chef in der hauseigenen »Welt am Sonntag« selbst geschrieben, es mache ihn »wütend«, dass »ernst zu nehmende Menschen« China »als Vorbild in der Seuchenbekämpfung sehen«, obwohl es doch »eine Diktatur« sei. »Ich fürchte, wir begehen demokratischen Selbstmord aus Angst vor dem Sterben.« Und das war erst das Vorspiel: Die Coronakrise habe »klärend« gewirkt und gezeigt: »Wir müssen uns in der Bündnisfrage entscheiden: Amerika oder China. Ein Dazwischen gibt es nicht mehr«, so Döpfner. Die Entscheidung des Springer-Chefs, der auch Mitglied bei der Atlantikbrücke ist, stand offenkundig schon lange vor Corona fest: Wenn Europa sich nicht für die USA entscheide, werde es ein »ähnliches Schicksal wie Afrika« erleiden und schleichend »zur chinesischen Kolonie« werden. »Lieber eine Allianz mit einer unvollkommenen Demokratie als mit einer 100-prozentigen Diktatur«, so Döpfner.

Die Argumentation ist nicht überzeugend. Sie wirft eine falsche Alternative auf. Und das nicht nur, weil China keine 100-prozentige Diktatur mehr ist wie zuzeiten Mao Zedongs und den Aggregatzustand der amerikanischen Demokratie mit »unvollkommen« zu beschreiben einer eklatanten Untertreibung gleichkommt. Eine »Allianz mit China« stand und steht in Europa gar nicht zur Debatte. Und dabei wird es auch bleiben. Europa muss sich auch nicht zwischen den USA und China entscheiden. Es gibt sehr wohl »ein Dazwischen«, einen eigenen Weg, unabhängig von den USA wie von China. Und wie das vorliegende Buch zu zeigen versucht, ist dieser Weg der einzig richtige.

Während Europa seit Langem Züge einer modernen Kolonie Amerikas aufweist, spricht nichts für die Befürchtung, dass es jemals eine chinesische Kolonie werden könnte. Die Welt von morgen wird multipolar sein. Die Zeiten, in denen alle Wege in die Hauptstadt eines Reiches führten, sind vorbei. Nach dem amerikanischen wird es deshalb kein chinesisches Jahrhundert geben. China hat die alte Seidenstraße nicht dominiert, und wie stark sein Einfluss auf die neue sein wird, hängt nicht zuletzt davon ab, wie Europa sich dazu verhält.

Die chinesische Herausforderung

Wenn von China eine Gefahr ausgeht, dann ist es nicht die einer Kolonisierung Europas, sondern dass dieses keine überzeugende Antwort auf die Herausforderung findet, die der Aufstieg des Landes darstellt. In der Auseinandersetzung mit Peking gehe es »letztlich um die Frage, ob der chinesische Staatskapitalismus mehr wirtschaftlichen Wohlstand produzieren kann als die westlichen Marktwirtschaften«, so Clemens Fuest, Chef des Ifo-Instituts. Wenn Europa in diesem Wettkampf bestehen will, muss das westliche Modell der liberalen Demokratie und freien Marktwirtschaft, das zuletzt global erheblich an Zuspruch verloren hat, wieder deutlich leistungsfähiger und attraktiver werden. Es muss beweisen, dass es den Menschen ein besseres Leben bietet als alle anderen politökonomischen Systeme.

Der Umgang mit der Coronakrise, die Springer-Chef Döpfner merkwürdigerweise zum Aufruf veranlasste, sich für Amerika zu entscheiden, macht da nicht gerade Mut. Selbst wer der offiziellen chinesischen Statistik keinen Glauben schenkt und die Zahl der in dem Land gemeldeten Corona-Toten sagen wir mit dem Faktor zehn multipliziert, käme zu dem immer noch zu dem niederschmetternden Ergebnis, dass die hochentwickelten USA mit einem Viertel der Bevölkerung des Schwellenlands mehr als das Achtfache an Todesopfern zu beklagen haben. Auch die ökonomische Coronabilanz beider Länder fällt eindeutig zugunsten Chinas aus. Während dessen Wirtschaft 2020 um über 2 Prozent wuchs und 2021 um mehr als weitere 8 Prozent zulegen soll, wird das US-Sozialprodukt in der Summe beider Jahre in etwa stagnieren.

Dies ist zum einen dem im internationalen Vergleich schnellen und konsequenten, zum Teil auch autoritären Durchgreifen des Staates und zum anderen der Disziplin sowie Opfer- und Verzichtbereitschaft der chinesischen Bevölkerung zuzuschreiben, während die Behörden im Westen zuerst lange zu sorglos waren und dann streckenweise wie Erzieherinnen in einer antiautoritären Kita agierten. Erst als die Zahl der Corona-Erkrankten und -Toten vor Weihnachten 2020 ein beängstigendes Ausmaß erreicht hatte, rangen sich hierzulande Politiker wie Michael Kretschmer (CDU), Ministerpräsident des besonders schwer betroffenen Freistaats Sachsen, zu dem Bekenntnis durch, nun seien »ganz klare, autoritäre Maßnahmen« geboten. Ein Jahr nach

Ausbruch der Seuche wurde im Datenschutz-Dorado Deutschland wurde erstmals zur Kenntnis genommen, dass nicht nur die Volksrepublik China, sondern auch demokratisch verfasste Länder wie Taiwan und Südkorea bei der Bekämpfung der Seuche konsequent von elektronischen Überwachungsinstrumenten Gebrauch machten und damit unzählige Menschenleben retten konnten. »Wir lernen von anderen Ländern, dass die konsequente Eliminierung [des Virus] als strategische Zielsetzung zum geringsten Schaden für die Gesellschaft führt«, heißt es in dem Strategiepapier, das eine Expertengruppe für eine Anhörung der Bundesregierung im Januar 2021 vorlegte. Aber auch dieser Erkenntnis wollten sich bei Weitem nicht alle Politiker hierzulande anschließen.

In seinem Buch »The WEIRDest People in the World: How the West Became Psychologically Peculiar and Particularly Prosperous« beschreibt der Kulturanthropologe Joseph Henrich von der Harvard University, wie die Institution der Familie die menschliche Psychologie und die polit-ökonomische Entwicklung eines Landes beeinflusst. Er unterscheidet dabei zwischen der Kernfamilie, die sich vor allem im Westen durchgesetzt hat, und der Großfamilie, die in Asien dominiert. Die Kernfamilie habe Diversität, Individualismus und Innovation und damit den Aufstieg des Westens gefördert, so Henrich. In der Coronakrise zeigte sich jetzt jedoch die Kehrseite: Im Vergleich zur Großfamilie, die mehr gegenseitige Rücksichtnahme verlangt, begünstigt sie – zumal in der Form der heutigen Kleinstfamilie mit einem Kind – auch den Egoismus.

Für einen Mann mit einem Hammer, so Mark Twain, sei »jedes Problem ein Nagel«. Für viele im Westen ist alles, was aus China kommt, *a priori* moralisch verdächtig, nur weil das Land ein autoritäres politisches Regime hat und keine Demokratie ist. China zu verteufeln ist jedoch genauso naiv, wie es zu idealisieren. Wer an andere Gesellschaften ausschließlich die Maßstäbe der eigenen anlegt, agiert nicht nur hochmütig, sondern auch beschränkt. Er verhindert gegenseitige Verständigung selbst da, wo diese möglich wäre, und verfestigt so die Gegensätze. Er finde auch »vieles nicht gut, was die Chinesen machen«, so der Unternehmer Jürgen Heraeus. Das Land deswegen »zum Feind zu deklarieren« sei jedoch »völlig idiotisch. Wir können die Chinesen doch nicht an unseren Wertmaßstäben oder gar kulturellen oder humanistischen Idealen messen.« Nicht nur das: Angesichts der chinesischen Herausforderung wäre der Westen gut beraten, seine Maßstäbe und Ideale einmal daraufhin zu überprüfen, ob und inwieweit er es damit im Laufe der Zeit zu weit getrieben hat und deswegen nun Gefahr läuft, der systemischen Auseinandersetzung mit China nicht mehr gewachsen zu sein.

Desinformation und Druck durch die USA

Die veröffentlichte prägt die öffentliche Meinung. Da China in den Lehrplänen unserer Schulen so gut wie gar nicht vorkommt und auch den allermeisten Erwachsenen fremd ist, gilt dies besonders im Hinblick auf das asiatische Riesenreich. Seit Jahren würden in den USA, so Kishore Mahbubani, »von einem einzigartigen Ökosystem, das die besten Geheimdienste und besten Zeitungen der Welt« umfasse, »Unwahrheiten über China produziert und weithin akzeptiert«. Der Politologe und Diplomat aus Singapur, der beide Länder gut kennt, meint damit Medien wie die »New York Times« und die »Washington Post«, von denen überall in der westlichen Welt »viel abgeschrieben« werde. Auch hierzulande zählen beide Blätter zu den am meisten zitierten Medien. 2020 belegte die »Times« hinter dem »Spiegel« und noch vor »Bild« Platz zwei, die »Post« kam auf Platz zehn. Mit den Rängen 13 für den Fernsehsender CNN und 16 für das Wirtschaftsblatt »Wall Street Journal« schafften es weitere US-Medien auf vordere Ränge. Ehemalige CIA-Mitarbeiter wie John Stockwell oder Frank Snepp haben in Büchern davon berichtet, wie sie Journalisten in führenden US-Medien entweder direkt als Mitarbeiter anwarben oder systematisch mit oft falschen, aber immer einseitigen Informationen fütterten, die dann meist auch gedruckt worden seien. Der bekannte amerikanische Enthüllungsjournalist Glenn Greenwald hat für diese Art der Hofberichterstattung den Begriff »CIA-Stenografie« geprägt. »Die Geheimdienste haben die Wege der Kommunikation infiltriert«, so Greenwald, »sie indoktrinieren die Menschen.« Und China steht als Thema dabei ganz oben an.

Je besser es den USA gelingt, Peking an den Pranger zu stellen, desto mehr Gefolgschaft können sie international für sich mobilisieren. Kriege, ob kalt, heiß oder hybrid, werden immer auch im Kampf um die Köpfe und Herzen der Menschen, in Propaganda- und Desinformationsfeldzügen ausgetragen. »Jeder Dollar, der für Propaganda draußen in der Welt ausgegeben wird«, wusste schon der Weltkrieg-II-General und spätere Präsident Eisenhower, »ist so viel wert wie fünf Dollar, die in die Verteidigung fließen.« Und auf Propaganda und Desinformation versteht sich niemand so gut wie Amerika. Schließlich ist es das Land, das die PR erfunden hat, also Propaganda, die als solche nicht erkennbar sein soll, weil sie so am besten wirkt.

Zu den vorrangigen Zielen der US-Politik zählt es heute, zu verhindern, dass Europa künftig einen dritten, von Washington unabhängigen Weg geht. Auf der Münchner Sicherheitskonferenz im Januar 2020 habe die amerikanische Delegation »mit fast jeder Bemerkung versucht, Deutschland gegen China ins Boot zu holen. Das war richtig Kalter Krieg«, so der frühere deutsche Außenminister und heutige Chef der Atlantikbrücke, Sigmar Gabriel, der von sich selbst sagt, er sei kein »geborener«, sondern »gelernter« Transatlantiker. »Die USA erwarten von uns, dass wir klar Position beziehen«, so auch Mikko Huotari, Chef des auf China-Fragen spezialisierten MERICS-Instituts in Berlin. Das sei bereits deutlich zu spüren, aber »der Druck wird noch weiter zunehmen«.

Beide widerlegen damit die These, Amerika habe sich unter Donald Trump von der weltpolitischen Bühne zurückgezogen und Europa sich selbst überlassen. Der Druck, den Washington in Sachen Huawei, Nordstream II oder NATO in den vergangenen Jahren ausübte, spricht eine andere Sprache. Zwar haben die USA ihre Aufmerksamkeit zunehmend von Europa nach Asien verlagert. Von den Europäern erwarten sie dafür aber umso mehr globale Rückendeckung. Die US-Botschaften in Europa sind derzeit hauptsächlich damit beschäftigt, den Kontinent im Kampf gegen China auf die Seite der USA zu ziehen. Tausende von Mitarbeitern im Pentagon, in den Geheimdiensten und einschlägigen Denkfabriken des Landes produzieren dazu die passenden Botschaften. Ihr manichäischer Refrain: Wie seinerzeit im Kalten Krieg mit Moskau stehe der freien Welt heute erneut ein Existenzkampf zwischen Gut und Böse, Freiheit und Sklaverei, Demokratie und totalitärer Diktatur bevor. Diesmal ist der Hort des Bösen nicht Moskau, sondern Peking. In den Worten von Michael Pompeo: »Es geht nicht um Amerika gegen China, es geht um Freiheit gegen Tyrannei.« Damit soll jeder, der die US-Außenpolitik ablehnt, von vorneherein moralisch disqualifiziert werden.

Was davon zu halten ist, zeigt sich schon daran, dass Freiheit auch und vor allem bedeutet, selbst seinen Weg wählen zu können, Washington im Namen der Freiheit genau dies Europa jedoch nicht zugesteht, sondern es im Gegenteil zur Gefolgschaft in seinem Kampf gegen China zwingen will. China sei eine »revisionistische Macht«, es wolle die bestehende »freiheitliche und regelbasierte« Weltordnung »von Grund auf verändern«, die »Kommunistische Partei Chinas in deren Zentrum platzieren«, um »Pekings autoritären Zielen und hegemonialen Ambitionen zu dienen«, »die Weltpolitik zu dominieren« und »eine sozialistische internationale Ordnung zu schaffen«. So steht es in dem 74-seitigen Grundsatzpapier »The Elements of the China Challenge«, das die Planungsabteilung des State Department nach den Präsidentschaftswahlen im November 2020 veröffentlicht hat.

Das Beispiel Südchinesisches Meer

Das Dokument ist ein Musterexemplar der Agitprop. Dies wird schon in der Wortwahl deutlich. Das verständliche und legitime Bestreben Chinas, die historisch überholte, von Amerika bestimmte und dominierte Nachkriegsordnung zu verändern, wird als »revisionistisch« definiert. Mit Revisionismus wird gemeinhin der Versuch beschrieben, einen vorherrschenden Konsens infrage zu stellen. Der Begriff ist damit negativ konnotiert. Erst recht, wenn die Ordnung, die verändert werden soll, gleichzeitig das Etikett »regelbasiert und freiheitlich« trägt. So stellt Washington etwa Pekings Besitzansprüche im Südchinesischen Meer als expansives Hegemonialstreben und Militarisierung der Region dar. Seine eigene militärische Präsenz dort, ein Dreivierteljahrhundert nach Ende des Zweiten Weltkriegs, demnächst sogar mit Küstenwachbooten, als handele es sich um sein Heimatgewässer, verklärt es dagegen als freiwilligen Hilfsdienst an der Völkergemeinschaft und Schutz der freien Handelsschifffahrt. Dabei ist niemand an dieser dort mehr interessiert als China. Rund die Hälfte seiner Exporte geht in die Region und etwa 60 Prozent der Importe kommen von dort. Das Südchinesische Meer ist quasi das Binnengewässer der fünfzehn Mitglieder des weltgrößten Freihandelsverbunds, der *Regional Comprehensive Economic Partnership* (RCEP). Amerika hingegen will seine im Zweiten Weltkrieg erlangte Hegemonialstellung auch vor Chinas Haustür nicht aufgeben, das aufstrebende Land einschnüren, eindämmen und verhindern, dass es in der Region nicht nur wirtschaftlich, sondern auch militärisch die dominierende Kraft wird. Dazu plant Washington jetzt sogar, neben der 7. Flotte mit dem Hauptquartier auf der japanischen Insel Okinawa die 1973 aufgelöste 1. Flotte wieder aufzubauen und im westaustralischen Perth zu stationieren. Schon 2020 wurde das Budget der US Navy für den Bau neuer Kriegsschiffe um ein Drittel auf 27 Milliarden Dollar aufgestockt, 2026 sollen es dann bereits 38,5 Milliarden sein. Bis 2045 will die amerikanische Kriegsmarine über 500 Schiffe verfügen. Heute sind es 275.

Kein Wunder, dass China angesichts solcher Pläne die Sorge plagt, die USA könnten ihm durch eine Seeblockade eines Tages die lebenswichtigen Nachschubwege für Nahrungsmittel und Energie abschneiden und auch die für eine effektive Zweitschlagskapazität nötige atomare Triade bestehend aus boden- und luftgestützten sowie Unterwasser-Trägersystemen verwehren. Deshalb vor allem ist Peking im Südchinesischen Meer in den vergangenen Jahren zunehmend aktiv und expansiv geworden, hat unbewohnte Riffe und Atolle im Paracel- und Spratly-Archipel zu Inseln aufschütten und einige davon zu Militärstützpunkten ausbauen lassen – mit Tiefseehafen, Start- und Landebahnen für Flugzeuge, Raketenbatterien und weit reichenden Radaranlagen.

Den Vorwurf, dabei geltendes internationales Seerecht verletzt zu haben, kontert Peking mit historischen Besitzansprüchen. Tatsächlich siedelten sich schon vor über 1.000 Jahren Chinesen auf den Paracel-Inseln an. Chinesische Seekarten aus dem 13. Jahrhundert verzeichnen diese ebenso wie die weiter südlich gelegenen Spratly-Inseln als Teil des »Reichs der Mitte«. Die 1887 zwischen Frankreich, das damals Vietnam besetzt hielt, und China vereinbarte sogenannte »Sino-Tonkin-Linie« bestätigte diese Besitzverhältnisse. In einer diplomatischen Note an Hanoi nahm Peking 1958 darauf ausdrücklich Bezug und die dortige Regierung erkannte dies ebenso ausdrücklich an. In den Jahren der Kulturrevolution nutzte Vietnam dann jedoch ebenso wie andere Anrainerstaaten des Südchinesischen Meeres die außenpolitische Lähmung Chinas und besetzte eine Reihe unbewohnter Inseln in dem Seegebiet. Nach seinem Wiedererstarken kam China jedoch nach und nach auf seine Besitzansprüche zurück. Um den Streit zu befrieden, hat sich Peking mit den Anrainern in der südostasiatischen Staatengemeinschaft ASEAN inzwischen immerhin schon auf einen Verhandlungsrahmen für einen gemeinsamen Verhaltenskodex in dem Gewässer verständigt.

Amerika wirft China vor, mit den Militärstützpunkten im Südchinesischen Meer nicht nur internationales Recht, sondern auch ein Versprechen gebrochen zu haben, das Präsident Xi Jinping im September 2015 bei seinem Staatsbesuch in den USA in aller Öffentlichkeit persönlich abgegeben habe. Bei einer gemeinsamen Pressekonferenz mit Barack Obama im Rosengarten des Weißen Hauses habe Xi damals versichert, die von China aufgeschütteten Inseln und Atolle nicht militärisch aufrüsten zu wollen. Bei näherem Hinsehen stellt sich jedoch heraus, dass der chinesische Staatschef damit zum einen nur die Spratly-Inseln meinte, nicht die allein mit Vietnam streitigen Paracel-Inseln. Zudem hatte er sein Versprechen in den Zusammenhang der laufenden Konsultationen über einen Verhaltenskodex mit den ASEAN-Staaten eingebettet. Erst als die USA anschließend an Xis Besuch die von ihnen als »*Freedom-of-Navigation*-Patrouillen« bezeichnete Kanonenbootpolitik im Südchinesischen Meer intensivierten, begann Peking damit, die Paracel- und Spratly-Inseln zu militarisieren. »Xi hat kein Versprechen gebrochen«, so selbst Stapleton Roy, ehemals Amerikas Botschafter in China und *Assistant Secretary of State*, »sein Angebot wurde von der US Navy zurückgewiesen.«

Das Beispiel Hongkong

Ein anderes Beispiel für amerikanische Propaganda und Desinformation betrifft den von den USA geschürten Aufruhr in Hongkong. Washington verfolgte damit vorrangig das Ziel, China zu einer gewaltsamen Intervention wie seinerzeit am Tiananmen-Platz in Peking zu provozieren, es damit vor der ganzen Welt zu diskreditieren und eine friedliche Wiedervereinigung mit Taiwan endgültig zunichtezumachen. »Das Wesen der Desinformation ist die Provokation«, so James Angleton, über zwei Jahrzehnte lang Chef der CIA. Das von der Stadtregierung geplante Auslieferungsgesetz nahm Washington zum Anlass, Peking des Bruchs der Gemeinsamen Chinesisch-Britischen Erklärung von 1985 und deren konkreter rechtlicher Umsetzung im sogenannten Basic Law von 1990 das Prinzip »Ein Land, zwei Systeme« zu bezichtigen sowie Rechtsstaat und Demokratie in Hongkong systematisch ausgehöhlt zu haben. Dass die Sonderverwaltungszone im Rechtsstaat-Index seit Jahren konstant vor den USA rangiert, wurde dabei einfach unterschlagen. Ebenso wie ihr Riesenabstand zu Festlandchina in dieser Rangliste.

Hongkongs Einwohner genießen zwar keine vollständige Demokratie, aber zumindest, was ihr Wahlrecht angeht, doch so viel davon wie nie zuvor in ihrer Geschichte. Auch wenn jetzt offenbar wieder Einschränkungen geplant sind und sich bei den nächsten Wahlen zum sogenannten Legislativrat (*Legco)*, dem Parlament der Stadt, nur noch »patriotische« Kandidaten um einen der Sitze bewerben können, die von den Einwohnern in allgemeinen Wahlen besetzt werden. Erst nach der 1984 getroffenen Gemeinsamen Vereinbarung der britischen Kolonialherren mit Peking über die Rückgabe der Stadt im Jahr 1997 ließ der Gouverneur Wahlen zum sogenannten »Legislativrat« (*LegCo*) zu, heute das Parlament der Sonderverwaltungszone. Aber auch das nur begrenzt und indirekt. Die erste direkte Wahl des *LegCo* fand 1991 statt, wiederum erst nachdem Peking ein Jahr zuvor das Grundgesetz (*Basic Law*) für die Stadt verkündet hatte. Dabei durften die Hongkonger rund ein Drittel der Mitglieder des *LegCo* wählen. Heute ist es immerhin schon die Hälfte. Die andere Hälfte wird von einem Wahlgremium bestimmt, das vornehmlich aus Wirtschaftsverbänden besteht. Den Regierungschef wählt ein 1.200 Personen starkes Wahlgremium juristischer und natürlicher Personen aus einem Kreis von zuvor durch das

Gremium nominierten Kandidaten. Zwar sieht Artikel 68 des Grundgesetzes auch für ihn (oder sie) irgendwann »allgemeine Wahlen« vor, diese sind aber an gewisse Voraussetzungen geknüpft: Sie müssen im Rahmen eines »graduellen und geordneten Fortschritts« und »im Lichte der aktuellen Lage« erfolgen und sind ausdrücklich als »Endziel« formuliert. 2015 hatte die Führung in Peking bereits die allgemeine Wahl des Regierungschefs vorgeschlagen, allerdings nur zwischen von ihr zuvor genehmigten Kandidaten. Die Opposition lehnte dies deshalb seinerzeit als undemokratisch ab. Das ist zwar nachvollziehbar, die Behauptung, Peking verweigere Hongkong im Grundgesetz zugesicherte Rechte, deswegen aber noch nicht richtig.

Allgemeine Wahlen, bei denen alle erwachsenen Bürger abstimmen dürfen, sind nicht dasselbe wie *freie* Wahlen. Die britische Regierung weiß das genau, hat 1990 aber keinen Protest gegen die betreffende Passage im *Basic Law* erhoben und die Stadt 1997 auf dessen Grundlage anstandslos an China zurückgegeben. Überhaupt wurde bis zur Verabschiedung des Gesetzes zum Schutz der Nationalen Sicherheit im Jahr 2020, also in über zwei Jahrzehnten, seitens London nur ein einziger Verstoß gegen die Gemeinsame Erklärung moniert: die Verschleppung des Buchhändlers Lee Po im Dezember 2015. Lee hatte von Peking verbotene Bücher verkauft und war plötzlich aus der Stadt verschwunden. Als er einige Monate später wieder auftauchte, erklärte er, künftig keine Bücher mehr zu verkaufen, die in Peking auf dem Index stehen.

In Amerika und auch in der EU wurden die gewalttätigen Ausschreitungen in Hongkong, die oft auch im Windschatten friedlicher Demonstrationen stattfanden, von Anfang an durch eine andere Brille gesehen und mit anderem Maß gemessen als ähnliche Unruhen anderswo. Die meisten Leitmedien hierzulande legten eine beachtliche Doppelmoral an den Tag. In einem Kommentar zum Jahresanfang 2020 klagte etwa »Bild«-Chef Julian Reichelt über das wachsende »Verständnis für politische

Gewalt in bestimmten Milieus«. Der Anlass: Mutmaßliche Linksextreme hatten in Berlin das Auto eines Kollegen in Brand gesetzt. Es müsse deutlich gemacht werden, so Reichelt, »dass Gewalt NIEMALS legitimer Teil politischer Auseinandersetzung sein« und man »der Gewalt nicht weichen« dürfe. Die fortgesetzten schweren Gewalttaten von Extremisten und Chaoten in Hongkong hatte »Bild« im Jahr zuvor jedoch entweder unter den Teppich gekehrt, als Randerscheinung verharmlost oder als Verzweiflungstaten hoffnungsloser junger Menschen zu entschuldigen versucht. Dabei haben die Extremisten und Randalierer unzählige Menschen, darunter Hunderte Polizisten, zum Teil schwer verletzt, einen Mann gezielt in Brand gesetzt und einen anderen mit einem Steinwurf getötet, U-Bahn-Stationen, Geschäfte, Restaurants und öffentliche Gebäude verwüstet und einen Millionenschaden in dreistelliger Höhe angerichtet.

Die Polizei der Stadt wurde dagegen als brutale Schlägertruppe geschmäht. Tatsache ist: Bei den nahezu täglichen schweren Ausschreitungen und bewaffneten Angriffen auf die Ordnungskräfte über einen Zeitraum von einem halben Jahr ist durch sie niemand zu Tode gekommen. Das wesentlich härtere Vorgehen der halbmilitärischen spanischen Polizeieinheit *Guardia Civil* gegen Separatisten in Katalonien oder der französischen Bereitschaftspolizei *Compagnies Républicaines de Sécurité* (CRS) gegen die sogenannten »Gelbwesten« stieß derweil kaum auf Kritik. Während die gewaltsame Erstürmung und Verwüstung des Hongkonger Stadtparlaments im Westen mehr oder weniger achselzuckend zur Kenntnis genommen wurde, riefen dieselben Schandtaten fanatisierter Trump-Anhänger beim Sturm auf das Kapitol in Washington eine Welle der Empörung hervor, wie sie Amerika seit dem Anschlag auf das World Trade Center nicht mehr erlebt hatte. Wie damals wurde sofort der Ruf nach einem »Krieg gegen den Terror« laut. Chuck Schumer, der neue Mehrheitsführer im Senat, sprach von »einheimischen Terroristen« und verglich die Erstürmung des Kongressgebäudes mit dem Überfall der Japaner auf Pearl Harbor. Mitch McConnell, der frühere Mehrheitsführer der Republikaner im Senat, nannte die wütende Meute »Verbrecher«. Sogar von einem »Staatsstreich« war vielfach die Rede.

Obwohl der Mob, der das Parlament in Hongkong stürmte, mindestens genauso gewalttätig war wie der in Washington, machte dort kein Ordnungshüter von der Schusswaffe Gebrauch. In Washington hingegen erschoss ein Polizist eine unbewaffnete Frau, die versuchte, sich durch ein Türfenster zu zwängen, aus nächster Nähe, ohne zuvor auch nur zu versuchen, sie durch andere Maßnahmen unmittelbaren Zwangs daran zu hindern. In den Medien hierzulande fand dies so gut wie keine Beachtung. »Bild«-Chef Reichelt pries die im Kapitol hinter verschlossenen und verbarrikadierten Türen mit gezückter Pistole Eindringlinge abwehrenden Sicherheitskräfte ohne Einschränkung als vorbildliche und mutige »Verteidiger der Demokratie«.

Kaum jemand in den westlichen Medien machte sich zudem die Mühe, neben den politischen auch nach den sozialen und psychologischen Ursachen zu forschen, die den Nährboden für die Proteste der Hongkonger gegen ihre Regierung und die in Peking schufen. Die Rückkehr der Stadt zu China hat in Verbindung mit dessen rapidem Aufstieg das Lebensgefühl und den gesellschaftlichen Status vieler ihrer Bewohner nachhaltig beeinträchtigt. Nachdem diese auf ihre armen Brüder und Schwestern auf dem Festland jahrzehntelang mitleidig herabgesehen und sich ihnen zivilisatorisch überlegen gefühlt hatten, fielen diese nach dem Abzug der Briten in immer größeren Scharen in die Stadt ein, benahmen sich dort oft ohne Rücksicht auf die örtlichen Sitten, machten den Einheimischen zunehmend Konkurrenz auf dem Arbeitsmarkt, kauften die Luxusgeschäfte und den Wohnungsmarkt leer und trieben die ohnehin schon astronomisch hohen Immobilienpreise noch weiter in die Höhe. Die Folge: Immer mehr junge Hongkonger konnten sich keine eigene

Wohnung mehr leisten und hatten Schwierigkeiten, einen gut bezahlten Job zu finden. Die einst so stolzen Einwohner der Weltstadt fühlten sich zunehmend selbst wie die armen Brüder und Schwestern. Ein bisschen so, wie sich die Bewohner der Bundesrepublik wohl gefühlt hätten, wenn die DDR sie übernommen hätte. Die Stadtregierung und Peking schenkten der sich ausbreitenden *No-future*-Mentalität und Anti-China-Stimmung jedoch nicht die nötige Aufmerksamkeit, bis diese sich schließlich in den friedlichen Massenprotesten entluden, die dann wiederum von gewaltbereiten Gruppen mit einer eigenen politischen Agenda ausgenutzt werden konnten.

Ein Vergleich der Vorgänge in dem halbautonomen Hongkong mit den Geschehnissen in dem ebenfalls halbautonomen, von Indien verwalteten Kaschmir macht besonders deutlich, dass es Washington bei seinen Interventionen, ob nun in Hongkong oder anderswo, im Kern nicht um Freiheit, Demokratie und Rechtsstaat geht, sondern um Macht und Geopolitik. Während im einen Falle Peking lauthals des Vertragsbruchs bezichtigt und das angebliche Ende von »Ein Land, zwei Systeme« beklagt wurde, konnte die Hindu-Regierung in Neu-Delhi dem vornehmlich von Muslimen bewohnten Kaschmir im August 2020 über Nacht politisch und medial nahezu lautlos seinen in Artikel 370 der Verfassung zugesicherten Sonderstatus entziehen und es zu einem indischen Verwaltungsgebiet wie jedes andere erklären. Zu Kaschmirs Sonderstatus gehörte seit Jahrzehnten etwa ein eingeschränktes Niederlassungs- und lokales Wahlrecht für Bürger aus anderen Teilen des Landes. Außerdem mussten von Neu-Delhi verabschiedete Gesetze von der Regionalregierung Kaschmirs gesondert ratifiziert werden, ehe sie auch dort in Kraft treten konnten. All dies diente dem Schutz der Kultur der islamischen Bevölkerung gegenüber der hinduistischen Mehrheitsbevölkerung Indiens. Um Protesten der Kaschmiris gegen die kalte Machtübernahme vorzubeugen, ließ die indische Zentralregierung sogar präventiv muslimische

Politiker verhaften, verhängte eine Ausgangssperre über die gesamte Region und legte das Internet lahm.

Zu alldem war in westlichen Medien so gut wie nichts zu lesen. Und schon gar nicht bestraften die USA (oder die EU) Neu-Dehli wegen der massiven Freiheitsberaubung der muslimischen Kaschmiris mit Sanktionen oder dachten auch nur daran (während das Europaparlament China wegen Hongkong sogar vor den Internationalen Gerichtshof in Den Haag zerren wollte).

Das Beispiel Xinjiang

Auf der einen Seite prangert der Westen auch Pekings repressive Politik gegenüber der muslimischen Minderheit in Xinjiang an und Washington verordnet deswegen immer neue Sanktionen gegen China; auf der anderen Seite wird die Unterdrückung der muslimischen Minderheit in Kaschmir fast vollständig übergangen. Der Grund: Washington (und die NATO) plant mit Indien als Verbündetem gegen Peking. »Das Verhältnis der USA mit Indien« sei das »wichtigste Verhältnis des 21. Jahrhunderts«, so Donald Trump bei seinem Staatsbesuch im Februar 2020 in Neu-Delhi. Kurz vor ihrem Amtsende hat die scheidende Trump-Regierung ein eigentlich bis 2042 geheim zu haltendes Strategiepapier für die Indo-Pazifik-Region (»US Strategic Framework for the Indo-Pacific«) teilweise zur Veröffentlichung freigegeben, offensichtlich um ihre Nachfolger auf den dort fest gelegten Kurs zu verpflichten. Als Ziel (»*desired end state*«) nennt das Papier die »diplomatische, wirtschaftliche und militärische Vorrangstellung« Amerikas in der Region. Und als zentrale Mittel, um dieses Ziel zu erreichen, sollen unter anderem Indiens »Aufstieg beschleunigt« und eine enge »Verteidigungszusammenarbeit« mit Neu-Delhi bis hin zur »Interoperabilität« etabliert werden. Inzwischen hat Amerika mit dem Land bereits ein Abkommen geschlossen, das diesem die Erkenntnisse seiner Aufklärungssatelliten über Positionen und Bewegungen des chinesischen

Militärs an der umstrittenen Grenze im Himalaya und damit auch exakte Zieldaten für indische Bomben und Raketen zusichert.

Doppelmoral ist in der amerikanischen Politik seit jeher an der Tagesordnung. Sie ist gewissermaßen die Ursünde Amerikas, das sich als Land der Freiheit konstituierte, aber zugleich Sklaverei praktizierte und seine Ureinwohner nahezu vollständig auslöschte. Heute gibt sich das Land als Vorkämpfer von Menschenrechten und Schutzpatron der muslimischen Bevölkerung in Xinjiang, die sich seitens Peking pauschaler Repression ausgesetzt sieht. Dabei hat die US-Regierung den Bürgern von Dutzenden islamisch geprägter Länder jahrelang pauschal die Einreise verwehrt, Muslime im irakischen Gefangenenlager Abu Ghraib und im kubanischen Guantánamo grausamen Folterpraktiken unterzogen und führt seit vielen Jahren Krieg gegen eine Reihe islamischer Staaten, mit Millionen Toten und Verwundeten, Verarmten und in die Flucht Getriebenen. Den Anschlag von islamistischen Terroristen auf das World Trade Center in New York, bei dem rund 3.000 unschuldige Menschen starben, mussten in den sogenannten Antiterrorkriegen der USA im Irak und in Afghanistan 100 Mal mehr unschuldige Muslime mit ihrem Leben bezahlen. Nirgends werden die Menschenrechte krasser verletzt als im Krieg: »Die Afghanen wurden von uns komplett entmenschlicht«, so Erik Edstrom, Absolvent der US-Militärakademie in West Point, in dem Buch »Un-American: A Soldier's Reckoning of Our Longest War«, das er über seinen Einsatz in dem Land am Hindukusch geschrieben hat.

Für den Schutz der Menschenrechte machen sich die USA immer nur dann wirklich stark, wenn es ihren Interessen dient. Wie die Einwohner Hongkongs sind auch die Uiguren für sie vor allem Schachfiguren auf dem geopolitischen Spielbrett. In Xinjiang geht es Washington nicht in erster Linie um Menschenrechte und Religionsfreiheit, die Bewahrung der kulturellen Identität und das Wohlergehen der Uiguren, sondern um Geopolitik. Die Region im Westen Chinas ist dessen Tor zur terrestrischen Seidenstraße, hat für Peking höchste strategische Bedeutung und eignet sich daher hervorragend als Hebel, um Druck auf China auszuüben. Wie etwa im November 2020, als Washington das vom UNO-Sicherheitsrat und damit auch den USA seit 2002 als Terrororganisation eingestufte und in Afghanistan bekämpfte *East Turkestan Islamic Movement* (ETIM) kurzerhand von der Terrorliste strich. Die von Al-Qaida trainierten Extremisten, die heute auch im Syrien-Krieg mitmischen und sich inzwischen »Islamische Turkestan Partei« nennen, wollen Xinjiang gewaltsam von China abspalten und ein Kalifat errichten. Die Vereinten Nationen führen sie daher unverändert weiter auf der Liste der Terrororganisationen.

Wie Amerika auf 9/11, hat auch China auf den islamistischen Terror, der das Land ebenfalls Tausende Todesopfer kostete, völlig unangemessen reagiert. Obwohl der Terror dort, anders als in den USA, zusätzlich noch mit Separatismus verknüpft war, marschierte China zwar nicht wie Amerika gleich in Afghanistan ein, um die Terroristen zu vernichten, die dort Trainingslager unterhielten. Dafür internierte Peking seit 2017 jedoch mehr oder weniger willkürlich und ohne rechtliches Gehör bis zu einer Million Uiguren zur »Entradikalisierung« und »Umerziehung« in Lagern. Mehr oder weniger willkürlich und ohne rechtliches Gehör. Zweifellos eine grobe Verletzung der Menschenrechte. Ein Staat, der zur Bekämpfung des Terrorismus keine Rücksicht auf unschuldige Unbeteiligte nimmt, handelt wie diejenigen, die er bekämpft. Daran ändert auch der Hinweis nichts, dass es infolge der Internierungen in China nun schon seit Jahren keine Anschläge und Terroropfer mehr gegeben habe. Der Zweck heiligt nicht die Mittel.

Zugleich ist es aber auch maßlos übertrieben, wenn die Regierung Biden wie zuvor schon die Trump-Administration und ihre Helfershelfer von einem »kulturellen Genozid« oder »Genozid« an den Uiguren sprechen oder die Lager in Xinjiang mit den Konzentrationslagern der Nazis vergleichen. Im Holocaust wurden über sechs Millionen Jüdinnen und Juden ermordet. Schon in Hongkong sollte die Führung in Peking in die Nazi-Ecke gedrängt werden; überall in der Stadt war das mit vorgefertigter Schablone auf Böden und Wände gesprühte Grafitto »Chinazi« zu lesen.

Peking will in Xinjiang weder die uigurische Kultur noch den Islam oder gar die Uiguren auslöschen. Wie alle der mehreren Dutzend Minderheiten in dem riesigen Land waren auch die Uiguren von der jahrzehntelangen Geburtenbegrenzung auf ein Kind ausgenommen. Ihre Zahl hat sich seit 1980 dadurch auf nahezu 13 Millionen verdoppelt, zweieinhalb Millionen davon entfallen auf das vergangene Jahrzehnt. Peking bekämpft in Xinjiang terroristische und separatistische Kräfte – in einer Provinz, die für den Erfolg der Seidenstraßeninitiative und damit auch die wirtschaftliche Stabilität und weitere Entwicklung des ganzen Landes von großer Bedeutung ist. Allerdings führt es diesen Kampf auch mit moralisch verwerflichen Methoden und bietet damit Washington die Chance, dies für seine Zwecke auszunutzen. Ob in Hongkong, Xinjiang oder Tibet – überall, wo es kann, unterstützt Washington separatistische Kräfte, um den Herausforderer China zu schwächen. Alfred Thayer Mahan, einer der ersten Geopolitiker des Landes, hatte es bereits Anfang des vergangenen Jahrhunderts als »kaum wünschenswert« bezeichnet, »dass ein so großer Teil der Menschheit wie die Chinesen von einem Geist beseelt sein sollten«.

Die Protagonisten der Behauptung, in Xinjiang gebe es Konzentrationslager, dort finde ein kultureller Völkermord oder Völkermord statt, sind das *Network of Chinese Human Rights Defenders* (NCHRD) in Washington, das *Australian Strategic Policy Institute* (ASPI) sowie ein gewisser Adrian Zenz. Alle drei müssen als parteiisch angesehen werden. Zenz war in Europa bis vor wenigen Jahren noch als evangelikaler Eiferer verschrien, hat als Mitarbeiter der für die 1994 vom US-Kongress etablierten *Victims of Communism Memorial Foundation* und Kronzeuge der amerikanischen Regierung für die Menschenrechtsverletzungen Pekings in den vergangenen Jahren jedoch seine eigene Wiederkehr erlebt. ASPI wird unter anderem vom State Department und US-Rüstungsfirmen finanziert. Selbst in seiner Heimat Australien ist das Institut umstritten. Bob Carr, der ehemalige Außenminister des Landes, wirft ihm etwa eine »einseitige, pro-amerikanische Weltsicht« vor.

Besonders zu denken gibt jedoch die Haltung der islamischen Welt zu den Vorgängen in Xinjiang. Deren gemeinsame Interessenvertretung, die *Organization of Islamic Cooperation* (OIC), mit 57 Mitgliedsländern die zweitgrößte intergouvernementale Organisation nach den Vereinten Nationen, hat auf einer Tagung ihrer Außenminister im März 2019 in Abu Dhabi eine Resolution »zur Sicherung der Rechte muslimischer Gemeinschaften und Minderheiten in Nicht-OIC-Staaten« verabschiedet. Darin »begrüßt« die Organisation »die Ergebnisse einer Delegationsreise ihres Generalsekretariats« kurz zuvor nach Xinjiang und »lobt die Bemühungen der Volksrepublik China um das Wohlergehen ihrer muslimischen Bürger«. Im Juli 2019 lehnte der Menschenrechtsrat der Vereinten Nationen dann einen Antrag auf Verurteilung Pekings wegen dessen Vorgehens gegen die Uiguren mit 50 zu 22 Stimmen ab. Unter den Staaten, die gegen den Antrag stimmten, waren 23 mit überwiegend oder nahezu ausschließlich islamischer Bevölkerung wie etwa Saudi-Arabien. Auch auf der UN-Generalversammlung im Oktober 2020 waren die Länder, die Chinas »Anti-Terror und De-Radikalisierungsmaßnahmen« in Xinjiang verteidigten, in der Mehrheit, wenn auch nicht mehr so deutlich wie noch ein Jahr zuvor. Neben Saudi-Arabien befand sich darunter erneut eine Reihe bedeutender islamischer Länder wie Ägypten, Marokko, die Vereinigten Arabischen Emirate oder der Irak. Es fällt schwer zu glauben, dass all diese Länder dem Vorwurf eines kulturellen Genozids oder Völkermords an ihren Glaubensbrüdern in Xinjiang nicht nur nicht zugestimmt oder sich auch nur der Stimme enthalten, sondern ihn ausdrücklich zurückgewiesen oder China in dem Zusammenhang sogar belobigt haben, weil sie aus wirtschaftlichen oder sonstigen Gründen Rücksicht auf das Land nehmen müssen.

Gleichwohl bietet Chinas Verhalten nicht nur in Xinjiang reichlich Grund zur Kritik. Wer eine globale Führungsmacht sein will muss akzeptieren, dass die Welt sich auch für deren innere Angelegenheiten interessiert und diese gegebenfalls kritisch begleitet. Dies gebetsmühlenhaft als unzulässige Einmischung zurückzuweisen, sich als verfolgte Unschuld darzustellen und von Kalten Kriegern im Gewande von Diplomaten wie Michael Pompeo zu einer »Wolfskrieger-Diplomatie« provozieren zu lassen, heißt es sich zu einfach zu machen. »Eine globale Führungsrolle verlangt Konzessionen, Großzügigkeit und Kritikfähigkeit«, so der Oxford-Politologe Rana Mitter, »was von einem Land mit einer politischen Kultur, die die Unterdrückung abweichender Meinungen fördert, schwer zu verwirklichen ist.«

Unter tätiger Mithilfe Chinas, das es in Sachen PR bisher nicht über den Status eines Entwicklungslands hinaus geschafft hat, ist es den USA in der westlichen Welt so weithin gelungen, den Herausforderer politisch und moralisch in die Ecke zu drängen. Besonders durch das Vorgehen in Xinjiang hat China zumindest im Westen viel Ansehen eingebüßt. Bekam das Land bei seiner Wahl in den Menschenrechtsrat der UN 2016 noch 180 Stimmen, waren es bei der Wiederwahl 2020 nur noch 139 – so wenig wie für kein anderes Land in dem Gremium. In einer im Oktober 2020 veröffentlichten Umfrage des Pew Research Center in 14 westlichen Ländern bekundeten insgesamt 73 Prozent der Befragten eine negative Meinung von China, so viele wie nie zuvor im vergangenen Jahrzehnt. Besonders ausgeprägt war der Stimmungsumschwung erwartungsgemäß in den USA: 31 Prozent der befragten Amerikaner zeigten sich »eher negativ« und 42 Prozent sogar »sehr negativ« gegenüber China eingestellt. Letzteres ist doppelt so viel wie vor zehn Jahren. Auch in Deutschland hat die antichinesische Stimmung zuletzt deutlich zugenommen. 71 Prozent der Deutschen, so viele wie noch nie zuvor in diesem Jahrhundert, denken heute schlecht über China.

Zu ihnen zählt Jean-Claude Bourgeuil, Inhaber und Chef des Düsseldorfer Feinschmeckerrestaurants »Im Schiffchen«. Als der Sternekoch im Mai 2020 nach einer Renovierung sein Bistro neu eröffnete und auf Facebook zu einem Besuch einlud, versah er dies mit dem Zusatz: »Chinesen nicht erwünscht!!!!« Der Ausfall erinnerte an eine längst überwunden geglaubte Zeit, als westliche Kolonialherren in Schanghai am Eingang zum Park in ihrer Konzession ein Schild mit der Aufschrift anbringen ließen: »Für Chinesen und Hunde verboten«. Deutschlands Medien, die sonst jede Gelegenheit nutzen, eine öffentliche Erregungswelle loszutreten, auf der sie dann eine Weile surfen können, nahmen dennoch kaum Notiz davon. Ähnlich wie schon 2017, als der Leipziger Online-Händler Spreadshirt, der personalisierte T-Shirts verkauft, ein Hemdchen mit der Aufschrift »Save a dog, eat a Chinese« präsentierte.

Hatten sich in einer Umfrage des Meinungsforschungsinstituts Civey im Jahr 2018 noch 40 Prozent der Deutschen dafür ausgesprochen, sich China stärker anzunähern, und nur 20 Prozent dafür, auf größere Distanz zu gehen, fiel das Ergebnis 2020 genau andersherum aus. 46 Prozent waren nun für ein Abrücken und nur noch 20 Prozent für mehr Nähe. 31 Prozent wollen den bisherigen Kurs gegenüber Peking beibehalten. Zusammen mit denen, die weiter für eine Annäherung plädieren, ergab sich so immerhin weiter eine, wenngleich knappe, Mehrheit gegen ein Abrücken. Vielen Deutschen ist offenbar bewusst, dass eine Abkehr von Peking schwerwiegende wirtschaftliche Folgen für ihr Land hätte.

Mangelndes Wissen, Vorurteile und Angst

Desinformation und Propaganda wirken nicht nur umso stärker, je mehr Angriffsfläche das betreffende Objekt bietet, sondern auch je weniger die Adressaten darüber wissen. China stellt in dieser Hinsicht ein besonders dankbares Opfer dar. Das westliche Bild von dem Land ist bis heute weithin von jahrhundertealten Vorurteilen und negativen Stereotypen geprägt. Um die Herausforderung zu bestehen, die sich mit ihm verbindet, ist jedoch ein möglichst realistisches Bild gefragt.

Die letzten Westler, die sich systematisch darum bemüht und einen Weg gefunden hatten, mit dem Riesenreich für beide Seiten nutzbringend umzugehen, waren die Jesuiten im 17. Jahrhundert. Ihr Kurs der *Accomodatio*, einer Anpassung der christlichen Religion an die Kultur des Landes, ein Katholizismus mit chinesischen Merkmalen gewissermaßen, wurde jedoch nach jahrzehntelangen innerkirchlichen Auseinandersetzungen, die als sogenannter Ritenstreit bekannt sind, 1742 durch eine päpstliche Bulle beendet. Mit der Aufklärung, der Entstehung von Demokratie und Rechtsstaat sowie der industriellen Revolution im Westen breiteten sich gegenüber dem »Reich der Mitte« zunehmend ein Gefühl der geistig-moralischen Überlegenheit und eine geringschätzige Haltung aus, die zugleich mit einer unbestimmten Angst vor seiner Größe und Fremdheit getränkt waren und bis heute sind:

- In seinem 1748 erschienenen Hauptwerk »L'esprit des Lois« charakterisierte der berühmte Staatstheoretiker Montesquieu China als »orientalische Despotie«. Das Etikett ist bis in die Gegenwart haften geblieben.
- Die vor allem protestantischen Missionare, die sich in der zweiten Hälfte des 19. Jahrhunderts nach den Opiumkriegen in dem Land breitmachten, betrachteten die Chinesen als ein heidnisches und zurückgebliebenes Volk, das zum Christentum bekehrt und zivilisiert werden müsse. Die Missionare

von heute wollen die Chinesen zum polit-ökonomischen System des Westens bekehren.

- Obwohl die Opiumkriege und der chinesisch-japanische Krieg bewiesen hatten, dass China nicht im Geringsten eine Bedrohung für den Westen darstellte, bezeichnete der deutsche Kaiser Wilhelm II. es Anfang des 20. Jahrhunderts als »gelbe Gefahr«, vor der Europa geschützt werden müsse. Ein Jahrhundert später tritt NATO-Generalsekretär Stoltenberg in seine Fußstapfen.
- Für seinen Einsatz gegen Deutschland an der Seite der Alliierten im Ersten Weltkrieg hatten diese China in Aussicht gestellt, die deutsche Kolonie um Tsingtao und die seit dem verlorenen Krieg mit Japan Ende des 19. Jahrhunderts von diesem besetzte Insel Taiwan zurückzuerhalten. Mit dem Vertrag von Versailles wurde dieses Versprechen jedoch gebrochen. Tokio behielt nicht nur Taiwan, sondern erhielt dazu auch noch die deutsche Kolonie. Dieser »Verrat« durch den Westen ist in China bis heute nicht vergessen.
- 1921 unternahm Albert Einstein eine China-Reise. Sein Tagebuch darüber strotzt vor Herablassung, ja Rassismus. Die Chinesen seien »mehr Automaten als Menschen«, so ein Eintrag. Für die Nahrungsaufnahme nähmen sie eine Haltung ein, in der »Europäer sich in der Natur erleichtern«, ist an einer anderen Stelle zu lesen. »Es wäre jammerschade, wenn diese Chinesen alle anderen Rassen ersetzen.«

Die Reihe ließe sich unendlich verlängern. Unser Chinabild sagt mehr über uns aus als über das Land selbst. Bis heute ist dieses für die meisten Menschen im Westen eine Projektionsfläche für die eigene Befindlichkeit, schwankt die Einstellung zwischen Horror und Hochmut. Einmal wird China angstvoll als Monster à la Dr. Fu Manchu, dann wieder verächtlich als Scheinriese betrachtet. Der Hochmut speist sich aus den Quellen des Eurozentrismus und westlichen Kulturimperialismus. Der Horror entspringt der Angst vor der eigenen Abwertung durch ein auf ewig unterlegen geglaubtes Land. Als Washington 1979 mit Peking diplomatische Beziehungen aufnahm, war die amerikanische Wirtschaft 20 Mal so groß wie die chinesische. In Amerika hat damals niemand auch nur im Entferntesten daran gedacht, dass China es einmal überholen könnte. Nicht nur für die USA, sondern auch für Europa ist China inzwischen jedoch ein ernst zu nehmender wirtschaftlicher Wettbewerber geworden. Damit verbindet sich zugleich eine neue polit-ökonomische Systemkonkurrenz, obwohl eine solche nach der These vom »Ende der Geschichte« und dem ewigen Reich von Demokratie und Kapitalismus, die Francis Fukuyama nach dem Zusammenbruch des Ostblocks aufgestellt hatte, eigentlich gar nicht mehr möglich sein dürfte. Und, als wäre das noch nicht genug, stammt die chinesische Herausforderung aus einem uns fremden Kulturkreis, ist also besonders dazu angetan, Angst zu erzeugen. Denn Angst hat man meistens vor etwas, das man nicht richtig versteht und einschätzen kann.

Angst ist jedoch bekanntlich ein schlechter Ratgeber. Denn mit ihr sowie mangelndem Wissen und Verständnis, aus der sie oft hervorgeht, nehmen Missverständnisse und Fehlentscheidungen sowie Misstrauen und Aggression zu. Frieden und Wohlstand basieren dagegen auf Kooperation, also Vertrauen, dem Gegenteil von Angst. In einer globalisierten und zunehmend multipolaren Welt, die nicht mehr nur von dem uns kulturell vertrauten Westen dominiert wird, hängen Kooperation und Vertrauen mehr denn je von interkultureller Kompetenz ab, also von der Fähigkeit, das Denken und Fühlen anderer Völker zu verstehen, die Dinge auch mit ihren Augen sehen zu können.

Trotz der unguten Gefühle, wenn nicht gar Angst, die mit dem Aufstieg Chinas verknüpft ist und die von den USA aus eigensüchtigen Motiven nach Kräften geschürt wird, schenkt Europa dem fernöstlichen Riesenreich immer noch nicht annähernd die nötige Aufmerksamkeit. Dabei war es für uns noch nie zuvor so wichtig zu wissen, wie die Chinesen denken und fühlen. Denn nur so lassen sich die politischen, ökonomischen und menschlichen Chancen der Zusammenarbeit und des Zusammenlebens nutzen und schädliche, ja womöglich fatale Irrtümer und Missverständnisse vermeiden.

Was die allermeisten Europäer und gerade auch Deutschen über China wissen, ist im Grunde Fremdrepräsentation, über das Land führen sie fast nur Selbstgespräche. Chinas Kultur und Geschichte sind bis in die politischen und wirtschaftlichen Eliten hinein unbekannt, das Denken, Fühlen und Handeln seiner Menschen vielfach ein Rätsel: fremd, undurchsichtig und unbegreiflich. Der Ausdruck »Fachchinesisch« ist zur Chiffre für alles Unverständliche geworden wie »googeln« für die Suche im Internet. In deutschen Schulen erfahren Schüler so gut wie nichts über chinesische Geschichte, das Fach Sinologie ist hierzulande ein Exotenfach geblieben, meist mehr Altertums- als moderne Chinakunde. Mit dem Berliner Mercator Institut für Chinesische Studien (MERICS) besitzt Deutschland ein einziges großes Forschungsinstitut, das sich ausschließlich mit China beschäftigt. Was, wie alle Monopole, nicht gut ist, da es den Wettbewerb als Entdeckungsverfahren der Wahrheit außer Kraft setzt und so die gerade für unsere zunehmend multipolare Welt so wichtige Fähigkeit schwächt, sich in das Denken anderer Kulturkreise hineinzuversetzen, die der französische Philosoph François Jullien als »Ortswechsel des Denkens« bezeichnet. Europa und besonders Deutschland brauchen dringend mehr Einrichtungen, die für einen echten Wettbewerb der Ideen und Meinungen und damit größere China-Expertise sorgen: Mäzene wie Stephen Schwarzman, Eigentümer der amerikanischen Investmentgesellschaft Blackstone, der 600 Millionen Dollar seines Vermögens in eine Stiftung steckte, die an angehende Führungskräfte Stipendien für ein Studium in China vergibt, um die »Kluft des Verstehens« zwischen dem Westen und China »zu überbrücken« und so »die Welt sicherer zu machen«.

Diese Kluft lässt sich tagtäglich erleben und fängt bei der Sprache an. Nur etwa 5.000 Deutsche lernen derzeit *Putonghua,* die chinesische Hochsprache, im Westen gemeinhin Mandarin genannt. In Spanien sind es immerhin vier Mal, in Frankreich zehn Mal so viele. Unter den über 700 Bundestagsabgeordneten lassen sich solche mit auch nur Grundkenntnissen in Chinesisch an einer Hand abzählen. Die Zahl der Sinologiestudenten in Deutschland, ohnehin schon immer sehr übersichtlich, geht nicht zuletzt wegen des sich verschlechternden China-Bildes derzeit stark zurück. Sprecher und Moderatoren von Nachrichtensendungen und Redakteure von sogenannten Qualitätsmedien können oft nicht einmal chinesische Vor- und Nachnamen auseinanderhalten. Auch die meisten Korrespondenten deutscher Medien in China beherrschen die Sprache ihres Gastlandes nicht oder jedenfalls nicht in dem Maße, wie dies für eine originäre Berichterstattung nötig wäre. Während die mediale Aufmerksamkeit für die USA hierzulande grotesk überdimensioniert ausfällt, hinkt die Berichterstattung über China sowohl nach Quantität wie Qualität weit hinter dessen Bedeutung her. Ihr mangelt es nicht nur an einem wirklichen Verständnis des Landes, sie leidet dazu auch an einer ausgeprägten kulturellen und ideologischen Voreingenommenheit.

Diese entspricht der Voreingenommenheit in weiten Teilen des Publikums. So klatschen viele wie selbstverständlich Beifall, wenn Black-Lives-Matter-Anhänger in den USA Denkmäler von Südstaatengenerälen und -politikern stürzen, weil diese die Sklaverei befürwortet haben. In Berlin wird im Namen der sogenannten *Cancel Culture* die U-Bahn-Station »Mohrenstraße« umgetauft. Im Sauerland ist eine Debatte um die Umbenennung des Ortes Neger an dem gleichnamigen Flüsschen im nach diesem benannten Negertal entbrannt. Und in Hamburg gibt es wegen der deutschen Kolonialvergangenheit in Afrika Streit um die große Bismarck-Statue im Alten Elbpark. Unabhängig von der Bewertung dieser Diskussionen – den deutschen Kolonialismus in China hat der Furor politischer Korrektheit bisher nicht erfasst. So führt etwa die niedersächsische Landeshauptstadt Hannover den preußischen Generalfeldmarschall Alfred von Waldersee, Anführer der blutigen Strafexpedition gegen die sogenannten »Boxer«, die sich gegen die westlichen Kolonialherren in China erhoben hatten, weiter als Ehrenbürger. Das riesige Denkmal in der Stadt, das den »ruhmreichen Streiter für die Größe Deutschlands«, so die Inschrift auf der Rückseite, mit einem Fuß auf einem Drachen, dem Symbol Chinas, zeigt, blieb bisher unbehelligt.

Das Beispiel Sozialkreditsystem

Ein besonders eindrucksvolles Beispiel für den westlichen Schwarmjournalismus, der nicht *be-*, sondern *ver*urteilt, liefert Chinas sogenanntes Sozialkreditsystem. Noch ehe feststeht, wie dieses am Ende genau aussehen wird, ist es als Instrument eines modernen Überwachungsstaates nach dem Muster von George Orwell und Aldous Huxley bereits abgestempelt. Die Einschätzung ist jedoch so einseitig wie unterkomplex. Zum einen wird meist völlig unterschlagen, dass auch andernorts in der Welt die Überwachung der Bürger zunimmt. Nur nicht so offensichtlich. Die digitale Überwachung und Meinungskontrolle weisen in den Vereinigten Staaten »schon viele Ähnlichkeiten zu dem auf, was in autoritären Staaten wie China zu finden ist«, so die beiden Rechtsprofessoren Jack Goldsmith von der Harvard University und Andrew Keane Woods von der University of Arizona in der Zeitschrift »The Atlantic« vom April 2020. Amerika habe ein »privates funktionales Äquivalent von Chinas Sozialkredit-Rating«, so die beiden Rechtsexperten. Die US-Regierung treffe »wichtige Entscheidungen auf der Basis von privat gesammelten Datenpools«. So verlange etwa das Heimatschutzministerium von allen, die ein Visum beantragen, ihre Zugänge zu sozialen Medien offenzulegen. Und Gerichte machten Gebrauch von Algorithmen, um die Fluchtgefahr oder das Rückfallrisiko eines Angeklagten abzuschätzen.

Doch nicht nur dem Sozialkreditsystem verwandte Entwicklungen beim Großen Bruder USA fallen hierzulande weithin unter den Tisch, auch das System selbst wird eindimensional beschrieben. Gewiss nutzen die Herrschenden in Peking dieses dazu, die politische Folgsamkeit der Bürger im Sinne der KP besser zu kontrollieren. Doch das ist nicht alles. Nicht zuletzt sollen Bürger, Unternehmen und Behörden damit auch dazu gebracht werden, sich gesetzestreu und sozial verantwortungsbewusst zu verhalten. Die zahllosen Fälle von Korruption, Betrug, Vertragsbruch, Patentklau sowie Nahrungs- und Arzneimittelpfusch legen beredtes Zeugnis von den diesbezüglichen Defiziten des Landes ab. Das System sei »in erster Linie ein Mechanismus, um die bestehenden Gesetze und Verordnungen in China besser durchzusetzen«, so das Fazit eines Expertenberichts für die staatliche *US-China Economic and Security Review Commission.* Zugleich bescheinigt der Report dem geplanten Sozialkreditsystem auch ein »beträchtliches Potenzial, die Effizienz der staatlichen Verwaltung zu steigern sowie seine Prognosekapazität und regulatorische Reaktionsfähigkeit zu steigern«. Kurz: China besser zu regieren. Die große Mehrheit der Chinesen begrüßt denn auch seine Einführung.

Der Kontrast zur Datenschutzrepublik Deutschland könnte kaum größer sein. Deren Bewohnern geht die sogenannte informationelle Selbstbestimmung nahezu über alles. Immer mehr von ihnen lassen sich zwar beim Autofahren überwachen, um in den Genuss eines günstigen Telematik-Tarifs der Versicherung zu kommen, und geben gegenüber Google, Facebook usw. (und damit im Zweifel auch gegenüber dem amerikanischen Staat) viel von sich persönlich preis. Aber wenn der Staat Daten über sie sammeln will, ist Widerstand angesagt. Unter Berufung auf Freiheit und Privatsphäre wollen viele dem eigenen Gemeinwesen dann nicht einmal für die Zeit der Corona-Pandemie zugestehen, ihre sozialen Kontakte via Tracking-App elektronisch nachzuverfolgen und sie zu warnen, wenn sie einem Infizierten zu nahe gekommen sind. Obwohl dies schwere wirtschaftliche und gesundheitliche Schäden verhindern und viele Menschenleben retten kann.

Das Beispiel Coronakrise

So kann es denn auch nicht verwundern, dass die Coronakrise und die Art und Weise, wie die Behörden in China sie bekämpften, die negative Einstellung gegenüber dem Land hierzulande weiter verschärft haben:

- Kurz nachdem die Epidemie ausgebrochen war, wurden die exotischen Essensvorlieben der Chinesen dafür verantwortlich gemacht. Die »Frankfurter Rundschau« bezeichnete China als das »Land der Fledermaus-Esser«, was etwa so zutreffend ist, wie Deutschland als Land der »Saumagen-Esser« zu bezeichnen. Nachdem Corona auch Amerika und Europa erfasst hatte, häuften sich ausgehend von den USA Berichte, die China die Schuld an seiner Entstehung und Verbreitung gaben. Sogar der »Spiegel« ließ sich zu der Titelzeile hinreißen: »Corona – Made in China«. Dass das Virus in dem Land »hergestellt« wurde, hat nicht einmal Donald Trump behauptet. Bis heute steht nicht einmal fest, ob es überhaupt von dort stammt oder dort nur zuerst entdeckt wurde.
- Als der Arzt Li Wenliang in Wuhan seinen Bekanntenkreis vor einem neuen SARS-Virus warnte, wurde fälschlicherweise behauptet, die Behörden hätten ihn deswegen »verhaftet«. Die Medien stilisierten Li teilweise zum Regimegegner hoch. Dabei war er Mitglied der Kommunistischen Partei und wurde posthum als »Held« geehrt; die für die zögerliche Reaktion auf den Seuchenausbruch verantwortlichen Beamten in Wuhan und Hubei verloren dagegen ihre Posten.
- Als die chinesischen Behörden die Elf-Millionen-Stadt Wu-

han abriegelten, hagelte es Kritik an dem autoritären Vorgehen. Um an den in der Stadt binnen kürzester Zeit errichteten riesigen Behelfskrankenhäusern etwas zu nörgeln zu haben, hoben viele Medien hervor, dass diese Gitterstäbe vor den Fenstern aufwiesen.

- Auf dem Höhepunkt des Seuchengeschehens in China wurde dem Regime vielerorts bereits hoffnungsfroh der baldige Zusammenbruch vorhergesagt. Als dieser ausblieb und Peking stattdessen die Krise relativ rasch in den Griff bekam, hieß es, die offiziellen Sterbestatistiken seien gefälscht.
- Nachdem das Land das Schlimmste überstanden hatte, revanchierte es sich für die anfänglichen Hilfslieferungen seinerseits mit medizinischer Ausrüstung. Peking entsandte Dutzende Hilfsteams, verschickte mehr als 200 Milliarden Masken, über 2 Milliarden Schutzanzüge und 1 Milliarde Corona-Testkits und deklarierte später seinen Corona-Impfstoff als öffentliches Gut. Als Chinas Wirtschaft schon wieder kräftig wuchs, während sie im Westen weiter lahmte, wurde dies dort vielfach missgünstig beäugt. Dabei wäre die Weltwirtschaft – wie schon nach der Finanzkrise – ohne die schnelle und robuste Erholung Chinas noch tiefer abgestürzt.
- Obwohl Peking die Seuche relativ rasch in den Griff bekommen hat und seine Wirtschaft dem Westen davoneilt, geht dort bis heute kaum jemand den tieferen Gründen für diesen Erfolg nach. Dieser wird vielmehr nahezu durchweg und ausschließlich auf die »diktatorischen« Methoden eines »totalen Überwachungsstaats« zurückgeführt, die für freiheitliche Demokratien nicht infrage kommen. Was nicht sein darf, kann nicht sein. Inwieweit auch das im Unterschied zur *independenten* westlichen Identität *interdependente* Ich der Chinesen, ihr ausgeprägtes Schamempfinden, eine starke Familienorientierung und Wertschätzung alter Menschen, das Denken in Hierarchien und Respekt vor Autorität eine Rolle gespielt haben könnten, blieb im Dunkeln. Es könnte ja zu der unan-

genehmen Schlussfolgerung führen, dass Freiheit ohne Verantwortung nur Selbstsucht ist. Und diese im Westen bereits gefährlich um sich gegriffen hat.

»Democracy dies in darkness«, Demokratie stirbt im Dunkeln, lautet der Slogan der »Washington Post«. Ohne eine unparteiische und wahrheitsgetreue Information verlieren die Bürger zuerst das Vertrauen in die Medien und dann in die Demokratie. Ohne eine einigermaßen zutreffende Kenntnis der Realität können sie keine rationale Wahlentscheidung treffen und der Volkswille wird manipulierbar. Dies gilt besonders für die internationale Politik und damit in einer globalisierten Weltwirtschaft für die Entscheidung über Fortschritt und Wohlstand sowie letztlich auch über Krieg oder Frieden. Mangelndes interkulturelles Wissen, weitverbreitete Stereotype und die vorherrschende antichinesische Monokultur und Orthodoxie, die die Berichterstattung der meisten Medien und die öffentliche Meinung kennzeichnen, bergen die Gefahr, dass Europa die chinesische Herausforderung nicht richtig erfasst und beurteilt und ihr deshalb nicht gerecht wird.

Das Ende der gewohnten Arbeitsteilung

Wie für die Supermacht Amerika zeichnet sich auch für Europa und speziell Deutschland das Ende einer ökonomischen Arbeitsteilung ab, die ebenso bequem wie lukrativ war: Wir haben den Chinesen unsere teuren Investitionsgüter verkauft, mit denen sie dann ihre billigen Massenprodukte, Textilien, Schuhe, Spielzeug usw. herstellten, was bei uns nicht nur viele gut bezahlte Arbeitsplätze vor allem in der Automobil- und Maschinenbauindustrie sicherte, sondern auch die Kaufkraft der Bevölkerung und den Wohlstand insgesamt erhöhte. Und schließlich profitierten wir dann auch noch davon, dass die Chinesen das hart verdiente Geld bei uns vielfach für den Kauf von Luxusprodukten ausgaben. Diese Traumkonstellation gehört jedoch zunehmend der Vergangenheit an. China wird immer mehr zum Wettbewerber. Und deshalb sorgen sich in Europa viele vor Arbeitsplatz- und Wohlstandsverlust und dem Ausverkauf heimischer Industrieperlen. »Schluss mit Made in Germany? – China kauft den deutschen Mittelstand« überschrieb der Bayrische Rundfunk eine TV-Dokumentation über die Konkurrenz aus dem »Reich der Mitte«. Die Chinesen als rote Heuschrecken.

Aber trifft dieses Bild wirklich zu? China ist die zweitgrößte Volkswirtschaft der Welt. Am Wohlstand gemessen rangiert das Land aber erst irgendwo um Platz 80 und hat beim Bruttoinlandsprodukt pro Kopf erst ein Viertel des Durchschnitts der in der OECD versammelten voll entwickelten Länder erreicht. Während etwa die USA ein Pro-Kopf-Einkommen von rund 55.000 Dollar aufweisen, bringt China es bisher erst auf rund 10.000. Das Land ist demnach ein Schwellen-, in Teilen sogar noch ein Entwicklungsland. 600 Millionen Chinesen verdienen nicht mehr als umgerechnet 200 Euro im Monat. Können wir es ihnen verübeln, dass sie in der Wertschöpfungskette und im Wohlstand weiter aufsteigen wollen? Ungeachtet der Spitzenresultate in einzelnen Bereichen und generell rasch zunehmender internationaler Wettbewerbsfähigkeit steht die chinesische Wirtschaft nach Angaben des *World Economic Forum* (WEF) auch diesbezüglich erst auf Platz 27 in der Welt. Um zur Spitze vorzustoßen, muss das Land also noch einiges an Höhe gewinnen. Und die letzten Meter sind bekanntlich die schwierigsten. An der erforderlichen Umstellung der Wirtschaft von Massengütern auf hochwertige und innovative Produkte, von Export auf Inlandskonsum, sind die allermeisten Schwellenländer gescheitert. Ökonomen sagen, sie sind in der *Middle Income Trap* hängen geblieben.

China wird es aller Voraussicht nach nicht so ergehen. Das Land fordert uns schon jetzt als Konkurrent immer mehr heraus. Aber Wettbewerb belebt das Geschäft und stellt eine Quelle des

Fortschritts dar. Wenn die chinesische Konkurrenz in Europa neuen Wettbewerbsgeist entfacht und einen Modernisierungsschub auslöst, gibt es keinen Grund, Angst zu haben. Ängstigen müssen wir uns vielmehr, wenn wir uns auf dem heute noch vorhandenen Vorsprung ausruhen und die eigene Konkurrenzfähigkeit vernachlässigen. Dies gilt besonders im Hinblick auf Zukunftstechnologien wie KI, 5G, E-Mobilität, Roboter, Quantencomputer, Gen- und Biotechnologie usw. Felder, die der chinesische Staat gezielt und massiv fördert. Und in denen China teilweise bereits nicht nur an Europa, sondern auch den USA vorbeigezogen ist. Es liegt an uns.

Leider sieht es in der EU derzeit so gar nicht nach einem kraftvollen neuen Aufbruch in die Zukunft aus. Europa sei »zu langsam, zu schwach, zu ineffektiv«, so der französische Staatschef Emmanuel Macron. Wenn man sieht, wie sehr sich die Gemeinschaft mit sich selbst beschäftigt, im Kleinklein verzettelt und mit vielen Milliarden alte Strukturen etwa in der Agrarindustrie konserviert und China auf der anderen Seite schwungvoll und mit klarem Ziel auf dem Weg der Modernisierung voranstürmt, kann einem tatsächlich bange werden. Während Deutschland jahrelang über eine Beteiligung Huaweis am Aufbau des 5G-Netzes streiten, baut China mit rasendem Tempo das schnelle Netz aus, denkt bereits über 6G nach, stampft in der Greater Bay Area rund um Kanton, Shenzhen und Hongkong ein neues Silicon Valley aus dem Boden, treibt die Initiative »Neue Seidenstraße« voran, etabliert mit seinen asiatischen Nachbarn die größte Freihandelszone der Welt usw.

Wie wir von dem Nobelpreisträger Paul Romer wissen, sind rund 85 Prozent des langfristigen Wachstums einer Volkswirtschaft auf Technologie zurückzuführen. Im globalen Wettbewerb verliert Europa, aber auch Amerika, hier gegenüber China derzeit an Boden. »Big Data + Big AI + Big Computing = Better (And Faster) Decisions«, so beschreibt der Finanzexperte Ray Dalio die nationalökonomische Erfolgsformel von morgen. »Die

Zeit ist dabei aufseiten Chinas, weil es schneller besser wird als die USA.« China habe nicht nur viel mehr Daten, der Staat stelle dort auch »praktisch unbegrenzte Summen« für die Entwicklung von Zukunftsindustrien wie KI und Quantencomputing zur Verfügung, so Dalio. Seit der Jahrhundertwende hat das Land seine F&E-Ausgaben von circa 50 Milliarden auf inzwischen rund 600 Milliarden Dollar pro Jahr gesteigert. Das ist so viel, wie Deutschland, Japan und Südkorea zusammen investieren, und etwa auf demselben Niveau wie die USA, die vor 20 Jahren mit 400 Milliarden noch scheinbar uneinholbar vorne lagen.

Angesichts dieser Herausforderung ist Europa wie Amerika bisher leider kaum mehr eingefallen, als Chinas weiteren Aufstieg durch protektionistische Maßnahmen hemmen zu wollen. »Wenn man jahrzehntelang investiert hat, um die besten Roboter und Autos zu bauen, die optimalen Algorithmen und Industrieabläufe zu haben«, so der französische Wirtschafts- und Finanzminister Bruno Le Maire, »dann muss man sie schützen und vermeiden, dass irgendwelche Fremdinvestoren kommen und sich bedienen wie im IKEA-Regal.« Zwischen schädlichem Protektionismus und unerlässlichem Schutz der eigenen Schlüsseltechnologien verläuft oft jedoch nur ein schmaler Grat. China könne »nicht ewig nur die Werkbank der Welt bleiben«, so Infineon-Chef Reinhard Ploss. Das Land müsse sich »in Richtung Hochtechnologie weiterentwickeln«. Embargos und Beschränkungen würden nur dazu führen, dass es »noch viel schneller versucht, technologische Souveränität zu erlangen«.

Die Forderung nach Reziprozität

Um China einzubremsen, fordert der Westen Reziprozität, sprich: Seine Unternehmen sollen dort die selben Voraussetzungen für Markteintritt, Investionen usw. vorfinden wie chinesische Unternehmen in Europa und Amerika. Auf den ersten Blick erscheint diese Forderung nur recht und billig. Seit Friedrich List wissen wir jedoch, dass noch im Aufbau befindliche Industrien, sogenannte *infant industries*, Schutz brauchen, um sich zu entwickeln. Demnach können sich Nationen erst dann auf reziprokes Handeln und Investieren einlassen, wenn ihre Wirtschaft den Kinderschuhen entwachsen ist. Reziprozität ist nur *ceteris paribus*, wenn auch die übrigen Bedingungen gleich sind, wirklich reziprok und gerecht. Obwohl China in den vergangenen Jahrzehnten eine fulminante Aufholjagd hingelegt und in einzelnen Bereichen mit Amerika und Europa bereits gleichgezogen hat, hinkt es deren Entwicklungsniveau im Allgemeinen allerdings immer noch deutlich hinterher.

Gleiche Behandlung und gleicher Marktzugang setzen zudem nicht nur ein vergleichbares Entwicklungsniveau, sondern auch ein vergleichbares Marktpotenzial voraus. Der chinesische Markt ist jedoch schon heute dreimal so groß wie der europäische und wächst dazu mindestens dreimal so schnell, eröffnet also viel größere Wachstum- und Gewinnchancen. Nicht von ungefähr haben chinesische Unternehmen in Deutschland bisher erst rund 10 Milliarden Euro investiert, deutsche Unternehmen in China dagegen etwa achtmal so viel. Peking gewährt Reziprozität in Schlüsselbranchen daher erst dann, wenn seine eigenen Unternehmen auf dem Heimatmarkt mit der internationalen Konkurrenz mithalten können oder durch sie dafür den letzten Schubs bekommen sollen. Die Beteiligung von Ericsson und Nokia am chinesischen 5G-Netz und die Befreiung ausländischer Firmen vom Joint-Venture-Zwang im Finanzsektor, der Automobilindustrie und Chemiebranche sind dafür nur die jüngsten Belege.

Chinas Öffnungsprozess geht vielen im Westen denn auch viel zu langsam. Aber statt sich China gegenüber mit dem Argument der Gleichbehandlung abzuschotten und zu entkoppeln, täten die USA wie auch Europa besser daran, ihre eigene Wettbewerbs- und Innovationskraft zu steigern. Speziell Europa wäre gut beraten, in Chinas Aufstieg nicht nur die Risiken, sondern auch die Chancen zu sehen, wie sie etwa die Initiative »Neue Seidenstraße« bietet. »Eine Festung Europa aufzubauen«, so Lars Feldt, Vorsitzender des Sachverständigenrats der Bundesregierung zur Begutachtung der gesamtwirtschaftlichen Lage, »ist auf jeden Fall der falsche Weg.« Wenn Europa wie Amerika seine Spitzentechnologie gegenüber China hermetisch abriegelt, unabhängig davon, ob sie für die nationale Sicherheit wirklich essenziell ist, schadet es sich damit genauso wie Amerika selbst. Denn seine Unternehmen verlieren damit den größten Markt der Welt und mit ihm die notwendigen Gewinne, die sie dazu befähigen, weiter Spitzentechnologie hervorzubringen.

Letztlich läuft die Forderung nach Reziprozität darauf hinaus, Peking zur Aufgabe seines Wirtschaftsmodells eines staatlich gelenkten Kapitalismus zu drängen. Chinas Modell verzerre den Wettbewerb, sei daher prinzipiell unfair und komme einer Ausplünderung des Westens gleich, so die Argumentation. Auch dieses Argument vermag nur auf den ersten Blick zu überzeugen. Denn es unterschlägt, dass es auch in Europa und den USA teils massive, den Wettbewerb verzerrende Eingriffe durch den Staat gibt, wie etwa der EU-Agrarmarkt, Airbus, Galileo oder die Rettungsprogramme in der Finanz- und Coronakrise zeigen. Das Silicon Valley etwa, Paradestück der amerikanischen Volkswirtschaft, verdankt seine Existenz ganz entscheidend staatlichem Handeln, in diesem Fall in der Rüstungspolitik. Und wenn Washington mit Peking für ausgewählte Produkte bestimmte Handelsvolumina vereinbart, wie in dem im Januar 2020 geschlossenen sogenannten Phase-Eins-Abkommen, dann hat auch das mit Freihandel nichts mehr zu tun. »Bei 50 Prozent Staatsquote fängt der Sozialismus an«, sagte einst Bundeskanzler Helmut Kohl. Derzeit steht die Quote in Deutschland bei 54 Prozent. Um den grünen und digitalen Strukturwandel der Wirtschaft zu bewältigen, ist dem Staat in Europa künftig womöglich eine noch größere Rolle zugedacht. Rein privatwirtschaftlich sei dieser Wandel nicht zu bewältigen, lässt sich jetzt sogar die Deutsche

Bank vernehmen und plädiert für eine Industriepolitik in Form staatlicher Subventionen, Ausfallbürgschaften oder Unternehmensbeteiligungen.

Vor allem aber: Der Versuch des Westens, China von seinem erfolgreichen Wirtschaftsmodell abzubringen – und das just zu einer Zeit, da dieses für Zukunft womöglich noch mehr Erfolg verspricht als bisher schon –, ist von vorneherein zum Scheitern verurteilt. Wirtschaft wurde in Chinas jahrtausendealter Geschichte immer zusammen mit dem Staat betrachtet. *Jingji*, das Wort dafür, besteht aus zwei Zeichen, die das Alltagsleben der Bürger und den Kommerz einerseits sowie den Staat andererseits miteinander verbinden. Diese Kombination ist integraler Bestandteil der chinesischen Kultur. In der datenbasierten Netzwerkwirtschaft von morgen wird es für den Erfolg zudem mehr denn je darauf ankommen, möglichst schnellen und ungehinderten Zugriff auf möglichst große Datenmengen zu haben. Dies kann der Staatskapitalismus chinesischer Machart jedenfalls im Prinzip besser gewährleisten als freie Marktwirtschaften und liberale Demokratien. »Die Chinesen werden ihr Wirtschaftsmodell nicht ändern«, so denn auch Edward Alden vom *Council on Foreign Relations*. »Amerika und die Welt werden damit leben müssen.« Friedliche Koexistenz erfordere, so Dani Rodrick, Professor für internationale politische Ökonomie an der Harvard University, »dass sich die USA und China gegenseitig jeweils mehr Raum für eigene Politik lassen«. Die Führung in Peking ist dem Westen bei ihrer Industriepolitik zuletzt bereits deutlich entgegengekommen. Derzeit arbeitet sie zum Beispiel intensiv daran, alle großen Staatsunternehmen dazu zu befähigen, im internationalen Wettbewerb ohne ihre Hilfe zu bestehen. »Staatliche Unternehmen müssen der wettbewerbsfähige Kern des Marktes werden«, so Liu He, Xis einflussreichster Wirtschaftsberater. Statt auf Subventionen setzt die Regierung zunehmend auf private Kapitalbeteiligungen. Der Westen und besonders Amerika müssten sich von dem Stereotyp eines »kommunistischen China« verabschieden, um zu verstehen, was die Chinesen wirklich tun, so denn auch Erzkapitalist Dalio. »Ich hätte nahezu exakt dieselben Dinge gemacht wie sie, wenn ich in ihren Schuhen gesteckt hätte.«

Sorge bereiten, wenn nicht Angst einflößen, muss deshalb weniger Chinas Aufstieg und die dabei angewandten Methoden als die Reaktion des Westens darauf und dessen Abstieg. Am Ende werden alle politischen und ökonomischen Systeme von den Bürgern immer an ihrer Leistung gemessen. Die Welt sei Zeuge eines Wettstreits »zwischen Meritokratie in China und Plutokratie in den USA«, so Kishore Mahbubani. Und solange dies so sei, »kann die Meritokratie gewinnen«. Statt China zu ihrem System bekehren zu wollen, sollten Amerika wie Europa lieber versuchen, sich selbst für die Welt von morgen fit zu machen und die wachsende Kluft zwischen Industrie 4.0 und Demokratie 1.0 zu verringern, die auf beiden Seiten des Atlantiks das Vertrauen der Bürger in die Problemlösungsfähigkeit unserer demokratischen Institutionen und damit in unsere politökonomische Ordnung insgesamt auszuhöhlen droht.

Corona – das Waterloo des Westens?

Die Corona-Epidemie hat die Krise der westlichen Demokratien, die schon seit einiger Zeit zu beobachten ist, weiter vertieft. Europa schnitt bei diesem Härtetest nicht nur im Vergleich zu dem autoritären China, sondern auch zu asiatischen Demokratien wie Südkorea und Taiwan schlecht ab. Das gilt auch für Deutschland. Wenn Berlin wie Seoul gehandelt hätte, von Taipeh ganz zu schweigen, wären hierzulande bis heute vermutlich nur gut 1.000 Corona-Tote zu beklagen, kaum mehr als im Dezember 2020 und Januar 2021 zeitweise an einem einzigen Tag. Ein Staat, der zuerst monatelang verbreitet, Masken schützten nicht gegen das Virus, weil er nicht rechtzeitig für ausreichende Vorräte gesorgt hat, und später Bürger bestraft, wenn sie keine Masken tragen, untergräbt seine wichtigste Grundlage: das Vertrauen der Menschen und ihre Bereitschaft, seiner Autorität zu folgen. Zumal wenn dieser Staat schon von seiner Natur her keinen gesteigerten Wert auf Autorität legt. Amerika ist bei dem Test besonders dramatisch gescheitert. Die US-Führung habe »eine Krise in eine Tragödie verwandelt«, so das renommierte »New England Journal of Medicine« im Oktober 2020. Der Westen insgesamt hat ein Waterloo erlebt. Martin Jacques, Strategieforscher an der *London School of Economics,* sieht in der Pandemie sogar »den Beginn des Zusammenbruchs des Westens als Konzept«. Corona werde zu einer noch viel größeren Machtverschiebung weg von den USA und hin zu China führen, als dies bereits die Finanzkrise getan habe. Denn anders als bei dieser gehe es diesmal »um staatliche Kompetenz«. Während China »immense Kompetenz« attestiert werden müsse, habe Amerika »absolute staatliche Inkompetenz« bewiesen, so Jacques. Und diese beschränkt sich keineswegs auf Präsident Trump oder die republikanische Partei, sondern zieht sich durch beide Parteien und quer durch die staatlichen Institutionen des Landes.

Einen eindrucksvollen Beleg dafür lieferte der *Pew Research Global Happiness Survey* vom Oktober 2020, der die Zufriedenheit der Bevölkerung in 27 Ländern rund um den Globus zeigt. Dabei spielen vor allem Gesundheit, die Beziehung zum Lebenspartner und zu den Kindern sowie ein sinnerfülltes Leben eine Rolle. Während die Zufriedenheit in den USA gegenüber dem Vorjahr um neun Prozentpunkte auf 70 Prozent fiel, schnellte sie in China um elf Punkte auf 93 Prozent nach oben. Damit belegte das Land den ersten Platz und ist das einzige in der Welt, in dem die Zufriedenheit der Bevölkerung im vergangenen Jahrzehnt deutlich zugenommen hat.

Xi Jinping – ein zweiter Stalin oder Hitler?

Je schlechter der Vergleich mit China ausfällt, desto mehr zeigen die USA und ihre propagandistischen Helfer mit dem Finger auf Peking und werfen der dortigen Führung vor, ihr Land mit allen Mitteln zur einzigen Supermacht der Welt machen und seine »kommunistische« Ideologie exportieren zu wollen. China sei »die größte Bedrohung für Demokratie und Freiheit in der Welt seit dem Zweiten Weltkrieg«, so John Ratcliffe, Koordinator der Nachrichtendienste unter Präsident Trump. Xi Jinping schlimmer als Josef Stalin? Der chinesische Staatschef ein zweiter Adolf Hitler? »Für Pekings Machtstreben gebe es keine ethischen Grenzen«, so Ratcliffe. Für Washingtons Panikmache trifft dies jedenfalls ganz sicher zu. China hat sein Gesellschaftssystem noch nie als Modell für die ganze Welt propagiert. Es ist vielmehr ein Paradebeispiel für die Dekonstruktion globaler Ideologien wie Kommunismus oder Kapitalismus und zeichnet sich gerade dadurch aus, dass es ganz auf die Verhältnisse des Landes, seinen Entwicklungsstand und das internationale Umfeld zugeschnitten ist. Und das heißt auch: Es ist für den Export ungeeignet. »In Peking macht man sich keine Illusionen darüber, dass die Welt eine ›Modernisierung des Sozialismus mit chinesischen Kennzeichen für die neue Zeit‹ begrüßen könnte«, so der Sinologe Kerry Brown vom Londoner King's College. Und auch sein Kollege Rana Mitter von der Oxford University meint: »Peking will sein System nicht auf andere Länder übertragen.«

China hat deswegen auch nie den Versuch gemacht, militärische Allianzen zu schließen. Chinesen denken nicht binär, in den Kategorien »entweder Freund oder Feind«, »entweder gläubig oder ungläubig« wie der vom christlichen Monotheismus geprägte Westen. In ihrer Außenpolitik ist die Führung in Peking gewissermaßen agnostisch. So unterstützt sie im globalen Süden nicht nur sozialistisch oder autoritär verfasste Entwicklungsländer. Auch die kräftige Aufrüstung der chinesischen Streitkräfte in den vergangenen Jahren ist kein Beweis für Welteroberungsgelüste. Sowohl strategisch wie waffentechnisch ist sie außer im Hinblick auf eine mögliche Rückeroberung der als abtrünnige Provinz angesehenen Insel Taiwan defensiv ausgerichtet – zur Verteidigung des eigenen Territoriums, der Lebens- und Entwicklungsfähigkeit des Landes. »Chinas Bilanz der Nicht-Intervention ist einzigartig unter den großen Mächten der Welt«, so Fareed Zakaria. Trotz Amerikas Eindämmungspolitik, Dutzender Militärstützpunkte und Zehntausender Soldaten vor Chinas Haustür gibt Peking weiter nur etwa ein Viertel dessen für Rüstung aus, was Washington aufwendet. »Wir werden niemals Hegemonie und Expansion anstreben, auch keine Einflusssphäre und wir haben keinerlei Absichten, mit irgendeinem Land einen heißen oder kalten Krieg anzufangen«, versprach Staats- und Parteichef Xi Jinping im September 2020 vor der UNO-Vollversammlung hoch und heilig. Für den Fall, dass doch, hatte schon Deng Xiaoping höchstpersönlich einst den Rat parat: »Sollte sich China eines Tages … in eine Supermacht verwandeln … und in der ganzen Welt wie ein Tyrann herumkommandieren, … müssen die Völker der Welt … es bekämpfen und gemeinsam mit dem chinesischen Volk niederschlagen.«

Alles in allem scheint so die Zuversicht berechtigt, dass China, anders als seinerzeit die Sowjetunion, nicht den Platz der USA als Welthegemon einnehmen, sondern diese nur von ihrem Herrscherthron stürzen will; dass es auf eine gewaltlose Reform der heutigen unipolaren Weltordnung und den Aufbau einer multipolaren Ordnung zielt, in der nicht ein einziges Land die Regeln für alle vorgibt, wie sich dies Amerika heute anmaßt. Die Chinesen wüssten, so hatte schon Lee Kuan Yew, Staatsgründer von Singapur und wohl bester Kenner des Landes seiner Vorfahren außerhalb von dessen Grenzen, immer gesagt, dass sie »gar nicht verlieren können, solange sie an dem Konzept des friedlichen Aufstiegs festhalten und nur die wirtschaftliche und technologische Führungsposition anstreben«. Auch nach Ansicht von Richard Haass, Präsident des *Council on Foreign Relations*, strebt China nicht die Weltherrschaft an, sondern will nur »den Einfluss der USA in seinem Hinterhof reduzieren und seinen Einfluss bei den Nachbarn erhöhen«. Xi Jinping habe bisher weder »den Umsturz auch nur eines einzigen Regimes orchestriert, einen Staatsstreich eingefädelt, Aufständische mit Waffen beliefert oder ist in ein demokratisches Land eingefallen, um dort ein kommunistisches Regime zu installieren«, so der Politikprofessor Michael McFaul von der Stanford University. China werde »nicht von einem neuen Stalin regiert«. Etwas anderes zu behaupten und danach zu handeln stehe nur »der Entwicklung einer ausgeklügelten und erfolgreichen amerikanischen Politik im Wege«. Es könnte sogar den Öffnungskurs der chinesischen Regierung stoppen und zu einer selbsterfüllenden Prophezeiung werden, so McFaul.

George Kennan, der Erfinder der Eindämmungspolitik gegenüber der Sowjetunion, hatte 1997 vor einer solchen Entwicklung auch im Hinblick auf Russland gewarnt: Die Expansion der NATO werde dort vermutlich »nationalistische, antiwestliche und militaristische Tendenzen anheizen; sich nachteilig auf die Entwicklung der dortigen Demokratie auswirken; die Atmosphäre des Kalten Krieges wiederherstellen und die russische Außenpolitik in eine Richtung treiben, die uns definitv nicht gefallen wird«. So könnte es auch in China kommen, wenn Washington seinen Konfrontationskurs gegenüber dem Land fortsetzt.

Europa kann daran kein Interesse haben. »Wenn wir China in erster Linie als Rivalen betrachten, werden wir scheitern«, so der ehemalige Bundeskanzler Gerhard Schröder. Und auch seine Nachfolgerin Angela Merkel warnt: »Ich würde davon abraten, China als Bedrohung anzusehen, nur weil es erfolgreich ist.« Nicht die chinesische Herausforderung selbst stellt für uns die größte Gefahr dar, sondern dass wir diese nicht richtig einschätzen und auf sie eine ähnliche Antwort geben wie Amerika. Geht

Europa mit der chinesischen Herausforderung dagegen angemessen um, das heißt ohne Vorurteile, sachlich, nüchtern und auf die eigenen Interessen fokussiert, kann es am Ende sogar deutlich gestärkt daraus hervorgehen.

SCHLUSS

Wagt Europa den Befreiungsschlag?

In der Weltgeschichte gab es immer wieder Zeitspannen mit besonders prägendem Einfluss auf die weitere Zukunft. Das vor uns liegende Jahrzehnt ist eine solche geopolitische Schlüsselperiode. Es verspricht auf eine andere Art und Weise genauso stürmisch zu werden wie die *Roaring Twenties* der 1920er-Jahre und den Verlauf des Jahrhunderts zu bestimmen. Die Welt steht an einer historischen Wendemarke.

In diesem Jahrzehnt entscheidet sich, welche Folgen der Niedergang der USA und der (Wieder-)Aufstieg Asiens, im Besonderen Chinas, für die Menschheit haben werden: Bringt der Widerstand der USA gegen die epochale Verlagerung der geopolitischen Gewichte von West nach Ost das Ende der Globalisierung mit sich, die trotz manch negativer Begleiterscheinungen den Wohlstand in der Welt insgesamt erheblich gemehrt und wesentlich zum Frieden beigetragen hat? Oder gelingt es, die Globalisierung im Kern zu bewahren und zugleich für eine gerechtere Verteilung ihrer Früchte zu sorgen? Kommt es zu einer Neuauflage des Kalten Krieges, diesmal zwischen den um ihre Vormachtstellung fürchtenden USA und ihren traditionellen Bündnispartnern auf der einen und dem aufsteigenden China sowie seinen Partnern, allen voran Russland, auf der anderen Seite? Führt die Rivalität zwischen China und den USA womöglich gar zu einem heißen Krieg, der die ganze Welt in Mitleidenschaft zieht? Oder kann dies verhindert und eine neue, multipolare Weltordnung aus der Taufe gehoben werden, die international für mehr Mit- und Selbstbestimmung sorgt?

Die Antworten auf diese existenziellen Fragen für die Zukunft der Menschheit, die sich aus den Verschiebungen in der Topografie der Macht ergeben und durch die Coronakrise noch brisanter geworden sind, hängen nicht nur von Washington und Peking ab, sondern werden entscheidend auch davon bestimmt, wie Europa sich verhält: Verharrt es in den ausgetretenen Pfaden überkommener transatlantischer Denkmuster, erstarrt in Angst vor dem erwachten Riesen China, gibt dem Verlangen der USA nach Gefolgschaft nach und schlägt sich im Ringen um die Weltordnung von morgen auf deren Seite? Oder bringt es den Mut auf, sich vom großen Bruder jenseits des Atlantiks zu emanzipieren, übernimmt eine eigenständige Führungsrolle in der Weltpolitik, durchbricht den fatalen Konfliktmechanismus zwischen Washington und Peking, wird zu einer Kraft der Entspannung und einem neuen, glaubwürdigen Bannerträger der »westlichen« Werte?

In der Präambel zum EU-Vertrag haben die Vertragsparteien einst ihre Entschlossenheit zu einer gemeinsamen Außen- und Sicherheitspolitik bekundet, »um so die Identität und Unabhängigkeit Europas zu stärken und Frieden, Sicherheit und Fortschritt in Europa und der Welt zu fördern«. Nie zuvor war es wichtiger als heute, diesen Worten Taten folgen zu lassen. Lässt Europa den Willen und die Kraft zur Emanzipation und einer autonomen geopolitischen Rolle vermissen, verpasst oder verschmäht es die mit der Initiative »Neue Seidenstraße« verbundene Chance, das amerikanische nicht durch ein chinesisches, aber ein eurasisches Jahrhundert abzulösen und damit auch selbst wieder ins Zentrum der Weltpolitik und Weltwirtschaft zu rücken, droht es seine ohnehin schon schwindsüchtig gewordene Zukunftsfähigkeit endgültig zu verspielen, zu zerfallen und in der globalen Bedeutungslosigkeit zu versinken.

Europa hat eine neue Schicksalsstunde geschlagen. Seine politischen Führer sehen sich mit einer epochalen Herausforderung konfrontiert, die einerseits beachtliche Risiken mit sich bringt, andererseits aber auch eine historische Chance darstellt:

- den erreichten Wohlstand langfristig zu sichern und zu mehren,
- Europas Einheit, kulturelle Identität und die Werte der Aufklärung und des Humanismus in der Welt zu bewahren,
- einen neuen Kalten Krieg oder gar Schießkrieg zu verhindern sowie
- eine multipolare und damit demokratischere und gerechtere Welt zu schaffen.

Wird der Kontinent sich dieser Herausforderung gewachsen zeigen? Wird Europa den Befreiungsschlag wagen?

Die Welt blickt heute nicht nur auf ein zerrissenes und geschwächtes Amerika, sondern auch auf ein müde gewordenes, entschlussarmes und uneiniges Europa. Ein Europa, das seiner Jugend keine begeisternde Erzählung mehr zu bieten hat und sich im Kleinklein verliert. Seine Integration ist festgefahren, der Traum von Wohlstand, Frieden und Humanismus verblasst, seine Identität in einer Krise. Seine führenden Politiker fahren auf Sicht, reagieren nur noch und wursteln sich durch. Wie hohl die europäische Idee schon geworden ist, zeigte sich zuletzt in der Coronakrise. Binnen weniger Tage löste sich das Schengen-Abkommen zum freien Personenverkehr, neben dem Euro bis dato Europas größte Errungenschaft, in Luft auf. Ein Land nach dem anderen schloss seine Grenzen, auch für den Warenverkehr – oft ohne den Nachbarn vorher auch nur zu informieren, geschweige denn zu fragen. Einen europäischen Binnenmarkt gab es nicht mehr.

Die Pandemie traf die neue Kommissionspräsidentin und studierte Medizinerin Ursula von der Leyen offensichtlich völlig unvorbereitet und überforderte ihre Führungskraft bei Weitem.

»Eigentlich wäre diese Krise jetzt die Stunde der EU-Kommission«, so der bayrische Ministerpräsident und CSU-Vorsitzende Markus Söder im März 2020, nachdem Corona auch in Europa voll ausgebrochen war, »aber es ist merkwürdig still in Brüssel.« Der ehemalige SPD-Chef und deutsche Außenminister Sigmar Gabriel wurde noch deutlicher: »In der größten Bewährungsprobe seit ihrer Gründung versagt die EU vollständig.« Italien, drittgrößtes Land der Gemeinschaft und von der Seuche in Europa am schwersten getroffen, wurde (wie schon in der Migrationskrise 2015) schmählich im Stich gelassen. Die Schriftstellerin Sibylle Berg klagte, der Zusammenhalt Europas habe sich in der Coronakrise vor allem darauf beschränkt, »gemeinsam Italien beim Sterben zuzusehen«.

Mauro Ferrari, Präsident des europäischen Forschungsrats, geißelte »das vollständige Fehlen einer koordinierten Gesundheitspolitik« unter den Mitgliedsstaaten und trat aus Protest von seinem Amt zurück. Die eigentlich Europa-freundliche Zeitung »La Repubblica« schrieb, von der EU sei in der Coronakrise nur noch »Rhetorik« übrig geblieben. Das Virus habe die »Heucheleien zerfressen«. Und das in alle Himmelsrichtungen. Als Deutschland zögerte, dem Vorschlag Italiens folgend zur Krisenbewältigung Eurobonds aufzulegen, erinnerte Rom öffentlich an die deutsche Kriegsschuld. Als die Gemeinschaft ein Exportverbot für Masken verhängte, bezeichnete Aleksandar Vučić, Präsident des EU-Beitrittskandidaten Serbien, China als »das einzige Land, das uns jetzt helfen kann«, und die »europäische Solidarität« als »ein Märchen«.

In der zweiten Coronawelle im Herbst 2020 wurden die Binnengrenzen zwar nicht mehr durchweg geschlossen, aber ein auf offene Grenzen innerhalb der Gemeinschaft abgestimmtes Vorgehen gegen die Pandemie, das dann umso wichtiger gewesen wäre, fehlte immer noch. Weder waren die Maßnahmen in den einzelnen Ländern europaweit koordiniert, noch wurden Reisende bei Grenzübertritt oder danach lückenlos kontrolliert, getestet oder in Quarantäne geschickt. In der Folge explodierte die Zahl der Erkrankungen und Todesfälle. Bei der entscheidenden Beschaffung von Impfstoff versagte von der Leyen mit ihrer EU-Kommission dann endgültig. Sie sparten an der falschesten aller falschen Stellen und orderten viel zu wenig und zu spät von den aussichtsreichsten Impfstoffen. Dadurch konnten die Immunisierungen in der Gemeinschaft nur sehr langsam anlaufen.

Eine unbekannte, aber beträchtliche Zahl von Menschen muss die Inkompetenz mit schwerer Krankheit oder gar ihrem Leben bezahlen – von dem ebenfalls vermeidbaren wirtschaftlichen Schaden in Zig-Milliardenhöhe ganz abgesehen. »Brüssel tötet«, so der »Focus«-Kolumnist Jan Fleischhauer. Zu einer Zeit, da die EU wie nie zuvor eines neuen Vorwärtsschubs bedurfte, ist die europäische Idee erneut arg in Misskredit geraten, hat sich die Gemeinschaft selbst einen Schaden womöglich historischen Ausmaßes zugefügt. Ex-Bundeskanzler Gerhard Schröder bezeichnete die EU als »marode«. Zu einer Zeit, da es wie nie zuvor eines Vorwärtsschubs bedurfte, hat sich Europa selbst unermesslich geschadet. Für die Bewältigung der geopolitischen Herausforderung stimmt das alles andere als hoffnungsfroh.

Europa zwischen Amerika und China

Vor ihrem Amtsantritt hatte Ursula von der Leyen, wie immer vollmundig, angekündigt, einer »geopolitischen Kommission« vorsitzen zu wollen, die sicherstellt, dass Europa »nicht zwischen den USA und China zerrieben« wird. Ihr Mitstreiter Josep Borrell, der Hohe Vertreter für Auswärtige und Sicherheitspolitik der EU, hatte gemahnt, Europa müsse sich entscheiden, ob es »Spieler« oder »Spielfeld« sein wolle. Doch über solche Gemeinplätze ist die neue EU-Kommission bisher kaum hinausgekommen. Quasi-Außenminister Borrell erkärt an einem Tag, Europa werde seinen eigenen Weg gehen und Außenpolitik »auf seine Weise« betreiben, und bietet am nächsten den USA einen bilateralen Dialog zu China an, um so besser »die eigenen Werte und Interessen zu verteidigen«. Kurz: Das Führungspersonal in Brüssel macht nicht den Eindruck, den großen Herausforderungen der Zeit gewachsen zu sein. Von einer gemeinsamen, eigenständigen und klaren geopolitischen Strategie ist bisher wenig zu sehen. Die EU will oder kann sich nicht richtig entscheiden, welche Haltung sie gegenüber China und den USA künftig einnehmen soll. Sie erinnert an Kurt Tucholskys Gedicht »Das Ideal«, in dem es heißt: »Ja, das möchtste: Eine Villa im Grünen mit großer Terrasse, vorn die Ostsee, hinten die Friedrichstraße.« Auf der einen Seite unterstützt sie, besonders seit dem Wechsel im Weißen Haus, wieder den amerikanischen Hegemonialanspruch, will aber auf der anderen Seite auch am Wachstum Asiens und besonders Chinas weiter voll teilhaben, wie das am Jahresende 2020 mit Peking abgeschlossene Investitionsabkommen zeigt.

Nicht zuletzt daran, wie die EU mit diesem weiter umgeht, wird sich zeigen, wie stark ihr Autonomiewille gegenüber den USA ist. Obwohl Peking der EU nur mehr oder weniger die gleichen strukturellen Zugeständnisse gemacht hat wie in dem Phase-Eins-Abkommen von Anfang 2020 den USA, ist die Biden-Administration über den Abschluss verstimmt. Sie wird versuchen, die Ratifizierung des Abkommens durch das EU-Parlament jedenfalls in der vorliegenden Form zu verhindern. Die Wahrscheinlichkeit, dass Washington dies gelingt und das Abkommen, wenn überhaupt, erst in Jahren in Kraft tritt, ist hoch. Und das nicht nur, weil Peking nicht verbindlich versprechen wollte, die einschlägigen Regelungen zur Zwangsarbeit der *International Labor Organization* (ILO) in einem festgelegten Zeitraum in nationales Recht umzusetzen. Die Anzahl der Abgeordneten im Europaparlament, die die Außenpolitik der EU weniger an wirtschaftlichen Interessen als an der Verbreitung von Demokratie und Menschenrechten orientieren wollen, ist beträchtlich.

Und das gilt auch für viele Regierungen der Mitgliedsstaaten, nicht zuletzt Deutschland. Der Wille zur Emanzipation von Amerika ist besonders in der politischen Klasse Berlins, nur in homöopathischen Dosen vorhanden. Die große Mehrheit ist fest im transatlantischen Denken befangen. Die im August 2020 vom Bundeskabinett verabschiedeten »Leitlinien zum Indo-Pazifik« des Auswärtigen Amtes, die Deutschlands künftige Fernostpolitik festlegen, haben dies erneut eindrücklich bestätigt. Darin erklärt Berlin zwar zunächst, »Eindämmungs- und Entkoppelungsstrategien« seien »nicht zielführend« – um dann in der Substanz jedoch genau solche zu verfolgen. Auch andere verbale Verschleierungsmanöver wie etwa die Substitution des Wortes »entkoppeln« durch »diversifizieren« können darüber nicht hinwegtäuschen. Das Etikett verrät schon alles: Von »Indo-Pazifik« statt »Asien-Pazifik« sprechen die Amerikaner, seit sie zur Eindämmung Chinas um Indien als geopolitischen Partner buhlen.

Neben wirtschaftlichen Interessen müsse es Deutschland in der Region künftig auch »um eine Stärkung der politischen Dimension der Beziehungen gehen – bis hin zu einer intensiveren sicherheitspolitischen Zusammenarbeit«, heißt es in den Leitlinien. Dabei komme »dem Schulterschluss mit Demokratien und Wertepartnern in der Region besondere Bedeutung zu«. Dazu wolle man auch »maritime Präsenz im indo-pazifischen Raum« zeigen und sich »innerhalb der NATO um den Ausbau der Beziehungen zu den ›*Partners Across the Globe*‹ kümmern«, zu denen vor allem die US-Verbündeten Japan, Südkorea und Australien gehören. Demnächst will die Bundesmarine eine Fregatte in den Indischen Ozean entsenden und im nächsten Jahr sollen nach Angaben des Inspekteurs der Lufwaffe Jagdflugzeuge zusammen mit Tankflugzeugen nach Australien geschickt werden, »um Abschreckungsfähigkeiten zu demonstrieren«. Deutschland bekundet damit, wenngleich bisher eher noch symbolisch, sich an der Eindämmung Chinas beteiligen zu wollen.

Das Papier liegt nicht nur auf einer Linie mit dem geheimen strategischen Rahmenplan der US-Regierung für die Region, der Anfang 2021 in Teilen bekannt wurde, sondern auch mit dem Strategiepapier »NATO 2030«. Dieses regt unter anderem eine Partnerschaft des nordatlantischen Bündnisses mit Indien an, da dieses Land »mit der Allianz fundamentale Interessen und Werte teilt«. Sollte sich, wie von Berlin ausdrücklich gewünscht, die EU als Ganzes dem Papier aus Berlin anschließen, würde das für die Beziehungen der Gemeinschaft zu Peking nichts Gutes verheißen. Der Kalte Krieg 2.0 wäre ein weiteres Stück näher gerückt. *Res ipsa loquitur* – die Sache selbst spricht, wie Marcus Tullius Cicero schon sagte.

Einen echten Willen zur Emanzipation von den USA lässt unter den Regierungschefs der Gemeinschaft derzeit allein Frankreichs Staatschef Emmanuel Macron erkennen. Ob nun aus tiefer europäischer Gesinnung, um seine innenpolitische Rivalin Marine Le Pen auf Distanz zu halten, also an der Macht zu bleiben, oder um Frankreichs Einfluss in der EU zu stärken, sei hier dahingestellt. »Wenn wir weitermachen wie gehabt«, so Macron im Anschluss an den G7-Gipfel im August 2019 in Biarritz vor den versammelten Botschaftern seines Landes, »wird die Welt sich um zwei große Pole herum strukturieren, die USA und China, und wir haben nur die Wahl, von dem einen oder anderen dominiert zu werden.« Dann werde Europa »verschwinden«. Entweder es entscheide sich dafür, »Juniorpartner von dem einen oder dem anderen zu sein, oder ein bisschen von dem einen und dem anderen, oder dafür, einen eigenen Part in dem Spiel zu spielen und eigenes Gewicht zu besitzen«. Dann wurde der französische Präsident noch deutlicher und rief dazu auf, »die Beziehungen zu einigen Mächten gründlich zu überdenken«, darunter auch »einige Elemente der Solidarität, von denen wir dachten, sie seien für ewig unantastbar«. Es sei eine »demokratische Aporie«, so Macron in Anspielung auf die Ohnmacht Europas gegenüber Washington, »dass das Volk seine Führer souverän wählt, diese aber nichts mehr entscheiden können«. Wenige Wochen darauf bezeichnete er die NATO öffentlich sogar als »hirntot«.

Emmanuel Macron tritt damit in die Fußstapfen von Charles de Gaulle. Im vollen Bewusstsein, dass sein Land Amerika die Befreiung von der deutschen Besatzung verdankte, war der einstige Staatschef Frankreichs seinerzeit auf Distanz zu Washington gegangen, hatte 1966 die militärische Zusammenarbeit mit der NATO eingestellt und für ein Europa »von Lissabon bis zum Ural« plädiert. In dieser Tradition befürwortet heute Macron ein Europa »von Wladiwostok bis Lissabon« und stellt sich damit gegen Washingtons »Teile-und-herrsche«-Doktrin auf dem eurasischen Kontinent. Die atlantische Allianz sei nach dem Kalten Krieg »nicht einmal ansatzweise neu bewertet« worden, so der französische Staatschef. »Wir dürfen Russland nicht vollends an China verlieren« und: »Wir müssen eine chinesisch-europäische Partnerschaft für das 21. Jahrhundert bauen.«

Obwohl Deutschland an all dem genauso interessiert sein müsste, stieß Macrons Botschaft in Berlin auf taube Ohren. Frankreich ist seit Ende des Zweiten Weltkriegs stärker auf seine Unabhängig von den USA bedacht als Deutschland. Nicht von ungefähr kam die Warnung vor der »amerikanischen Herausforderung« seinerzeit von einem Franzosen, dem Publizisten Jean-Jacques Servan-Schreiber, und gehen die großen europäischen Gemeinschaftsprojekte wie Euro, Airbus oder Galileo, die den USA bis heute missfallen, vor allem auf französische Initiative zurück. Das außenpolitische Establishment wie auch die Medien hierzulande sind dagegen seit Kriegsende atlantisch orientiert und von Dankbarkeit für Marshallplan, Berliner Luftbrücke und Wiedervereinigung geprägt. Zu ihrer politischen Sozialisation gehört nicht Charles de Gaulle, sondern Ronald Reagan (»Mr. Gorbachev, tear down this wall!«). Dem französischen Staatschef wird diesseits des Rheins zudem gerne unterstellt, mit einer Emanzipation von den USA nur dafür sorgen zu wollen, dass sein Land, das nach dem Brexit als einziges EU-Mitglied über Atomwaffen und einen ständigen Sitz im UN-Sicherheitsrat verfügt, die militärische und politische Führungsrolle in der Gemeinschaft übernehmen kann.

Selbst in der Partei Die Linke betreiben einstige Friedenstauben wie Dietmar Bartsch jetzt transatlantische Mimikry, um so den Weg zu einer Regierungsbeteiligung zu eröffnen. Auf dem Weg an die Macht bekennen sich neuerdings auch immer mehr Politiker der einst einmal so friedensbewegten Grünen wie Annalena Baerbock, Katrin Göring-Eckardt, Reinhard Bütikofer oder Cem Özdemir zum Großen Bruder in Washington. Baerbock, die Ko-Vorsitzende der Partei, hält nicht nur die NATO für unverzichtbar, sondern engagiert sich als stellvertretende Vorsitzende des »Parlamentarischen Freundeskreises Berlin-Taipeh« auch besonders für Taiwan. Der ehemalige Parteichef Bütikofer hat als Vorsitzender der China-Delegation im Europaparlament und Co-Chair in der Peking-feindlichen *Inter-Parliamentary Alliance on China* (IPAC) seinen einstigen Maoismus im Kommunistischen Bund Westdeutschland (KBW) längst gegen einen ebenso blinden Atlantizismus eingetauscht. Er kämpft sowohl gegen Nordstream wie gegen Huawei und das mit China getroffene Investitionsabkommen der EU. Konvertiten treten bekanntermaßen besonders eifrig für ihren neuen und gegen ihren alten Glauben auf. In der internationalen Politik zeigt den Grünen offenbar immer noch der ehemalige Parteichef und Außenminister Joseph Fischer, wo es langgeht. »Es wird Zeit, dass Europa aufwacht«, so Fischer in einem Beitrag für »Project Syndicate« im Dezember 2020. Wenn an die Stelle von Donald Trumps »Make America Great Again« jetzt der chinesische Staatschef Xi Jinping mit »Make China Great Again« träte, »wäre gar nichts gewonnen, sondern Tribut und Kotau träten an die Stelle des ›wohlmeinenden‹ Hegemons mit seinem Freiheitsversprechen«.

Die SPD, deren einstiger Anführer Willy Brandt für seine Ostpolitik 1971 den Friedensnobelpreis erhalten und die sich nach dem Fall des Eisernen Vorhangs in ihrem Berliner Grundsatzprogramm von 1989 für eine europäische Friedens- und Versöhnungspolitik gegenüber Russland stark gemacht hatte, ist mit dem Hamburger Grundsatzprogramm schon 2007 ebenfalls in den transatlantischen Konsens eingeschwenkt.

CDU und FDP waren seit jeher nahezu unisono transatlantisch eingestellt. Mit Norbert Röttgen, Annegret Kramp-Karrenbauer und Alexander Graf Lambsdorff stellen sie gegenwärtig auch die prominentesten Sprachrohre des Atlantizismus in Deutschland. Als Gastredner der *Dahrendorf Lecture* gab Alpha-Atlantiker Röttgen schon im Frühjahr 2020 an der Oxford University vor, was inzwischen zum Cantus firmus der deutschen Geopolitik geworden ist: Ohne das Bündnis mit den USA werde Europa zerfallen, dessen Einbettung in den Westen sei eine »Frage des Selbsterhalts«.

Der Vorsitzende des Auswärtigen Ausschusses des Bundestags brachte hier jedoch einiges durcheinander. Selbstverständlich ist Europas Einbettung in den Westen eine Frage des Selbsterhalts. Europa ist Westen, wie ein Apfel Obst ist. Es kann gar nicht Nicht-Westen oder auch nur werteneutral sein, selbst wenn es wollte, sondern nur als Teil des Westens samt dessen Werten es selbst sein. Eine Emanzipation von den USA hat mit einer Abkehr vom Westen und einer Aufkündigung seiner Werte aber nichts zu tun. Ganz im Gegenteil: Angesichts des wirtschaftlichen, politischen und moralischen Niedergangs der westlichen Führungsnation ist diese Emanzipation zum Erhalt dieser Werte und damit zum Selbsterhalt Europas und des Westens sogar zwingend geboten. So wie sich Amerika heute darstellt, wird Europa mit ihm, nicht von ihm losgelöst zerfallen.

Zwar ist es durchaus denkbar, ja sogar wahrscheinlich, dass nicht alle Mitglieder der EU für eine Emanzipation von den USA zu gewinnen sind und vor allem lieber weiter auf den amerikanischen Schutzschirm als auf eine europäische Armee vertrauen wollen. Dies gilt vor allem für Polen und die baltischen Staaten. Das bedeutet jedoch nicht, dass die EU damit zerfiele. Zum einen ist die Loslösung von der NATO nicht mit einer vollständigen Aufkündigung der transatlantischen Partnerschaft zu verwechseln. Für bestimmte Szenarien könnte eine Europäische Verteidigungsgemeinschaft mit den USA bzw. der Rest-NATO eine gegenseitige Beistandspflicht vereinbaren. Sie sollte es sogar. Und schließlich muss die EU-Zugehörigkeit auch nicht notwendigerweise mit einer EVG-Mitgliedschaft verbunden sein. Es gehören ja auch nicht alle EU-Mitglieder der Schengen- oder Eurozone an.

Die Herausforderungen der Zukunft kann ein Europa aus 28 Mitgliedsländern ohnehin nicht bewältigen, wenn dazu immer alle sofort mitmachen und einstimmige Beschlüsse fassen müssen. Auf Dauer kann Europa nur bestehen und gedeihen, wenn es zentrale Anliegen wie die Außen- und Verteidigungspolitik vergemeinschaftet und sie mit Mehrheitsentscheidungen regelt oder mit der Option, Koalitionen der Willigen zu bilden, also mit unterschiedlichen Geschwindigkeiten voranzugehen. Eine französisch-deutsche Avantgarde der Emanzipation bei der Bildung einer europäischen Armee würde ihre Wirkung auf die anderen Mitglieder der Gemeinschaft auf Dauer sicher nicht verfehlen. Ein äußerlicher Zusammenhalt der EU auf Basis des kleinsten gemeinsamen Nenners wird dagegen zunehmend inhaltsleer und dysfunktional und die Gemeinschaft am Ende wirklich sprengen – oder bedeutungslos machen. »Solange Europa nicht bereit ist, eine eigene Verteidigungs- und Außenpolitik zu formulieren und damit auch voranzugehen, werden wir Europa nicht einigen können«, so der einstige Intimus von Willy Brandt und Staatsminister im Auswärtigen Amt, Klaus von Dohnanyi (SPD).

Europas Emanzipation von den USA bedeutet nicht Lagerwechsel, völlige Abkehr oder gar Feindschaft. Es heißt Unabhängigkeit und die Freiheit, seine eigenen Interessen zu verfolgen, Herr des eigenen Schicksals zu sein, kurz: strategische Autonomie. Sie ist ein Akt der Vernunft. Und letztlich sogar ein Akt der Freundschaft. Denn sie stellt vermutlich die einzige Möglichkeit dar, Washington dazu zu bringen, die Welt so zu sehen, wie sie ist, und nicht so, wie es sie sich wünscht. Nur wenn Europa sich von Amerika emanzipiert, kann es dieses davon überzeugen, dass es letztlich auch ihm selbst am Ende zum Vorteil gereicht, von seinem Weltmachtmonopolanspruch und seiner bellizistischen Haltung abzulassen, die dem Militärhistoriker Richard Atkinson zufolge »die Seele zerfrisst und den Geist zersetzt«, einen geordneten Rückzug anzutreten, sein eigenes Haus in Ordnung zu bringen und führend am Aufbau einer multipolaren Weltordnung mitzuwirken.

Der große Stratege Zbigniew Brzeziński hat die Politiker in Washington schon 2016 darauf hingewiesen, dass Amerikas »einzigartige Macht mit der Zeit zwangläufig kleiner« werde, weil die Weltgemeinschaft »einer Konzentration von hegemonialer Macht in den Händen eines einzigen Staates auf lange Sicht immer weniger Sympathie entgegenbringt«. Amerika sei deshalb »nicht nur die erste und einzige wirklich globale Supermacht, sondern wahrscheinlich auch die letzte«. Da ihre globale Dominanz zu Ende gehe, sollten die USA jetzt »die Führung bei der Anpassung der weltweiten Macht-Architektur übernehmen«, so Brzeziński. »Das Streben nach einer einseitig militärisch und ideologisch aufgezwungenen Lösung kann nur zu hinausgezogener und selbstzerstörerischer Zwecklosigkeit führen.« Der Politikprofessor Graham Allison von der Harvard University sieht die Welt an der Schwelle zu einem Umbruch, dessen Folgen »so tiefreichend« seien wie die des Umbruchs »in den späten 40er-Jahren des vergangenen Jahrhunderts«. In einem Beitrag mit dem Titel »Come home, America?« für die Ausgabe März/April 2020 der Zeitschrift »Foreign Affairs« gab Allison den Mächtigen in Washington deshalb den Rat, ihre bisherige

»Grundauffassung von der Rolle Amerikas in der Welt« zu überdenken und »den Globus mit anderen Großmächten zu teilen«. Und in seinem Report »Global Risks 2035« von 2019 gemahnte selbst der *Atlantic Council* die Regierung in Washington zur Vorsicht. Genauso wie einst die aufsteigende Macht Deutschland und die etablierte Macht Großbritannien durch die Kriege gegeneinander an weltpolitischer Bedeutung verloren hätten, so würde auch »ein Konflikt mit China, der aufsteigenden Macht von heute, das Risiko eines Niedergangs für die USA erhöhen«. Deshalb sei es auch in deren Interesse, die Thukydidesfalle zu vermeiden, »selbst wenn dies bedeutet, China eine höhere Stellung in der globalen Ordnung zuzugestehen«.

Die Aufforderung an Europa, sich von Amerika zu emanzipieren, um dessen Machtmonopol zu beenden, schließt die Zustimmung zu einem neuen chinesischen Monopol von vorneherein aus. Als eine spezielle Ausprägung von Autokratie stehen Monopole nicht nur in krassem Widerspruch zum Gedanken der Demokratie. Es wäre auch geradezu widersinnig, sich aus der Abhängigkeit von einem Hegemon zu befreien, nur um sich in die Arme eines anderen zu werfen und so erneut zu verzwergen. Monopole sind nicht allein in der Wirtschaft schädlich, sondern mindestens genauso in der Politik. Heute mehr denn je. Die großen Menschheitsprobleme Klimawandel, Massenmigration, Terrorismus oder Pandemien lassen sich nur multipolar lösen.

Dem Aufruf »Dreht um, biegt ab, geht mit Asien auf die Reise!« zu folgen, den Kishore Mahbubani an die Europäer gerichtet hat, bedeutet denn auch nicht, China zu idealisieren, zu seinem Alliierten zu werden oder vor der Missachtung von Menschenrechten die Augen zu verschließen. Aber: Die Feinde unserer Freunde müssen nicht automatisch auch unsere Feinde sein. Europa könne wirtschaftlich und technologisch mit China kooperieren, die gegenseitige Verflechtung und die Grundlagen einer multilateralen Ordnung bewahren und dabei einseitige Abhängigkeit vermeiden, so Volker Perthes, Direktor der Stiftung Wissenschaft und Politik. »Europa sollte zuallererst seine eigenen Interessen finden«, so Jörg Wuttke, Präsident der europäischen Handelskammer in China: Es sollte weder Amerika noch China »sklavisch folgen«. Bei der Emanzipation von Amerika geht es zudem auch darum, »die europäische Zivilisation neu zu gründen«, wie der französische Staatspräsident Macron es ausdrückte. Soll heißen: die Werte des Humanismus so vorzuleben, dass sie in der Welt zuletzt verlorenes Ansehen zurückgewinnen können.

Nach einem halben Jahrhundert der Kooperation mit China haben die USA sich für eine Politik der Konfrontation entschieden. In den rund 100 Jahren, die sie nunmehr das mächtigste Land der Welt sind, vor allem aber in den letzten 30 Jahren als alleinige Supermacht, sind sie zunehmend selbstgefällig und anmaßend geworden. Ihr Selbstbild einer auserwählten Nation, der von Gott der Auftrag erteilt wurde, die Welt zu führen, hat sich zu einem Dogma verfestigt. »Wir sind Nummer eins. Und das ist unsere Aufgabe«, so Madeleine Albright, Außenministerin in der Clinton-Regierung, 1998 auf dem Höhepunkt der US-Herrlichkeit. »Wenn wir Gewalt anwenden müssen, so deshalb, weil wir Amerika sind. Wir stehen mit erhobenem Haupt und sehen weiter in die Zukunft.« Hochmut kommt vor dem Fall. Es sei das »Schicksal« Amerikas, so der Historiker Richard Hofstadter, »nicht eine Ideologie zu haben, sondern eine zu sein«. Diese Ideologie vermag gegenüber den Veränderungen in der Welt jedoch nicht länger standzuhalten.

Menschen wie Nationen akzeptieren Veränderungen aber leider meist erst dann, wenn sie sich dazu gezwungen sehen. Deutschland hat zur Veränderung seines Selbstbilds zwei Niederlagen in zwei Weltkriegen, die nahezu vollständige Zerstörung und die Teilung des Landes gebraucht. Zur Korrektur des amerikanischen Selbstbilds ist ein solcher Lernprozess keine Option. »Die Amerikaner werden am Ende immer das Richtige tun – nachdem sie alle Alternativen ausprobiert haben«, meinte einst Winston Churchill. Europa muss diesen Prozess verkürzen, denn die Alternativen, die Amerika mit seiner Chinapolitik derzeit verfolgt, könnten die Welt in einen Dritten Weltkrieg stürzen. Das Richtige zu tun kann für die USA und den Westen nur heißen, die Weltbühne mit anderen zu teilen. Je mehr der Westen China als Feind betrachtet und es entsprechend behandelt, desto sicherer wird es zu einem solchen werden. China muss China sein können, so lange und so weit es den Westen umgekehrt Westen sein lässt. 1,4 Milliarden Chinesen haben genauso ein Recht auf Selbstbestimmung, Fortschritt und Wohlstand wie Amerikaner und Europäer. »Zu versuchen, Chinas Ambitionen zu ersticken und scheitern zu lassen«, so Kerry Brown, Leiter des China-Instituts am Londoner King's College und einer der angesehensten Sinologen der Welt, sei »moralisch und politisch nicht zu rechtfertigen. Es würde sich auch als unmöglich herausstellen, eine solch riesige Welle menschlicher Erwartungen zurückzuhalten.« Der ehemalige deutsche Außenminister und heutige Chef der Atlantikbrücke Sigmar Gabriel bezeichnet es sogar als »völlig verrückt«, China »in einer Ecke halten zu wollen«. Für die Welt geht es jetzt darum, dass sich diese Einsicht auch in Washington durchsetzt. Und Europa fällt dabei die entscheidende Verantwortung zu.

Was ändert sich mit Präsident Biden?

Der Glaube und die Hoffnung vieler Europäer, nach Trump werde alles wieder gut, sind ein gefährlicher Trugschluss. Europa könne »nicht so tun, als habe es Trump nicht gegeben«, warnt Anthony Gardner, Ex-Botschafter der USA bei der EU. Der neue Präsident Joe Biden wird die Erwartungen, die sich mit seiner Wahl verbanden, genauso enttäuschen wie seinerzeit Barack Obama. Dieser hatte im Amt mehr oder weniger da weitergemacht, wo sein Vorgänger George W. Bush aufgehört hatte. In seinem Buch »National Security and Double Government« legt

Michael Glennon, Professor für internationales Recht an der *Fletcher Schoo*l der Tufts University, detailliert dar, dass und warum die nationale Sicherheitspolitik der USA »von Präsident zu Präsident konstant bleibt«: Weil diese Politik längst nicht mehr von den demokratischen Institutionen des Landes gemacht werde, die der Republikgründer James Madison einst in der Verfassung dafür vorgesehen habe, sondern von den durch Harry Truman zu Beginn des Kalten Krieges gegen die Sowjetunion geschaffenen Sicherheitsorganen, die wie eine Schattenregierung operieren. »Wenn man eine wirkliche Demokratie hätte und tun würde, was das Volk will«, so Trumans Außenminister Dean Acheson, »würde man immer das Falsche tun.«

Donald Trump hat die amerikanische Hegemonialpolitik nicht erfunden. Er hat sie nur zum Teil anders umgesetzt und sich vor allem keine Mühe gegeben, ihr hässliches Gesicht hinter einer freundlichen Maske zu verstecken. Dies erklärt auch einen Gutteil der Ablehnung, die ihm vonseiten des politischen Establishments Amerikas und dessen Parteigängern in aller Welt entgegenschlug. Auf eine grundsätzliche Korrektur der Anti-China-Politik durch den neuen Präsidenten sollte Europa nicht bauen. Schon allein wegen der Bürokratien innewohnenden Tendenz, an einem einmal eingeschlagenen Kurs festzuhalten, in der Wissenschaft als Pfadabhängigkeit bekannt. Nach Ansicht des Politologen John Mearsheimer agieren amerikanische Präsidenten und ihre jeweiligen Nachfolger in der Außen- und Sicherheitspolitik wie die beiden zum Verwechseln ähnlichen Figuren Tweedledee und Tweedledum aus Lewis Carrolls Kinderbuch »Through the Looking Glass«, der Fortsetzung von »Alice's Adventures in Wonderland«. Die Demokraten seien deshalb »genauso zur Eindämmung Chinas entschlossen, wie dies Trump war«. Joseph Robinette Biden jr. hat im Oval Office ein Gemälde von Harry Truman aufgehängt. Mit seiner Doktrin leitete Truman seinerzeit die Epoche der bipolaren Welt des Kalten Krieges ein.

Aber selbst wenn Biden eine neue bipolare Welt vermeiden wollte, würde ihm dies nicht gelingen. Um zu verhindern, dass die Auseinandersetzung mit China »in eine bipolare Weltordnung mit weitreichenden Konsequenzen für den Rest der Welt übergeht, ist starke Führung gefragt«, so der *Atlantic Council* in einem Report über die größten Zukunftsrisiken. Eine solche Führung ist von dem neuen Präsidenten nicht zu erwarten. Die Amerikaner konnten sich nur zwischen zwei Übeln entscheiden. Bidens Wahlsieg war weniger eine Entscheidung *für* ihn als eine *gegen* den vorherigen Amtsinhaber Donald Trump und dessen katastrophale Corona-Bilanz. Der Präsident kann sich nicht auf einen programmatischen Regierungsauftrag durch das Volk stützen. Das Land ist nach den vier Jahren Trump und dem turbulenten Machtwechsel noch stärker in zwei Teile gespalten als zuvor. Zwar gaben über 81 Millionen Amerikaner dem ehemaligen Vizepräsidenten ihre Stimme, das ist aber dennoch nur gut ein Drittel der 240 Millionen Wahlberechtigten. Und Donald Trump erhielt mit gut 74 Millionen rund 10 Millionen Stimmen mehr als 2016. Überdies gewann er über 2.500 Wahlkreise für sich, Biden dagegen nur etwas mehr als 500. Sprich: Weite Teile der USA sind Trump-Land. Und werden es bleiben. Auf der Sitzung des *Republican National Committee* (RNC), der Parteispitze der Republikaner, wenige Tage nach dem Sturm auf das Kapitol wurde das von Trump ausgesuchte Führungsteam klar im Amt bestätigt.

Biden wird die beiden tief entzweiten Hälften des Volkes wohl kaum miteinander versöhnen können. Die Spaltung der Gesellschaft ist das Ergebnis einer jahrzehntelangen Entwicklung und zudem mehr identitär begründet als ökonomisch, was sie besonders nachhaltig macht. Die Ereignisse rund um den Sturm des Kapitols haben die politischen Gräben zwischen Populisten einerseits und Elitisten andererseits noch breiter und tiefer gemacht, das Land wird so schnell nicht zur Ruhe kommen, sein Abstieg droht sich eher noch zu beschleunigen.

»Wir sind ein Land mit komplizierten Mehrfachfrakturen«, so Thomas Friedman von der »New York Times«. »Deshalb bringen wir nichts Ambitioniertes mehr zusammen. Denn ambitionierte Vorhaben schafft man nur gemeinsam.« Die USA erleben ihre schwerste politische Krise seit dem Bürgerkrieg. »Der Sturm aufs Kapitol war nicht der Endpunkt, sondern der Anfang einer extremistischen Bewegung, die auch gewalttätig sein wird«, so der Terrorexperte Peter Neumann vom Londoner King's College.

Die PR-Maschinerie von Joseph Biden hat im Wahlkampf von ihm das Bild eines Versöhners (»Uncle Joe«) gezeichnet. Doch das ist ein Zerrbild, das nur das Alter des 78-jährigen Mannes sanfter beleuchten und die Tatsache zudecken sollte, dass seine ganze Erfahrung in einem Leben als Partei- und Berufspolitiker in Washington besteht. Auch wenn er feierlich versprochen hat, ein Präsident für alle Amerikaner sein zu wollen – der neue Mann im Weißen Haus ist ein archetypischer Vertreter des Washingtoner Establishments, das die Trump-Anhänger verachtet, die seine Parteifreundin Hillary Clinton in einem Moment der Unachtsamkeit einmal als »bedauernswerte Gestalten« (*Deplorables*) bezeichnete. Umgekehrt betrachten die so Gescholtenen das Polit-Establisment der Hauptstadt als »Sumpf«, eine Ansammlung von Schmarotzern, die sich den Staat zur Beute gemacht haben. Trump dagegen, so Richard Lowry, der Herausgeber der »National Review«, sei für viele Amerikaner »der einzige Stinkefinger, den sie all jenen zeigen können, die meinen bestimmen zu dürfen, wo es in der amerikanischen Kultur langgeht«.

Diese beiden sich unversöhnlich gegenüberstehenden Lager miteinander zu versöhnen wäre selbst für einen stärkeren Präsidenten als Joe Biden kaum möglich. Zumal die natürlichen Fliehkräfte in der Gesellschaft weiter zunehmen. So sieht sich etwa das traditionelle weiße Amerika zunehmend in die Defensive gedrängt. Seit Mitte 2020 hat laut Statistischem Bundesamt der Vereinigten Staaten die Mehrheit der Neugeborenen keine weiße Hautfarbe mehr.

Hinzu kommt, dass die Regierung im Repräsentatenhaus wie im Senat nur über knappe Mehrheiten verfügt und für alle wichtigen außen- und innenpolitischen Vorhaben die Zustimmung einer Reihe von Republikanern braucht. Geht sie auf diese zu, droht dies jedoch den radikalen linken Flügel der demokratischen Partei zu frustrieren, noch weiter nach links zu treiben und die Spannungen im Land zu verstärken. Dafür wird auch das neuerliche Amtsenthebungsverfahren *(Impeachment)* gegen Ex-Präsident Trump sorgen, mit dem die Demokraten verhindern wollen, dass dieser 2024 womöglich erneut ins Weiße Haus einzieht. MAGA als eine Art einheimisches Al-Qaida zu betrachten, ist ein denkbar schlechter Ausgangspunkt für Versöhnung.

Amerika steht eine Wiederholung der ersten drei Jahre der Trump-Administration mit umgekehrtem Vorzeichen bevor: Die meisten Trump-Wähler sehen wie 2016 die meisten Parteigänger von Hillary Clinton die Niederlage als unrechtmäßig zustande gekommen an. Umfragen zufolge argwöhnen zwei Drittel der republikanischen Wähler und fast 40 Prozent der Amerikaner insgesamt, dass der Wahlausgang im November 2020 manipuliert wurde. Um sich zu revanchieren, werden die Trumpisten in der *Grand Old Party* einen Sonderermittler zur Untersuchung von Joe Bidens Verwicklung in die dubiosen Millionen-Geschäfte seines Sohnes Hunter einsetzen wollen, der im Verdacht steht, seinen Vater ukrainischen, russischen und chinesischen Geschäftspartnern als Türöffner verkauft zu haben. Ermittlungen der Justizbehörden laufen bereits. »Einige der auf dem Computer von Hunter Biden gefundenen E-Mails weisen darauf hin, dass Joe voll auf dem Laufenden war«, so Ron Johnson, republikanischer Vorsitzender des Heimatschutzausschusses im Senat. »Ich sehe nicht, wie ein Sonderermittler zu vermeiden ist, sonst werden wir nie wissen, was passiert ist.«

Ein gemeinsamer Bericht der republikanischen Mehrheit des Ausschusses für Heimatschutz mit den Parteifreunden vom Finanzausschuss des Senats hat im Herbst 2020 bereits die Grundlage für den Einsatz eines Sonderermittlers gelegt. Hunter Biden, so heißt es darin, »war nicht der einzige Biden, der aus Joe Bidens Vizepräsidentschaft Profit geschlagen hat«. Die vom Ausschuss herangezogenen Unterlagen »zeigen konsistente, signifikante und extensive finanzielle Verbindungen unter und zwischen Hunter Biden, James Biden, Sara Biden, Devon Archer [ehemaliger Wahlkampfmanager von Ex-Außenminister John Kerry] und chinesischen Staatsbürgern mit Verbindungen zum kommunistischen Regime und zur Volksbefreiungsarmee ebenso wie zu anderen ausländischen Staatsbürgern mit fragwürdigem Hintergrund«. Diese Verbindungen und »die beträchtlichen Geldmengen, die zwischen und unter ihnen transferiert wurden, werfen nicht nur Bedenken wegen Interessenkonflikten auf, sondern auch strafrechtliche und finanzielle Bedenken sowie Bedenken hinsichtlich Spionageabwehr und Erpressung«. Das Trump-Lager setzt jetzt darauf, die weiteren Ermittlungen nach den nächsten Kongresswahlen in zwei Jahren in ein Amtsenthebungsverfahren gegen Joseph Biden münden lassen zu können und bei den nächsten Präsidentschaftswahlen wieder das Weiße Haus erobern zu können. Für Ian Bremmer, den Chef des Beratungsunternehmens Eurasia Group, ist Letzteres sogar das größte auf seiner Liste der globalen Risiken. »Die Breite der Trump'schen Basis und die Ausweitung seiner politischen Koalition zwingen [Amerikas] Verbündete dazu, mit der Möglichkeit eines neuen ›America-First‹-Präsidenten in vier Jahren zu rechnen.« Mit anderen Worten: Die Führungsnation des Westens ist unberechenbar geworden.

All dies lässt keine Entschärfung der geopolitischen Auseinandersetzung zwischen Washington und Peking erwarten. Im Gegenteil. Je gespaltener eine Gesellschaft im Inneren ist, desto mehr ist sie für ihren Zusammenhalt auf einen äußeren Feind angewiesen, gegen den sie sich einschwören und versammeln kann. Und desto mehr sehen sich Staaten versucht, Rivalen zu Feinden hochzustilisieren und den Wettbewerb mit ihnen als einen Existenzkampf zwischen Gut und Böse zu überhöhen. Je mehr sich nach der Coronakrise herausstellt, dass diese Chinas Position gegenüber den USA weiter gestärkt hat, desto mehr wird auch deswegen dort die Feindseligkeit zunehmen.

Wie Donald Trump hält auch Joe Biden die USA für die großartigste Nation in der Geschichte der Zivilisation. »Die Vereinigten Staaten sind dazu berufen zu führen. Keine andere Nation hat diese Kapazität und keine ist auf diese Idee gegründet«, so der neue Mann im Weißen Haus. Auch er will nicht an das Ende des amerikanischen Zeitalters und eine unausweichliche Kraft- und Machtverschiebung von Amerika in Richtung China glauben. Die heutige Schwäche der USA ist in seinen Augen vor allem seinem Vorgänger im Amt geschuldet und daher umkehrbar. An der Substanz der amerikanischen Außenpolitik wird sich somit nichts ändern. Anders als sein Vorgänger wird der neue Präsident wieder die übliche Maske der Moral tragen und bürgerliche Umgangsformen pflegen. Er wird nicht mit dem Vorschlaghammer operieren und Washingtons traditionelle Verbündete umgarnen. So hat Biden schon im Wahlkampf angekündigt, die USA in die WHO, zum Iran-Vertrag und Pariser Klimaabkommen zurückzuführen. Amerika werde seine »alte Stellung als moralischer und wirtschaftlicher Führer der Welt wieder einnehmen«, hieß es in seiner Wahlplattform für die Präsidentschaftswahlen. Er werde die Vereinigten Staaten »wieder am Kopfende des Tisches platzieren« und »die Menschenrechte voranbringen – zu Hause wie auch im Ausland«, so Biden.

Auf dem Wahlparteitag der Demokraten im August 2020 pries der Kandidat sich den Wählern als »Verbündeter des Lichts« an – im Unterschied zu Dunkelmann Trump. Doch in seinen 36 Jahren im Senat, als Vizechef des Auswärtigen Ausschusses und anschließend in den acht Jahren als Vizepräsident unter Obama stand Biden häufiger mit den Kräften der Finsternis im Bunde. Mit Joe Biden feiert der MICIMATT-Komplex, auch als *deep state* oder nach dem alles verschlingenden Organismus in dem gleichnamigen Science-Fiction-Film als *the blob* bekannt, fröhliche Urständ. 1999 war Biden im Senat der Wortführer der Resolution, die Präsident Bill Clinton autorisierte, einen Luftkrieg gegen die damalige Bundesrepublik Jugoslawien zu führen; er stimmte für die Kriege in Afghanistan und im Irak, in Libyen und Syrien. Und er war einer der eifrigsten Verfechter des Drohnenkriegs, der sich der Öffentlichkeit leichter verkaufen lässt als Einsätze mit vielen Bodentruppen, aber zugleich auch die Schwelle für militärische Einsätze überhaupt senkt. Zu Bidens engsten Freunden im Senat gehörte der außenpolitische Hardliner John McCain und zählen heute noch dessen gleichgesinnte Parteifreunde wie etwa der ehemalige Außenminister Colin Powell.

McCain war ein Vierteljahrhundert lang Chef des *International Republican Institute*, einer staatlich finanzierten Regimewechsel-Organisation, die in nahezu allen »Farbenrevolutionen« der vergangenen Jahrzehnte mitmischte. Colin Powell erzählte der Welt seinerzeit die Mär von Saddam Husseins Massenvernichtungswaffen, um Amerikas Einmarsch in den Irak zu rechtfertigen. Auf dem Wahlparteitag der Demokraten trommelte er ebenso wie McCains Ehefrau Cindy für den Kandidaten der Demokraten: »Wer ein starkes Amerika will, der will Joe Biden.« Dutzende von Republikanern aus dem Bereich der nationalen Sicherheit riefen in einem offenen Brief dazu auf, den Kandidaten der Demokraten zu wählen. Darunter Scharfmacher wie der neokonservative politische Analyst Bill Kristol, der Amerikas imperialen Alleingängen mittels einer Revision des Völkerrechts eine rechtliche und moralische Grundlage verschaffen will; der Journalist David Frum, der den Begriff von der »Achse des Bösen« prägte und die Befugnisse der US-Geheimdienste ausweiten will, sowie der Berater und Militärhistoriker Max Boot, einer der Ersten, die zum Krieg in Afghanistan und im Irak aufriefen.

Wenn es einen Mann gebe, von dem er sich »ohne Weiteres vorstellen« könne, »den Kalten Krieg II in den Weltkrieg III zu verwandeln – natürlich unbeabsichtigt und mit den besten Absichten und der erhebendsten Rhetorik«, dann sei dies Joseph Robinette Biden jr., so der konservative britische Historiker Niall Ferguson. »Erfolgreiche Präsidentschaftskandidaten der Demokraten machen immer mit moralischer Erbauung Wahlkampf, … am Ende aber führen sie das Land fast immer in den Krieg.« Tatsächlich haben die Demokraten in der amerikanischen Geschichte mehr Kriege angefangen als die Republikaner. Und gegen China haben sie genauso entschieden Front gemacht.

Selbst wenn er es wollte – der neue Präsident könnte die vielen Eindämmungsmaßnahmen, die sein Vorgänger in den vergangenen Jahren gegen Peking getroffen hat, gar nicht alle wieder rückgängig machen. Trump habe im Verhältnis zu China für die Zukunft »eine feindliche Herangehensweise, eine Art Kalter-Krieg-Beziehung verankert«, so Susan Shirk, Chefin des *21st Century China Center* an der Universität von Kalifornien in San Diego.

Der außenpolitische Diskurs ist in den USA in den vergangenen Jahren zu einem sinophoben Überbietungswettbewerb verkommen. Von Trump als *Beijing Biden* abgestempelt, markierte der neue Präsident schon im Wahlkampf den starken Mann: »Die USA müssen China gegenüber hart auftreten.« Allein schon um dem Verdacht entgegenzuwirken, in die Geschäfte seines Sohnes Hunter verwickelt und von Peking korrumpiert worden zu sein, wird Biden seinen Worten Taten folgen lassen müssen. Die antichinesische Stimmung, die in Amerika inzwischen vorherrscht, und der trotz Trumps Wahlniederlage weiter fortbestehende Trumpismus werden ihm gar keine andere Wahl lassen. Ihm sind die Hände gebunden.

Die Konfrontation der USA mit China wird daher ihre Erscheinungsformen ändern, sich in einigen Bereichen abschwächen, in anderen zuspitzen, aber im Kern unverändert anhalten.

Das zeigen auch die Positionen, die Bidens wichtigste außen- und sicherheitspolitische Berater sowie er selbst bereits jetzt bezogen haben:

- Besonders im Hinblick auf die Themen Menschenrechte und Taiwan wird Amerikas Chinapolitik künftig eher noch härter ausfallen. Nicht von ungefähr kam Peking mit Regierungen der Republikaner in der Regel besser zurecht als mit Demokraten. Kurz vor seinem Ausscheiden aus dem State Department hat dessen Chef Michael Pompeo der Biden-Administration in punkto Taiwan noch eine Steilvorlage gegeben und die seit Jahrzehnten gültigen Regeln der Regierung für den Umgang mit Offiziellen von der Insel zur Beachtung der Ein-China-Politik gestrichen. Im Wahlkampf hat Biden kritisiert, dass sich Donald Trump als erster US-Präsident seit Langem nicht mit dem Dalai Lama getroffen habe, und angekündigt, er selbst werde dies bald korrigieren. Pekings Politik in Xinjiang hat er als »Völkermord« bezeichnet. Um beim Thema Xinjiang mehr Glaubwürdigkeit und Unterstützung aus der muslimischen Welt zu bekommen, hat er Trumps Einreisestopp für viele muslimische Staaten aufgehoben.
- Bidens Team für das Verteidigungs- und Außenministerium sowie die Sicherheitsdienste ist mit Rüstungslobbyisten und Falken besetzt. Lloyd Austin, der neue Chef des Pentagon saß noch nach seinem Ausscheiden aus dem Militärdienst im Board des Rüstungsunternehmens Raytheon – wie sein Vorgänger Mark Esper. Zusammen mit Anthony Blinken, Bidens Mann für das Außenministerium, war er zudem Partner bei dem Private-Equity-Unternehmen Pine Island Capital Partners, das auf Investitionen im Rüstungsbereich spezialisiert ist. Ihre Zukunft sieht die Firma denn auch rosig: »Wir glauben, die Verteidigungsmärkte werden gesund bleiben«. Blinken unterstützte als stellvertretender Außenminister in der Obama-Administration die saudische Intervention im Jemen, und sprach sich für die Aufnahme Georgiens in die NATO

aus. Bei seiner Anhörung im Senat erklärte er es für richtig, dass Donald Trump China gegenüber »eine härtere Herangehensweise« gewählt habe. Haines, die die Geheimdienste koordinieren soll, war im Nationalen Sicherheitsrat unter Obama für die rechtliche Genehmigung der einzelnen Drohneneinsätze verantwortlich. Als stellvertretende CIA-Chefin unter John Brennan, in dessen Zeit die geheimen Folterprogramme des Geheimdienstes fielen, verhinderte sie die Veröffentlichung des Untersuchungsberichts des Auswärtigen Ausschusses im Senat über diese Programme. Während der Untersuchung wurde der Ausschuss von der CIA gehackt. Haines sorgte dafür, dass weder die dafür verantwortlichen CIA-Mitarbeiter noch die Zuständigen für die *Enhanced interrogation techniques* genannten Folterungen bestraft wurden. Im Gegenteil – der Chef des Programms wurde sogar befördert. Jake Sullivan, Bidens oberster Sicherheitsberater, arbeitete während des Libyenkriegs als Chef des Planungsstabs von Außenministerin Hillary Clinton und war maßgeblich an der Aufstellung der *Kill list* für den Drohnenkrieg Präsident Obamas beteiligt.

– Auf dem Feld der Wirtschaft dürfte die Politik gegenüber China differenzierter ausfallen als unter Trump. Die designierte Handelsministerin Gina Raimondo ist bisher nicht durch sinophobe Äußerungen aufgefallen. Washington wird vermutlich dem von seinem einstigen Chef Barack Obama ausgehandelten, von Donald Trump aufgekündigten und ohne die USA in modifizierter Form fortgeführten Handelsabkommen, das zahlreiche Staaten des pazifischen Raums ohne China vereint, wieder beitreten wollen. Auch an den China-Zöllen, die gerade für die Arbeitnehmer seines Landes und an der Behandlung chinesischer Studenten und Wissenschaftler, die für die Innovationskraft und Wettbewerbsfähigkeit Amerikas kontraproduktiv sind, dürfte der neue Präsident früher oder später das eine oder andere korrigieren.

Amerika wird gegenüber Peking aber weiter auf Reziprozität pochen. Bidens Handelsbeauftrage Katherine Tai, die aus Taiwan stammt, ist gegenüber Peking nicht weniger fordernd als ihr Vorgänger Lightizer. Auch die Politik von »America First« und einer teilweisen Entkoppelung von China soll, wenn auch unter anderem Namen, grundsätzlich fortgesetzt werden. So sind im Rahmen der im Wahlprogramm angekündigten 2 Billionen Dollar schweren Initiative zur Modernisierung der amerikanischen Verkehrs- und Kommunikationsinfrastruktur etwa 400 Milliarden Dollar für eine »Buy American«-Aktion veranschlagt: Die Schienen der Bahnstrecken für Hochgeschwindigkeitszüge und die Photovoltaikpaneele für Solaranlagen sollen ausschließlich aus amerikanischer Produktion kommen.

– Vor allem will Biden im Kampf gegen China einen engeren Schulterschluss mit seinen asiatischen und europäischen Verbündeten suchen. Noah Barkin vom Forschungsunternehmen Rhodium Group und derzeit *Senior Visiting Fellow* beim *German Marshall Fund of the United States* in Berlin ist sich sicher: »Europa muss sich auf eine Welt einstellen, in der es von Washington durch ein China-Prisma betrachtet wird, so wie es während des Kalten Krieges durch die sowjetische Linse gesehen wurde.« Die NATO betrachtet Biden als »Bollwerk der liberalen Demokratie« und »Herzstück der nationalen Sicherheit der Vereinigten Staaten«. Überdies plant er auch, einen »Gipfel für Demokratie« einzuberufen, bei dem sich die westlichen Länder gemeinsam mit »Organisationen der Zivilgesellschaft« besprechen sollen, wie sie gemeinsam ihre Position vor allem gegenüber China stärken können. »Wir müssen die freie Welt wieder versammeln«, so der neue Mann im Weißen Haus. Mit Europa zusammen repräsentiere Amerika über die Hälfte der Weltwirtschaft. Dies verschaffe beiden »substanziellen Einfluss darauf, die Regeln so zu bestimmen, dass sie demokratische Interessen und Werte reflektieren«.

> Sicherheitsberater Sullivan will mit den westlichen Demokratien außerhalb der WTO neue Regeln im Hinblick auf die Behandlung staatlicher Unternehmen, Industrie- und Innovationspolitik und Zukunftsbereiche wie digitalen Handel vereinbaren. Peking habe dann die Wahl, diese Regeln zu akzeptieren oder keinen freien Marktzugang mehr zu erhalten. Parallel dazu dürfte Washington auch einen neuen Anlauf für ein Handels- und Investitionsabkommen mit der EU nehmen. Parallel dazu durfte Washington auch einen neuen Anlauf für ein Investitions- und Handelsabkommen der EU nehmen sowie gemeinsam mit dieser ein Gegenprogramm zur Seidenstraßeninitiative entwickeln wollen.

Mit all dem wollen die USA nicht nur China das Leben schwerer machen, sondern zugleich auch die Hürde für Europa höher legen, einen eigenen Weg zu gehen. Biden werde die Europäer »aus der Komfortzone herausdrängen«, so David O'Sullivan, ehemals Botschafter der EU in Washington. »In Fortführung der von der Obama-Biden-Regierung begonnenen Arbeit«, so heißt es auf der Wahlplattform des neuen Präsidenten, wolle dieser Nordstream II »weiterhin als grundsätzlich schlechten Deal ablehnen« und darauf hinwirken, russisches Erdgas durch amerikanisches Flüssiggas zu ersetzen. Bleibt es dabei, billigt auch Biden dem Verbündeten Deutschland nicht zu, frei über seine eigene Energieversorgung zu bestimmen, und unterstreicht damit, dass er es nicht als souveränen Staat betrachtet. Lenkt er bei Nordstream ein, wird er von Berlin dafür einen hohen Preis verlangen. Der Ausschluss von Huawei aus dem deutschen 5G-Netz allein dürfte dafür nicht reichen.

Nach einer Umfrage des Meinungsforschungsinstituts Rasmussen aus dem Herbst 2020 rechnen 59 Prozent der Amerikaner allerdings damit, dass der 78-jährige Präsident keine vier Jahre im Amt bleiben und seine über 20 Jahre jüngere Vizepräsidentin Kamala Harris dieses von ihm übernehmen wird. Biden zeigte im Wahlkampf wiederholt bereits Anzeichen von Senilität. 38 Prozent der Amerikaner glauben, dass er an einer Form von Demenz leidet. Corona spielte ihm auch insofern in die Karten, als er seinen Wahlkampf unter weitestgehend kontrollierten Bedingungen aus dem *Home Office* im Keller seines Hauses in Wilmington führen konnte. Donald Trump wollte seine Niederlage auch deswegen nicht mehr wahrhaben, weil er einfach nicht glauben konnte, gegen Joseph Biden »diese Leiche« (»*fucking corpse*«) den Kürzeren gezogen zu haben. So wird er jedenfalls von Jonathan Swan, dem Korrespondenten von »Axios« im Weißen Haus zitiert. Sollte Harris tatsächlich vor der Zeit an die Staatsspitze treten, würde dies an der amerikanischen Eindämmungspolitik gegenüber China jedoch wenig ändern. Höchstwahrscheinlich würde sich der Fokus Amerikas unter ihr noch mehr auf Asien richten. Die Vizepräsidentin ist halbindischer Herkunft, an der Westküste aufgewachsen und steht für das mehrheitlich nicht-weiße Amerika von morgen, das seine Wurzeln nicht auf Europa zurückführt und wie schon Präsident Obama mehr über den Pazifik als über den Atlantik blickt. Kamen vor einem Jahrhundert noch 80 Prozent der im Ausland geborenen US-Bürger aus Europa, sind es heute nur noch 10 Prozent. Im Bewusstsein von Harris nehmen der Zweite Weltkrieg und selbst der Kalte Krieg erheblich weniger Platz ein als bei den beiden alten Männern Trump und Biden, der eine mit deutscher, der andere mit irischer Abstammung. Schon als Senatorin trat Harris stets für eine harte Haltung gegenüber Peking ein. So initiierte sie etwa den *Hongkong Human Rights and Democracy Act* mit und plädiert für eine Entkoppelung von China: »Wichtige Versorgungsketten« seien von dort »zurückzuholen, sodass die Zukunft in Amerika gemacht wird«. Damit liegt Harris auf derselben Linie wie die Politiker, die sich aufseiten der Republikaner als Nachfolger für Donald Trump warmlaufen: Mike Pence, Mike Pompeo, die ehemalige UN-Botschafterin Niki Hailey sowie die Senatoren Tom Cotton, Joshua Hawley und Marco Rubio.

Keine guten Aussichten für eine Entspannung in den internationalen Beziehungen also. »Die Grenzen sind gezogen«, so Paul Craig Roberts, einst stellvertretender Finanzminister unter Präsident Ronald Reagan. »Wenn die Menschen in Amerika nicht zu Verstand kommen und die Kriegstreiber in Washington hinauswerfen, ist Krieg unsere Zukunft.« Henry Kissinger, der Altmeister der US-Diplomatie, hält das von Biden angekündigte Bündnis der Demokratien gegen China für gefährlich: »Eine Koalition gegen ein bestimmtes Land ist unklug.« Die Führer der USA und Chinas müssten vielmehr »die Grenzen besprechen, an denen Drohungen haltmachen«. Wenn dies nicht passiere, »werden wir in eine ähnliche Situation geraten wie beim Ersten Weltkrieg«, so Kissinger. Und in »Foreign Policy« empfahlen zwei amerikanische Politikprofessoren unter der Überschrift: »A Democracy Summit Is Not What the Doctor Ordered« ihrer Regierung eine andere Therapie: »America, Heal Thyself!«

Das muss auch die Losung von Europa sein. Amerika kann es am besten helfen, indem es sich von ihm emanzipiert und zum Bannerträger einer multipolaren Welt wird, in der alle Nationen auf der Grundlage gegenseitigen Respekts, friedlicher Koexistenz und der Achtung internationalen Rechts zusammenarbeiten sowie miteinander wetteifern und gleichzeitig kooperieren. Die englische Sprache hat einen plakativen Begriff dafür: *coopetition*. Ein vergleichbares deutsches Wortamalgam, das Kooperation mit Wettbewerb vereint, gibt es leider nicht. Der Historiker Timothy Garton Ash spricht von »kompetitiver Koexistenz«. Staaten müssen keine Freunde sein, um gemeinsam Dinge zu tun, die für beide sinnvoll sind. Freundschaft in Fragen des Klimawandels etwa kann durchaus mit ideologischer Gegnerschaft koexistieren, solange diese nicht auf Regimewechsel zielt. Corona zeigt, was aus einer Welt wird, deren führende Mächte selbst in Angelegenheiten von gemeinsamem, transnationalem Interesse nicht an einem Strang ziehen, sondern sich gegenseitig beharken. »East is East and West is West, and never the twain shall meet.« So lautet der vielzitierte Anfang von Rudyard Kiplings »Ballade vom Osten und Westen«. Oft wird er für die Behauptung herangezogen, dass China und der Westen sich niemals verstehen würden und ein Konflikt deshalb unvermeidlich sei. Doch schon einige Zeilen weiter schreibt Kipling: »But there is neither East nor West, nor Border, nor Breed, nor Birth, when two strong men stand face to face though they come from the ends of the earth.« Soll heißen: Wenn sich beide Seiten trotz ihrer Andersartigkeit respektieren, spielen weder Kultur noch Nationalität, Rasse oder soziale Herkunft eine Rolle. Es ist die poetische Formel für friedliche Koexistenz.

Die EU ist als Friedensprojekt entstanden und wurde dafür mit dem Friedensnobelpreis ausgezeichnet. Dies ist nicht nur als Ehrung, sondern mehr noch als Verpflichtung zu verstehen. Die Welt blicke auf das »großartige transnationale Experiment« Europa und hoffe, »dort Orientierungshilfen für die Menschheit in einer globalisierten Welt zu finden«, schrieb der bekannte Ökonom Jeremy Rifkin schon vor Jahren. Die EU muss sich demnach als *die* Friedensmacht in der Welt begreifen, eine Politik der friedlichen Koexistenz und des friedlichen Wettbewerbs der Systeme, von Kooperation und zugleich Kompetition, Denglisch: *Coopetition,* verfolgen und nicht wie die USA eine Politik der Konfrontation gegenüber Andersgläubigen.

Humanismus ist der kulturelle Wesenskern Europas. »Gräben überwinden statt vertiefen«, so hat Willy Brandt einst das Ziel seiner Politik des »Wandels durch Annäherung« beschrieben. Es ist das Ziel jeder vernünftigen Politik und Diplomatie. Europas Friedensaufgabe besteht heute vor allem darin, sowohl den USA wie China klarzumachen, dass eine Konfrontation zwischen beiden Ländern eine ebenso große globale Gefahr darstellt wie Klimawandel, Terrorismus oder Pandemien. Das kann jedoch nur gelingen, wenn es sich nicht mehr länger als amerikanischer

Brückenkopf zur Beherrschung Eurasiens und der Welt hergibt, einen »Eurexit« aus der NATO vollzieht, sich in seiner Außenpolitik stärker eurasisch orientiert und zugleich mit Amerika ein neues kritisch-partnerschaftliches Verhältnis auf Augenhöhe etabliert.

Deutschland zwischen Amerika und Frankreich

Eine Zeit lang sah es so aus, als würde nicht nur der französische Staatschef Emmanuel Macron einen solchen eigenständigen europäischen Kurs verfolgen wollen. »Wir Europäer müssen unser Schicksal in die eigene Hand nehmen«, hatte auch Bundeskanzlerin Angela Merkel verkündet und noch zum Antritt der deutschen EU-Ratspräsidentschaft in der zweiten Jahreshälfte 2020 dazu aufgefordert, Europa als »Stabilitätsanker der Welt« zu stärken. Ihr Stellvertreter und Finanzminister Olaf Scholz, zugleich Kanzlerkandidat der SPD für die Wahlen im Herbst 2021, erklärte, Europa müsse »auf der Weltbühne selbst seinen Platz reklamieren«. Markus Söder, bayrischer Ministerpräsident und womöglich nächster Bundeskanzler, wünschte sich eine EU, die »eine eigenständige Position mehr auf Augenhöhe mit den USA als bislang« entwickelt. Europa brauche jetzt »eine gemeinsame Kraftanstrengung«, so Sigmar Gabriel, »damit unsere Kinder und Enkel souverän entscheiden können, wie sie leben wollen, und nicht von anderen gesagt bekommen, wie sie zu leben haben«. Und Wolfgang Ischinger, bekannter Transatlantiker und Chef der Münchner Sicherheitskonferenz, sah angesichts der amerikanischen Politik in den Trump-Jahren für Europa »die Chance, sich darüber klar zu werden, dass wir in der Außen-, Sicherheits- und Machtpolitik erwachsen werden müssen«.

Nach der Abwahl von Donald Trump und der Wahl von Joseph Biden änderte sich der Ton jedoch schlagartig. Von einem unabhängigen Kurs gegenüber Washington war plötzlich nichts mehr zu hören. Im Gegenteil: Sofort nachdem die großen US-Fernsehsender Biden zum Sieger ausgerufen hatten, überschlugen sich die Gefolgschaftsadressen aus Deutschland. Statt Distanz zu den USA war plötzlich wieder Nähe angesagt, Trump wurde offenbar nur noch als Betriebsunfall betrachtet:

- In auffälligem Kontrast zu ihrer mit Konditionen versehenen Grußbotschaft 2016 bei Trumps Wahlsieg gratulierte Bundeskanzlerin Merkel Biden bedingungslos und freudig. Anders als vor vier Jahren richtete sie keine mahnenden Worte an Amerika, sondern an die Adresse Deutschlands und Europas. Diese müssten in der transatlantischen Partnerschaft jetzt »mehr eigene Verantwortung übernehmen«.
- Außenminister Heiko Maas meldete sich aus der Corona-Quarantäne mit dem Bekenntnis bei »Bild«, er habe für Bidens Sieg »mitgefiebert«, berichtete von einem »großen Aufatmen« in Berlin und dass er sich – wie die Bundeskanzlerin – auf die Zusammenarbeit mit der neuen US-Regierung schon »sehr freue«. Deutschland stehe »bereit, das transatlantische Verhältnis wieder zu reparieren« und in einen »New Deal« mit Washington zu investieren. China sei »vielleicht einer der ersten Punkte«, um »wieder näher zusammenzurücken«. Später bot Maas Washington sogar einen »gemeinsamen Marshallplan für Demokratie« an.
- Verteidigungsministerin Kramp-Karrenbauer stieß in dasselbe Horn und erklärte es im Interview mit dem »Sidney Morning Herald« als »entscheidend« für die Zukunft der Welt, »ob der Westen sich gegenüber Peking einiger zeigen kann«.
- Die meisten Medien assistierten der Regierung eifrig. Deutschland müsse sich den Wechsel im Weißen Haus »etwas kosten lassen« und einen »Abschreckungsbeitrag« leisten, auch um »Joe Biden innenpolitisch Beinfreiheit zu verschaffen«, so etwa Peter Frey, Chefredakteur des ZDF, in einem Kommentar der »Heute«-Sendung. Und »Bild«-Chef-

redakteur Reichelt, der der Trump-Regierung vier Jahre lang aus der Hand gefressen hatte, meinte, für Deutschland und Europa sei jetzt »die Zeit gekommen, uns mit ähnlicher moralischer Klarheit und vergleichbar harschen Worten« wie gegenüber Trump »den wahren Despoten dieser Welt in Peking, Moskau und Teheran zuzuwenden«.

– Der gelernte Diplomat Wolfgang Ischinger offenbarte schließlich, was er unter »erwachsen werden« von Europa versteht: nicht etwa eine Emanzipation von den USA, also das Entwickeln einer eigenen Identität und autonomen Existenzfähigkeit, sondern ganz im Gegenteil eine (Wieder-)Annäherung. Europa müsse dem neuen Präsidenten Biden jetzt helfen und »auf die Sorgen und Nöte der Amerikaner stärker eingehen – zum Beispiel beim Thema China«.

Berlin ist offenbar weiter bereit, den Hilfssheriff für den Weltpolizisten USA zu spielen. Und das noch mehr als in der Vergangenheit. Davon abweichende Stimmen blieben in dem neuen Amerika-Taumel rar. Neben der grünen Europapolitikerin Franziska Brantner stach dabei bemerkenswerterweise Vizekanzler und Finanzminister Olaf Scholz (SPD) hervor. Unter Verweis darauf, dass die wirtschaftlichen Folgen der staatlichen Milliardenausgaben zur Corona-Bekämpfung noch lange zu spüren sein würden und die Finanzplanung dies beachten müsse, ließ er die Forderung der vereinigten Transatlantiker nach einer kräftigen Erhöhung des Wehretats und deutschen NATO-Beitrags auf 2 Prozent des BIP erst einmal kühl abprallen. Der SPD-Kanzlerkandidat hat sich für die Bundestagswahlen im Herbst anscheinend andere Prioriäten vorgenommen als Aufrüstung. »Der Wert eines guten Gesundheitswesens, eines starken Sozialstaats und eines leistungsfähigen Gemeinwesens ist uns allen gerade sehr bewusst geworden. All das muss nachhaltig finanziert sein«, so Scholz. Er weiß, dass eine starke Aufrüstung gerade in Zeiten von Corona und deren Folgen bei den Deutschen auf wenig Gegenliebe stößt. Erst recht, wenn ihnen klar wird, dass diese dazu dienen soll, Amerika bei ihrem Kalten-Kriegs-Kurs den Rücken freizuhalten und damit sowohl den Wohlstand als auch den Frieden in Europa unsicherer macht, statt ihn zu festigen. Und es mit dem Aufbau einer Europäischen Verteidigungsgemeinschaft zudem eine Alternative gäbe, die nicht nur weniger kosten würde, sondern auch nicht die genannten Nachteile hätte.

Dennoch bleibt abzuwarten, ob der Vizekanzler und Finanzminister zusammen mit seinem Parteigenossen Mützenich im Bundestagswahlkampf dem in der CDU inzwischen offenbar fest verankerten neuen Aufrüstungskurs tatsächlich einen friedenspolitischen und an den Vorschlägen des französischen Staatschefs Macron orientierten europapolitischen Kurs entgegenstellen wird. Und ob ihnen die SPD dabei folgen und sich beim möglichen künftigen Koalitionspartner Die Grünen die damit verwandte Linie von Franziska Brantner durchsetzen wird. Denn auch in diesen beiden Parteien haben die Transatlantiker starken Einfluss.

Zuletzt haben sie sogar Unterstützung von höchster staatlicher Stelle bekommen. Zum 65. Geburtstag der Bundeswehr versuchte Bundespräsident Frank-Walter Steinmeier, den Deutschen die NATO als Bedingung für eine friedliche und gerechte Welt zu verkaufen. Bei der Verteidigung »auf die EU allein zu setzen, hieße, Europa in die Spaltung zu treiben«, so Deutschlands ranghöchster Politiker im Gleichschritt mit Röttgen, Kramp-Karrenbauer, Lambsdorff und Co. Die EU könne »nicht die Sicherheit aller seiner Mitglieder garantieren«.

Gerhard Schröder, einst Steinmeiers Chef, schlug hingegen etwas andere Töne an. Er propagierte, die NATO »in ihrer bestehenden Form« aufzulösen. Für Europa gehe es darum, »unabhängiger von den USA zu werden«, so der Ex-Bundeskanzler und riet »der deutschen und europäischen Politik«, sich in den Konflikt zwischen Amerika und China »nicht hineinziehen« zu lassen.

Gerade jetzt müsse die EU vielmehr »ein Interesse daran haben, noch enger und entschiedener mit China zusammenzuarbeiten«.

Deutschland und Europa sehen sich vor einer für ihre Zukunft entscheidenden geopolitischen Weichenstellung: entweder für ein souveränes Europa, das frei ist, seine eigenen Interessen zu verfolgen, Amerika auf Augenhöhe begegnen und es dazu bewegen kann, seinen globalen Alleinherrschaftsanspruch aufzugeben und die dadurch frei werdenden Ressourcen für die innere Versöhnung und Stärkung des Landes sowie den Aufbau einer multipolaren Weltordnung der friedlichen Koexistenz einzusetzen. Oder ein Amerika gleichgeschaltetes Europa, das Washington noch mehr als bisher dabei unterstützt, seine Alleinherrschaft fortzusetzen, und einen neuen Kalten oder gar heißen Krieg riskiert. Entweder ein Deutschland, das einen gemeinsamen Weg mit seinem Nachbarn Frankreich geht, oder eines, das lieber Amerikas Hintersasse bleibt und damit die beiden führenden Mächte der EU voneinander trennt und echten Fortschritt in der Gemeinschaft verhindert.

Deutschland und Europas Wähler scheinen sich bereits entschieden zu haben. In einer Befragung von Kantar Public im Auftrag der Körber-Stiftung vom September 2020, also vor der Wahl Bidens, hatten nur noch 23 Prozent die USA als wichtigsten Partner genannt, 43 Prozent hingegen den Nachbarn Frankreich. Auch eine im Dezember 2020, also nach der Wahl Bidens, veröffentlichte Umfrage des Meinungsforschungsinstituts Allensbach zeigt, dass die Bundesbürger ihr einstiges Vertrauen in die USA weitgehend verloren haben – und der Wahlausgang daran nichts ändern konnte. Dies bestätigt auch die bereits mehrfach erwähnte Umfrage für den ECFR vom Januar 2021. Danach ist eine Mehrheit der Europäer der Meinung, auf die USA sei »nicht mehr ernsthaft« Verlass, China in zehn Jahren »sicher« oder »wahrscheinlich« mächtiger als Amerika und Europa solle deshalb stärker für sich selbst sorgen und in dem Machtkampf der beiden keine Partei ergreifen.

Das Ergebnis der Umfrage untermauert damit auch die Position von Frankreichs Staatschef Emmanuel Macron. Europa stehe heute vor der Frage, ob es durch den Regierungswechsel in Amerika in seinem Streben nach strategischer Autonomie während der Präsidentschaft von Donald Trump »nachlassen« wird, so Macron in einem Interview mit der Zeitschrift »Le Grand Continent« im November 2020. Er stimme mit Kramp-Karrenbauers Aussagen in diese Richtung »ganz und gar nicht« überein, sie seien ein »historisches Fehlurteil«. Die NATO sei für Europa – und dabei dachte Macron offensichtlich in erster Linie an Berlin – eine Art »Super-Ich« geworden. Es habe sich in den vergangenen Jahrzehnten leider »geostrategisches Denken abgewöhnt«, da es seine »geopolitischen Beziehungen stets nur über die NATO definiert« habe, so der Mann im Pariser Élysée-Palast. Im Gegensatz zur deutschen Verteidigungsministerin betrachte er den Regierungswechsel in den USA als »eine Chance, ganz friedlich und ruhig das zu verfolgen, worin sich Allierte untereinander einig sein müssen, das heißt, dass wir damit weitermachen müssen, unsere Unabhängigkeit für uns selbst herzustellen, so wie die Vereinigten Staaten und China dies für sich tun«. Der französische Staatschef blieb auch eine Begründung für seine Haltung nicht schuldig: Amerika habe eine andere Sicht auf die Welt und eine andere Geografie, »was bedeuten kann, dass unsere Interessen nicht übereinstimmen«. »Unsere Nachbarschaftspolitik mit Afrika, mit dem Nahen und Mittleren Osten, mit Russland ist nicht die Nachbarschaftspolitik der Vereinigten Staaten. Deshalb ist es nicht vertretbar, dass unsere internationale Politik von ihnen abhängig sein oder ihr im Schlepptau folgen soll«, so Macron. Und dies alles treffe »noch mehr auf China zu«.

Europa muss sich demnach nicht zwischen Amerika und China entscheiden, sondern Deutschland zwischen Amerika und Frankreich. Starke geopolitische, demografische und wirtschaftliche Gründe ziehen Amerikas Aufmerksamkeit zunehmend weg vom Atlantik und hin zum Pazifik. Diejenigen hierzulande, die deswegen jetzt einen engeren Schulterschluss mit Amerika und die Übernahme von mehr Lasten propagieren, um sich dessen Interesse zu erhalten, machen einen historischen Fehler. Sie jagen einem Mythos hinterher, der rapide verblasst, verkämpfen sich in einem transatlantischen Rückzugsgefecht und verpassen darüber die Zukunftschancen, die sich in Eurasien eröffnen. Sie entfremden zudem unser Land von seinem wichtigsten Nachbarn und lähmen so eine weitere europäische Integration. Der Sog, den Asiens und Chinas Aufstieg auf die Politik der USA ausübt, lässt sich von Europa weder durch verstärkten Jugendaustausch mit nicht-weißen Amerikanern noch mit mehr militärischem Engagement im Rahmen der NATO aufhalten. Es stimmt: Europa wird für die USA nur noch in dem Maße interessant sein, in dem es ihnen in der großen Auseinandersetzung mit China von Nutzen ist und sie gegenüber Russland sowie im Nahen Osten und Afrika entlastet. Aber auch ein besser bewaffneter Hilfssheriff, der bereit ist, »mehr Verantwortung zu übernehmen«, im Klartext: mehr zu bezahlen, stärker aufzurüsten und für Militäreinsätze im Nahen Osten und Afrika bereitzustehen, bleibt ein Hilfssheriff. Und setzt sich noch größeren Gefahren aus. Aus dieser Rolle kann sich Europa nur befreien, seine eigenen Interessen, die ebenfalls zunehmend in Asien und auch in Afrika liegen, aber zu einem wesentlichen Teil anders gelagert sind als die Amerikas, nur unabhängig verfolgen, wenn es sich von diesem emanzipiert und mit ihm ein neues Arrangement auf Augenhöhe sucht.

Die Amerikaner kämen vom Mars, die Europäer von der Venus, so hat der neokonservative amerikanische Autor Robert Kagan den Unterschied zwischen den transatlantischen Partnern einmal beschrieben. Die Frage, die Deutschland und Europa zu beantworten haben, lässt sich zugespitzt demnach auch so formulieren: Soll Venus sich künftig noch mehr in den Dienst von Mars stellen und nicht länger mit dem Kriegshandwerk fremdeln? Oder soll Venus auf Distanz zu Mars gehen und diesen so dazu veranlassen, selbst weniger kriegerisch aufzutreten? Die Antwort sollte eigentlich klar sein. Wenn Europa Amerika einen Teil der militärischen und sonstigen Hegemoniallasten abnimmt, stärkt es damit dessen Bereitschaft zur Konfrontation. Nur wenn es diese Lastenteilung verweigert, besteht die Chance, dass Amerika von dem Konfrontationskurs ablässt, weil dieser zu teuer wird, und statt in immer neue Waffen und Kriege künftig mehr in den Kampf gegen den Klimawandel, gegen Epidemien, Armut und Ungleichheit investiert.

Die EU ist das Produkt der Tragödien des Ersten und Zweiten Weltkriegs. Europas Staatsmänner und -frauen früherer Jahre haben aus diesen Tragödien gelernt und die Bewohner dieses Kontinents können sich seit Generationen der friedlichsten und glücklichsten Epoche ihrer Geschichte erfreuen. Doch die Menschen, auch Politiker, vergessen mit der Zeit. Schon Aristoteles warnte deshalb, um Tragödien zu verhindern, sei nicht das Verständnis »von dem, was passiert ist, sondern von dem, was passieren kann«, entscheidend.

Dieses Buch stellt den bescheidenen Versuch dar, zu beschreiben, was passieren kann, wenn Europa die Gefahren nicht erkennt und die Chancen nicht nutzt, die sich aus der fundamentalen Verschiebung in der geopolitischen Machtbalance und der destruktiven Konfrontationspolitik der USA gegenüber China ergeben. Und es ist der Versuch zu begründen, warum es allerhöchste Zeit ist für eine Europapolitik, die diesen Namen wirklich verdient. Findet die Gemeinschaft zu einer solchen Politik nicht die Kraft, ist es um die europäische Idee geschehen.

Dank

Das vorliegende Buch ist das Ergebnis vieler Gespräche und Diskussionen, Erlebnisse und Erfahrungen mit Menschen unterschiedlicher Weltanschauung, Religion, Herkunft, Nationalität und Profession. Sie erstrecken sich zum Teil über mehr als ein halbes Jahrhundert und reichen damit weit in die Zeit vor meinem Entschluss zurück, dieses Buch zu schreiben. Es wäre deshalb willkürlich, hier nur die Gesprächspartner zu nennen, die mir noch präsent sind und deren Namen ich noch erinnere. Mein Dank gebührt allen, die mir wissentlich oder unwissentlich geholfen haben, Amerika und China und die Herausforderung für Europa, die sie darstellen, besser zu verstehen.

Dazu zählen vor allem auch die Verfasser von Büchern und Beiträgen in Zeitschriften und Zeitungen sowie Online-Publikationen, die ich mit Gewinn gelesen und von deren Wissen und Urteilskraft ich profitiert habe. Da dieses Buch für ein breites Publikum gedacht ist, habe ich der leichteren Lesbarkeit wegen auf eine akademische Zitierweise und detaillierte Quellenangaben verzichtet. Meine schriftlichen Quellen werden in der nachfolgenden Bibliografie nur summarisch aufgeführt. Sie dient auch als Anregung für eine weiterführende und vertiefende Lektüre.

Mein Dank gilt schließlich Jürgen Diessl, dem Verlagsleiter von Econ, der dieses Buch kraftvoll unterstützt, sowie Silvie Horch, der Cheflektorin des Hauses, die das Manuskript einfühlsam verbessert hat.

Stefan Baron

In dieses Buch eingeflossene und weiterführende Literatur

Alden, Edward
Failure to Adjust: How Americans Got Left Behind in the Global Economy. New York 2016

Allison, Graham
Destined for War: Can America and China Escape Thucydides's Trap? Boston 2017

Baron, Stefan / Yin-Baron, Guangyan
Die Chinesen: Psychogramm einer Weltmacht. Berlin 2018

Brook, Timothy
Great State: China and the World. London 2019

Brose, Christian
The Kill Chain: Defending America in the Future of High-Tech Warfare. New York 2020

Brown, Kerry
China's World: What Does China Want? London 2017

Brzeziński, Zbigniew
The Grand Chessboard: American Primacy and its Geostrategic Imperatives. New York 1998

Buchanan, Patrick
Suicide of a Superpower: Will America Survive to 2025? New York 2011

Business Europe
The EU and China: Addressing the Systemic Challenge. Brussels 2020

Chomsky, Noam
Who Rules the World? New York 2017

Dalio, Ray
The Changing World Order: Where We Are And Where We're Going. New York 2021

Davis, Bob / Wei, Lingling
Superpower Showdown: How the Battle Between Trump and Xi Threatens a New Cold War. New York 2020

Diamond, Larry / Schell, Orville (Hrsg.)
China's Influence & American Interests: Promoting Constructive Vigilance. Stanford 2019

Douthat, Ross
The Decadent Society: How We Became the Victims of Our Own Success. New York 2020

Dyer, Geoffrey
The Contest of the Century: The New Era of Competition with China and How America Can Win. New York 2014

Edstrom, Erik
Un-American: A Soldier's Reckoning of Our Longest War. New York 2020

Europäische Kommission
Eine neue Industriestrategie für Europa. Brüssel 2020

EU-China: A Strategic Outlook. Straßburg 2019

European Think-Tank Network on China
Report on Europe in the Face of US-China Rivalry. Madrid 2020

Fischer, Joschka
Willkommen im 21. Jahrhundert: Europas Aufbruch und die deutsche Verantwortung. Köln 2020

Frankopan, Peter
The Silk Roads: A New History of the World. London 2016

French, Howard
Everything Under the Heavens: How the Past Helps Shape China's Push for Global Power. New York 2017

Gabriel, Sigmar
Zeitenwende in der Weltpolitik. Freiburg 2018

Gaddis, John Lewis
On Grand Strategy. New York 2018

Ganser, Daniele
Imperium USA: Die skrupellose Weltmacht. Zürich 2020

Garver, John
China's Quest: The History of the Foreign Relations of the People's Republic of China. Oxford 2016

Gates, Robert
From the Shadows: The Ultimate Insider's Story of Five Presidents and How they Won the Cold War. New York 1996

Glennon, Michael
National Security and Double Government. New York 2014

Goldstein, Lyle
Meeting China Halfway: How to Defuse the Emerging US-China Rivalry. Washington D.C. 2015

Haass, Richard
The World: A Brief Introduction. New York 2020

Hillman, Jonathan
The Emperor's New Road: China and the Project of the Century. New Haven 2020

Hirn, Wolfgang
Shenzhen: Die Weltwirtschaft von morgen. Frankfurt a.M. 2020

Hodgson, Godfrey
The Myth of American Exceptionalism. Ann Arbor 2009

Holslag, Jonathan
The Silk Road Trap: How Chinas's Trade Ambitions Challenge Europe. Cambridge (U.K.) 2019

Huang, Yukon
Cracking the China Conundrum: Why Conventional Economic Wisdom Is Wrong. New York 2017

Hung, Ho-Fung
The China Boom: Why China Will Not Rule the World. Oxford 2016

Huntington, Samuel
The Clash of Civilizations and the Remaking of World Order. New York 1998

Huotari, Mikko et al. (Hrsg.)
Towards A »Principles First Approach« in Europe's China Policy. MERICS Paper N.9. Berlin 2020

Jacques, Martin
When China Rules the World: The End of the Western World and the Birth of a New Global Order. London 2012

James, Harold
The End of Globalization. Cambridge (U.S.) 2001

Kagan, Robert
The Jungle Grows Back: America and Our Imperiled World. New York 2018

Kaplan, Robert
Marco Polo's World: War, Strategy and American Interests in the 21st Century. New York 2018

Kennedy, Paul
Rise and Fall of the Great Powers. New York 1988

Khanna, Parag
The Future is Asian: Commerce, Conflict and Culture in the 21st Century. New York 2019

King, Stephen
Grave New World: The End of Globalization, the Return of History. New Haven 2017

Krastev, Ivan / Holmes, Stephen
Das Licht, das erlosch: Eine Abrechnung. Berlin 2019

Krüger, Uwe
Meinungsmacht: Der Einfluss von Eliten auf Leitmedien und Alpha-Journalisten – eine kritische Netzwerkanalyse. Köln 2013

Lardy, Nicolas
The State Strikes Back: The End of Economic Reform in China? Washington D.C. 2019

Lee, Ching Wan
The Specter of Global China: Politics, Labor, and Foreign Investment in Africa. Chicago 2018

Lee, Kai-Fu
AI Superpowers: China, Silicon Valley und die neue Weltordnung. Frankfurt a.M. 2019

Lenz, Fulko
Europa im Systemwettbewerb mit China: Trugschlüsse, Schutzinstrumente und offensive Antworten. Studie Nr. 150 aus der Reihe »Argumente zu Marktwirtschaft und Politik« der Stiftung Marktwirtschaft. Berlin 2020

Lessig, Lawrence
They Don't Represent Us: Reclaiming Our Democracy. New York 2019

Levitsky, Steven / Daniel Ziblatt
How Democracies Die. New York 2018

Lübkemeier, Eckhard
Europa schaffen mit eigenen Waffen? Chancen und Risiken europäischer Selbstverteidigung. Studie Nr. 17 der Stiftung Wissenschaft und Politik. Berlin 2020

Maçães, Bruno
History has Begun: The Birth of a New America. London 2020

The Dawn of Eurasia: On the Trail of the New World Order. London 2018

Belt and Road: A Chinese World Order. London 2018

Mahbubani, Kishore
Has China Won? The Chinese Challenge to American Primacy. New York 2020

Has The West Lost It? A Provocation. London 2018

Mearsheimer, John
The Great Delusion: Liberal Dreams and International Realities. New Haven 2018

The Tragedy of Great Power Politics. New York 2001

Micklethwait, John / Wooldrigde, Adrian
The Wake-Up Call: Why the Pandemic Has Exposed the Weakness of the West, and How to Fix It. New York 2020

Miller, Tom
China's Asian Dream: Empire Building Along the Silk Road. London 2017

Mühlhahn, Klaus
Making China Modern: From The Great Qing To Xi Jinping. Cambridge (U.S.) 2019

Nolan, Mary
The Transatlantic Century: Europe and the United States 1980–2010. Cambridge (U.K.) 2012

Nye, Joseph
Is the American Century Over? Cambridge (U.S.) 2015

Obama, Barack
A Promised Land. New York 2020

Oermann, Nils Ole / Wolff, Hans-Jürgen
Wirtschaftskriege: Geschichte und Gegenwart. Freiburg i.B. 2019

O'Sullivan, Michael
The Levelling: What's Next After Globalization. New York 2019

Packer, George
The Unwinding: An Inner History of the New America. New York 2013

Philippon, Thomas
The Great Reversal: How America Gave Up on Free Markets. Cambridge (U.S.) 2019

Pillsbury, Michael
The Hundred-Year Marathon: China's Secret Strategy to Replace America as the Global Superpower. New York 2016

Platzeck, Matthias
Wir brauchen eine neue Ostpolitik: Russland als Partner. Berlin 2020

Qiao, Liang / Wang, Xiangsui
Unrestricted Warfare. Peking 1999

Rachman, Gideon
Easternisation: War and Peace in the Asian Century. London 2016

Rolland, Nadège
China's Eurasian Century? Political and Strategic Implications of the Belt and Road Initiative. Seattle 2017

Sachs, Jeffrey
The Ages of Globalization: Geography, Technology and Institutions. New York 2020

Savranskaya, Svetlana / Blanton, Tom
The Last Superpower Summits: Gorbachev, Reagan and Bush – Conversations That Ended the Cold War. New York 2016

Schuman, Michael
Superpower Interrupted: The Chinese History of the World. New York 2020

Shambaugh, David
China's Future. Cambridge (U.K.) 2016

Sjursen, Daniel
Patriotic Dissent: America in the Age of Endless War. Berkeley 2020

Snowden, Edward
Permanent Record. New York 2019

Spalding, Robert
Stealth War: How China Took Over While America's Elite Slept. New York 2019

Sunstein, Cass
Can it Happen Here? Authoritarianism in America. New York 2018

The State Department Policy Planning Staff
The Elements of the China Challenge. Washington D. C. 2020

The Writers of »The Atlantic«
The American Crisis: What Went Wrong. How We Recover. New York 2020

Todenhöfer, Jürgen
Die große Heuchelei: Wie Politik und Medien unsere Werte verraten. Berlin 2019

Vine, David
Base Nation: How Military US Bases Abroad Harm America And the World. New York 2015

Walt, Stephen
The Hell of Good Intentions: America's Foreign Policy Elite and the Decline of US Primacy. New York 2019

Wang, Gungwu
Home is Not Here. Singapur 2018

Ward, Jonathan
Chinas Vision of Victory. Arlington 2019

White, Bill
America's Fiscal Constitution: Its Triumph and Collapse. New York 2014

White, Hugh
The China Choice: Why We Should Share Power. London 2013

Winkler, Heinrich August
Zerbricht der Westen? Über die gegenwärtige Krise in Europa und Amerika. München 2017

World Bank / Development Research Center of the State Council of the People's Republic of China
Report on China 2030: Building a Modern, Harmonious, and Creative Society. Washington D. C. 2013

Wright, Thomas
All Measures Short of War: The Contest for the 21st Century and the Future of American Power. New Haven 2017

Xiang, Lanxin
The Quest for Legitimacy in Chinese Politics: A New Interpretation. New York 2020

Zhang, Mingshu
What Kind of Democracy Do Chinese People Want? Peking 2013

Zhao, Tingyang
Alles unter dem Himmel: Vergangenheit und Zukunft der Weltordnung. Berlin 2020

Zoellick, Robert
America in the World: A History of U. S. Diplomacy and Foreign Policy. New York 2020

Weitere wichtige Quellen:
Axios, Belt & Road Monitor, ChinaFile, LARB China Channel, NPC Legal Monitor, Politico, Sinocism, South China Morning Post, Trivium China, Zerohedge

Personenregister

Acheson, Dean 403
Acton-Dalberg, John Emerich Edward (1st Baron Acton) 11, 29
Adams, John Quincy 28, 85, 276 f.
Adenauer, Konrad 14
al-Assad, Baschar 52
Albright, Madeleine 26, 47, 316, 401
Alden, Edward 380
al-Gaddafi, Muammar 51 f., 78
Allende, Salvador 22
Allison, Graham 243 f., 399
Andreesen, Marc 230
Ang Yuen Yuen 149
Angleton, James 353
Arbery, Ahmaud 124
Archer, Devon 407
Aristoteles 29, 229
Assange, Julian 72, 104 f.
Atkinson, Richard 399
Austin, Lloyd 411
Aylward, Bruce 211
Azar, Alex 220, 246

Baerbock, Annalena 316, 396
Bahr, Egon 260, 284, 334
Bai, Chunli 198
Baker, James 33 f.
Bannon, Steve 233
Barkin, Noah 413
Barr, William 192
Barshefsky, Charlene 271
Barstow, David 88
Bartsch, Dietmar 316, 396
Basevich, Andrew 260
Bass, Kyle 94
Bastiat, Claude-Frédéric 253
Berg, Sibylle 390
Beyer, Peter 83
Bezos, Jeff 102
Biden, Hunter 100, 115, 406 f., 410
Biden, James 407
Biden, Joseph 10, 15, 39, 100, 115, 169, 223, 230, 232, 258, 263, 270, 283, 302, 337, 402, 404–410, 412–414, 416, 419 f.
Biden, Sara 407
Bin Laden, Osama 45
Binney, William 109 f.
Birx, Dorothea 226
Blinken, Anthony 411
Bloomberg, Michael 100, 102
Bohm, Jason 128
Bolton, John 56
Boot, Max 409
Borrell, Josep 391
Bourgeuil, Jean-Claude 364
Brandt, Willy 17, 260, 284, 314, 397 f., 417
Brantner, Franziska 317, 420 f.
Bräutigam, Deborah 287
Bräutigam, Volker 339

Brecht, Bertolt 97
Bremmer, Ian 278, 335, 407
Brennan, John 412
Brin, Sergey 102
Brose, Christian 61, 248
Brown, Kerry 383, 402
Brzeziński, Zbigniew 12, 31, 38 f., 165, 399
Burns, William 230
Bush, George Herbert Walker 32 f., 35
Bush, George Walker 36, 90, 402
Bustani, José 55 f.
Bütikofer, Reinhard 396

Callamard, Agnes 319
Camus, Albert 18
Carlson, Tucker 223
Carney, Mark 325, 330
Carr, Bob 362
Carroll, Lewis 403
Carter, Jimmy 12, 335
Chen Deming 201, 205
Cheney, Richard »Dick« 40, 56
Cheng, Simon 75
Chiang, Johnny 245
Chomsky, Noam 101, 104, 335
Chruschtschow, Nikita 41
Chu Yun-han 150
Churchill, Winston 402
Clapper, James 112
Clinton, Bill 187, 409
Clinton, Hillary 51, 98 f., 102, 112–114, 125, 405 f., 412
Connally, John 324
Cotton, Tom 82, 109, 186, 225, 238, 415
Craft, Kelly 246
Cruz, Ted 82
Cuomo, Andrew 222

Dahl, Robert 97
Dalai Lama 411
Dalio, Ray 128 f., 131, 326, 376, 381
Daly, Robert 236, 241, 255
de Gaulle, Charles 309 f., 395
Deng Xiaoping 66, 133, 146, 202 f., 234, 295, 384
Di Dongsheng 137
Diamond, Larry 96
Dohnanyi, Klaus von 398
Döpfner, Mathias 236, 340, 343–345

Eadeh, Julie 69
Edstrom, Erik 359
Einstein, Albert 366
Eisenhower, Dwight D. 11, 30, 44, 348
Emerson, John 258
Esper, Mark 42, 49, 249, 253, 411

Fauci, Anthony 220, 223, 226
Feldt, Lars 379
Ferguson, Niall 203, 207, 326, 335, 410
Ferrari, Mauro 390
Fischer, Joseph »Joschka« 293, 396
Fleischhauer, Jan 391
Floyd, George 108, 123, 126
Flynn, Michael 52
Foa, Roberto Stefan 97
Frankopan, Peter 130, 235
Freeman Jr., Chas 15, 29, 94, 234, 241
Frey, Peter 419
Friedman, George 39 f.
Friedman, Thomas 405
Friedrichs, Hanns-Joachim 339
Frum, David 409

Fuest, Clemens 345
Fukuyama, Francis 26, 367

Gabriel, Sigmar 268, 291, 348, 390, 402, 418
Gao Fu 228
Gates, Bill 219
Gates, Robert 36
Gellermann, Uli 339
Genscher, Hans-Dietrich 33, 261
Gewirtz, Julian 326
Ghebreyesus, Tedros 65, 213
Gilpin, William 288
Gingrich, Newt 233
Gitchell, Albert 227
Glasser, Susan 336
Glennon, Michael 403
Goethe, Johann Wolfgang von 278, 338
Goldsmith, Jack 106, 370
Goldstein, Lyle 247
González Laya, Arancha 298
Gorbatschow, Michail 32–36, 334, 395
Göring-Eckardt, Katrin 316, 396
Graff, Garrett 187
Graham, Lindsey 142
Gray, John 275
Greenwald, Glenn 89, 348
Greiner, Bernd 314
Grenell, Richard 84
Guo Shuqing 157

Haass, Richard 242, 252, 257, 385
Hailey, Niki 415
Haines, Avril 412
Hamilton, Alexander 90
Harris, Kamala 113, 414 f.
Hawley, Joshua 168, 227, 415
Heilmann, Sebastian 144
Henderson, Ian 54
Henrich, Joseph 346
Henry, Shawn 115
Heraeus, Jürgen 347
Herman, Edward 101
Hillman, Jonathan 297
Hitler, Adolf 183, 383
Hodges, Ben 265
Hoffmann, Heinrich 155
Hofstadter, Richard 401
Hogan, Phil 64
Horowitz Michael 112
Horton, Richard 66, 219
Huotari, Mikko 348
Hussein, Saddam 47, 55, 78, 409
Huxley, Aldous 370

Ischinger, Wolfgang 418, 420
Ismay, Hastings Lionel (1st Baron Ismay) 12

Jackson, Robert 112
Jacques, Martin 196, 382
James, Harold 129, 327
Janukowytsch, Wiktor 39
Jazenjuk, Arsenij 41
Jefferson, Thomas 96
Jelzin, Boris 37
Johnson, Lyndon 36
Johnson, Ron 82, 212, 226, 406
Jullien, François 276, 368

Kagan, Robert 30 f., 40, 424
Kallen, Paul-Bernhard 324
Kant, Immanuel 277
Kashoggi, Jamal 78
Kekulé, Alexander 219
Kemp, Richard 233
Kennan, George 127, 129, 168, 174, 278, 385
Kennedy, John F. 257, 277, 279
Kerry, John 52

Keynes, John Maynard 25
Khanna, Parag 160, 284
King, Martin Luther Jr. 111
King, Rodney 109
Kipling, Rudyard 417
Kissinger, Henry 16, 84, 167, 207, 241, 254, 274, 314, 416
Klinkhammer, Friedhelm 339
Klitschko, Vitali 40
Koch, Robert 218
Kohl, Helmut 34, 36, 261, 379
Kolumbus, Christoph 235
Kramp-Karrenbauer, Annegret 251 f., 313 f., 316 f., 397, 419, 423
Kretschmer, Michael 345
Kristol, Bill 409
Krueger, Anne 76
Krüger, Uwe 339
Kudlow, Lawrence 154
Kujat, Harald 304
Kushner, Jared 116

Lai, Jimmy 70, 75
Lambsdorff, Alexander Graf 315, 397
Law, Nathan 69, 75
Lawrow, Sergej 164
Lee Kuan Yew 275 f., 384
Lee Po 354
Leibniz, Gottfried Wilhelm 298
Leinen, Jo 287
Le Maire, Bruno 377
Le Mesurier, James 54
Le Pen, Marine 394
Lenz, Fulko 321
Lessig, Lawrence 100
Levin, Dov 206
Levitt, Theodore 202
Levy, Ian 195
Lewis, Kenneth 183
Li Dakui 171
Li Keqiang 157, 163, 181
Li Qun 216
Li Wenliang 209 f., 372
Lightizer, Robert 413
Lindner, Christian 338
List, Friedrich 377
Liu He 380
Liu Mingfu 15
Long Yongtu 243
Lowry, Richard 405
Luciano, Lucky 53
Lüders, Michael 50
Lukaschenko, Alexander 44
Luxemburg, Rosa 105

Maas, Heiko 419
Maçães, Bruno 270, 294
Mackinder, Sir Halford 12
Macron, Emmanuel 22, 216, 261 f., 272, 279, 286, 295, 306, 309, 313, 317, 331, 335, 376, 394 f., 401, 418, 421, 423
Madison, James 403
Mahan, Alfred Thayer 277
Mahbubani, Kishore 52, 97, 129, 143, 158, 244, 274, 347, 381, 400
Malchow, Oliver 264
Manning, Chelsea 104
Mao Xiaowei 210
Mao Zedong 21, 193, 208, 241
McCabe, Andrew 112, 114
McCain, Cindy 409
McCain, John 40, 61, 89, 409
McCarthy, Joseph 111, 237 f.
McConnell, Mitch 226, 356, 409
McFaul, Michael 385
McGovern, Ray 88
McNeill, Donald Jr. 229

McSally, Martha 226
Mearsheimer, John 185, 253, 288, 403
Medwedew, Dmitri 327
Melzer, Nils 105
Menendez, Bob 342
Merkel, Angela 40, 47, 109, 188, 216, 279, 305, 341, 385, 418 f.
Miner, Loving 227
Minxin Pei 168
Mitter, Rana 363, 383
Mogherini, Federica 292
Montesquieu, Charles-Louis 365
Mounk, Yascha 97
Mueller, Robert 114 f.
Müller, Gerd 287
Murdoch, Rupert 102
Musk, Elon 166
Mützenich, Rolf 83, 312 f., 315 f.

Nawalny, Alexei 82
Neumann, Peter 405
Nixon, Richard 77, 99, 207, 240–242
Nolan, Mary 257
Nooke, Günter 263, 286
Nouripour, Omid 341 f.
Nuland, Victoria 40, 257

Obama, Barack 15, 38–40, 48, 52, 90, 103, 121, 161, 168, 173, 255, 283, 302, 318, 337, 352, 402, 412
Ocasio-Cortez, Alexandria 106
Orbán, Viktor 265
O'Reilly, Bill 336
Orwell, George 370
Osnos, Evan 270
O'Sullivan, David 414
Özdemir, Cem 396

Paal, Douglas 247
Pack, Michael 107
Page, Larry 102
Page, Lisa 115
Parker, George 14
Parker, Jake 169
Paul, Ronald 45
Paulson, Henry »Hank« 93, 181 f., 207, 240
Pelosi, Nancy 69, 193, 223
Pence, Michael 248, 415
Perry, Elizabeth 144
Perry, Scott 72
Perthes, Volker 401
Piketty, Thomas 117
Piłsudski, Józef 308
Platzeck, Matthias 261
Ploss, Reinhard 377
Plutarch 117
Pompeo, Michael 32, 49, 51, 69 f., 72, 105, 167, 195, 205, 219, 226, 237, 240 f., 246, 270, 300, 341, 349, 363, 411, 415
Pöppel, Ernst 139
Posen, Adam 271
Pottinger, Matt 186, 189
Powell, Colin 55, 259, 409
Putin, Wladimir 30, 37 f., 42, 52, 163, 165, 250, 274, 314, 336
Pyatt, Geoffrey 40

Quick, Linda 220

Rachman, Gideon 85
Raimondo, Gina 412
Rajpaksa, Mahinda 289
Ratcliffe, John 246, 383
Reagan, Ronald 29, 92, 186, 395
Redfield, Robert 65, 219
Redstone, Sumner 102
Reichelt, Julian 341, 354, 356, 420

Reinhart, Carmen 207
Ren Zhengfei 193 f., 197
Ricardo, David 201
Rifkin, Jeremy 417
Roach, Stephen 169, 203, 233
Roberts, Paul Craig 416
Rodrick, Dani 380
Rogoff, Kenneth 169
Romer, Paul 376
Roosevelt, Franklin Delano 53
Roosevelt, Theodore 240, 277
Ross, Wilbur 154, 221
Röttgen, Norbert 82, 196, 312, 314, 318, 397
Roubini, Nouriel 169
Rouhani, Hassan 62
Rousseau, Jean-Jacques 282
Roy, Stapleton 352
Rubio, Marco 342, 415
Rudd, Kevin 259
Rumsfeld, Donald 13, 47
Runciman, David 151, 271

Sachs, Jeffrey 95, 224
Saich, Tony 147
Said, Edward 343
Sanders, Bernie 114, 123
Sarif, Mohammed 62, 80
Sasse, Ben 233, 335
Scarborough, Joe 337
Schell, Orville 15
Schewardnadse, Eduard 33 f.
Schiff, Adam 106, 115
Schmidt, Helmut 315
Schmitt, Eric 128
Schnitzler, Arthur 23
Scholz, Olaf 83, 312, 418, 420 f.
Schröder, Gerhard 47, 83, 261, 271, 385, 421
Schumer, Chuck 91, 116, 355
Schwartländer, Bernhard 66
Schwarzman, Stephen 368
Schweitzer, Eric 64
Scott, Rick 213, 233
Selenski, Wolodimir 115
Servan-Schreiber, Jean-Jacques 21
Shakespeare, William 255
Shaw, Jonathan 53
Shirk, Susan 240, 256, 410
Simon, Bill 77
Simon, Mark 70
Sirisena, Maitripala 289
Sjursen, Daniel 317
Skinner, Kiron 167
Slomka, Marietta 338
Smith, Steven 263
Snepp, Frank 347
Snowden, Edward 13, 72, 88 f., 104 f., 109 f., 187 f., 206
Söder, Markus 390, 418
Soleimani, Qasem 48–50, 319
Solis, Philip 200
Solschenizyn, Alexander 269
Somoza García, Anastasio 53
Soros, George 100, 113
Spinoza, Baruch 112
Spitzer, Eliot 110
Sproul, Allen 92
Stahl, Leslie 75
Stalin, Josef 41, 383
Steinmeier, Frank-Walter 421
Steinmetz, George 224
Stiglitz, Joseph 274
Stockman, David 29, 92
Stockwell, John 39, 347
Stoltenberg, Jens 251 f., 300, 366
Struck, Peter 45
Strzok, Peter 114
Sullivan, Jake 223, 412, 414
Summers, Larry 170

Tai, Katherine 413
Tan Weihong 200
Tatem, Andrew 228
Teltschik, Horst 261
Temple, Henry John (3rd Viscount Palmerston) 6, 25
Thatcher, Margaret 186
Thornton, Susan 242
Thukydides 243, 253, 400
Tilgner, Ulrich 339
Todenhöfer, Jürgen 48, 316
Tomasi di Lampedusa, Giuseppe 272
Toynbee, Arnold 28
Trittin, Jürgen 50
Trudeau, Justin 50
Truman, Harry 403
Trump, Donald 9 f., 15, 26, 48 f., 51, 57, 64, 72, 85, 89, 91, 96, 98, 100, 102, 107 f., 112–115, 125, 147, 169, 173, 203, 205, 212, 219, 221, 223–227, 230–232, 246, 257, 270, 301, 303, 312, 336 f., 342, 349, 358, 403 f., 406, 408, 410 f., 419
Tsai Ingwen 246
Tschiang Kaischek 193
Tucholsky, Kurt 392
Twain, Mark 346

Vachon, Gordon 56
van der Putten, Frans-Paul 293
von der Leyen, Ursula 256, 297, 389, 391
Vučić, Aleksandar 390

Wadepuhl, Johann 310, 313 f.
Wagenknecht, Sarah 324
Wang Dang 200
Wang Gungwu 152
Wang Jisi 242
Wang Qishan 341
Wang Shaoguang 149
Wang Yi 260
Wang Yiwei 160
Wanzhou Meng 80, 116, 194
Webb, Amy 185
Weeden, Brian 198
Weidenfeld, Jan 293
Weinstein, Allen 67
West, Alan 53
Whitson, Sarah Leah 49
Wilhelm II. 366
Wilkinson, Colin 259
Wilson, Woodrow 277
Wimmer, Willy 270
Winkler, Heinrich-August 96
Wolf, Martin 64, 256, 269, 271
Wolfowitz, Paul 70
Wolters, Tod 253
Wong, Joshua 69
Woods, Andrew Keane 106, 370
Woodward, Bob 222
Wörner, Manfred 36
Wray, Christopher 238
Wu Fenghe 249
Wu Ken 268
Wuttke, Jörg 401

Xiang Lanxin 280 f.
Xi Jinping 133 f., 136, 140, 144, 146–148, 158, 163 f., 178 f., 208, 214, 216, 221, 229, 231, 236, 242, 249 f., 281, 295, 334, 342 f., 352, 383–385, 396
Xu Jianguo 214

Yip, Ray 217
Yogeshwar, Ranga 229

Zakaria, Fareed 86, 256, 299, 384
Zenz, Adrian 361

Zhang Ming 269
Zhang Xuechin 330
Zhang Yongzhen 214 f.
Zhao Lijian 225
Zhao Tingyang 279
Zheng He 235
Zhong Nanshan 216
Zhu Min 326
Zhu Rongji 177
Ziemiak, Paul 312, 314
Zoellick, Bob 168
Zuckerberg, Mark 102, 343

Nordpolarmeer
Arktische Route (geplant)
Atlantischer Ozean
Archangelsk
Surgut
Nischnewartowsk
St. Petersburg
Jekaterin-burg
Moskau
Kasan
Klaipėda
Minsk
Rotterdam
Antwerpen
Zeebrugge
London
Dünkirchen
Hamburg
Berlin
Duisburg
Warschau
Prag
Astana
Le Havre
Paris
Nürnberg
Montoir-de-Bretagne
Budapest
Venedig
Vado Ligure
Triest
Juschne
Belgrad
Aktau
Uzen
Bilbao
Marseille-Fos
Ambarli
Istanbul
Anaklia
Sofia
Madrid
Thessaloniki
Kars
Taschkent
Kaschgar
Valencia
Athen
Ankara
Baku
Sines
Piräus
Tanger
Cherchell
Malta (Marsaxlokk)
Teheran
Maschhad
Islamabad
Casablanca
Mittelmeer
Aschdod
Bagdad
Isfahan
Suez
Dammam
Dschask
Medina
Riad
Gwadar
Karatschi
Abu Dhabi
Mekka
Massawa
Aden
Arabisches Meer
Bamako
Kaduna
Dschibuti
Conakry
Lagos
Abuja
Addis Abeba
Juba
Colombo
Abidjan
Lomé
Calabar
Tema
Kribi
Mogadischu
Nairobi
Libreville
Lamu
Malé
São Tomé & Principe
Bujumbura
Mombasa
Bagamoyo
Atlantischer Ozean
Daressalam
Luanda
Lobito